海外中国研究丛书

——

到中国之外发现中国

中国近世财政史研究

中国近世财政史の研究

[日] 岩井茂树 著
付 勇 译
范金民 审校

江苏人民出版社

图书在版编目(CIP)数据

中国近世财政史研究 / (日) 岩井茂树著；付勇译.
—南京：江苏人民出版社，2020.11(2024.11 重印)

(海外中国研究丛书/刘东主编)

书名原文：中国近世财政史の研究

ISBN 978-7-214-25401-6

Ⅰ.①中… Ⅱ.①岩… ②付… Ⅲ.①财政史-研究
-中国-近代 Ⅳ.①F812.95

中国版本图书馆 CIP 数据核字(2020)第 154231 号

岩井　茂樹
中国近世財政史の研究

江苏省版权局著作权合同登记号：图字 10-2019-404

书　　　　名	中国近世财政史研究
著　　　　者	[日]岩井茂树
译　　　　者	付　勇
审　　　　校	范金民
责 任 编 辑	史雪莲
封 面 设 计	陈　婕
责 任 监 制	王　娟
出 版 发 行	江苏人民出版社
出版社地址	南京市湖南路 1 号 A 楼,邮编:210009
照　　　　排	江苏凤凰制版有限公司
印　　　　刷	江苏凤凰通达印刷有限公司
开　　　　本	652 毫米×960 毫米　1/16
印　　　　张	28.75　插页 4
字　　　　数	316 千字
版　　　　次	2020 年 11 月第 1 版
印　　　　次	2024 年 11 月第 3 次印刷
标 准 书 号	ISBN 978-7-214-25401-6
定　　　　价	78.00 元

(江苏人民出版社图书凡印装错误可向承印厂调换)

序"海外中国研究丛书"

　　中国曾经遗忘过世界，但世界却并未因此而遗忘中国。令人嗟讶的是，20 世纪 60 年代以后，就在中国越来越闭锁的同时，世界各国的中国研究却得到了越来越富于成果的发展。而到了中国门户重开的今天，这种发展就把国内学界逼到了如此的窘境：我们不仅必须放眼海外去认识世界，还必须放眼海外来重新认识中国；不仅必须向国内读者迻译海外的西学，还必须向他们系统地介绍海外的中学。

　　这个系列不可避免地会加深我们 150 年以来一直怀有的危机感和失落感，因为单是它的学术水准也足以提醒我们，中国文明在现时代所面对的绝不再是某个粗蛮不文的、很快就将被自己同化的、马背上的战胜者，而是一个高度发展了的、必将对自己的根本价值取向大大触动的文明。可正因为这样，借别人的眼光去获得自知之明，又正是摆在我们面前的紧迫历史使命，因为只要不跳出自家的文化圈子去透过强烈的反差反观自身，中华文明就找不到进入其现代形态的入口。

　　当然,既是本着这样的目的,我们就不能只从各家学说中筛选那些我们可以或者乐于接受的东西,否则我们的"筛子"本身就可能使读者失去选择、挑剔和批判的广阔天地。我们的译介毕竟还只是初步的尝试,而我们所努力去做的,毕竟也只是和读者一起去反复思索这些奉献给大家的东西。

　　　　　　　　　　　　　　　　　　　刘　东

目 录

1

图表一览

I

内容提要

岩井茂树

　　本书的第一部,即"财政结构的集中与分散",以清代的财政制度作为研究对象,一方面明确了正额财政的集权构造,另一方面也指出了正额财政之外还广泛存在着各种附加性或追加性征收项目。以此认识为基础,考察两者之间存在的互补性,并分析了 18－19 世纪的变化过程。

　　第一章,首先概述了清代财政的基本情况,论述岁入和岁出的结构以及它们的发展倾向;其次,从宏观角度考察了 17 世纪中叶开始的经济变动,分析了财政收支情况与经济变动的关系。通过这些分析,可以看出:在 18 世纪的 100 年间,尽管白银的购买力不断降低,导致了物价上升,但正额财政的实际规模却不断缩小。同时,由于州县财政开支的主要来源——"存留银"不断削减,而各种性质的"劝捐""摊捐"又层出不穷,导致地方官府财政日益窘迫。为了解决经费问题,地方政府扩大了附加性或追加性课征项目的范围和数量。基于这样的原因,笔者认为:在财政体系中实行"原额主义",其结果必然导致各种附加性或追加性课征

1

的增大,并会造成财政负担的不均衡。同时,作为当时政治制度的必然结果,"馈送""规礼"等官僚之间的私人赠送广泛存在。财政负担的不均衡和吏治的颓败使利害冲突更加激烈,社会不稳定因素逐渐扩大,最终导致了王朝的倾覆。

第二章及第三章剖析了京饷、协饷和酌拨制度的建立与演变过程。清朝中前期,一直实行严格的中央集权的正额财政制度。但在太平天国时期,随着酌拨制度的崩溃,开始摊派京饷与协饷,清朝财政呈现分权化倾向。到 19 世纪后半叶,实际上确立了以各省总督、巡抚控制的省级财政为中心的地方财政体系。

在这种地方财政体系中,外销的经费占有核心地位。第四章重点讨论了外销不断扩大的过程,并说明了随着外销领域的扩大,中央政府和各省之间围绕着外销经费问题所产生的矛盾也不断扩大。光绪九年(1883),朝廷以支付京官津贴为名,要求各省将部分外销款项送交户部饭银处。中央政府与各省为此发生纠纷,山西巡抚张之洞力主保护各省权利。通过张之洞的议论,可以发现外销款项在当时还没有成为正式的财政制度,没有"名分"。而且,在省级财政的外销款项之外,基层政府机构的经费仍然依靠各种附加税和非法捐税,官员中饱私囊的状况也一直存在。

本书的第二部"徭役与财政之间",具体地考察附加性或追加性征收项目在不同时代财政体系中的形态与演变过程,从新的视角来透视各个时代财政的历史特点,并在研究方法上展开新的探索。

第五章以 15 世纪中叶赋役改革中创建的均徭法作为具体考察的对象。在实行均徭法之前,杂役是在有负担能力的人户之中进行点佥,而均徭法则规定杂役由轮年应役的里甲各户承担。以往的研究认为均徭法推行的目的是完善里甲组织的税、役征收体制。但是,笔者认为,均徭法的具体应役方式并非以"赋役黄册"为依据,而是另造"均徭文册"或"龙头鼠尾册"等簿册进行派役。由此可知,均徭法是利用里甲组织来实现十甲各户轮流当役,而不是将每个甲作为一个单位进行派役。明代的里甲组织虽然承担税粮征收责任,但是,在征收正常财政开支以外的地方性事务经费和徭役的过程中,里甲组织并不是作为一个团体去应付各种负担。

第六章探讨了里甲组织及里长的徭役负担问题。见(现)年里长承担很多职责,其核心是"催办钱粮"和"勾摄公事"。到现在为止,明代赋役制度的研究者把"勾摄公事"解释为承担里内及官府委托的公共事务,并解决由此产生的费用问题。然而,从元代到清代,"勾摄公事"实际上是一种官吏用语,专指诉讼过程中拘唤被告、原告和人证等事务。这里的"公事"并非指里长承担的各种事务和费用。里长作为乡村基层组织的头目,要遵行官府的命令,承担"钱粮"和"刑名"之役。按照明初确立的财政制度,明代的上供物料和地方政府的"公费"等额外负担本来不由见年里长或十户甲首承担。然而,永乐年间以后,随着财政支出的膨胀,上供物料和"公费"等成为中央和地方官府的一项重要收入来源。这些额外的费用大大加重了里长的负担,超越了其支付能力。为了规避重役,有些人户采用诡寄和花分等手段,逃避里长之役,从而造成了"役困"问题。由此可知,明代所谓的徭役问题产生的根源实际上是由于正额之外的各种附加性或追加性征收项目也要由里长和没有优免特权的庶民承担而造成的。

第七章讨论一条鞭法在财政史上的意义。"一条鞭法"不仅统一了维持地方官府运作的各种徭役(四差),又在《赋役全书》等财政簿册中把这些费用作为定额列入地方存留。同时,原先的许多额外负担也被归入正额之内。一条鞭法推行的结果,削减并固定了地方政府的财政经费,目的是杜绝地方政府利用徭役征收所具有的弹性来获取额外收入。17世纪中后期,随着军事开支的增大,财政日渐窘迫,一条鞭法以外的各种徭役名目再一次扩大。

通过上述历史现象的考察可以得出这样的结论:国家财政的"原额主义"造成了地方官府财政经费不足,导致了正额之外的附加性或追加性征收项目与数量日益膨胀,而不断增加的额外负担又不均衡地加之于社会各阶层之间。这样的结构贯穿于明代的财政。清代财政和明代的财政虽然在岁入与岁出方式上有所不同,明代实行的是现物财政,而清代实行的则是银钱财政,同时,在有无法定差役制度这一点上也有所区别。但是,如果着眼于财政结构和原则,就会发现明清两代存在着共同的特点,即僵化的正额部分与具有很强伸缩性的额外部分形成互补关系。

本书的附篇,概括地介绍了民国时期的财政面貌。军阀混战、外侮频仍、中央财政被地方架空、地方财政困窘、厘金制废除、附加税成为县财政原资、苛捐杂税泛滥,等等,这此问题亦可视为明清以来旧财政体系的延续。

(略有删节)

序 章

一

乾隆三十五年(1770),钱塘县(浙江省会杭州)。知县幕友汪辉祖(1730—1807)见证了一起讼案。该案令汪辉祖直至晚年亦难释怀,详记于自传《病榻梦痕录》。①

话说杭州府,北临湖州府。一日,一遣犯,名吴青华,自湖州招解而至,交钱塘关押。此人,汪辉祖早有耳闻,见如今,落得这般境地,"为之慨然太息"。吴青华,可谓才俊中翘楚,当年中举,年方廿一。然,此人"恃才傲物"。早在汪辉祖于湖州乌程县做幕友之时,知县便 与其议过青华犯科之事,知县云:"青华吃漕饭不可容,当惩以法。"青华犯科,事发丁亥(1767)。那么,何谓"吃漕饭"呢? 在汪辉祖自传中,可见如下记载:②

---

① 《病榻梦痕录》卷上,第37—39页。汪辉祖晚年卧病在床时撰写的自传,刊于嘉庆元年(1796)夏(据《梦痕录余》,第1页)。

② 吴青华在湖州作为现行犯被逮捕,屈打成招,录下"招状",然而对湖州知府的审判不服,于是被押至杭州,由按察使重审。可是湖州府的"招状"被当作决定性证据。下级衙门把已经作出了"招状"的犯人押至上级衙门,称为"招解"。

吃漕饭者,官征漕或浮额,黠者辄持短长,倡言上想,官惧则令司漕吏饵以金,自数十至数百,称黠之力。若辈岁需专取给于漕,故谓之吃漕饭云。[1]

官府向百姓征税,此乃正当,而与此相反,竟也有"黠者"试图从官府那里诈得利益。吴青华年纪虽轻,却自恃举人身份,发展为众黠之首,吃起了漕饭。是故,乌程县知县一直想借由将其除掉,与担任诉讼事务的幕友汪辉祖商议数次,汪辉祖念他仅"吃漕饭"而已,其余并无大过,力劝主官不可。

嗣后,汪辉祖离开湖州府,赴杭州另任幕友。乾隆三十四年(1769)的漕粮即将开征之时,湖州府县吏设计陷害吴青华。他们先将吴青华灌醉,然后将其引入娼门,即刻指使娼女大呼强暴。县吏走卒们佯作邻人,一拥而上,将其扭送衙门。觊觎已久的乌程县知县趁其人事不省,便"录供系狱"。翌日复讯,吴青华翻供。知县上报湖州府知府,谁知知府更加暴虐,立即亲自审讯吴青华,以娼女和邻人为证,施以耳光和"三木"等刑。吴青华终被屈打成招,最后被湖州府知府判处"外遣"[2]。

汪辉祖对此案的处理甚为不满,"青华恃符贪玩,法应严治,而以文致坐之,转非信谳,臬司提鞫,未尝不哀"。可是,由于在湖州府审理阶段,被害人与邻人的证词以及吴青华本人的认供书俱全,符合判决要件,所以被移送杭州后,即使在按察使司复审,吴青华大呼冤枉,可终归徒劳。

---

[1] 《病榻梦痕录》卷上,第37—38页。

[2] 发配到吉林、黑龙江、新疆等地充军,从事劳役,在清代称作"外遣"。大多适用于死囚获减刑。顺便提一下,根据明清时代的律例规定,强奸犯处"绞"刑,强奸未遂者处"流三千里"。薛允升《读例存疑》卷四三刑律十九"犯奸"条(第740页),黄彰健《明代律例汇编》卷二五刑律八"犯奸"条(第933页)。

从汪辉祖以上记述,字里行间不难看出,汪辉祖一方面对身为举人却误入歧途的吴青华给予深切同情,另一方面,对于湖州府及乌程县官吏把"吃漕饭"视为眼中钉而将"黠者"之首的吴青华裁以强奸犯罪名的行径,表现出愤慨。关于这两名地方官吏,汪辉祖在此处行文中还特别加上了旁注,对于后来发生的事情,汪辉祖写道:"后令捐升知府,去一子,天绝,悒悒而卒。守以他故被议,捐复原官,发四川候补,犯事枷号。"这两人捏造罪名陷害他人的事例还远不止这些,不过吴青华一案颇具代表性。正可谓"天道好还,捷如桴鼓"。汪辉祖认为虽然吴青华"吃漕饭",并以举人身份带头与官府抗争,但这本来大可不必兴师问罪;对乌程县知县欲加之罪的提案汪辉祖也曾进行了劝阻;此处汪辉祖对后来发生的事又特意加上旁注,这些都鲜明地反映了汪辉祖对陷害吴青华的知县、知府的憎恶。

"漕米"是向田地的所有者征收的土地税,此米主要用于士兵的军粮、官吏的禄米以及宫中的食用等。向百姓征收包括土地税在内的各种税赋,是各级地方官吏服从皇帝统治、行使皇帝权力的一部分,他们要组织征收、运送、管理和支出等事务,因此漕米历来有"天庾正供"之称。税的总额按照田地的亩数和人丁数等课税基数进行计算,税额要计算到小数点以后许多位的《赋役全书》等册籍,真实地反映了当时中国的租税与财政的实际情况。在证明朝廷统治的正统性方面,以租税征收为开始的财政能否公正地运作,可谓是至关重要的大事。然而,基于这种理念而构建起来的财政制度的内容却并非那么简单,"吃漕饭"便是一例。因此,在财政理念与社会现实之间,还必须要配以相应的各种机制,财政制度才能得以保证。

借征税之机,征税执行者巧设名目搜刮钱财,中饱私囊,这是租税制度的附属产物,任何时代都存在。此种行为历史悠久很难溯其源头。不过,通过汪辉祖对"吃漕饭"的记述,我们可以看出在财政问题上理念与现实的脱节,以及利用这种脱节而进行的利益分配。事件亲历者汪辉祖还特别对这种背景作了如下描述(这说明汪辉祖与笔者一样,都对这种现象和行为表现出了极大的兴趣)。

> 曩余佐胡公督理苏松粮道时,纲纪肃清,征漕之县,无不兢兢奉法,斛面浮一指半指,即干谴谷。其时漕船过淮,总漕杨勤恪公锡绂秉公盘量,米色小不干洁,即责运丁运弁。丁弁止较米色,不敢向州县别求津贴。督运之员,皆无杂费,是以征漕者,无可借名浮收。比幕浙江,风犹未改。甲申乙酉以后,运丁诡称沿途费用,勒索州县米色钱,逐岁加增。州县因以为利,恣意浮收,甚有七折八折内加外加之名。愿者重累,视输漕为畏途。黠者生波,盼征漕为奇货。官既自决其藩,民遂敢越其畔。上官以为源不易清,阳禁之而阴庇之。民之扰法者,亦不敢明正其罪。以故官肆民骄,习为故常。若青华之所为,其由来者渐矣。①

乾隆中期的18世纪60年代后半期,浮收问题已经发展到了严重的地步。亲眼目睹了这一世态的汪辉祖,通过吴青华"吃漕饭"案,不仅揭露了官民双方的狡猾与贪婪,而且根据自己在江苏浙江的任差体验,对此种行为所引发的财政与政治的因果关系进行了思考。汪辉祖指出,地方上的漕米浮收问题,首先是由长距

①《病榻梦痕录》卷上,第38—39页。

序　章

离漕运的经费问题而产生①,征收官员乘机中饱私囊,进而诱发了狡黠之民的"吃漕饭"行为,这样形成了一种共同犯罪的结构。在这种共同犯罪的结构下,官府自然要把浮收的负担转嫁给弱势的百姓阶层。在湖州府,由于那里的官吏暴虐,连举人吴青华都被栽上了莫须有的罪名,那么其他"吃漕饭"者大概也会有所收敛吧?不过,官府对"吃漕饭"者的惩处,并没有从根本上打破共同犯罪的结构。汪辉祖指出,利用制造冤案来达到政治目的,是对司法公正的侵害。对吴青华的"吃漕饭"行为虽然谈不上赞成,但是也不主张惩处他,搁置起来也许比较好。

汪辉祖虽 17 岁即获生员资格②,可是乡试却屡试不中。起初以教授子弟为生,26 岁开始钻研"刑名之学",之后就以司法为业做起了幕友。通过乡试考取举人,是乾隆三十三年(1768)的事情,那时他 39 岁。③ 吴青华的案子发生在这之后的第三年。又经过两次会试落第,终于考取进士,这一年他已经 46 岁。④ 可是他放弃了做官的机会,一直以做幕友为生。乾隆五十二年(1787)58 岁时,他当上了湖南省永州府宁远县知县,五年后被革职,返回浙江老家绍兴府萧山县,以乡绅的身份过起了隐居生活。幕友时代的收入加上原来的祖田,共有 70 亩田,其中 40 亩留给祭祖所用,其余的分给了五个儿子。⑤ 身为略有田亩的小地主,汪辉

① 在原额主义的财政制度里,拨付给漕运军队的经费是有定额限制的。经费不足,就造成了漕运军队以津贴名目向各州县索要金钱的问题。在本书第一章(第 60—61 页)对此有详细论述。
② 乾隆十一年(1746),中绍兴府萧山县的生员。《病榻梦痕录》卷上,第 7 页。
③ 《病榻梦痕录》卷上,第 35 页。
④ 《病榻梦痕录》卷上,第 42 页。
⑤ 《病榻梦痕录》卷下,第 58 页。

祖虽然也要缴纳土地税,但是已经跻身乡绅之列的他却可以免除正税以外的各种负担,例如漕米的浮收,地丁银的平余。对吃漕饭行为的批判,汪辉祖是从当时社会的特权享受者的立场出发的,它不是针对吴青华,而是对知县知府的过分行径表达了愤慨,是那个阶层的人共有的良知,顺应了当时的社会舆论。

对制造了吴青华冤案的乌程县知县和湖州府知府的批判中,也可以反映出,汪辉祖是一位谙晓世故不走极端的人。正如他所说的那样:"官既自决其藩,民遂敢越其畔",虽然他并不认可那种事态的发展,但是他又深刻地指出了在地方官吏中饱行为泛滥的漕运事务中,官、绅、豪民三者所构成的共同犯罪体制的矛盾与松散,以至于造成了官肆民骄的世风。汪辉祖最后意味深长地慨叹道:"若青华之所为,其由来者渐矣。"汪辉祖笔触就此打住,因为他不愿意再往下想了,只希望不发生大的骚乱就好。这就是《病榻梦痕录》反映出的汪辉祖的内心世界。面对这种情况,那个时代的社会精英们,似乎与汪辉祖一样,虽然感到了些许痛楚,但最终都能够从容地面对,接受政治和社会的现实。18世纪后半期,几乎每天都要遇到以浮收为代表的附加性课征问题,围绕浮收而形成的共同犯罪问题、负担的不均问题,以及这些问题背后的财政结构问题,但是几乎没有哪一位官僚知识分子能够意识到其严重性并提出解决问题的办法。这种事态所带来的负荷和畸形,被18世纪中国经济的繁荣所掩盖。

"中饱"问题从结构上看,一方是地方官府,另一方是与之串通的乡绅和豪民。后者从官府那里分享利益的同时,又将重负转嫁给弱势的平民百姓。由于在乡绅和豪民中有"吃漕饭"者的存

在,所以,便出现了弱势百姓委托这些人通过所谓的"包揽"纳税,
以图减轻负担。为了躲避胥吏衙役的横征暴敛,不少地区还出现
了通过"银匠""仓房"代缴租税的现象①,这些"银匠""仓房"是与
官府有着特殊关系的承包代理机构。如果仅仅是道德法纪或者
过度的欲望问题的话,还可以通过教育来纠正。可是,在结构体
制上出现了问题,就迫使弱势的百姓们不得不选择救济办法来应
对:要么凭借各自的力量跻身共同犯罪的体制中,要么通过承包
机构来减轻负担,要么变成无产者从纳税者的行列中解脱出来,
等等。也许就是这样,造成了汪辉祖所言的"官肆民骄"的世风。
中国社会是一个凭借个人和家族实力的竞争而发展的社会,在这
样的社会环境里,官也好,民也罢,选择各自的战略手段,不能不
说具有它的合理性。只不过它有一个前提,那就是在经济持续发
展的社会条件下。

汪辉祖在《病榻梦痕录》中记载了各种物资的价格、劳动力价
格的上涨等,还列有具体的数字。该书被看作是 18 世纪中国的
物价及银钱比价的重要资料源。从经济学的观点来看,长期的物
价上涨与经济的扩大之间存在着必然的联系。当时的中国人虽
然并不知道这些,然而,汪辉祖却偶然有幸地成为当时中国经济
繁荣与发展的历史见证人。据记载,在浙江省,从 18 世纪 60 年
代后半期开始,"浮收"问题日益严重,可是在 18 世纪里并没有
演变为巨大的社会问题。对此现象,如果大胆地评论,是否可

---

① 乾隆五十七年(1792),由湖南省被免职的汪辉祖回到老家,在萧山县目睹了如下的
缴纳制度:"向例条银输柜、粮米上仓。近年花户不堪吏之刁掯,银必须银匠代折,
凡银一钱折制钱一百八十九十文至二百余文。米亦不能不向仓房折色,升四十余文,
或至五六十文。民未尝不控愬,而于事无济,弊其胡底耶。"《病榻梦痕录》卷下,第
57 页。

以说:那是因为在稳定的社会里,经济的发展吸收和掩盖了矛盾。

　　然而汪辉祖生活的那个好时代并没有持续多久。王业键等学者的研究指出,进入 19 世纪以后,尤其是 19 世纪 20 年代后半期开始,中国经济开始呈现下滑的局面。[①] 江苏、浙江的谷物价格甚至早在 18 世纪末就呈现显著的跌落倾向。[②] 谷价下跌和经济的不景气,是如何影响清朝财政的呢?对此问题虽然尚未完全弄清,但是正如本书第一章所论述的那样,户部银库的收支恶化,地方上税收完不成指标,以及因挪用资金而产生的亏空(即国库的亏损)等问题却的确出现了。[③] 与此同时,还有"浮收"的泛滥、北方诸省"差徭"负担的增加等,也已经发展成为政治问题和社会问题,引起了关注。现实生活中,"抗粮"(即抗税运动)有时甚至引发了暴动。由于没有一个能够从根本上解决问题的措施,以 1850 年太平天国运动为开端,中国陷入了全国性的动

---

① Yeh-chien Wang,"*The Secular Trend of Price during the Ch'ing Period*(1644 - 1911)"(《香港中文大学中国文化研究所学报》第 5 卷第 2 期,1972 年)。林满红氏曾从事对 19 世纪前半期银的动态和经济不景气课题的研究。

② 汪辉祖的老家浙江省萧山县的年度米价资料,引自于田仲一成《宗祠演剧在清代浙东组织形成上发挥的机能》(《东洋史研究》44 - 4,1986 年)的论文中所介绍的"长河来氏祭田会计录"。请参见本书第一章的图 1-1。据江苏省向朝廷提交的《粮价清单》显示,江苏省的谷物价格自 18 世纪末开始出现跌落。岸本美绪使用这些物价资料和研究方法对这一课题颇有研究,请参考《清代中国的物价与经济变化》(研文出版,1997 年)第 47 页之后的内容。

③ 不仅银的收支如此,以实物征收的漕米(漕粮)也具有此种倾向。李文治、江太新《清代漕运》(中华书局,1995 年)一书中,以档案资料为依据,整理出了在历年的漕粮中运往北京和通州的"起运"的数量,以及每个年度的仓库的库存量。据此显示,嘉庆年间(1796—1820)保持在 400 万石上下的"起运"数量,道光年间(1821—1850)降到了三百几十万石甚至二百几十万石。京仓、通仓的库存,最多时(1730)接近 1500 万石,乾隆前期的 1749—1765 年也保持在 1500 万石左右,可是从 1775 年开始减至六七百万石,到了 18 世纪末 19 世纪前期跌至四五百万石。请参见《清代漕运》第 46—59 页。

乱之中。当然动乱是由许多因素交织在一起引发的,但是,底层农民课税负担的增大,对此的不满与抗争,国家在财政集权管理上出现的失控,等等,在广义上讲,这些都是不可忽视的财政问题。

在记述吴青华事件始末之时,汪辉祖将视线投在了这起案件发生的背景上。他注意到"浮收"和"吃漕饭"是相伴相生的,事实上已经作为一种制度,深深地根植于财政体系当中了。根据自己在江苏、浙江30余年做幕友的经验,汪辉祖指出,漕米由州县的官府交给运军运往通州和北京的粮仓,在运输过程中衍生出了"杂费""津贴""米色钱"等名堂,因而可以说漕米与杂费之间是一种因果的关系。汪辉祖试图将附加性税收、追加性税收纳入财政制度的体系之中来看待。可是,这一问题所涉及的范围,不局限于各州县的税收第一线和大运河上的漕运。像"杂费""津贴""米色钱"这样的非正规资金在统治机构内部流通的情况,到底是从财政的哪种构造中产生出来的呢?可以把它看作是链条的上端存在的问题。另外,通过附加或追加而获得的收入的再分配,以及由此带来的负担不均衡,都引发出了社会结构方面的问题。在以土地制度为基盘的税收制度上,随着财政的历史变化,如何界定附加性税收和追加性税收的地位,可以说是一个新的课题。汪辉祖指出,"上官以为源不易清,阳禁之而阴庇之"的态度已经在官僚机构中根深蒂固了。那么这种阳奉阴违的做法是基于怎样的"合理判断"而养成的呢?从制度的结构和它的历史演变中,或许可以找到答案。

我们考察的范围,不该囿于清朝——最后的王朝国家的财政制度。既可以在明代的徭役制度产生的"役困"问题上,隐约看到同样的结构;也可以在本书附篇中略述的中华民国[1949年前]

时期,看到有趣的现象。就在汪辉祖目睹的"浮收"和"吃漕饭"一度盛行的浙江省,到了 20 世纪,经历了两场政治变革——辛亥革命和国民革命。1936 年,国民政府宣传了浙江省追查欠赋的措施。对此,《大公报》报道:

> 输捐纳税,乃国民应尽之义务。中国人,则有以不纳捐税,为有面子者。富家豪族,以免赋免捐为当然。愈有力者,愈享免税之特权;而贫困民众,负担益愈重,此为自古至今,至不公平之事。近者各省,多在整理田赋,追查积欠。但富家豪族,如仍享此特权……①

不难看出,富裕的地主豪绅们一方面拥有反抗以官府为核心的国家权力的实力,另一方面因处于国家权力的末端而表面上又呈现弱势。从历史学的角度来解释的话,中国还处于由封建制国家向近代国民国家过渡之中,还没有克服前代遗留下来的国家统治的属性。然而仅仅这样解释还远远不能说明问题。地方官府与有"面子"、有势力者之间,达成了怎样的利害一致?达成的那种利害一致与课税的负担分配之间存在着怎样的关系?这种税收制度与财政结构、内部的整合方式之间又有怎样的关联?通过对这类现象的质问和分析,或许可以弄清形成这些现象的财政体系的本质结构及它的历史特征。本书的研究起点,便是基于以上想法。

---

① 陈登原:《中国田赋史》(商务印书馆,1936 年)第 244 页所引《大公报》民国二十五年(1936)4 月 7 日报道《浙省追查欠赋》。

二

如上所述，从课税的分配问题入手，考察财政的结构及其运作的过程，这是本研究始终遵循的思路。可以更进一步地讲，国家统治社会，同时社会也支撑着国家。这两者的关系经历了怎样的历史演变呢？要弄清这个问题，也不得不首先研究财政问题。

在国家机构的基层——州县任职多年的汪辉祖，在他的《佐治药言》中写道：

> 州县幕友其名有五，曰刑名，曰钱谷，曰书记，曰挂号，曰征比。剧者需才至十余人，简者或以二三人兼之。其事各有所司，而刑名、钱谷实总其要。①

"书记"和"挂号"负责州县长官的公私文书起草和整理工作，相当于秘书职务。"征比"则是负责公课，即那个年代州县的土地税（地丁、漕米）为主，担任征收和检验工作，也可以说是"钱谷"工作的一部分。说到底，对于州县这样的基层官府，其日常的两大主要业务是司法和财政，正是通过这两项业务，在国家和社会之间确立了统治与被统治的管理体制。从"民"的角度来看，"民"通过"官"的司法维权，通过向官府纳税，接受代表着王朝国家的当地官府的管理，反过来支撑着国家的成立。

作为统治机构的国家，与社会之间往往是一种经济的关系。

---

① "办事勿分畛域"，《佐治药言》，第18—19页。

此种经济关系因时代和地区的不同而表现出各种形态。直截了当地讲，国家为了维护统治活动需要财政经费，而财政经费是取之于社会的。因此国家并非一味地榨取社会的财富。国家通过各种形式的政策和措施，作用于社会。社会在它的影响下创造出财富，并把其中的一部分上缴，支撑国家。按分工来看，在国家与社会之间进行的这种经济上的循环，或者可以称之为螺旋状的相互作用，就是财政的本质。但从微观上看，需要注意的一点是，财政链上的每个成员的负担与受益并不一致，所得的分配是由权力行为来决定的。那么，作为权力集团的国家与接受其统治的社会之间建立起来的经济循环是怎样实现的呢？另外，受到财政的相互作用影响，国家和社会各自表现出怎样的形态呢？放在历史的视野里去考察这些问题，是财政史研究的基本课题。

纵观 14—20 世纪明清时代的财政制度，或许可以作如下的概括：覆盖面广，种类繁多，体系完整。这在近代前期的国家中是罕见的，与皇帝和官僚机构高度集权统治的特点有着密切的关联。这种体制下的租税种类、数量、征收方法，以及它们和长久以来的"徭役"之间的关系，均作为制度史、社会经济史研究的重要领域之一，成为研究的对象。

在近代中国，中央设在地方上的官府和军队，都是维护皇帝和朝廷统治的权力机构。不可否认，向统治集团的国家强制提供物资和劳役，往往具有单方掠夺的性质，从这个意义上来讲，中国的国家权力可谓是私家权力。可是，不能单单只看国家掠夺的一面，也必须看到国家在公共社会事务中发挥的财政功能的一面，即通过租税、徭役等手段组织社会公共事业，或者对民间发起的公共事业进行参与和调整，尽管组织公共事业也成为国家收税和征役的正当理由。① 因此,要想客观地历史性地把握近代前期中国的国家及社会关系的发展,就必须认清这一点。

中国的国家统治机构必须依赖税收才能维持。之所以这么说,是因为作为统治集团的国家,它自己拥有的财产几乎等于零②,这样的国家经济是不可能自主运转的。也就是说,虽然这个国家的经济规模非常庞大,可是它不具有单家经济的特点,而是把多家的经济合为一体,通过租税、物资、劳役来调配整个社会的各种资源,对社会经济发挥巨大的影响力。

从这一点来看,中国的国家财政特点不同于欧洲或日本的所谓"中世皇家财政"的特点。在中世纪的欧洲和日本,国家财政一般指的是君主的自家领地的收入,或者君主以特权获得的一部分

① 清世宗雍正《圣谕广训》第十四条"完钱粮以省催科",对"钱粮"征收的依据进行说明时,首先引用了传统的说教"任土作贡而赋税以兴",以租税用于公共为理由,阐述了租税的正当性。"且以制官禄,所以治我民。以给兵饷,所以卫我民。以备荒歉,所以养我民。取诸天下还为天下用之。人主之仓廪府库,岂厉万民而以自养耶。"处理公共事务即为政治,而政治离不开以税收为首的财政来支撑。雍正皇帝旨在以此道理说服纳税者。
② 在中国,即便到了10世纪宋建立以后,土地依然是归国家所有。国家通过土地而获得租税收入,或者直接把土地分配给军队和官僚们以代替作为俸禄、经费的国库支出,或者由官方经营来获取收入。特别是南宋的"公田"和明初的"官田",尽管集中在江南的特定地区,但其财政意义不容忽视。不过,依靠上述方法来确保的财政收入源没有能够长期维持下去。众所周知,明代的"官田"没过多久便失去了国有性质,变成无异于可以自由买卖的"民田"了。此时的征收,已经不是向土地所有者的国家缴纳"田租",而是缴纳"税粮",只不过要比一般的"民田"重一些罢了。由此就造成了国家对土地这一受益财产的所有变得有名无实,更准确地说,国家对名目化持默认的态度,这在"屯田"问题上也同样可以看出。明初设立了军户给"军田"、军队附"屯田"的制度。此制度的建立,使得兵饷粮秣基本上不经由国库而直接供给,具有半复古的色彩。然而明代中期以后此制度逐渐地陷入了功能不全的窘境。因为作为当时财政的替代手段的土地给付制,已经变得不必要,而且也维持不下去了,"屯田"虽然在清代也有,但大部分是沿用了明代簿册上的名目而已,实际上是有其名而无其实了。军队的正规经费来自国库金的供给。

间接税收而已。它们通过"知行地"制或"领邦"制,实行分级和分权,下级的财政按定额向上缴纳,从而实现对整个社会经济的整合。然而在中国,虽然地方上也存在着多个级别层次的行政机构,但是支撑它们的正当的财政,却全部由中央统一集权管理。16 世纪后半期,一条鞭法开始普及,之后又编订了《赋役全书》。翻开该书可以看到,甚至连地方最下级官府的胥吏衙役的"工食银"(即工资)、购买纸张蜡烛的经费等,都有详细的规定,并将其以"存留银"的项目列入了国家财政。如此程度的财政管理,既极大地扩大了国家财政的量的规模,又使得国家财政制度在运用上变得极其复杂。

另外,正规的国家财政分配给地方基层机构的经费根本不足以支付地方的各项开支,而事实上地方的开支往往由附加性、追加性课税来解决。"中饱""规礼""陋规"等形式的私下捐赠成为从中央到地方的一大财源。所以,在法定的国家财政之外,还伴随着另外一种财政,即地方上巧立名目公开或私下筹得的不明收入。如果加上这部分收入,那么支撑国家统治机构的财政的循环规模,很有可能会远远地超出朝廷(中央政府)所掌控的国家正规财政的数倍。

研究财政体系,是研究传统中国政治体制的特性和结构的最好领域。经过长期的历史而形成的财政体系与社会经济活动有着怎样的相互关系呢?这种关系作为财政体系的一种类型,具有怎样的特征呢?对于这些问题的探讨,是财政史研究的重大课题。笔者才学短浅,或许不能全面地解答这些问题,但是在本书中力图从税赋分配和财政结构的相关性的视点,针对这一课题进行研究。

三

本书第一部"财政结构的集中与分散",是以清代的财政制度为对象,考察正额财政的集权结构与正额外财政的关系。

首先,在第一章里,为了对财政轮廓有一个大致的了解,笔者对岁入和岁出的结构,以及它的发展趋势作了概述,对 17 世纪中叶以后的经济变动及财政对策尽可能宏观地进行了考察。结果发现,在整个 18 世纪里,尽管银的购买力下降(即物价上涨)了,但正额财政的规模却没有扩大,实质上还缩小了很多。另外还发现,州县的财政支出——"存留银"遭到了削减,"摊捐""摊款"却越来越多,这些因素造成地方财政的吃紧,进而引起了附加性、追加性课税增多的后果。受原额主义制约的财政体系,不可避免地会形成这种局面,而附加性、追加性课税的增多,不仅会带来赋税负担不均衡的问题,还衍生出"馈送""规礼"等官僚间的私人送礼的俗规。据此笔者指出,其结果是激化了社会利害冲突,扩大了不安定因素,放松了吏治管理,最终破坏了王朝的统治。

在考察过程中还发现,并存着以下两种财政,这两者具有不可分性,不可以孤立地进行研究。一种是法定的国家财政即正额财政,一种是经费的筹措和报销的另外渠道,即正额外财政。当然从方法论上讲,其中的任何一种都是一个研究领域,可以分开来作为两个不同的研究对象。但是,在传统中国的财政制度的结构上,这两者却具有互相补充、缺一不可的特点。因此,只有清楚地认识到结构上的这种关系,才有可能正确地把握财政制度的特性以及它的历史演变。

在第二章和第三章里,主要论述了全国正额财政的集权管理的关键——京饷和协饷的酌拨制度的实现、太平天国时期酌拨制度的瓦解、向摊派制过渡后出现的分权化倾向。在这样的历史演变过程中，正额外财政与正额财政的关系若即若离，时而融合时而又有对抗。到了19世纪后半期，各省总督巡抚所掌管的省财政，事实上已经形成了地方财政的独立体系。在第四章里，考察了地方财政的核心——"外销"经费的产生由来，从而清楚地看到，"外销"的领域扩大引起了朝廷、户部与外省的对抗。在围绕"外销"资金而进行的户部与外省的较量中，张之洞积极主张维护外省的权利，在他的争取下，"外销"虽未获得合法的地位，但是在省财政的主体之外，以"无名"（无正当名目的、非法性的）的形式，对地方基层财政的附加税和中饱等问题持"半放任"的态度。

本书第二部具体考察了附加性、追加性课税增大的现象，在不同的历史环境下，分别是如何发展演变的。通过考察，一方面揭示各时代财政的特质，另一方面探讨对附加性、追加性课税的形态及变化，应该怎样历史地看待。

通过对明代的税役制度的众多研究成果进行详细考证，结果发现明代的"徭役"课税具有两种功能：其一，它是具有伸缩性的地方财政的来源；其二，它是地方财政吃紧的救济补助金。除此之外，通过研究还发现，16世纪中叶，将增大的各种徭役一体化、定额化的"一条鞭法"开始实施。一条鞭法的本来目的是固定和削减源自各种徭役的地方经费，但是到了16世纪末，随着军事负担的加重而造成了财政的极度紧张，本来应该得到减轻的徭役负担反而再度增大了。

通过考察这一段历史，我们可以得出这样的结论：财政的原额主义导致了地方经费的困窘，进而增大了附加性、追加性课税,而课税的增大又造成了各社会阶层的负担不均。可以说此种结构贯穿了整个明代的财政。第一章的考察对象是明代财政和清代财政,但两者的岁入岁出结构却大相径庭,明代是实物主义财政,清代则是银财政。另外,是否伴有法定的差役制也是两者的不同之处。但从财政结构上看,在两者之间有一点是一致的,即僵化的正额部分与柔软的非正额部分的互补性。

本书的附篇,是一篇为了介绍近代中国财政的整体面貌而撰写的文章。该篇在论述形式上,与第一部、第二部的引据史料详加论证的风格有所不同,但是在该篇中特别谈到了第一部和第二部未能提及的民国时期的财政。民国时期的中国,经历了两次革命和内战,还饱受了日本的侵略,因此民国的财政史充满了各种各样的事件。在介绍民国财政的时候,笔者也同样试图以赋税负担分配与财政结构的关联性为主轴,以这样的分析方法来选取考察对象。“被地方架空的中央”的出现,以附加税为原资的县财政的成立,厘金的废除以及引起的苛捐杂税的泛滥,公课征收上承包制的继续存在,等等,这些问题都与第一部、第二部的论证内容有着密切联系。而且这些问题可以理解为清代以前的旧财政体系派生出来的产物。

至此,如果我们再返回到第一部,就会更清楚地理解财政结构的动态性格。作为核心部分的正额财政,与附着在它周边的正额外财政,两者是复合式的结构,而绝不是静止的、固定不变的。无论是“一条鞭法”,还是“耗羡提解”使得附加税“准正额化”,抑或是国民政府对厘金的废除,这两者关系的变化,都是由集权管理和扩大定额化、预算化的政策所决定的。虽然核心部分得到了扩大,但还是没有从根本上改变两者结构上的关系。笔者所说的

"地方经费的困窘",作为一种现象,是恪守核心部分的原额主义①的必然结果,并由此引起了附加性、追加性课税的增大,引起了与税役负担相关联的各种社会问题和政治问题。在这些现象

---

① 本书中笔者常常使用"原额主义"一词,对于这个概念的解释,请参阅本书第六章第五节第 272 页的内容。那么"原额"到底是不是固定的,对于这个问题笔者想在此作一说明。最近,宫泽知之在《中国专制国家财政的展开》(《岩波讲座　世界历史》九,岩波书店,1999 年)一文中指出:唐代的两税法尽管每五年改定一次,"征收总额相当固定",唐代的国家财政一贯是"量入为出"。另外从唐、宋的财政运用的实际情况来看,当时的国家财政也不存在如明清时代那样的"原额主义(固定税制)",唐宋时代的财政应该称之为"定额主义""祖额主义"。宫泽先生的这一论述非常精辟,使笔者受益匪浅。对于宫泽先生所论述的"原额主义(固定税制)"与"定额主义""祖额主义"的区别,如果笔者没有理解错的话,即,"定额""祖额"是"征税的基准额,概算财政收入规模的依据,州县官政绩考评的基准",它绝不是固定的,而是定期或不定期地改订,其结果往往出现膨胀。在这一点上也不可以与"原额主义(固定税制)"等同视之。

明清时代实行的固定税,并非成为一种法制。在明代,每十年进行一次黄册改订的时候,不仅每户的所有田和税额要发生变动,而且还要把新开垦的田地作为课税对象,若放弃耕种或发生洪涝,那么可以免除课税。清代也有类似的"陞(升)科"和"豁免"。可是,"高皇帝令税粮如有增续一体征科、荒田除豁。其后有司率以造黄册为度,十年之内未科者,得私其利。而未豁者害已弗堪。乃屡造未必科而豁也"。(《石洞集》卷四,惠安政书三,版籍考,第 7 页),叶春及研究指出,即使在明代,每十年的黄册改订之际,也往往不是很严格地执行土地税的增减,而且在课税土地的丈量和清丈时,还存在着人为操作的现象,即试图把实际亩数保持与"原额"的数值一致,尽量把变动压到最小值。在商税的征收方面,一旦确定了定额,那么就按照定额而固定了下来,这本来就是一种不合理的做法。虽然没有明文规定,但事实上就是这样进行管理的。对此还需要依据资料进一步分析,虽然在某个时期定额严格地受到限制,但它并不是固定的,因而引起了实际财政收入的变动。种种定额注定是要改订的,事实上也真的进行了改订,特别是商税等。不管怎样,原额对正额财政一方面发挥着制约作用,另一方面又导致了财政的膨胀。鉴于这样的财政运用,所以使用了"原额主义"来表现。

综上所述,如果把明清时代的财政说成是"固定税制",那么笔者认为还是有些过于简单化。税额是否以法定的形式固定下来了,这并不是"原额主义"产生的决定性要因。经常性财政收支可能地控制在固定的范围之内,等等,这些要因才发挥着作用。其结果,靠正规财政维持的官府的活动变得固定而有限,正规财政之外的非法但灵活的财政措施得以施展。这种结构上的特性成为笔者尤为关注的焦点。唐宋财政史学者与笔者在"原额主义"的理解上存在着差异,但不管怎么说,经过宫泽先生的清晰的梳理,对"原额主义"的认识以及"原额""祖额"的差异上,终于找到了问题所在,其意义可谓大矣。

中,两者保持着核心与周边的形态,两者的界限与依存并不十分分明。但是,它们随着社会经济的变化而发生变动,呈现动态的结构。反过来讲,以不同的周期而反复出现的这些现象,正是此种动态结构存在的最有力的证明。

第一部

财政结构的集中与分散

第一章　正额外财政与地方经费的困窘

　　在近代中国这样的一个租税国家里，为了维护国家统治而进行了种种功能与物质的调配。如果用支配与被支配的关系来理解近代中国的特质方面，就构成了一个重要的研究课题。课征对象、计算标准、赋课比率、征收征发的方法与时期，部分与全体的数量，管理与运输的手段等制度及其实际状况，均构成本项课题研究的目标。迄今为止大量的史料已被发掘，许多学者对此进行了绵密的研究，从各个视角作出了种种探讨。如果单单介绍先行研究，就足以超过本书的篇幅。可以说，税法、徭役法的研究是理解财政的历史变迁的出发点。

　　作为税，它要求体现为各种实物，或者钱、银、钞等通货，但是税并不能通过选择其一就可以解决。差役、夫役等制度亦然，它们也不是直接由提供劳力或技能向以支付货币来顶替雇用的方式转变的。通过对税法和役法研究的深厚积累，充分证明了只有把握税法和役法的演进过程才能洞察各个时代的财政政策与制度的特质。此种研究方法可谓一种充满魅力的研究方法。然而，征税征物仅仅是财政运行的第一步。如果把财政比喻成一座寺院，那么跨入山门就是必需的第一步，接下来要想登堂入室，还有必要从空中俯瞰整个寺院，以寻找到正确的路径。

　　基于以上思路，本章以清代财政为研究对象，通过考察其财政结构,提出了多个值得探讨的问题。首先,概述了岁入与岁出的结构以及它们的发展趋势。然后,尽量宏观地考察 17 世纪以来的经济变化以及相应的财政对策。最后,阐述了在近代以来的财政运行中引起深刻社会问题的"正税"与具有附加性、追加性的"课征、给付制度"的关系,换言之,剖析了法定的国家财政与正额外财政的两重结构问题。

第一节　岁入岁出的结构

如果想要通过量化来表现近代前期的中国财政结构,就会遇到两个困难。一个困难是财政统计方面的原始资料匮乏,即便获得一些数据,比如,银两、铜钱、纸币、谷物、草束等各类实物,或者差役、夫役等的劳动力调遣,也会由于计量单位的不同而难以对总量和个量的比率进行算定。另一个困难是财政的两重结构问题,这在第三节将有详细论述。即,户部等中央财政部门所做的会计报告仅仅是法定的正规征收项目及其收支数目。然而,按照地方上的惯例或官僚组织内部的默契而征收的附加税、追加课税或手续费等,却很难把握其全貌。[①]

由于这两个困难,使得本节主要以法定的收支额为研究对象,对于计量单位以及实物收入问题暂不作深入探讨;即便如此,

[①] Yeh-chien Wang(王业键),*The Land Taxation in Imperial China*,*1750 – 1911*(Harvard University Press,1973)是一部关于清代土地税收入的研究专著。虽然并非论述财政的全部,但是对租税负担问题有深入的研究,包括本章后半部分谈到的"平余""津贴""浮收"等种种的附加性、追加性课税。在 19、20 世纪之交从事财政事务的人或者对清朝当前的财政现实有所关心的人,都注意到了正规的财政和非正规的财政(本书称之为"正额外财政")两者的存在。到了民国时期,田赋的附加税和华北各地的"兵差"成为人们研究的对象。可以说从明清到现代中国财政一直延续着这种二重结构。

也还是可以粗略地观察到岁入岁出结构的大体情形。

1. 岁入结构

从岁入的结构来看,宋代以后(准确地讲,唐后期实行两税法以后)的财政①具有三个显著的特征。第一,土地税是税收的主体。② 第二,盐税、关税、工商税等流通过程中的课税收入,取代了官营、专卖,成为土地税之后的第二大收入源。第三,徭役的性质、内容都发生了变化。

对于前两点,似乎容易理解,可是对于第三点徭役问题,在此就有必要做些说明。从宋代至清代,无不存在着繁多的已形成制度的徭役。可是,作为国家对户籍、人丁控制的基础,其大部分的

① 对唐宋改革以后的政府财政,试图从商品流通、市场、通货等经济变化的关联性的角度进行探讨的论文主要有中国史研究会编《中国专制国家和社会统合——中国史像的再构成Ⅱ》(文理阁,1990 年)中所收录的渡边信一郎《唐代后半期的地方财政——以州财政和京兆财政为例》、宫泽知之《北宋的财政和货币经济》、岛居一康《两税折纳时的纳税价格和市场价格》、足立启二《明清时代钱经济的发展》。财政史的研究,离不开对市场和财政两个方面的研究,因为财政与社会经济是相互作用的。山本进也从这样的视点出发,对清代的财政及经济做了深入的研究。

② 本章使用"税""租税",不能把它视同近代国家的租税。在本章中仅是因为从全国性课征的角度出发,在财政体系中与土地、资产收入相区别而使用。近代国家的租税,是在严格的公法规范下,在纳税人履行同意手续下而构成的租税制度,在其他社会没有像近代西方社会这样得到发展。财政学上只把近代西方社会的租税称之为租税,认为其他社会的租税不适用这个概念。而马克思主义历史学认为,作为"亚洲式专制国家"的中国近代前期,对于土地的课征可以看作与地租(日本谓之"地代")同等性质。在这一点上,马克思主义的立场与"近代主义"财政学的立场较为接近。其本质在于,不能把它视为租税,而应该定为地租或纳贡。这不仅仅是一个财政学上的概念问题,而且是关乎土地所有权和国家统治的性质和发展的问题。笔者不想对课征的本质加以评论,不过,在中国的马克思主义历史学者中间,也几乎无人认为国家是凭借对土地的所有权而实行地租征收的。关于马克思主义的"亚洲专制国家的租税地租一致论"的形成,请参阅小谷汪之《马克思与亚洲、亚洲式生产方式的论争批判》(青木书店,1979 年)。近代前期社会的所有权、国家统治的状况、"租税""地租(地代)""纳贡""公课"等生产资料的强制转移,以及劳务、收益的强制分配的性质等,它们之间是如何相互联系和发展的呢? 对于这些问题的解释,可以说尚未形成理论体系。

劳役、军役的摊派,每一朝代又与前朝略有不同。地方上在开展某些无财政支持的业务时,按照资产承受能力的原则,就得向那些富户追加征收,或者说在正税之外进行附加摊派。①

　　此种徭役性质的变化,在"唐宋变法"的过程中,虽说完成

---

① 请参阅本书第五章至第七章。不宜视为近代制度中的累进税。宋代以后的差役往往使用"职役"一词,因为在对应于负担的轻重和服役者的经济能力的"户等""户则"制度下,差役已经不再是一般的普遍的义务,而是具有了类似富裕调节税的性质。另请参阅曾我部静雄《宋代财政史》第二篇、《宋代的役法》(生活社,1941 年增补版,大安,1966 年),宫崎市定《宋代州县制度的由来及特色》(原载《史林》第 36 卷第 2 期,1953 年;《亚洲史研究》第四,同朋舍,1975 年),宫崎市定《中国史》下(岩波书店,1978 年)第 333 页等内容。在明代,作为"正役"的里甲役被法律固定下来。在言及里甲役的明代文献里,常常以"催办钱粮,勾摄公事"八个字来概括各个里内的见年里长的繁杂职责。里甲役是自汉代以来赋予种种称呼的一个乡村役,即位于县的管辖之下的官府体系的最基层的一个职务。"催办钱粮"是指征税、运输、上缴业务,"勾摄公事"是指承办官府下达的命令,拘禁司法案件人犯。州县的地方官("父母官")的职责,可以用两个词概括:钱谷和刑名。而里长的"催办钱粮,勾摄公事"职责正是与州县地方官的工作相对应的,也就是说在相当于行政村的里甲组织里,实行轮流任职的见年里长承载着官府行政权力的一端。于是,伴随着行政权,一种称为"公费"的地方官府的经费以及税收物资的运输和上缴等的负担,统统分摊到里甲,经济的重负压在了见年里长的头上。这些负担便是明代里甲役的一部分。到了 16 世纪以后,由于过重的里甲负担,人们意识到出现了"役困"问题。与其说这一社会问题是由于里甲役而发生的,不如说是由于对当时的财政结构派生出的里甲役实行附加性、追加性课征问题而引发的。山根幸夫《明代徭役制度的展开》(东京女子大学学会,1966 年)、鹤见尚弘《明代的乡村统治》(《岩波讲座　世界历史》十二,岩波书店,1971 年)、栗林宣夫《里甲制的研究》(文理阁,1971 年)等,从制度史的角度对里甲役及其负担情况进行了研究。笔者的拙文《作为公课负担单位的里甲和村》(大阪经济法科大学,2000 年)的第一章"明清时代的地方末端组织"及第二章"地方末端组织的领导人的职掌"、洪性鸠《明末清初徽州的宗族和徭役分担公议——以祁门县五都桃源洪氏为中心》(《东洋史研究》第 61 卷第 4 期,2003 年)等近年的研究,着眼于里甲组织内部的公课、公务是如何分担的。笔者本人在研究里甲组织内部的负担处理问题时,深受片山刚氏的缜密研究的启发。片山刚《清末珠江三角洲的图甲表诸问题——税粮・户籍・同族》(《史学杂志》1982 年第 4 期)、片山刚《关于清末广东珠江三角洲的图甲制》(《东洋学报》1983 年第 3、4 期)、片山刚《清末广东省珠江三角洲的图甲制的诸矛盾及其改革(南海县)》(《海南史学》二十一,1984 年)、片山刚《清末广东珠江三角洲的图甲表与同族支配的再编(顺德县・香山县)》(《近代中国史研究》四,1984 年)、片山刚《清代珠江三角洲的图甲经营与地域社会——顺德县龙江堡》(《待兼山论丛》三十六,2001 年)。

得不彻底,但是自此以后,尽管伴有起伏或倒退,变革却是实实在在地向前推进着。正因为如此,两税法以后,把差役、徭役折成银两征收,一方面填充了地方财政,另一方面到了18世纪的清代,除个别地方外,把丁税平均摊入田赋中,征收统一的地丁银。

许多学者认为,在法理上,自两税法以后,丁役被钱粮的缴纳取代。然而此后,上述的各种地方上的名目繁多的"徭役""差役""职役"等,实际上也是以据实履行或以纳银的形式被摊派。由此可以看出,作为体制上的问题,财政制度尤其是地方财政制度尚未健全,尚无法保证实现税法原则。另外,从政治和社会角度来看,国家在财政上虽然存在法则,可在现实中,官僚及官衙单方面拥有对"编户齐民"的课税权,而编民唯有负担"纳粮当差"的义务。此种支配与被支配的结构从未改变过,在某种程度上一直持续到近代,此种结构的存在理由颇值得探究。

徭役性质的变化与土地税的比重增大相关联。至唐代为止,为了确保国家所需的物资和劳动力,就必须首先以户为单位掌控人丁,再把掌控下的人丁编户造册,于是"括户"即成为保证提供物资和劳动力的前提。而且,在按照人丁施加的种种负担中,夫役、军役劳动所占的比重极大。[1]

与此相比,到了唐后期的780年颁布实行两税法以后,改称为

---

[1] 宫崎市定:《唐代赋役制度新考》(原载《东洋史研究》1956年第4期,《亚洲史论考》中卷,朝日新闻社,1976年)。

"夏税秋粮""税粮""地丁"等田赋具有了土地税的性质。[①]虽然随着时代的发展出现过种种变化,但是两税法成为了此后制定土地税制的原则。在两税法体系下,原则是依据"科则"来计算税额的。"科则"是通过把事实上私有的耕地、山林、草泽等土地作为课税对象,考虑其收益而制定出来的。这是一项重要而艰难的工作,因为无论是宋代的"方田均税""经界",还是元代的"经理"、明清时代的"丈量",都是首先要根据所有者的申报和土地测量的结果制定出课税土地台账,然后才能进行两税(税粮、田赋)和土地税的征收。[②]

如表1-1所示,清代的土地税(在此指"地丁"、附加税中的被合法化了的准正税性质的"耗羡"、以实物征收的"漕米"的三项总和)占岁入的比例高达3/4,这仅是指在法定正税中所占的比例。而

---

① 关于两税法的内容,日野开三郎《两税法的基本四原则》(《法制史研究》十一,1960年)、船越泰次《唐代两税法研究》(汲古书院,1996年)等论著有专门阐述。对于宋代的两税制度的运作情况,请参照岛居一康《宋代税政史研究》(汲古书院,1993年)。此外,宫泽知之《中国专制国家财政的展开》(《岩波讲座 世界历史》九,1999年)一文中,通过对唐末至清以来的长期变迁的考察,对两税法与财政运作原则之间的关系,作了深入的分析。

② 对于庞大的课税土地,在土地位置,所有者、面积、税则(即收益的高低)等方面,逐一进行把握是一件极其困难的事情。况且,频繁的买卖、典当等所有关系发生变化时,还要掌握新的纳税者。这些困难,在明代是依靠里甲组织实行集体的税粮缴纳制而得以解决的。到了清代,原则上是实行每个农民、地主的个别纳税,即"自封投柜",征税业务依赖于包揽体制而完成。对于当时的土地税制的运作现实,请参考西村元照《清初的包揽——由私征体制的确立、解禁到包揽征税体制》(《东洋史研究》1976年第3期)等研究。除此之外,笔者也有相关的论考:《清代版图顺庄法及其相关问题》(《东方学报》京都第72册,2000年)、《嘉靖四十一年浙江严州府遂安县十八都下一图赋役黄册残本考》(夫马进编《中国明清地方档案研究》,京都大学文学部,2000年)、《武进县"实征堂簿"和田赋征收机构》(夫马进编《中国明清地方档案研究》,京都大学文学部,2000年)、《武进县的田土推收与城乡关系》(森时彦《中国近代的都市和农村》,京都大学人文科学研究所,2001年)、《嘉靖四十一年浙江严州府遂安县十八都下一图赋役黄册残本的发现与初步考析》(地方文献学术研讨会报告论文,台北,汉学研究中心,2002年)。高岛航的学位论文《近代江南的土地、征税、国家——土地·征税文档与田赋征收机构》(京都大学人文科学研究所,2000年),也是一个值得关注的研究成果。

在非法定的附加税或追加负担等项目中,还有不少情况是依照土地所有者的税额以及土地面积来确定负担额(当然计算规则不同,负担的种类也是多样的)。因此,如果把正税以外的收入也纳入考虑的话,那么,农业部门(含家庭副业)的所得,主要是体现为土地税及附加性、追加性负担,它们要远远超出其他财政所得,在国家的整个财政规模中占有绝对的优势地位。这种农业所得来源于土地所有者(即地主),但实际上,地主将其转嫁给了真正的生产者——农民。

表 1-1　清代国家税收
乾隆十八年(1753)

单位:万两

税　目	数　量	税　目	数　量
土地税	4733	盐　税	701
地　丁	3042	常关税	459
耗　羡	355	杂　税	105
漕　米	1336	合　计	10 731

注:因常关税中的工部关税缺失,笔者在此作了补充。

资料来源:Yeh-chien Wang, *The Land Taxation in Imperial China*, *1750-1911*, p. 72。

宋代以后财政的第二大特征是盐税、关税、商税的收入发展为稳定的财源。关于此点,由于广为人知,在此仅简单地叙述。宋代时,在全国设置了 1800 余所各类商税的征收机构。据 11 世纪中叶的史料记载,当时的国库岁入为 10 360 万匹贯硕两,其中,商税、酒课、盐课合计为铜钱 4400 万贯。[①] 元代以后,更是呈

[①] 曾我部静雄:《宋代财政史》,第 27 页。由唐至宋,"匹贯硕两"等物资的计算单位同时存在,在财政统计上采用复合单位。宫泽知之分析认为,这是由军事性的使用价值所造成的,采用这样的计数单位也就说明了这个国家的财政在本质上是军事体制(中国史研究会编《中国专制国家和社会统合——中国史像的再构成 II》,第 282—291 页)。

增加的趋势,参见表1-2和表1-3。① 特别是到了清代,国家掌控的课税土地面积较明末时期有了较大增加,国库收入也大幅度增加。由此不难看出,商品流通量的扩大支撑了关税和盐税的增长,对于财政具有重要的意义。②

表1-2　元代的岁入结构

	汉地	江南		汉地	江南
税粮	500万石	—	盐课	12 500万贯	25 150万贯
秋税	—	950万石	茶课		1500万贯
科差	460万贯	—	酒课	700万贯	1600万贯
夏税	—	720万贯	商税	2400万贯	2000万贯

资料来源:爱宕松男《元代中国统治与汉民族社会》,《岩波讲座　世界历史》九,第304页。

---

① 明代仿照元代的政策发行纸币"宝钞",采用以宝钞征收商税的制度。然而,宝钞的泛滥和信用力的跌落导致宝钞政策的失败,其购买力跌至钞面价值的五百分之一至千分之一,与此同时,商税收入也大幅度减少。本书在第六章第五节"原额主义与徭役"中列举部分史料进行了论述(本书第272页)。明代前半期的财政明显具有实物主义倾向,因此商税收入的减少也似乎没有对财政运转造成太大的冲击。明初的国家财政支付体系是,对于军队不实行佣兵制,而是采用非财政手段——由分得军田的"军户"负责兵源提供及兵丁的给养;对于从民户征收两税及官僚的俸禄,原则上也是以谷物支付。可以说,明代的财政在某种意义上讲带有制度倒退的特点,不重视土地税以外的关税、商税,也是与这种财政政策有关。关于明代的关税、商税,请参阅佐九间重男"明代的商税制度"(《社会经济史学》第30卷第3期,1943年)、佐九间重男《明代的商税与财政的关系》(《史学杂志》第65卷第1、2期,1956年)。关于整个明代财政制度,请参考 Ray Huang(黄仁宇),*Taxation and Governmental Finance in Sixteenth-Century Ming China*(Cambridge University Press,1979)。

② 运用计量学的方法对清代财政收入进行研究的有:彭泽益《清代财政管理体制与收支结构》(《中国社会科学院研究生院学报》1990年第2期)、许檀、经君健《清代前期商税问题新探》(《中国社会经济史研究》1990年第2期)、吴慧《明清财政结构性变化的计量分析》(《中国社会经济史研究》1990年第3期)、陈锋《清代财政收入政策与收入结构的变动》(《人文论丛2001年卷》,武汉大学出版社,2002年)。

表1－3a　明代(16 世纪末)的岁入结构

两　　税	2660 万石＋	关税、商税	56 万两＋
盐　　课	200 万两	杂　　税	322 万两

资料来源：根据 Ray Huang，*Governmental Finance in Sixteenth-Century Ming China*，第 177、216、236 页推算出的数值。

表1－3b　明末至顺治年间的岁入额

原额地丁银	3195 万两
盐税关税	272 万两
合　　计	3467 万两

资料来源：《清世祖实录》卷八四，第 26—27 页。

2. 岁出结构

自明末的"一条鞭法"改革至清代，法定的国库支出，大部分是以银两为计价单位，铜钱与银相比仅占很小的量。除此之外，还有以实物形式征收的正规土地税，即漕粮、南粮等的米谷豆类约 900 万石，其中半数左右，经漕运运往北京，另一半作为官吏的禄米和军粮，在各省内分配。[①] 以银两为计数单位的国库支出的账目上，可以反映出岁出的结构特点。清代按照"奏销册"整理出的国库支出项目构成，如表 1－4 所示的那样，比较笼统。由于支出项目的开列方法不同，如果按照现在的财政划分的话，那么，很难准确计算出当时中央财政与地方财政，公共事业财政与行政经费、军费等的比例。[②]

[①] 关于明代的漕米征收和漕运业务的研究，有鲍彦邦的《明代漕运研究》(暨南大学出版社，1996 年)；关于清代的，有李文治、江太新的《清代漕运》(中华书局，1995 年)。

[②] 财政经费的分类，请参考松井义夫《清代经费的研究》(南满洲铁道株式会社，1935 年)。

表1-4 清代的岁出结构
乾隆三十一年(1766)

单位:万两

满汉兵饷	1700＋	宝泉宝源局工料银	10
王公百官俸	90＋	京师各衙门胥役工食银	8
外藩王公俸	12	京师官牧马牛羊等刍秣银	8
文职养廉	347	东河南河岁修银	380＋
武职养廉	80	各省留支驿站祭祀仪宪官俸役	
京官各衙门公费饭食	14	食料场廪膳等银	600＋
内务府工部等祭祀宾客备用银	56	更换漕船	120
采办颜料木铜布银	12	合计(仅指以银支出的部分)	约3460
织造银	14		

资料来源:《清史稿》卷一二五,第3707—3708页。

可以看到,军费所占比例是较大的。[1] 学者平濑巳之吉曾经指出,清代的军费开支占到国家财政支出的50%—80%,因而清代国家乃是一个十足的军事国家。[2] 即便是在平时,也支付着大量的开销来供养军队,在法定的国家财政的经常开支中,其所占比例最大,达到了正规财政规模的六至七成。这种情况不仅仅是在清代,在中国整个近代的历史上都无一例外。

清朝,本来是一个兴起于东北的地方政权,它将其社会组织和国家组织编制成军事组织,即以八旗为核心构建国家。可以说,在清朝成立初期,军队即国家。可是,当清军入关,确立了全中国的统治地位之后,人们仍然容易把它的国家性质误解为一个军事专制国家,笔者认为这种认识是有失偏颇的,不能把清朝简

---

[1] 陈锋:《清代军费研究》(武汉大学出版社,1992年)对于清代军费有详细研究。
[2] 平濑巳之吉:《近代中国经济史》(中央公论社,1942年)。

单地理解为专门依靠军事强权而维系的国家。至于军事强权，自不必说它是维护社会统治的根本保证，这在任何性质的国家中都是如此。

我们不能否认，中国社会发展到了 19 世纪末，社会经济并非处于停滞状态，而是处于长期持续的缓慢的发展阶段。尽管人均产值增长幅度很小，但是社会经济总体规模的扩大还是明显的。从明末到 18 世纪这段时期，中国近代前期的农业和手工业发展到了顶点。在这样一个经济发展的背景下，如果还是把清朝看作是一个依靠 80 多万军队的武力才能掌控的国家的话，那么未免过于简单了。莫不如说，清朝的军事力量在社会意识的操纵，行政、治安、经济等活动的开展，以及作为其结果的国家统治的正统性方面，发挥了更为举足轻重的作用。而且不要忘记这些功能都是在财政的支撑下才得以实现的。

从军队人数来看，清朝军队的绝对数量要比前朝大为减少。众所周知，清代的八旗和绿营的定员为 80 多万（包括警察、运输、治水等业务的兵丁）。而宋代的禁军超过了 100 万，明代的军户有 200 万户（纳税服役的总户数约为 1000 万户）。相比之下，清朝的兵员精简了很多。而且据推算，清代的人口到 18 世纪时已超过了 3 亿[①]，是明末人口的 3 倍。由此可以清楚地看到，清代军队的相对数量就显得更少了。

在现代国家财政制度里，在编制预算和统计决算时，一般是尽可能多地列出包含项目，通过其项目和结构，即可洞察其国家的政策指向和财政性质。然而，在清朝的国库支出的账目上，只记载了法定的正额部分，从中很难观察到清朝财政制度的全貌，

① 关于人口统计，请参见第 39 页注①。

进而也很难精确地把握清朝军费所占的比例,若要考察清朝的军费,还必须了解法定的正额以外的财政情况。

不过,正额以外的财政,即附加税、追加税、征税经费,以及其他的行政、司法收费等"陋规""规费"的部分,是不透明的,其总额难以把握。其中大部分用于官僚、胥吏、衙役、幕友等人的收入,或者用于中央和地方的行政事务开支、事业费开支,而很少用于军事目的。因此,在以财政总和为基准来考察国家事业规模的时候,就需要充分考虑到军事的比重,不单从正额财政中去考虑,而应该做一定量的保守估算。

由此特点可以看出,清朝的军费在国家总体财政(作为国家事业规模的量化指标)中所占的比重与过去历朝相比,可谓大为缩小。如果把人口动向作为社会经济发展或衰退的一个衡量指标的话,那么,在平时军费与社会经济规模的比例上,清代的军事支出明显地减少了。

第二节　财政的长期动向

法定的国库收支的特征之一,就是收入与支出均按一定的定额限制。当然,在发生自然灾害、战争,或者进行大型治水事业时,有时会出现收入临时减少、支出临时增大的情况。就土地税而言,按面积缴纳的税额,一旦规定下来以后,一般情况下都不会出现增税或减税的情况。因此,若要增加国库的土地税收入,只能靠拓展课税的土地面积来实现。

关于清代的"地丁",即土地税与课税面积的动向,王业键(Yeh-chien Wang)的研究为我们提供了生动的事实。据王业键的研究显示,经张居正(16 世纪 80 年代初)的丈量,明代的课税土地面积达到了最大值的 77 300 万亩。由于明末清初的战乱,有相当一部分土地遭到荒弃,1661 年时减少到 54 900 万亩。直到 18 世纪中叶,包含了此前未纳入明代领地的东北三省的拓展土地面积在内,全国的课税土地面积才总算恢复到了明末的水平。而在中国内地,土地再没有超过明末时期的面积,可以说,当土地面积恢复到了明末的水平之后,就基本上再没有进一步的发展。①

对于此现象的原因,王业键分析出几大要素,其中最重要的一点就是王朝开创期所设定的原额的固定化。自清朝入关之初开始,一直以来的方针就是按照明代万历年间的原额(即依据明代的《赋役全书》)而制定税额。在清代的《赋役全书》中,土地面积及税额的原额,均沿用了万历年间的数字。② 因此,明末清初的战乱导致遗失的耕地,并没有在原额的数字上予以体现,而是当作原额的过度不足加以处理。

按照如此方式算出的课税土地面积,主要集中在中国内地的十八省范围内,随着面积的恢复,到 18 世纪中叶时恢复了原额,之后就停滞不前了。"地丁""漕粮""耗羡"等土地税也随之相应地发生演变。

除上述的土地税以外,国库的另外两项收入源——关税和盐税的情况如何呢? 依据笔者掌握的资料,通过对细微的数值进行比较发现,1838—1848 年的数值(指盐税数值:译者注)既比 1812 年的数值低,也比 1753 年的数值要低(见表 1 - 5)。因此,姑且不论关税和盐税增大的顶点在哪个时期,单就绝对数值来看,进入

---

① Yeh-chien Wang(王业键),op. cit,*The Land Taxation*,pp. 20 - 31.
② 清代初期,在征收土地税和税粮时,各地沿用了万历年间的原额。请参考本书第二章第 77 页以后。

19 世纪,关税、盐税是处于衰退阶段的。①

表 1-5　清代的盐税、关税收入　　　　　　单位:万两

年份	盐税	关税
乾隆十八年(1753)	701	459
乾隆三十一年(1766)	574	540
嘉庆十七年(1812)	580	521
道光十八年至二十八年(1838～1848)平均	468	530

资料来源:乾隆《大清会典》卷十六第 1 页、卷十七第 5 页;《皇朝文献通考》卷四十第 5 页;《清史稿》卷一二五食货,第 3703 页;《史料旬刊》第 27—30 期;《岁出岁入简明总册》(中国国家图书馆藏抄本)。

如前所述,清代的国库,除了以实物收取的漕米以外,出入国库的大部分是银。因此,银的购买力如果发生波动,自然就会引起国库收入的实质上的巨大变化。在考察财政规模的长期动向时,必须依据国库的实值。实值的动向通过以下的公式可以反映出来:用银的购买力指数的逆数(可以视作等同于物价指数)除以国库收支的绝对额的指数。

在这里出现了一个资料上的问题,首先,无法把握国库支出的规模及变动。本来,根据清代的财务报告"奏销册"以及据此统计的数据,就可以搞清楚正税收入额(见表 1-6)。可问题是,即便将"奏销册"上的支出加起来,也得不出全国(中央和地方的总和)的正规财政收入总额。关于这一点,连(清代的 19 世纪)财政

---

① 关于清代的关税收入,除了有许檀、经君健《清代前期商税问题新探》(《中国社会经济史研究》1990 年第 2 期)以外,还有香坂昌纪《清代中期的国家财政和关税收入》(《明清时代的法与社会》,汲古书院,1993 年),其文中使用了本书的表 1-5 同一资料源的《史料旬刊》所收的嘉庆十七年"各直省钱粮出入清单"。

学者魏源也曾产生了误解,所以应该特别注意。① 因此,我们得到的数据,并不能准确地反映支出的增减。

表 1-6　清代正额财政的规模　　　　单位:万两

年　份	岁入	岁出
顺治九年(1652)	2438	1800
康熙二十一年(1682)	3110	—
雍正三年(1725)	3585	—
乾隆三十一年(1766)	4547	3460
乾隆五十六年(1791)	4359	3177
嘉庆十七年(1812)	4013	3534
道光十八年(1838)	4127	3621
道光十九年(1839)	4031	3479
道光二十年(1840)	3904	3581
道光二十一年(1841)	3860	3734
道光二十二年(1842)	3872	3715
道光二十三年(1843)	4226	4190
道光二十四年(1844)	4016	3865
道光二十五年(1845)	4061	3882

---

① 清代的奏销册在"协饷"(财政有剩余的省份对财政贫乏省份的资助)的会计处理上,由于被资助省把协饷用于军费开支,而资助省也把协饷列为开支,所以在户部对各省会计单位进行单纯合计时,作为支出项目的协饷额就出现了重复计算的问题。另外,户部山西司据此制成的《奏销红册》(总册)的"岁出岁入"项中,不包括户部库银的收支。魏源因为不了解此种结构,所以对户部的"总册"上记载的数值颇为困惑。请参照魏源《圣武记》卷十一"武事余记"(中华书局,第 474、495 页)、王庆云《石渠余记》卷三(北京古籍出版社,第 144、149 页)。实际上,雍正、乾隆年间的年度财政,每年都有数百万两的盈余存放在户部银库或地方银库里。

续表

年　份	岁入	岁出
道光二十六年(1846)	3922	3629
道光二十七年(1847)	3939	3558
道光二十八年(1848)	3794	3589
道光二十九年(1849)	3701	3644

资料来源:魏源《圣武记》卷十一,第8—9、11页;《清史稿》卷一二五,第3703—3704页;百濑弘《清朝异民族统治下的财政经济制度》,《东亚研究所报》20,1943,第49—50页;《史料旬刊》第22—29期;王庆云《熙朝纪政》卷三,《岁出岁入简明总册》,第50—53页。除前四项外,均按奏销册的单纯累计方式算出。

另外,虽说银的购买力可以通过物价来体现,但是,清代物价的长期变动很难用数量化来表现。关于清代的物价,全汉升和王业键做过深入的研究,岸本美绪也有精辟的研究成果。① 即便如此,我们还是很难用数量化来表现 17—19 世纪的物价动向。在此我们仅能通过几个年度数值的粗线条来表示基本的趋势。

---

① 全汉升:《中国经济史论丛》(香港中文大学新亚书院,1972 年)、Yeh-chien Wang, *The Secular Trend of Price during the Ch'ing Period* (1644 -1911)(《香港中文大学中国文化研究所学报》5/11,1972 年)、中山美绪《清代前期的江南米价动向》(《史学杂志》第 87 卷第 9 期,1978 年)、中山美绪《清代前期江南物价动向》(《东洋史研究》第 37 卷第 4 期,1979 年)。此外,臼井佐知子《对清代赋税相关数值的探讨——乾隆末年至同治六年江南的银钱比价·钱粮折价。米价·棉花价·漕米折价的变动和纳税户赋税负担的变化》(《中国近代史研究》,1987 年第 1 期)一文中,列出了许多有价值的数据。岸本(中山)《清代物价史研究的现状》(《中国近代史研究》,1987 年第 5 期)一文中,不仅对物价问题,而且对整个社会经济史全貌做了很好的介绍和很深刻的分析。岸本的这方面研究成果收录在《清代中国的物价与经济变动》(研文出版,1997 年)一书中。笔者在图 1-1(本书第 40 页)中引用了彭信威的米价数值,通过参阅岸本的研究,笔者对米价数值的可靠性增强了认识,在此也要对岸本表示谢意。19 世纪中叶,冯桂芬对当时的物价作如下表述:康熙岁,羊一匹一钱八,而今六倍;"国初,每工只银二三分,今增三四倍"(17 世纪中叶,木瓦工一日工费二三分银(0.02—0.03 两),200 年后 19 世纪中叶,翻至三四倍),参见冯桂芬《用钱不废银议》(《校邠庐抗议》卷下,第 79 页)。

鉴于此,在物价方面似乎也没有必要追究统计上的精确数值。在这里,列出了有关米价的两种数值,并引用了王业键的物价指数。至于彭信威的米价数值,虽然还有争议,但是它涵盖了整个清代。

在分析中国近代前期的经济数量的时候,人口数值常常被人们当作消费量、生产量的推算基础。[①] 根据此种方法,可以将人口动向视作社会总体财富和劳务生产量的长期变动的一个代理指标。虽然不能称之为准确的分析结果,但对于工业化以前的社会,人口推移值还是通常作为体现生产总量长期变动的代理指标而使用。

根据以上原理,把国库收入与米价、物价、人口推移转换成数值,绘制成曲线图(见图1-1)。这里所指的国库收入,包括正额收入部分和"耗羡""关税盈余"等正额化的收入,但不包括卖官而纳入户部银库收入的"捐纳"部分。[②] 由于资料有限,此图的各项指标能否准确地反映当时的实际,不可断言,但是相信至少不会出现相反的趋势。

由图1-1以及表1-6,可以得出以下结论。

[①] 珀金斯(Perkins)等学者对农业史研究指出,清代中国经济发展的特质之一是:人均劳动力的物资产量没有增长。而尝试着对清代经济进行计量分析的吴承明氏认为,在对商品生产和流通进行估算时,应把人口数量作为估算的基底。吴承明首先估算出一个人的各种物资消费量,然后乘上人口数,从而推算出总体的消费量,再进而推算出总的生产量。Dwight H. Perkins, *Agricultural Development in China 1368-1968*(Aldin Publishing Company, 1969)、吴承明《中国资本主义与国内市场》(中国社会科学出版社,1985年)。

[②] 罗玉东:《中国厘金史》(商务印书馆,1963年)第6—7页的第二表中收录了从雍正二年到咸丰三年户部银库的捐税收入。关于捐税,许大龄《清代捐税制度》(燕京大学哈佛燕京学社,1950年)中有详细记载。此外,伍跃《清代捐税制度论考——以报捐为中心》(夫马进编《中国明清地方档案研究》,京都大学文学部,2000年)中也有记载。

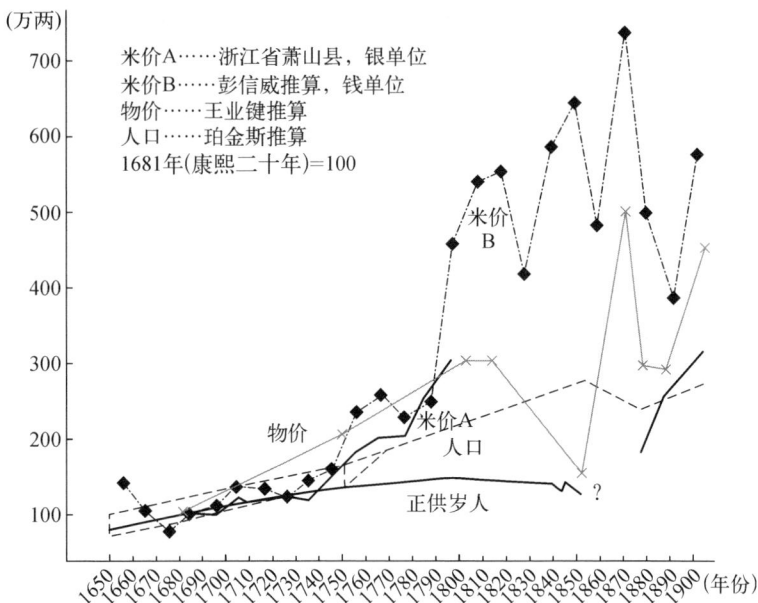

图 1-1　清代的物价动向

资料来源:参见田仲一成《宗祠演剧在清代浙东宗族的组织形成中的功能》(《东洋史研究》1986 年第 4 期,第 47—50 页)一文中介绍的"长河来氏祭田会计录"中的年度米价资料。除去短期变动,取五项移动的平均加以数值化得出的;彭信威《中国货币史》(上海人民出版社,1958年),第 571、582、588、601 页;Yeh-chien Wang, *The Secular Trend of Price during the Ch'ing Preiod（1644-1911）*;Dwight H. Perkins, *Agricul-tural Development in China 1368-1968*,第 16 页;注(12)的表;《户部现办各案节要》(中国国家图书馆藏抄本);刘岳云《光绪会计表》;罗玉东《光绪朝补救财政之方策》(《中国近代经济志研究集刊》1-2,1933 年);刘克祥《太平天国后清政府的财政整顿和搜刮政策》(《中国社会科学院经济研究所集刊》3,1981 年)。

(1)法定正额部分的财政收入,每一项都有"定额"的限制,灵活性很小。然而实际上,由于对课税土地的严格把关以及关税收入的增多,财政收入大为增加,尤其是清初的 17 世纪至 18 世纪中叶,始终呈现增长的趋势。只是到了 19 世纪前期,即进入嘉庆、道光年间以后,财政收入以低于最高值(1791)200 万—400 万两的水平推移,尤其是在太平天国起义之前(1850),出现了极其明显的跌落。

（2）表1-6上显示的"岁出"，是根据奏销册上的支出（"开支"）而算出的总和，并不是全国财政支出的实际总和。但是两者反映的动向并不相悖，即都反映了进入19世纪以后的一个事实：收入减少，支出却增大。

（3）在人口、财富与劳动生产量、财政规模的相互关系方面，截至18世纪中叶为止，人口的增大基本上与财政规模的增大呈平行发展趋势。但是，此后一直到太平天国时期，两者却呈反向发展趋势。当然还应该注意到，在此期间，19世纪20年代起曾出现过由于银的流出（即货币供给的减少）而引起的经济萧条，那种萧条持续了相当一段时期，不仅反映在人口的增减上面。

（4）在清代中期，总的倾向是物价上升（即银的相对贬值）。可以说，从18世纪前半期开始大约100年间，银的购买力贬值了2/3左右。[①] 这个时期，法定的财政规模基本上没有对银的购买力降低作出任何反应，因此，正规的国家财政实质上是处于规模大幅度萎缩的状态。

（5）清代财政还有一个重要特点，国库支付给文武官僚的俸给、津贴、兵饷、物资采购经费、马匹饲养费、"衙役"的额定补贴等的单价，均是采用固定制的。因此，它们不随着物价的动向而作相应的调整。正如曲线图1-1所显示的那样，只要是物价长期大幅上涨，那么就必然引起各种各样的摩擦和问题。进而也就牵涉出了正额外财政的扩大问题。

---

① 请参照第40页的图1-1和第38页注①中提到的冯桂芬的观点。另外，张之洞在光绪八年（1882）上奏中，对18世纪前半期和当时的银价进行比较以后，写道："考之本朝掌故及前人文集笔记，率其时每银一钱，抵今日三钱之用。"（《筹补铁款片（光绪八年六月十二日）》《张文襄公全集》卷五奏议，第3,4页。）

(6) 曲线图上的米价是以铜钱为计价单位的。本来,彭信威收集的史料中的价格大多是按银两单位推算价格的,绘制本图时按照当时的价格换算成了铜价。不过需要说明的一点是,银两与铜钱的比价不能保证非常精确。学界的普遍看法是,18、19世纪之交,全国性的趋势是"银贵钱贱",即铜钱的相对价值呈跌落之势。在曲线图上也能明显地看出,当时以银两计价的米价和物价指数,与以铜钱计价的米价指数呈分离态势。铜钱的相对价值的下跌,虽说不是全部但对财政产生了巨大的影响。

盐商通过向主管盐政的官府递交申请,缴纳银两,从而取得盐的购买和销售的经营权。可是,在盐的销售过程中,使用的流通货币却通常是铜钱。铜钱贬值、银两升值的行情,给支撑官府盐业收入的盐商们造成了很大打击。此后不久,一直持续到19世纪中叶,清朝的盐政陷入全国性瘫痪。盐商的没落是造成这一局面的原因,而"银贵钱贱"也是使得盐商们举步维艰的原因之一。[1]

而且,清代中期以后,地丁银、漕粮等的缴纳,在很多地方开始实行"折钱"的方式,即折算成铜钱进行代缴。至于盐税,若是盐价上涨,还会出现非法的私盐盐商冲击正规盐商的额盐的情况。因此,为了防止银价上涨带来的损失,地方州县在征税时,往往向纳税者多征一些铜钱。地方州县在银铜换算时,并不是按照银铜换算的市价,而是在征税之外又对纳税者征收其他的附加税。正是因为这样,造成了纳税者的负担日益加重,征税者与纳税者之间的摩擦加剧,以至于到了道光年间其矛盾激化,各地出

---

[1] 佐伯富:《清代盐政研究》(东洋史研究会,1956年);冈本隆司:《清末民国和盐政》(《东洋史研究》58-1,1999年)。

现了"抗粮"运动(纳税者拒绝缴纳租税、漕米)。地方州县完不成
课征任务时,就会出现把应该上纳省布政使司的正税中的"起运"
部分进行截流等情况。除此之外,"亏空"(库款出现亏空)、"未
进"(州县向布政使司滞交银两,或布政使司向户部滞交银两),也
都是在这个时期频频发生的情况。[1]

　　这里言及的仅仅是清代财政问题的一部分而已,若长期地动
态地看,那么清代的财政动向便如前面(1)—(5)所概括的那样。
可以说,户部掌管的法定财政到了 19 世纪中叶基本上陷入财政
危机的状态。地方上"亏空"的增大、户部银库吃紧等,进一步演
变为政治问题,成为当时朝野上下关注的重大问题。

　　可是,在明显的财政危机的背后,还潜伏着另一个危机,那就
是影响财政体系的稳定和破坏社会的安定。

　　从绝对值上看,清朝的财政规模停滞在 4000 多万两的水平,
由于银价的相对贬值,所以实质上的财政规模还要小一些,但尽
管这样,清朝仍然维持着庞大的国家机构(官吏、军队)和国家公
共事业,根本看不出事业萎缩和经费缩减的迹象。那么,它的这
些开销是靠什么来补给的呢?

　　清代中期以后,官僚大臣们在理财方略上,曾大力提倡"开源
节流""开源节用"(开拓财源和削减支出),在给皇帝的奏疏中也
频频谏言。可是,真正具有可行性的开源方策和节流节用的措施
却没有得到落实。[2]

　　于是,为了弥补财政缺口,种类繁多的附加税和追加税便应

---

[1] 关于清代中期的亏空问题,请参照铃木中正《清末的财政与官僚的性格》(《近代中国研究》第二辑,东京大学出版会,1958 年),以及刘德美《清代地方财政积弊个案探讨——嘉庆年间安徽钱粮亏空案》(《师大学报》27,1982 年)。

[2] 参照本书第三章第 112 页以下部分。

运而生。受"定额"所限的法定"正额""正供"以及作为地丁附加税的"耗羡",这些都不能随意变动,那么就只好在其他名目的收费上做文章。比如,非法定的"平余""差徭""浮收",临时的"摊派"等的附加、追加课税,名目为"漕费""柜费"的课税手续费、运费,在规定银铜换算率和谷钱换算率时官府加收的小金库,除此之外,还有名为自愿实际上是强制性地向商人们征收的"陋规""节规""盐规",等等。这些虽说不是恣意而为,但是却具有极大的弹性。当我们了解了这些巧妙灵活的做法之后,也就会理解:法定内的财政虽然缩小了,但法定外的收入源却大大增多了。换句话说,非法定的正额外财政的扩大弥补了法定正额财政的缩小部分。

第三节　正额外财政的扩大

在上一节论述中谈到的以附加或追加税为财源而实现的正额外财政的扩大,在 19 世纪成为一个紧要的社会问题,特别是造成了作为纳税者的下层民众的生活陷入困苦的境地,也不能不引起官吏政客们的关注。按照历史规律,一个王朝往往是到了后半期,政治纲纪变得松懈,官吏的风纪也随之变得颓废,引起官僚胥吏阶层追求私利、腐败乱纪,更成为民众反抗的原因,于是,王朝开始由动乱走上灭亡之路。不可否认,政治道德的好坏可以在很大程度上左右社会的统治秩序,但是,官僚的贪污腐败、苛敛诛求、行政效率低下等现象,如果仅仅从国家执政者的道德水准这一点来分析,那么就不能从根本上指出其因果关系。

清代中期以后也是如此,抗粮暴动、民众有组织的反抗频频发生,抨击官僚贪污腐败、胥吏衙役苛敛诛求的声音此起彼伏。

但笔者认为，将王朝末期的贪污腐败归咎于纲纪松弛或者官僚吏胥们的利欲熏心，莫不如说，中国近代国家财政体系的结构出了问题。佐佐木正哉通过对咸丰初年浙江省抗粮暴动的研究，指出附加税的增多是抗粮暴动的主要原因。同时，它与物价上涨、因削减地方财政而引起的地方财政困窘是紧密相关的。① 笔者完全同意佐佐木正哉的上述见解，并就清代财政体系中不可或缺的附加、追加负担增大问题，以及它引起的社会问题的演变过程，在此作一探讨。

1. 地方财政经费的困窘

在近代前期的中国，除了官僚胥吏们的俸禄以外，地方上，特别是州县等最基层的官府，其财政经费基本上没有正规的财政手段来解决。宋代以后出现的徭役问题，就是因为州县为了解决自己的财力和劳力而采取的办法。因此，宋代以后出现的"职役""差役""差徭"等主要的徭役，与唐代以前的租庸调制有着本质的不同，具有明显的地方财政特点。由此可见，徭役问题是地方官衙为了解决当地的财政，与征收附加税、追加税一起，成为地方财政手段。正因为法定的财政中不包括地方经费，所以就迫使地方官衙只得向治下的百姓征敛正规租税之外的赋税和徭役。②

另一个情况是，官僚胥吏们的俸禄很低，于是他们便想尽办法增加额外收入。如此弄来的额外收入，除了作为官吏们的俸禄

---

① 佐佐木正哉：《咸丰二年鄞县的抗粮暴动》《《近代中国研究》第五辑，东京大学出版社，1963年）。而另一方面，铃木中正在前面提到的其论文中，谈到了官僚对物质财富的贪婪，并且十分鲜明地指出清代财政问题的病因。

② 何平：《清代赋税政策研究——1644～1840年》（中国社会科学出版社，1998年）一书中，将这种财政称为"不完全财政"，探讨了由此引起的一系列问题和养廉银制度的对策。

补充外,还作为支付相当于私人秘书的"幕友"的酬金,以及作为雇用"家人""长随"的费用。这些人都是地方官在工作上必不可少的助手。①

至于附加税、追加税的课税标准和方法,当然不存在明确的法律规定。这些不正当的课税本来是法律上明令禁止的,但是在地方上,如果没有这些违法课税的收入,地方行政将无法运行。所以此种课税基本上是在课税者与纳税者之间达成的一种默契和约定俗成。只要未引起纳税者的激烈反抗,也就不必履行上奏、审批等手续,其上级官衙以及中央朝廷也无意加以干涉。不过,因为此事而遭处分的地方官也不是没有,所以从严格意义上讲,地方上的这些行为完全是违法的。②

众所周知,明代中期以后,出现了严重的"役困"问题,它是由百姓的税、役繁重和乡绅的逃避负担而造成的,这也成为地方财

----

① 关于清代地方官衙的总体研究,Tung-tsu Ch'u(翟同祖)的 *Local Government in China under the Ch'ing*(Harvard University Press,1962)中包含了关于地方财政构造研究的值得参考的论点。Lien-sheng Yang(杨联陞)在 Ming Local Administration,in Charles O,Hucker ed.,*Chinese Government in Ming Times*(Oxford University Press,1969)中,对明代的地方财政问题也给予了关注,在 *Economic Aspects of Public Works in Imperial China*,in Excursions in Sinology(Harvard-Yenching Institute,1969)中,以其丰富的学识,精辟地分析了中国劳动制度的状况和特质。关于胥吏、幕友制度,宫崎市定、郑天挺两位甚有研究,宫崎市定的《清代的胥吏和幕友——以雍正时期为中心》(《东洋史研究》第16卷第4期,《亚洲史论考》下卷,朝日新闻社,1967年)、《雍正时代的研究》(同朋舍,1986年),郑天挺的《清代的幕府》(《南开史学》1980年第1期,《明清史国际学术研讨会论文集》,天津人民出版社,1982年)。关于幕友的详细研究,可参照缪全吉《清代幕府人事制度》(中国人民行政月刊社,1971年)。

② 近代中国的官僚制具有某种承包性,官僚的人格问题以及职权的公私不分等问题比较突出。但是,在法律规定上,对于公私是有着很严格的界定的,有时也被严格要求。中国第一历史档案馆的"题本贪污类"档案史料中,可以看到很多事例。举一征收附加税的例子:雍正年间,湖北省松滋县知县,为了筹集向布政使司运送税粮的经费,在征收一成的合法"火耗"之外,每两银又加收三分,额外地多收了三十五两,结果被处以"枉法"之罪(雍正七年十二月十一日,湖广总督迈柱题)。

政制度上的一个主要问题。明末进行的赋、役改革的一个重要成
果是,将"里甲""均徭""驿传""民壮"等地方上的徭役(准确地应
称"差役")负担,统统归为"四差银"加以固定化,采用银两的形式
加以征收。① 因为在这之前,中央财政当局实际上很难把握这些
赋役,在科派原则、负担额计算、会计处理等方面鞭长莫及。另一
项改革的成果是"存留银"制度,对每个州县的征收额和支出额实
施定额化,把所有的州县编入一种叫《赋役全书》的财政预算书
中。在《赋役全书》中,把地方经费进行定额化和预算化,列为"存
留银"。把"存留银"的"额编"征收数量及"存留银"支出细目都一

① 明清时代的租税徭役制度方面,权威的研究成果有山根幸夫《明代徭役制度的展
开》(东京女子大学学会,1966 年),岩见宏《明代徭役制度的研究》(同朋舍,1986
年),川胜守《中国封建国家的支配构造——明清赋役制度史的研究》(东京大学出
版会,1980 年),谷口规矩雄《明代徭役制度史研究》(同朋舍,1998 年),伍跃《明清
时代的赋役制度和地方行政》等著作。赖惠敏《明代南直隶赋税徭役与地方经费》
(《史原》12,1982 年)从明代徭役角度来研究地方的财政问题,对我本人启发良多。
其他像小山正明、谷口规矩雄等学者的个人研究,小山正明在《赋役制度的变革》
《岩波讲座　世界历史》十二(岩波书店,1972 年)一书中有全面的介绍,请参照。
本书正文中虽未论及税收问题,但在本章第 26 页注①、第 28 页注②中,本人对课
税台账和征收机构已有所论述。与这个问题相关的重要研究有:西村元照《张居正
的土地丈量——全貌和历史意义的把握》(《东洋史研究》第 30 卷第 1、2 期,1971
年),《关于明后期的丈量》(《史林》第 54 卷第 5 期,1971 年),《关于清初的土地丈
量——国家和乡绅围绕着土地台账和隐田的对抗关系》(《东洋史研究》第 33 卷第
3 期,1974 年);山本英史的《清初时期包揽的展开》(《东洋学报》第 59 卷第 1、2 期,
1977 年),《关于浙江省天台县的"图头"——18 世纪初期支配中国乡村的一形态》
(《史学》50,1980 年);铃木博之《明代的包揽的展开》(《东方学》64,1982 年);森田
明《清代的"议图"制及其背景》(《社会经济史学》第 42 卷第 2 期,1976 年);山本英
史《从均田均役到顺庄法的过程——以清初吴江、震泽两县为例》(《山口大学文学
学会志》32,1981 年),《对于清初华北丁税科派的见解——围绕黄六鸿的"编审
论"》(《西和东》,汲古书院,1985 年);并木赖寿《清代河南省的漕粮》(《东洋大学东
洋史研究报告》2,1983 年);第 26 页注①中提到的片山刚的一系列论考;潘喆、康
世儒《获鹿县编审册初步研究》(《清史研究集》第三辑,四川人民出版社,1984 年);
山本英史《"自封投柜"考》(《中国——社会与文化》四,1989 年),《绅衿税粮包揽与
清朝国家》(《东洋史研究》第 48 卷第 4 期,1990 年),《雍正绅衿抗粮处分考》(《中
国近代史研究》七,1992 年),《清代的乡村组织和地方文献——以苏州洞庭山地区
的村役为例》(《东洋史研究》1999 年第 3 期)等。

一加以划分,把它列为法定的正规支出项目。于是,在国家财政体系中,"存留银"被赋予了正当的地位。①

到了明末,"存留银"开始作为地方州县的正规财政经费。那么,在全国范围内,其数额到底有多少呢? 能够直接清楚地反映这方面的史料还没有。不过,清朝入关之初曾布告天下:税额照明万历年间的《赋役全书》执行。若是如此,则顺治初年存留银的预算总额大体上沿袭了明代的数额,即 850 万两以上(表 1-7)。

表 1-7　存留银的削减

年　份	数额(万两)	比例(%)
明末至顺治年间	876	25.20
康熙二十四年(1685)	625	22.20
雍正二年(1724)	703	23.20
乾隆十八年(1753)	640	21.20
嘉庆年间(19 世纪前半期)	580	18.40
光绪年间(19 世纪后半期)	430	14.40

资料来源:《清世祖实录》卷八四,第 26—27 页;《清史稿》卷一二五,第 3707—3708 页;刘岳云《光绪会计表》。嘉庆、光绪年间的比倒,是相对于地丁、耗羡之和。

到了雍正年间,存留的银两已不能满足地方财政的需要,地方官吏们又开始通过征收附加税等手段,发明了新的增收方法,于是,"养廉银"和"公费"制应运而生。这种又被称为"火耗"的附加税,在明代以后,与地丁正税相对,已成为基本上公认的、固定

① 关于 17 世纪前半期颁布的《赋役全书》,请参照本书第二章第 78 页注①。

的财政手段。①

　　经过州县经费的两项改革(其一,地方经费详细地划分出具体细目,作出预算,从而设定存留银的数额;其二,对大小地方官一律以职务津贴的形式支付相当于其正规俸给的数十倍的养廉银),使得地方财政制度向着合理化迈进了一步,也使得地方财政有法可依。但是,改革实行不久便出现了倒退,到了19世纪中叶即失去了它的意义。因为第一,地方政府为了克服财政困难,人为地阻碍了其实行;第二,存留和养廉的数额固定化与经济变化之间产生了矛盾,也使其自然地变得失去了意义。

　　如表1-7所示,存留银的数额在康熙年间有大幅度减少,这是由于三藩之乱爆发后,财政吃紧,为了渡过难关只得削减存留,以起运的形式,将那部分财政转用于临时军费了。存留银的数额在雍正年间稍稍有所回升,但之后便又出现了持续的减少。② 如果再把18世纪初开始的银的相对价值长期下跌的因素考虑进来的话,那么,已经成为州县正规行政经费的存留银,在19世纪前半期的实际价值已经跌为明末时期的一半以下。

　　同时,雍正年间创立的养廉银,虽然称得上是地方经费改革的第二项重大举措,但是随着后来的"摊捐""摊款"制度的实行,

――――――――――――

① 关于养廉银制度,安部健夫《耗羡提解的研究——作为〈雍正史〉的一章来看》(原载《东洋史研究》第16卷第4期,1958年;《清代史的研究》创文社,1971年);岩见宏《对雍正时代的公费的一考察》(《东洋史研究》第15卷第4期,1957年),《养廉银制度的创设》(《东洋史研究》22卷3期,1963年)——以上三篇论文收入《雍正时代的研究》;庄吉发《清世宗与赋役制度的改革》(学生书局,1985年)。还有一部力作, Madeleine Zelin, *The Magistrate's Tale*:*Rationalizing Fiscal Reform in Eighteenth-Century Ch'ing*(University of California Press,1984),通过对北京和台北保存的档案史料的研究,从财政制度的合理化及其遭遇挫折过程的分析,揭示了养廉银制度的始末。
② 前述佐佐木论文《咸丰二年鄞县的抗粮暴动》的第六节中,介绍了浙江省的几个州县存留银两的减少情况。

养廉银逐渐地失去了原来的意义。

所谓摊捐、摊款,是指在省、府的行政业务中,对于没有被列入法定的正规财政支出的项目,省内各官必须"捐"款来完成该项目。表面上称为捐款,实际上就是一种强制性的摊派。张之洞对此有过阐述:"窃臣当甫入晋境,既问民之疾苦,因问官之疾苦,则佥以摊捐为累。对摊捐者,凡关系一省公事用度而例不能销,则科之于州县者也。晋省自乾嘉以来,州县解交两司暨本管府州之摊款,通计需银十一二万两。"①这种在省内冠之以"摊捐""摊款"的非正式财政手段,在 18 世纪后半期已经是非常普遍化了。根据《晋政辑要》中的"派捐公费条款"的记载,山西省乾隆二十三年(1758)三月制定"条款"时,对迄今既存的 18 项摊捐(见表1-8)进行了整理。这是最早的关于摊捐的完整资料,当时已经使用"各官公捐养廉""通省州县捐派繁费"等语,虽然没有出现"摊捐"一词,但是"摊捐"问题已经趋于严重,反映在《晋政辑要》中,还有这样的记述:"晋省派捐公费甚繁,属员啧有烦言。"②嘉庆七年四月,当接到上谕后,研究如何削减摊捐时,首次使用了"摊捐"一词。③

---

① 张之洞:《裁抵摊捐折》(光绪八年六月十二日)《张文襄公全集》卷五,奏议五,第1—2页。"窃臣当甫入晋境,既问民之疾苦,因问官之疾苦,则佥以摊捐为累。对摊捐者,凡关系一省公事用度而倒不能销,则科之于州县者也。晋省自乾嘉以来,州县解交两司暨本管府州之摊款,通计需银十一二万两。节经前抚臣成格、鲍源深、曾国荃先后议裁议抵,时有增减,至今尚常年摊捐十七款。……[各项款费]通计约银十万两,实为官场第一巨累。大率上缺所摊二千余金,下缺所摊亦数百金。州县无从取办,或移甲就乙暗亏正供,或剜肉补创苟且称贷。即使批解如额,固已力尽筋疲,亦惟有私征勒派受贿鞠狱,以取偿于百姓。臣以为欲讲晋省吏治,必先尽去摊捐之累,使州县之力窻然有余,而后下不至以朘削者累民,上不至以亏挪者累国。晋省地瘠民贫,即所谓脂膏之区,本已远逊他省。廉俸减扣以来,办公竭蹶,益以摊捐之累。于是自拔者少,而自爱者益稀……"
②《晋政辑要》卷十五户制,库藏一,第 59 页。
③《晋政辑要》卷十五户制,库藏一,第 63 页。

表 1 - 8　18 世纪中叶山西省的"摊捐""摊款"

名　　目	筹款方法
省会西门外增筑埠工	扣捐养廉
帮贴科场	扣捐经费
书院膏火不敷	扣捐养廉
塘站不敷	扣捐繁费
城守尉笔帖式养赡不敷	扣捐养廉
解部饭食脚费无出	扣捐繁费
阳曲县办公不敷	公帮繁费
办造成效事宜册	摊捐工料
事故人员无力回籍	公捐养廉
解部借支养廉	公捐解费
臬司膳书饭食	公捐繁费
刊刻三礼义疏	公捐不敷工料
办解驼只	公捐杂费
院书加增工食	扣捐繁费
刊刻奉行条例	扣捐繁费
修补台工	公捐养廉
隆冬收养贫民	公捐经费
大同府馈养军驼	公捐倒毙驼价

资料来源:《晋政辑要》卷十五户制,库藏一,第 59 页。

　　总督、巡抚、布政使等高级地方官吏一方面享受着高额的养廉银;另一方面,在其衙门还设有各种名目的"公费""公项",是为了处理管辖下的个别府州县的困难行政。可是,随着业务量的增多和经费开支的膨胀,他们的养廉银和公费已经无法应付开支了,于是,促使他们不得不考虑其他的筹款办法。社会经济发展带来的行政业务扩大,银价相对贬值,物价上涨,在这样的背景下,"摊捐""摊款"出现了。

在山西以外的省份,史料上出现"摊捐""摊款"的时期是乾隆以后,而且,在嘉庆、道光时期,其项目明显增多了,例如在陕西省,乾隆年间 12 项,嘉庆年间 7 项,道光年间 15 项,咸丰、同治年间 5 项,到了光绪年间增加到了 25 项。①

在江苏省,省级官府的公费、公项,本来是从"征存漕费项内"支出,可是自从嘉庆四年(1799)起,漕费全部用于负担漕运任务的运军之后,公费、公项就开始从"养廉项下捐办"了。② 也就是说,过去的做法是,通过征收漕粮附加税,来填补省内繁多的公务经费的不足;可是由于物价上涨,运军靠原来数额的经费难以完成业务,所以不得不给运军增加额外的补贴。而这笔款项,实在无法从公务经费中挤出来,所以只好动员省内各官,上缴一部分养廉银。自此以后,江苏省的摊款急剧扩大,道光年间,甚至连布政使司的胥吏都难以应付了。③ 那么,"摊捐""摊款"都用于哪些

① Wang,op,cit.,*The Land Taxation*,p. 59(《财政说明书》陕西,第 15—18 页)。另据《乾隆年河南省钱谷刑名资料》(《食货月刊》复刊 1—8,第 39 页,1971 年),河南省的监狱(司监)的经费 2480 两 4 钱,自乾隆四十八年(1783)十月起,由各州县的养廉摊捐。该史料是河南省省级刑钱幕友的秘本,原来收藏在南满洲铁道调查所,哈佛大学燕京图书馆有复制本,后经杨联陞重新校订,陶希圣加以注解,刊载在《食货月刊》上。

② 逸名《捐摊款目》(南开大学藏抄本)的序文这样写道:"捐款一项,从前原于征存漕费内动支。自嘉庆四年漕费给丁之后,即归养廉项下捐办。迄今年增一年、至繁且杂。款有常捐、特捐之分,银有摊捐、独捐之别,纠缠缪辕,纷乱如丝,初学者每至茫无头绪、难悉源流。予故查明梗概,表而出之。庶几一目了然,不致无从摸索。"

③ 请参照前注引用的《捐摊款目》的序文。道光二年(1822),江苏省繁重的摊捐已严重妨碍州县的各种业务,为了解决问题而上奏后,户部认为是由于养廉银的摊捐比率过大,于是指示巡抚孙玉庭进行调查。孙玉庭报告说:江宁、淮安等府,养廉银不足两成,而苏州和松江等府,有两成多一点。若是两成的话,也谈不上摊捐过重。而事实上是,在苏州等府,把布政使司银库里的耗羡 10 万两,借给典当行,通过经营获利 1.2 万两,从而减轻了四成的摊捐负担。参见《清宣宗实录》卷三二,第 15—16 页,道光二年闰三月乙酉条,上谕。也就是以"发商生息"的措施来减轻摊捐负担,以类似基金的方式来筹集地方经费。但是,尽管如此,它最终还是没能成为有效的解决方案。

业务的支付了呢？笔者依据广东省的《省例》（本省的行政规定）摘选出相关内容，制成了表1-9。

表1-9　广东省的"摊捐""摊补"

目　　　的	开始年份	筹款方法	记载卷页
文员正杂各官周恤路费		文职公捐项内	2/3a
佐杂格外周恤	道·七	捐办	2/5a
武职周恤路费		武职各员养廉	2/8a
南、番二县瞽目口粮银不足分		县捐给	2/10b
常平仓欠谷津贴	嘉·一九？	州、县分年摊捐	2/31a
督、抚、藩、臬衙门及科场小书工食	嘉·一九？订立章程	州、县派捐	2/40—
京饷、协饷解送之津贴盘费		州县等摊捐	3/1—
监生捐纳银解送津贴		公捐饷差盘费项内	3/4—
广锅、靛花解送津贴		公捐饷差盘费项内	3/5—
铜差津贴		府以下按廉扣捐	3/16—
铜钱铸造不足经费	嘉·五	府以下按廉匀捐	3/23—
捕盗、军需经费之无着银	自乾隆年间起	各官养廉扣缴三成	3/34—
内务府用香、蜡解送水脚饭食舔平银		公捐差费项内	4/15a—
内务府用木材解送水脚饭食拵平银		通省充公项内	4/16a
香、蜡委员津贴盘费	道·一八详定	公捐差费	4/17b
泰国进贡伴送官舔给盘费		通省充公项内	4/21b
时宪书工费		州、县捐解	4/6b
恩诏、书籍刊刻费		各官养廉内扣抵	4/9—

续表

目　　　　的	开始年份	筹款方法	记载卷页
快蟹船经费、弁兵口粮	道·二二	当自行捐给	5/9—
潮州普宁县捕费	道·一六	藩、道、府、县捐	5/18
冬期搜山经费		府、县捐银	5/19
佛山镇捕费		县捐银	5/19
省河缉捕经费	道·二三、二四	同知以上扣廉二成	5/21—
南雄、南韶、连州缉捕经费		道、县捐银	5/25
乐昌县缉捕经费	道·一七	道、台捐办	5/25—
南韶道管辖下缉捕增强		道、台增捐	5/29
肇庆府缉捕经费		该府属公捐捕费	5/30—
肇庆府以外各府下缉捕经费		公捐二成养廉捕费	5/32—
归补捕费	截至道·二三	各官原捐三成减半养廉	5/36—
嘉应州镇平县缉捕经费	道·六	州县筹捐办理	5/39—
傜(瑶)族首领、副首领口粮银		通省府、州、县摊捐	5/42—
广东—北京塘铺兵役饷银		通省文武各官派摊	5/59
广州府下各县巡船经费	道·二四	各县自行捐廉	6/1
道光十四年海防经费	道·一五	各官摊捐归补	6/27—
新建、修改炮台之火药经费	道·二三	司、道、府公捐	6/33b
各属获解会、盗经费不足分	道·四	司、道养廉内捐给	7/7—

续表

目　　的	开始年份	筹款方法	记载卷页
南、番二县增设公监经费		二县捐办	7/17
司、府、南、番四监狱囚冬衣经费	嘉·一八	各官捐银	7/19—
南海县改建监仓	道·八	该县摊捐	7/21
广州府监狱增建	嘉·二	通省府以下派捐	7/21
广州府监狱每年维护费		广州府下各县公捐	7/21
按察司监狱移建	乾·五一	各自赛廉派捐	7/23
按察司监狱维护费		各府捐银	7/23
秋审工程册费	嘉·二零	通省州县摊捐	7/29
秋审册费不足经费	道·二二	通省州县摊捐	7/31
秋审杂支		各属随犯应解经费	7/33
按察司衙门公用	嘉·十零	州县外结赃赎及自理赎锾银	7/47
广州府城庙宇补修	道·一五以前	南、番二县随时捐廉	8/1
广州府城庙宇补修	道·一六	司、道以下按廉派捐	8/1—
广州府城水利	嘉·一五	院、司以下各官捐办	8/5
火药制造不足经费		文(州县)武(总兵以下)各官摊捐	8/22—

资料来源:《粤东省例新纂》(据道光二十五年为止的外办章程编制)。

我们可以认为,乾隆、嘉庆以后,所有的省都是采用此种摊款的方式来筹措各个省、府的财政经费的。据说,在19世纪初的福建省,州县官要拿出养廉银的一半,去应付各种摊捐。汪志伊对此有如下记述:

闽省自六十年(笔者注:乾隆六十年,1795)清查以后,陋规全除,各官全赖养廉一项以资办公。其旧有摊捐者,如采买铜铅,批解颜料、纸张脚费,及缉捕洋盗经费,并帮贴船厂工料等项,已扣十之三四。加以摊扣前案(笔者注:平定台湾林爽文起义)军需十分之三,实得养廉不及一半。①

由此可以看出两点,一是摊捐、摊款侵害了养廉银制度,一是摊捐、摊款之所以能够得以推行,是因为州县官还有种种被称作"陋规"的非法收入来支撑。

1814 年,陶澍指出,摊款问题是导致"吏治废弛"和国库"亏空"的原因之一。据陶澍的调查,摊款的数额在一州县竟然高达数百甚至数千两,相当于该州县官的俸给加上养廉银之和。换句话说,州县官的薪俸的全部都要拿去冲抵摊款。② 本来,州县官在征收地丁银的公认附加税——"耗羡"的时候,直接从中扣下分配给自己的养廉银,其余的上缴布政使司,充当上一级地方官的养廉银和作为省内的公费财源。可是后来,随着摊款行为的扩大,有的省开始要求将"耗羡"的全部先上缴到布政使司,由布政使司来抽取摊款额。如此一来,很难再有钱返还到州县地方官的手里了。

例如据方志所载,在四川省,由于总督、布政使司衙门不仅把州县官应领取的养廉银抽走,甚至连官衙的公费也全部抽走,地

---

① 汪志伊:《敬陈吏治三事疏》(《皇朝经世文编》卷十六吏政二,吏论下,第 5 页)。据此上疏记载,平定林爽文起义(译者注:日文原文为"反乱")的军费中,有 179 万4620 两之多没有给予报销。后来决定用福建省内所有地方官的养廉银来摊扣。据计算,如此巨额款项需要花 50 年时间才能填补上。

② 陶澍:《陈奏州县积弊折子》(《陶文毅公全集》卷五,第 5 页)。贺长龄也指出,山东省亏空的一半是因为摊捐;《州县养廉摊扣太多请酌量变通琉附片》(葛士濬编《皇朝经世文续编》卷十六吏政一,吏论,第 2—3 页)。其实,正额财政统筹不了的地方经费的增大,很大程度上侵蚀了正额财政。

方州县迫不得已，只好新设了一种法外的附加税，名曰"平余"①。在直隶，19 世纪时"差徭"负担演变为一个突出的社会问题，究其原因，也同样是受摊捐所迫，不得不将其负担转嫁于民间百姓头上。

> 夫州县，上承院司道府以办公，而下以牧养斯民。任其借差肥己固不可，令其无以办公亦不可。计自耗羡改归正款以后，院司道府一切缮书、口食、囚粮、囚衣、刊刻书籍等项，费无出所，不能不摊之州县。而州县所得养廉悉被摊捐扣去，其延请幕宾等费已属无米之炊。况地当首善，差务殷繁，一切车马工料，止准报销例价，较之实用须赔十倍。各牧令既有摊捐之累，又需办公之用，无术点金，从何赔垫？势不能不派之民里。从此而大差之外，销差费与州县之各项杂差，于是乎起。②

如此看来，本来是为了解决州县官的薪俸低廉、对地方财政经费进行合理调节而设立的养廉银制度，在百多年里的实践中，已经逐渐失去了它的本义。

不仅如此，州县的开销，不单单是本州或本县的经费支出。各省还不得不以所谓部费的名目向京城送钱，其实这就是送给中

---

① 民国《南充县志》卷六赋税，第 25—26 页。"五、平余。每正粮一两，加征市平银一钱五分，全年共征市平银一千三百五十一两七钱九分九厘八毫五丝。此款由知县应领养廉、公费尽解作督藩之摊捐杂款，不得已而为此。至光绪三十四年赵尔巽督川，将摊捐、杂款免除，另支州县公费，而令将此款全数提解。"

② 张杰：《均徭辩》（《皇朝经世文编》卷三三户政，赋役五，第 27—28 页）。接下来张杰又指出："然皆阴有其实，而不欲显居其名。既无派办之定额，又无支销之准数，以致官吏从而浮派，豪强从而包揽，使薄产小民独出其苦。是岂差徭之未可派钦，抑派差而未明定章程之过钦。"也就是说，这种从上级官厅下来的差徭要求，不仅转嫁到了管辖下的百姓头上，而且官僚和胥吏们借机揩油，豪强等也趁机以承包的形式大捞了一把。

央衙门的主管胥吏的津贴,据说数额可达数千万两。① 这笔钱,起初是各省的上级官府以公费、公项予以处理,可是到了清代中期以后,这笔开销便摊派到了州县官的头上。②

另外,聘用"幕友""长随"等的费用,至少随着物价上涨,这笔开支也增大了。乾隆嘉庆年间,在江苏浙江长期以幕友为生的汪辉祖,在18世纪中叶担任刑名幕友时的年收入大约是260两,30年后涨到800两左右。③ 单从幕友的表面收入增长了两倍这一点上来推断,作为其雇主的地方官的收入(包括额外收入)大概也会同等比例地或者更大幅度地增长。不过需要注意的是,由于其间物价上升了两倍,所以官僚幕友们的职务报酬和额外收入,也存在没有实质性增长的可能。但不管怎样,既然正规的法定财政规模及正规的租税都是受"原额"所限的,那么官僚的额外收入,

---

① 冯桂芬:《易胥吏议》(《校邠庐抗议》卷上,第13页)。又据《道咸宦海闻见录》(中华书局,1981年,第278页)记载,咸丰十年(1860),时任福建省署布政使的张集馨,在向兵部报销漳州、台湾方面的临时军费一千数百万两时,还得向兵部送上十余万两的"部费"。另外,这本书还记载,刑部在办理"秋审"时,地方上也得给刑部书吏奉上600两"部费"(《道咸宦海闻见录》,第115页)。"秋审"是每年九月对死刑犯进行的统一复审。

② 《清宣宗实录》卷四二,第22—23页,道光二年十月。"庚戌。谕内阁:御史余文铨奏,请革除部费名目一折,所奏是。六部综理各省事件,应准应驳,自有定例,原不许私自关通。若该督抚任听所属向部中胥吏贿托营求,成何政体。据该御史奏称,外省每遇奏销地丁,则向州县提取奏销部费,报销钱粮,则提取报销部费,并有由首府首县行用印文催提者,甚至调一缺,题一官,请一议叙,及办理刑名案件,皆以部费为词,有打点照应招呼斡旋各名目。河工军需城工赈恤诸务,则曰讲分头。所需部费,自五六万至三四十万两不等。此等银两,非先事于公项提存,即事后于各属摊派。上司既开通融之门,属员遂多浮滥之用。克扣侵欺,弊端百出。且事后摊派,各州县焉肯自出己资,势必横征苛敛,虐取于民。在部中书吏,受嘱舞弊,诚所不免。而外省司书幕友局员,串通京师奸猾,借名部费,诈骗分肥者,尤居十之七八,殊于国计民生大有关系,自应严行饬禁。著通谕各直省督抚,查明所属,如有倡为部费名目者,即指名参奏,并根究京中贿托何人,一并从严惩办。其事有今昔情形实在不同者,接奉部驳后,据实奏明办理。一切部费名目,概行禁革,以除积习而饬官方。"

③ 《病榻梦痕录》卷上,第54页。Ch'u, op, cit, Local Government in China under the Ch'ing, p. 112;缪全吉的《清代幕府人事制度》第194—196页。

胥吏、幕友等靠衙门吃饭的人的收入,其增加幅度肯定不会低于物价上升的幅度的。京城朝廷里的"京官"们,能够稳定地收到地方官进献的"炭敬""冰敬""别敬"等名目的财礼①。道光十五年(1835),被任命为陕西督粮道的张集馨,在赴任之际,向京城内各方面官员送的"别敬",竟然高达 1.7 万两之巨。第二年他升任四川按察使时,又向军机大臣等京官、同乡、同期进士、旧友官绅等赠送的"别敬",达 1.5 万两之多。② 于是,每逢地方官人事变动,就会有相当金额的"别敬"进了大大小小的京官们的腰包。地方官在当地攫取的各种非法收入,是不能独吞的,要通过各种礼节性馈赠的形式,与京官们分享,这已成为一种义务。所以,在整个官僚社会里所享用的非法收入,来源于地方上以附加税或差徭等名目增收的财富,还有各种"陋规"收入。

如上所述,存留银的削减,摊款的增大,部费的摊派,官僚胥吏、幕友阶层收入的提高,这些因素必然使得地方上的附加税、追加税增多。

2. 附加、追加负担的增多

自从雍正年间耗羡的征收被公开允许以来,在耗羡的基准率以外,还有一种叫作"平余"的项目附加在地丁银的征收上。至于平余率,王业键通过研究得出的分析是,它与 18 世纪中期各省的公认耗羡率一样,是依据当时的课税总额算出的。③ 佐佐木正哉

---

① 冯桂芬:《厚养廉议》(《校邠庐抗议》卷上,第 7 页)。
② 张集馨:《道咸宦海闻见录》,第 78、89—90 页。此外,关于张集馨可参照谷井阳子《道光、咸丰期外省的财务基调的变化——以张集馨的生涯为中心》(《东洋史研究》1989 年第 4 期)。
③ Wang, op, cit., *The Land Taxation*, p. 70.

通过对浙江的研究显示,"平余"到了 19 世纪特别是道光年间导致了附加税的上升。[1]

地丁银,顾名思义原则上是以银两征缴的,但后来变成了折算成铜钱收缴,这种方法很快普及到了全国,大概一直持续到 18 世纪末年。[2] 当时,银铜的换算不是按照市价进行的,所以州县在折算时可以从中赚得一部分收入。于是,它演变成了州县征收附加税的一种变相手段。

只要是征收地丁银的州县,就普遍采用征收"平余"和操控银铜换算率的方法,这样的做法在全国具有普遍性。但是在有些地方,由于地丁银的原额本来就低,所以附加税收入也就少,于是这些州县在平余和银铜换算之外,又巧立了其他名目的收费,大体可分为两大类,第一类是把"浮收"作为主要的额外的收入源。[3]这一般是在那些作为土地税的一部分,以"漕粮""南粮"等名征收谷物等实物的州县。第二类是以"差徭"的名目追加征缴钱财和劳力,主要在官吏和皇帝车驾往来于京师与地方的要道地区,比如直隶及周边,还有处于通往蒙古的军事通道的山西、陕西等地。这名义上是为了提供便利交通及辎重运输,可实际上地方州县主要是为了征敛额外的收入。

以上两种方法,无论是"浮收"还是"差徭",有区别的仅是实施地方的不同,而无区别的是它们都在当地引起了极大的社会问题,构成清代中期以后的附加性和追加性负担的主流。

---

[1] 前述佐佐木论文《咸丰二年鄞县的抗粮暴动》,第 222—261 页。

[2] 同上,第 212 页。

[3] 关于漕粮"浮收"的实态,陶澍的奏议和《皇朝经世文编》赋役中的一些文章中曾谈到。而关于 19 世纪中叶江苏省的实态,论述此事件的有冯桂芬的《校邠庐抗议》等很多熟悉的史料。因此,这里没有提到浮收的实态。

　　围绕浮收问题,甚至引发了北京朝廷的一场政治争议。那是
在乾隆帝刚刚驾崩的 1799 年①,新任漕运总督的蒋兆奎对于担
负漕运的运军的津贴现状,一针见血地指出:运军的津贴额,是数
十百年前制定的,可是如今物价已经上涨了数倍,因而经费严重
不足,近年来,运军全靠州县的浮收才勉强得以为生。他呼吁朝
廷正式照准浮收的合法性,并呼吁用浮收的一部分来支付运军的
开销。其实,浮收不仅仅是用于支付漕运经费,它还是州县"终年
之用度"以及"通省之摊捐"的财源。② 华中诸省若离开了浮收则
财政必定陷入瘫痪。然而,嘉庆皇帝在垂询了各省总督、巡抚之
后,下谕"事近加赋",断然否决了要为漕粮合法地征缴附加税的
合理要求。此一事件,可谓国家政策理念的一个典型反映,即王
朝的"祖法"不可变,租税的"原额"必须恪守。明征附加税有违国
法,但是暗地里是可以按照社会和官场上的潜规则操作的,所谓
"顺其自然"。对于地方官来说,征缴附加税、追加税,是自己私自

----

① 《清史稿》卷三二四,蒋兆奎传(中华书局本,第 10849—10850 页)。四年,高宗崩,
兆奎入临,即授漕运总督。固辞,不许。旋奏言:"整顿漕运,要在恤丁。今陋规尽
革,旗丁自可节费;而生齿日繁,诸物昂贵,旗丁应得之项,实不敷用,急须调剂。前
读上谕:'有漕州县,无不浮收,江浙尤甚,每石加至七八斗。'历来交纳,视为固然。
今若划出一斗津贴旗丁,余悉革除。所出有限,所省已多。不特千万旗丁借资济
运,即交粮亿万花户皆沾恩无穷。"疏入,上嫌事近加赋,饬与有漕省份各督抚另议
调剂。兆奎又奏:"旗丁运费本有应得之项,惟定在数十百年之前,今物价数倍,费
用不敷。近年旗丁尚可支持者,以州县浮收,向索气费,并折收行月等米,以之贴补
一切经费。今革除漕弊,浮费可省,兑费不能减。臣才识短浅,惟恐贻误,求上别简
贤员,原从小心敬畏而来,不敢气质用事。"上即命铁保代兆奎,召授工部侍郎。
② 陶澍:《严禁衿棍包漕横索陋规附片》(《陶文毅公全集》卷七,第 5 页)。"查江苏漕
务,疲敝已久,在闾阎则每苦浮收,在州县则又患干抗。缘江苏漕额最重,一州县之
地,广袤不及百里,而漕米则有三五万七八万至十万余不等。小民终岁勤动,完漕
而外,所余无几。以故持升斗赴仓者,一遇风筛折耗,已不胜其苦,加以使费,倍觉
繁难,而蠹书漕总,复多胺削。近来生齿日增,食用日贵,尤属支持不易,此所以完
纳难前,而深病浮收之实情也。其在州县,则终年之用度在此,通省之摊捐在此。
兼有奏明弥补旧亏,酌提羡余,接运铜铅木料船只,岁挑徒阳运河,均须协贴,历有
成案。在国家经费有常,不能不借资津贴,而合算即以万计。"

拍板决定还是取得合法的正税额定,这是一个涉及重大利害关系的问题。既然嘉庆皇帝如此批示,那么是在一定程度上起到了默许的效果,地方官们依旧维持着至今的做法。

征缴租税之时,除了正额的部分之外,还要额外征收一些,这种情况无论在中国的哪个朝代都是普遍存在的,只是附加的额度和范围变化不定。浮收问题何时发展到激化程度的,现在还不清楚,据道光初年的史料记载,乾隆三十年(1765)以前不存在浮收的情形。[①] 大概是 18 世纪后半期的时候,这一问题才凸显出来,其无非是由银价下跌、正规财政的固定化、地方开支增大之间的矛盾所引起的。

此外,根据藤冈次郎的研究,19 世纪 20 年代初,直隶的差徭

---

① 姚文田:《论漕弊疏》(《皇朝经世文编》卷四六,第 19 页)"……乾隆三十年以前,并无所谓浮收之事,是时无物不贱,官民皆裕。其后生齿愈繁,而用度日绌,于是诸弊渐生。然犹不过就斛面浮收而已,未几有折扣之法,始而每石不过折扣数升,继乃五折六折不等。小民终岁勤动,纳赋之外,竟至不敷养赡,势不能不与官吏相抗。官吏所以制民之术,其道有三。一曰抗粮、一曰包完、一曰捱交丑米。额赋既重,民间拖欠,势所必有,然大约只系零星小户,及贫苦之家,其坟墓住屋,皆须照例输纳,又有因灾缓征,新旧并积,因而拖欠者,是诚有之。至如其家或有数十亩之产,既食其田之所入,而竟置官赋于不问,实为事之所绝无。今之所谓抗粮者,如业户应完百石,彼既如数运仓,并外多赍一二十石以备折收。书吏等先以淋尖踢脚洒散,多方糜耗,是其数已不敷,再以折扣计算,如准作七折,便须再加三四十石。业户心既不甘,必至争执,不肯再交。亦有因书吏刁赖,复将原来运回者。州县即以前二项指为抗欠,此其由也。包完之名,谓寡弱之户,其力不能与官抗,则转结交有力者,代为输纳,可以不至吃亏。然官吏果甚公平,此等业户,又何用托人代纳。可以不烦言而自破者。……然官吏非执此三者,则不能制人。放生监则详请暂革,齐民则辄先拘禁,待其如数补交,然后以悔悟请释,竟成一定不移之办法。……然在州县,亦有不能不如此者。近来请物昂贵,所得廉奉公项,即能支领,断不敷用。州县自开仓至兑运日止,其修整仓廒,芦席竹木板片绳索油烛百需,及幕友家人书役出纳巡防,一应脩馆工食,费已不赀。加以运丁需索津贴,日甚一日。至其署中公用,自延请幕友而外,无论大小公事,一到面前,即须出钱料理。又如办一徒罪之犯,自初详至结案,须费至百数十金。案愈大则费愈多,复有递解人犯,运送饷鞘,事事皆须费用。若将借用民力概行禁示,谨厚者奉身而退,其贪恋者,非向词讼事件生发不可,而吏治更不可问矣。"

问题在朝廷上引起了讨论。① 19世纪初的十几年里历任直隶州县官的张杰指出,造成当时最深刻的社会问题的原因就是这个"差徭"②。差徭的起源暂且不论,总之"差徭"和"浮收"同时构成了当时社会的两大突出问题。

据张杰称,直隶的差徭又可分为"大差"和"杂差"。"大差"与每年皇帝巡行有关,主要用于路桥、车马、供给等的支出。这笔费用,本来是由总督奏请国库予以支付的,可是不知从何时起,总督变得不敢再向上面"据情陈奏",结果,这笔费用只好转嫁到民间,实行追加性征收。

"杂差"的项目离奇古怪,五花八门。例如:米车、煤车、酒车、朝中大员过境车、递解人犯车,还有草、料、麸、炭、天棚、挑夫、壕墙、栅栏、井盖、井栏、枣刺、劈柴、枝子、秫秸等,"悉难枚举"。不管这些名目的来历怎样,它们都成了州县经费不足时的临时收费项目,而且是"既无一定额数,又无一准时期,可少可多无早无暮,票甫出而钱即至"③。

除此之外,还有一种名为"津贴"的附加税。它始于四川,18、19世纪之交,发生了白莲教起义,为了镇压起义,出动了大量军队,于是,以运送军事辎重为由开始征收"津贴"。可是,起义镇压了以后,这个名目的收费却仍然继续实行,与"平余"一起,成了州

---

① 藤冈次郎:《对清朝徭役的一考察——清朝地方行政研究笔记Ⅰ》《清代直隶省的徭役——清朝地方行政研究笔记Ⅱ》(《北海道教育大学纪要(第一部B)》第13卷第1期、第14卷第1期,1962年、1969年)。另外,山本进《清代后期直隶·山东的差徭和陋规》(原载《史林》第79卷第3期,1996年;前述《清代财政史研究》第五章)。

② 张杰:《论差徭书》(《牧令书》卷十一,第54—55页)。

③ 参见张杰《论差徭书》,第55—56页;另见《均徭辩》(《皇朝经世文编》卷三三,第28页)。

县额外收入的来源。①

如上所述,对于附加性课税或者追加性课税,它的规模有多大,数量是多少,我们没有足够的史料来把握其全貌。但可以推论的是,18世纪之后的一百余年里,正规财政加上非正规财政的总规模并没有缩小,至少可以认为,额外的非法财政收入弥补了因银价贬值而造成的正规财政实质缩小的那一部分。

还有一点值得考虑的是,在那百余年里,人口增长超过了两倍,而正规编制的官僚和兵员的数量却控制在微小的增加幅度内。可是从人口比例来推算的话,随着行政、治安等业务增多的需要,地方衙门的办事胥吏、衙役的人数肯定有所增加,开支人数增多了就要求经费需求的增大。即便原来的人均实质收入不变,可是当人数增多以后,财政经费的规模就自然变大了。

因此,可以推导出的结论是:其财源的大部分依赖于附加性课税和追加性课税,即正额外的非法财政收入。而正额外财政的扩大,恰恰弥补了国家财政的实质性缩小,进而随着社会经济的发展,担负起了财政的自然膨胀的功效。

在此出现了一个疑问,那就是社会整体的租税负担(包含正式的和非正式的)在实质上到底是增大了还是减少了?只要没有值得信赖的统计资料,我们就不能妄下结论。不过,无论租税负担实质上增大了多少,与人口实现了两倍增长的经济规模扩大相比,肯定是远远不及的。王业键通过对18世纪中期与20世纪初

---

① 包括"津贴"在内的清代四川省的财政相关史料,请参照鲁子健编《清代四川财政史料》上(四川省社会科学院出版社,1984年)。此外,山田贤在他的《移住民的秩序》(名古屋大学出版会,1995年)的第五章"绅粮和公局——清代四川地方的精英"第六章"四川省合州——公局=绅粮体制的成立"中,对清代四川省非法定财政的运用做了精辟的研究。

期的租税负担的比较,得出的结论是后者的负担率反而低。① 再兼顾清代财政制度的特点去分析 18 世纪后的百余年间,可以同样地理解为后期的负担率很有可能比前期的要低。

因此,附加性的、追加性的负担增大成为社会问题,绝不是增税而导致。如果高度评价清代中期的经济发展的话,那么首先要肯定的一点,也许就是社会整体上的租税负担率比较低。不过,即便如此,也不能简单地理解为低负担率对当时的社会、经济发展发挥了良好的作用,而是还必须考虑负担的分配问题。

3. 社会性的、政治性的影响

当固定性的国家财政收支规模与社会发展之间出现了矛盾,表现在附加税或追加负担增大的时候,各个社会阶层间的税负不公平也就会增大,而往往是处于社会最底层的民众生活遭到日益破坏,他们对税收的抵抗也会越来越强。

提到租税、徭役负担偏重问题,让人联想起明代后半期的"役困"问题。众所周知,产生这一重大社会问题的主要原因是,官绅阶层享有税、役的"优免"特权。官僚或者拥有准官僚身份的进士、举人、生员,还有一些属于扩大适用范围的人,可以按规定免除税役。而不具特权身份或者与官绅、书役没有关系的庶民百姓,不得不承担起税役的重负。结果,造成了他们的倾家荡产,逃离本土,最终造成国家税役征收上的困难。正如滨岛敦俊等学者研究指出的那样,明末清初,由"一条鞭法"向"均田均役"过渡的一系列改革,都是为了限制乡绅权贵们的"优免"、解决农民负担

---

① Wang, op, cit, *The Land Taxation*, pp. 110-128.

过重的问题。①

经过改革,清朝从法制上废除了税粮的"优免"规定。准确地讲,不仅取消了正税的"地丁"和曾一度认可的"耗羡",而且到了雍正朝的时候,皇帝还下旨:官绅应"与民一体当差"。不过,大概乾隆皇帝觉得这些做法有点过火,于是颁布了一条缓和措施,即对于那些履行地方公务的"派差"、困窘的生员和贡生,可以享受"优免"规定。②

然而,"优免禁废"等限制规定,逐渐流于形式,对于"浮收""差徭""津贴""平余"以及地丁银的折钱价这些非法定的附加、追加性的征税,不仅没有起到抑制作用,反而变得更加明目张胆,尽管不能说所有的都违法,但至少可以肯定地说它们都超出了法规的范围,属于非正式的征收行为。这样的一种暧昧的性质,也助长了负责征缴的官僚、胥吏、衙役们的为所欲为。

19 世纪前半叶,在华中各省,"大户"与"小户"的附加性负担的差异,引起了广泛的社会矛盾。高桥孝助、夏井春喜等学者对此有深入的研究。③

---

① 滨岛敦俊:《明代江南农村社会的研究》(东京大学出版会,1982 年)的第二部"明清江南的均田均役法"。
② 参照《清高宗实录》卷十二,第 2—3 页,乾隆元年二月戊辰条的记载。关于清代的优免制度的实态,前述的山本英史《绅衿税粮包揽与清朝国家》(《东洋史研究》第 48 卷第 4 期,1990 年)提供了很多信息。
③ 高桥孝助:《咸丰三年前后江南的均赋论——近代乡绅为例》(《宫城教育大学纪要》十,1975 年);夏井春喜《"大户"、"小户"问题和均赋、减赋政策》(《中国近代史研究会通信》8、10,1978 年、1979 年);小林幸夫《清末浙江的赋税改革和折钱纳税》(《东洋学报》第 58 卷第 1、2 期,1978 年);臼井佐知子《同治四年(1865)江苏省的赋税改革》(《东洋史研究》第 45 卷第 2 期,1986 年)等。

绅衿大户,正赋之外,颗粒不加,甚至有把持包揽等事,势不能不取盈于乡曲之小户,以为挹兹注彼之谋。①

所谓把持,在序章中引用的汪辉祖的见闻里也曾出现过,就是指"吃漕饭"等行为,即,绅衿中的刁钻者,借地方官府在漕米的征缴中存在"浮收"等违法行为,扬言向上举报,以此威胁地方官府。地方官府为息事宁人,只好贿以钱财等好处来堵这种人的嘴。② "包揽"是指官府让那些绅衿身份的大户广为承包附加税的征缴业务。浮收和包揽发生的相关费用,无疑最终都转嫁到了无力与官府抗争的弱小户的头上。

由此可见,"浮收"给构成官府的官僚、胥吏、衙役和地方绅衿等特权阶层带来了利益,给那些除了"向隅而泣"别无办法的庶民百姓带来的是损害。财政的结构性问题,导致了社会的利益对立。

在四川,每年征缴"津贴"之前,州县当局都与当地的乡绅就征收额进行协商,然而不是由州县的书役,而是交由乡绅们代为征缴。这种惯例在 19 世纪到处可见③,自不必说,它是为特权阶级的利益而设定的。

在北方存在的"差徭"问题造成了平民百姓的生活陷入困苦,

---

① 马新贻:《核减漕南浮收并禁革陋规疏(同治四年)》《皇朝经世文续编》卷三十,户政七,赋役上,第 12 页。该史料记述了太平天国镇压后的 1865 年浙江省的情况。如果与序章中引用的百年前该地域浮收情况的记载相比较的话,就会发现浮收的事态没什么大的变化。

② 蒋攸铦《拟更定漕政章程疏》:"遂致狡黠之徒视为利薮,成群包揽,讦讼不休。州县受制于刁衿讼棍,乃取偿于弱户良民。其安分之举贡生监,所加多少不一,大约总在加二三之间。所最苦者,良善乡愚、零星小户,虽收至加五六,而不敢违。畏暴欺良,此赢被绌。"《皇朝经世文编》卷四六,第 9 页)反映了围绕浮收问题,州县一级官府受到"刁衿讼棍"挟制的情形。

③ 久保田文次:《清代四川的大佃户》(《近代中国农村社会史研究》,大安,1967 年);Wang, op., cit., *The Land Taxation*, p. 34.

原因不是出在负担额的轻重上,而是出在各阶层之间的负担不均衡以及官吏的不公上。张杰有如下论述:

> 司道因派差未经奏明,遂畏州县之挟制。凡派银两,不敢印札直书,仅令差局委员,潜通消息。于是州县中之贪劣者,借此加倍派敛,而司道无可如何也。州县以司道未经明派银两,亦畏绅士之挟制,不敢按地均派,仅令书役乡地暗中调拨。于是吏胥中之刁恶者,借此偏枯倍派,而州县亦无如何也。①

正如张杰指出的那样,差徭的科派,既无明确的法律依据,又未履行正规的手续,所以在各个阶段都易产生腐败与不公的情况。对于乡绅的"优免",本来规定仅限于贫寒的生员,可是没过多久,拥有大量田地的生员,通过捐纳谋取监生资格和官职的人,竟然也开始享受起"优免"政策。至于"大差",各州县的惯例是"乡绅三成庶民七成"或"乡绅免除庶民十成"。至于"杂差",在直隶的各县,则是由"田少穷民独力承当",负担的倾斜更加严重。

负担不均问题的蔓延,助长了地主乡绅们的非法行径,拥有大量土地的大地主可以通过"挂名衙门"的方式逃避差徭负担,比如有的可以花钱去谋一个做胥吏或衙役的机会,有的通过"捐纳"买一个官职,实在不行的还可以通过"包揽"亲戚、族党的田地来躲避负担。于是,不用负担差徭的户数日益增多,而负担差徭的户数越来越少,更有州县官吏借机中饱私囊。本来,从总额上来看,差徭的负担额并不大(根据张杰的推算,"大差"若是不分绅民按地均派的话,则每亩平均仅十文而已。而且是三年一个周期,在各个村之间轮流负担)。即使这么少的差徭负担,竟也导致平

---

① 张杰:《论差徭书》(《牧令书》卷十一,第54—55页)。

民阶层中出现"拆房去产者,有因此而卖妻鬻子者,有因此而弃家逃亡者",他们"流离困苦,死而无告"。这是张杰记述的 19 世纪初年直隶的状况。直隶的差徭问题,到了 19 世纪末仍然非常严重,有"直隶省差徭之繁重,甲于天下"之名,"不肖州县借差为肥私之计,胥役视差为致富之奇"。御史曹志清曾云:"伏思州县之敢于勒派,实由直隶之办差向无一定章程,故弊端百出。查原任大学士阎敬铭有议减川、陕、山西、河南差徭章程,既不累官,亦不病民。请饬督臣查照办理。"可是,对于如何解决因差徭的苛派而导致的地方经费不足却没有言及。① 19 世纪后半期,尽管中国的

---

① 《光绪朝东华录》(光绪二十一年六月癸酉,第 3632—3633 页)曹志清奏:"直隶省差徭之繁重,甲于天下。常年杂差,民力已苦不支。去岁兵差络绎,州县横敛暴征,而民愈不堪命矣。在朝廷勤众兴师,原属万不得已之举,即借资民力,小民等情殷报效,亦所乐从。无如不肖州县借差为肥私之计,胥役视差为致富之奇。藏骨吸髓,毫无顾忌。勒派之法不一,有按牛马捐者,有按牌户捐者,有按村庄捐者。明以要车为名,其实全行折价,一马一牛折钱百串及数十串不等,下至一驴亦折数十串。一牌一户捐钱数十串及七八串不等,甚至无衣无褐之户亦捐钱一两串。其按村庄捐者,过三百户为大村,捐钱二千串及一千串。三百户以下为小村,捐钱七八百串及五六百串,甚至数十户之村亦捐钱至二三百串。合计大县可捐数十万串,中县小县亦不下十数万串。驿路经行之处,犹可言也,甚至邻近州县,亦借帮差为名,依样勒派。朱符一标,差役四出,虎噬狼贪,惨难言状,少不遂意,立加拘比。捐时本以买备车马为名,其实尽以分肥。及至兵差过境,仍向有车马之户勒佣,名发官价,而层层剥蚀,车户所得无几。黠者贿役得免,懦者久供差役,必至车敝马毙而后已。尤可骇者,去秋水灾,哀鸿遍野,皇上轸念民依,拨款赈济。乃闻滦州乐亭各州县将赈银扣抵兵差,声言不足仍向民间苛派。灾黎谋食维艰,又加此累,多至转于沟壑,无所控告。是民非困于灾,直困于贪吏之苛敛也。查山东巡抚李秉衡惩办蠹役借差扰民一案,远近称颂,何以畿辅重地,民间受累如此,未闻少加惩办耶。请明降谕旨,严申厉禁以儆效尤,并饬督臣王文韶密查侵扣勒派各州县,从严参办,庶贪污稍知敛迹,而民困日苏矣。伏思州县之敢于勒派,实由直隶之办差向无一定章程,故弊端百出。查原任大学士阎敬铭有议减川、陕、山西、河南差徭章程,既不累官,亦不病民。请饬督臣查照办理,未始非整顿吏治之端也。上谕:御史曹志清奏直隶州县借差勒派请饬查禁等语,州县差徭,借资民力,原应妥定章程,免致间阎被累。若如该御史所奏,勒捐强派,官吏层层剥扣,任意鱼肉,滦州、乐亭等处并将赈银扣抵兵差,扰累情形,殊堪痛恨。著王文韶查明侵赈勒派各州县,从严查办,毋稍姑容,并议定差徭章程,似杜弊端而苏民困。"

财政取得了大幅增长,但是在直隶,地方的财政经费却一直处于困窘状态。

差徭的事例表明,附加性或追加性的征税,在法律依据上是暧昧的,官僚机构内部的违法监督机制失灵了,州县官对下属的胥吏衙役缺乏监督,布政使司、道台等上级官府对州县官缺乏监督。这种情况在其他各类附加、追加税征收时均能看到,恕不一一举例分析。[1]

19世纪的"吏治废弛"问题,引起了学者们广泛的研究兴趣。可以肯定地说,财政问题是造成吏治废弛的深层原因。属僚与上司之间、地方官与京官之间的"馈送"风气盛行,官僚之间相互监督的法规监督机制不复存在了,必然招致"吏治废弛"的后果。[2]另外值得注意的是,"馈送"还不单纯是一个官僚的道德和官场的风纪问题,它还与财政问题紧密相关,因为在缺乏弹性的财政体制下,当正规财政的实质价值下跌时它发挥了一定的补充作用。

可以认为,无论是存留的预算化(为了将地方经费纳入法定的财政框架内予以补充而实行),还是养廉银、公费的设立(通过认可部分附加税而得以实施),都是国家试图将财政末端也全部纳入国家法制管理之内。此外,废除了"优免",也是为了通过这种措施来实现负担均衡的目的。

---

[1] 蒋攸铦:《拟更定漕政章程疏》(《皇朝经世文编》卷四六,第9页)指出:随着前述的"浮收"的增大,负担者的阶级矛盾,社会的"吏治、民风、士习"的颓废,这几者有着因果关联。序章中引用的汪祖辉的见解也与此相同。这种相互作用的过程,与直隶的"差徭"情况类似。尽管地域或科派的方法不同,但是可以看作是财政结构本身衍生出来的同一问题。

[2] 乾隆七年的上谕(《皇朝文献通考》卷四,田赋考四,田赋之制四,第29页):"且州县以上官员,养廉无出,于是收受属员之规礼礼节,以资食用。而上官下属之向,时有交际,州县有所借口,恣其贪婪,上官瞻徇而不敢过问,甚至以馈遗之多寡为黜陟之等差,吏治民生均受其弊。"

可是,国家的力图法制化、权威化的努力,在经济发展和伴随银价贬值而突出表现出来的财政上的原额主义的矛盾面前,不得不后退了。实际的租税征收中,官僚身份的有无和社会势力的强弱,在负担分配上具有重大的影响力。而且,在官僚组织内部,作为一种贿赂发挥功能的半公半私性质的钱财馈送,使得私人利益和人际关系侵蚀着行政上的"公"与"法"的行为原则。

也许对国家而言,"均""平""公"等理念,是只能在极其狭小的范围内才能得以实现的、很有局限性的愿景。但是在它们的背后,极大程度上是由官僚的良知、官场上的规则,以及整个社会的风气习惯、传统秩序等在左右着(例如财政上正额部分与正额外部分并存;官僚机构内有官僚、幕友、胥吏等组织;司法裁判上有"上申"案和"州县自理"案;等等,相互之间既保持着互补关系,又有着明确的划分),这是近代前期的专制国家的一种类型,是中国传统国家的坚固不变的结构。通过前述的财政制度改革和失败的过程回顾,再次证明了这一结论。

小　结

正额外财政的滋长,损害社会稳定和政治秩序,应该在国家财政体系内部的原额主义上找到其症结所在。原额主义,是唐后期以后,在以两税法为主轴的财政体系中,逐步确立起来的财政原则。[1] 明清两代也将其视作"祖法"之一而固守。

原额主义的形成,大体存在两个理由。首先,在中国,清代以前人们没有经济增长的概念,或者说严重缺乏对经济增长的认

---

[1] 关于原额主义请参阅本书序章第 18 页注[1]及第六章第五节的内容。

识,对于人口的增长倒是有一定的认识,但仅仅理解为人口增加会带来物资的紧张、物价上涨等负面结果,却认识不到它背后带来的社会经济增长、纳税能力的增大,没有对这样的经济问题进行关注和研究。① 于是,在这种观念的支配下,维持原额被视为"善政",若增大原额则会被视为"恶政"。其次,还必须指出的一点是,原额主义能够满足财政上也实行的中央集权制的管理要求。从中央朝廷对税收的完成情况进行监督和检查(即"考成""奏销""报销")的角度,中央也需要设定一个标准,即"额"。另外,从当时的行政管理技术和水平来看,中央采用固定不变的"额"更便于操作。

但是,这种主观上的"善政"和中央集权式的管理,却事与愿违,带来了相反的结果。在社会经济向前发展的趋势下,越是想维护"善政","恶政"(即正额外财政)就越是横行;越是想坚持集权管理,集权体制下的正规财政就越发萎缩,就不得不默许正额外财政的泛滥。太平天国以后呈现的清代财政的极端性分权化(中央、户部的财政管理失控),也是起源于此。② 因此,从逻辑上讲,"恶政"横行必然使得社会秩序的不安定因素增多,国家机构内部的法制力衰弱(常常表现为吏治颓废和分权化倾向),这两者一定是相伴而生、同步发展,共同摧毁着专制国家的基础。

以史实为依据,可以证明清代经历了如上所述的发展过程。产生过"役困"问题的明代,其财政制度似乎也经历了类似的过程(尽管作为外部变数的银价没有出现世界性的跌落)。在唐宋改革以后的各个朝代,原额主义的财政体系,成为中国古代专制国

---

① 关于中国的传统人口观,请参阅张敏如《中国人口思想简史》(中国人民大学出版社,1982 年)。本书将在下一章里论述这个问题。
② 本书在第二章和第三章专门论述这个问题。

家的财政和政治问题的特征之一,各个王朝不断地重复着"诸制
度的建立—兴盛(即祖法的墨守)—矛盾显露(即改革)—动乱出
现—王朝覆亡"的循环。在历史舞台背后的社会经济的因果关系
中,原额主义的财政体系扮演了重要的角色。

第二章　正额财政的集权结构及变化

　　光绪三十四年(1908)，清朝廷终于开始着手对紊乱的财政进行改革。军机大臣接到度支部《清理财政宜先明定办法折》后，以长文覆奏。其中有如下一节：

> 我国家幅员广大，财赋殷繁。理财之权，外以责之疆吏，内以统之部臣，前人立法，不为不周……度支部为全国财政总汇之区，宜乎内而各衙门，外而各直省，所有出入款目，无不周知矣。而今竟不然，各衙门经费，往往自筹自用，部中多不与闻。各直省款项，内销则报部，尽属虚文，外销则部中无从查考，局势涣散，情意暌隔，此不通之弊也。各衙门款项，尚属无多，若各省之财即全国之财也，何可漫无统纪？然外省于财用实数，每隐匿不令部知，故部中常疑其相欺，而内不信外。而部中于外省款项，每令其据实报明，声言决不提用，及至报出，往往食言，故外省常畏其相诳，而外不信内……①

　　五十年来财政权的分裂和混乱，经历了对义和团事件支付赔

---

① 军机大臣庆亲王奕劻等奏《议覆度支部奏请清理财政，宜先明定办法折》。中国第一历史档案馆藏，清度支部(户部)档案，1513/24/2224。以下，在本章中所用档案如无另外说明，均为中国第一历史档案馆所藏。

款的《辛丑条约》(1901)之后,呈现出了如上所述的晚期性症状。以近代学问武装起来的当时的外国观察家评论道:清国的财政"实行极端的地方分权制"(《清国行政法》第五卷,1911 年,第 298页),或者可以说,"户部……实际上无法控制地方上的财政,仅仅是掌管北京朝廷的中央财务而已"(《中国经济全书》第一辑,东亚同文会,1907 年,第 439 页)。H. B. 莫斯也评论道,大清帝国的国库,除了部分税目来自其直接收入,其他都依赖于地方的行政费、征税费的剩余款额,这与联邦制下的德意志第二帝国的国库负担金(matrikulabeitrag)制度颇为类似(*The Trade and Administration of China*, *1907*, pp. 48,84)。

上述评论,应当是对清朝财政状况做出的比较正确的分析。但是,此种财政制度究竟是开国即有,还是经历了某种过程后才形成的呢?经历了怎样的过程呢?评论并未明示。尽管与目前的紊乱状态呈现出反差,但是我们也不能将前面引述中提到的"不为不周"的"前人立法"单纯地理解为一种修饰语。那么,户部究竟是如何统理财权,如何真正发挥好"全国财政总汇之区"的功能呢?此外,户部与各省在财政权责上是一种什么样的关系呢?笔者拟通过对酌拨制度的机制的思考,对上述问题作一探讨。应当说任何朝代的财政都很复杂,清代的财政亦不例外。若不事先限定问题,整理清楚研究对象,就难以抓住问题的关键。故此处将研究对象限定为国家财政。笔者认为国家财政是与正额钱粮或广义上的正项钱粮相关联的一个财政体系。除此以外的财政体系与国家财政之间的关系,将在本章中予以说明。

在清代,正规税收的主要来源有三:一是州县征收的地丁(包含杂税),二是由特设官厅征收的盐税,三是关税(常关税)。不论哪种税收都由地方各省征收,而户部银库的直接收入除了捐纳以外几乎没有什么来源。地方上的税收所得，一部分用于其省内开销支出，另一部分上缴户部，再有一部分则作为"协饷"解往他省。此时，留支、京饷、协饷的数额会通过某些方式进行调节，从而使各省及户部银库的收支或个别、或总体地得以保持平衡。如果某省应当起解的京饷、协饷的数额超出其负担能力，则会采取免缴，或通过削减留支、加派税粮等手段来调节。另外，留支方面，若任由各省自由处置，无论是户部财政还是收入短缺省份的财政都会立即陷入困境。因此，各方面的平衡问题，在共同的财源中进行征税的同时即应兼顾，并且理应在制度上加以保障。

最早论及该制度的是彭雨新。[①] 地方上的税赋收支须依中央的指令进行安排，各省必须按照"解款协款制度"（"解"即"送"之意）把本省支出以外的剩余款额，一部分拨给邻近省份，一部分上解中央。这种调配解款、协款的制度，便是"冬估"和"春秋拨"。解款、协款的数额并非随意分配，是在前一年冬季，由各省上报次年度所应支出的俸饷（主要是官僚俸禄和军队兵饷的财政支出），进行预算并造册送交户部（即"冬估"）。而在春秋两季，各省还须分别报告一次本省银库中现存的钱银数额，届时各省扣除本省半年的预算支出额以及拨给其他省份的协饷部分，其余的款额须按户部的指令上缴户部银库（此即"春秋拨"）。由此，各省的收支以及解款、协款都由中央进行统一的、有计划的调配，并不是由各省独自制订财政计划来寻求收支平衡。彭雨新的研究为我们提供

---

① 彭雨新:《清末中央与各省财政关系》(《社会科学杂志》卷九，第 1 期，1947 年)。

了极有价值的分析。①

　　彭雨新的论文,主要研究了清朝中央的财政支配从此处略述的"拨"原则(所谓拨,是指扣除一部分后进行再分配)向太平天国之后实行的"摊"原则(所谓摊,是指分摊)的过渡,并对自此以后的"中央—地方"的财政关系进行了分析。至于道光以前的财政支配,即所谓传统的清朝财政支配——"拨"的原则,则只是以《户部则例》中的两条规定为依据作了一定的分析。当然,彭雨新论文中也涉及了包括奏销、留储、耗羡动支等诸多制度。正如彭氏所阐述的那样,"冬估"和"春秋拨"是"解款协款制度"的核心,具有重要的意义。因此笔者认为,不仅要从行政法规上去解读,更有必要对该制度的诞生背景、运作的实际情形等加以深入分析。

第一节　雍正初年以前的财政制度

　　彭雨新所描述的春秋拨制,即《户部则例》中所确立的该制度,最早形成于雍正年间(1723—1735)。那么,此前的留支、京饷、协饷是如何进行调配的呢? 对于这个问题,如果想从遗留的史料中寻找出明确的答案是相当困难的,即便从清代的政书或实录中,也找不出明确的记载。本章拟从清初财政措施的考察入

---

① 彭雨新:《清末中央与各省财政关系》,第83—86页。乾隆四十六年《户部则例》卷二十库藏中题为"春秋拨"的规定,引用如下:"各直省司道库储钱粮,该督抚每年于春秋二季,将实在存库银两,造具春秋拨册报部。户部覆明数目,存留本省支用,及协饷之外,余悉解部充饷";"每岁冬季,各直省督抚,各将次年一岁应需俸饷,预估册报,听部按数拨给。凡拨协饷银,先尽邻近省份,再及次近省份。其别有急需应协济者,仍于邻近省份通融拨协。倘藩库银两不敷,或动盐课,或请内帑,由部随时具奏。"

手,力图从中获取些许线索。

顺治前期(1644—1650),政府因战争费用的支出,不仅通常的财政措施难以执行,还时常加派税粮的征收。其中,对于征税、起解的数额规定,清政府频频沿用的原则是"照准前朝"。明代,随着一条鞭法的实施而编订的《赋役全书》,规定了各州县以各种税目统收而来的银两、谷物必须按照本来的设税名目以及数额进行分解、分支。①

清朝入关之初,曾制定"地亩钱粮,俱照前朝会计录原额"②征收、起解的原则,依次应用于先后平定的各个地区,擒获福王、摧毁了南京的南明政权时,率领八旗军的多铎收到的敕书中有如下文字:

> 钱粮应征者照常征收,应解者照常运送。……一切紧要图籍俱著收藏毋失。③

------

① 记载了各种田土、人丁、税粮、起运、存留的项目或收支额的簿册,随着一条鞭法在各地刊行。1577 年(万历五年)前后,浙江省布政使司冠名《赋役全书》首发以后,各地竞相效仿其体裁和名称。1628 年(崇祯元年),户部命令各省裁定收支数额并编辑《赋役全书》,但是全国性的刊行却是在清朝建立以后。关于一条鞭法在财政史上的意义,《历史学事典·第一卷·交换和消费》(弘文堂,1994 年)"一条鞭法"中已有简述。关于明代 16 世纪时一条鞭法的普及和以《赋役全书》为代表、为实现"统收分支·分解"的财政计划书的出现情况,本书第七章第一节"一条鞭法在财政史上的意义"略述了其过程,并论述了其历史意义。从前被当作徭役,当作附加性、追加性收支的"四差"也随着一条鞭法的普及而正额化了。《赋役全书》不仅包含了税粮系统的收支,还包含了从前的"四差"收支。据此,就能够以每个州县为财政单位核实收支定额,朝廷、户部的统一管理得以实现。在拙稿"明代《徽州府赋役全书》小考"(《'98 国际徽学学术讨论会论文集》,安徽大学出版社,2000 年)中,对现存明代《赋役全书》作了分析。关于清代的《赋役全书》,高嵨航《清代赋役全书》(《东方学报》京都第 72 册,2000 年)一文有详述。此外,高嵨未公开发表的博士论文《近代江南的土地、征税、国家——土地、征税文书与田赋征收机构》(京都大学文学研究科,2002 年)中也有论及。
② 《清世祖实录》卷九,第 12 页,顺治元年十月甲子条。
③ 《清世祖实录》卷十七,第 8—9 页,顺治二年五月丙寅条。

所谓的照常应当就是指遵照前代(明代)数额。另在别处,亦记载了"俱照万历年间则例"①,或者更明确记载着"照万历年间赋役全书"②,可见明代的《赋役全书》原封不动地成了清代征收、起解的依据。

在贵州境内,清初平定过程中,清军对每个州县应征收的税额"随意开报"的现象相当严重,于是,户部特将明代的《赋役全书》下发至当地,要求参照此书确定田土、赋役的数额。③另外,在河南,康熙十二年(1673)正月,河南巡抚佟凤彩为筹措治理黄河而雇用人力的经费,提出增加赋税的议案。当时,佟凤彩预想到会出现"我朝制度钱粮俱照万历年间则例"、筹措此款"即为'加派'"等反对意见,于是,他极力陈述:与过去的摊派徭役相比,若按田亩来增收银两,给民众带来的负担会小得多,因此谈不上是实质性的"加派",反而是一种减税。然而,该议案最终没有得到户部的同意,户部指示要通过"裁剩裁扣"即减项、节约的方式来筹措该笔经费。也就是说,朝廷、户部的要求是,必须严格遵守"钱粮俱照万历年间则例"的原则。④

顺治三年(1646)三月,朝廷下令编制新的《赋役全书》,任命

---

① 《清世祖实录》卷四十一,第 10 页,顺治五年十一月辛未条。

② 《清世祖实录》卷三十,第 16 页,顺治四年正月癸未条。

③ 《钦定八旗通志》卷二〇七,人物志八十七,大臣传七十三,佟凤彩传,第 3 页,"我朝辟黔之初,州县卫所各官俱系随营委署之人,不谙田亩赋役,随意开报。户部见其数目参差,以明季赋役全书发黔订正,因将原报多者不复更改,原报少者遵照全书增添"。

④ 《河南通志》卷十五,河防四,河防考,第 10—12 页。当时,获康熙帝信任的总管治水的河道总督靳辅记述,朝廷作出了此时"部议不准加征,令动裁剩裁扣银两雇夫应用"(靳辅"全河归故疏"《文襄奏疏》卷五,第 5—6 页)的决定。《河南通志》中也记载,对佟凤彩的提案,朝廷批示"如遇岁修工程,仍动河道钱粮雇觅夫役。若钱粮不敷,该抚应动某项钱粮,具题可也"。该条批示虽然对于是否准许以田土面积为基准的加征案表述含糊,但从靳辅的记述可明确看出,户部否决了佟凤彩的增税提案。

户部侍郎王弘祚负责此事。① 新的《赋役全书》终于在顺治十五年(1658)告成②③,至此以前均是沿用明代典籍。到了康熙二十三、二十四年(1684、1685),顺治末年各地的《赋役全书》被重新修订,改为《简明赋役全书》,并规定每十年修订一次。实际上每十年修订一次的规定并未执行,只是到了雍正十二年(1734)才修订过一次。这个事实也说明了《赋役全书》在财政事务方面一直有效地发挥着作用。黄六鸿在谈及征税时,也提到"惟全书与司核会计册东南必不可少"(《福惠全书》卷六,第 2 页)。但是,按照《赋役全书》上的数额进行征收、起解,户部就能统辖地方收支、实现全国财政的调配吗? 笔者认为这是不可能的。

> 州县地丁钱粮,起运、存留等款,一入一出皆有定制,原本不许毫末参差。④[意译]

正如此处所言,《赋役全书》极其详尽地记载了各州县应征的税目、数量以及支出项目、数量。但归根结底,那只是对各州县的起运(应上缴布政使司库的税赋部分)和存留(各州县的支出部分)数额的规定。实际上,应征额与实征额年年都会有所变动,所以《赋役全书》上的数字并非完全如实地反映当时的情况。⑤ 因为,即便是存留、起运都遵照定额执行了,但是对于起运之后的起

---

① 《清世祖实录》卷二十五,第 24 页,顺治三年三月壬寅条;卷二十九,第 3 页,同年十一月丁未条。

② 《清史稿》卷二六三,王弘祚传,中华书局版,第 9902 页。

③ 编撰事务大概由各州县执行。参阅秦世祯《抚浙檄草》(《清史资料》第二辑,1981年所收),第 175、181、184 页。

④ 顺治十年七月六日户部题本,清顺治朝题本奏销类十六。以下档案的分类,均略记为"顺·题·奏销"样式。

⑤ 为此,布政使司每年年初必做的工作是"将应解司库及州县存留应支银数一一拨定,造具简明总册,核定后,发州县遵照解支"。康熙四十七年六月二十六日户部咨文(引自雍正□年云南巡抚杨名时题本,雍·题·奏销六十)。

运钱粮如何处置,除个别款项外,该书大多没有给予明确的指示。不过,退一步讲,即便对所有款项都有指示,可是如果要求布政使司的支出也像各州县的存留钱粮那样全都按照固定数额,恐怕这也是不可能的,因为布政使司的正额钱粮支出的灵活性远比各州县的大得多。本书稍后会再对此进行阐述。

顺治八年(1651)以后,奏销制度逐渐得到完善。① 所谓奏销,本来是对税粮的一种监督管理制度,户部要求各省对"正收正支"的情形进行事后汇报,即察看各省是否严格遵守了指示和定则,因此它并不是钱粮的支出、起解的依据,仅凭《赋役全书》或奏销册,不可能进行全国性的调配。

《实录》康熙二年(1663)五月丙戌条,对于给事中吴国龙的奏请,批复如下(其规定虽简单却值得关注):

> 直隶各省解京各项钱粮,自顺治元年起,总归户部。至(顺治)七年,复令各部寺分管催收,以致款项繁多,易滋奸弊。请自康熙三年为始,一应杂项,俱称地丁钱粮,作十分考成。除每年正月扣发兵饷外,其余通解户部。……至各部寺衙门应用钱粮,年前具题数目,次年于户部支给,仍于年终核报。

各部寺在财政上独立,是沿袭了明代的制度。可是康熙二年,清政府对此项制度进行了改革,规定各部寺必须事先提出预算,然后向户部申请。此外,对于解款制度,清政府制定了一条专门针对兵饷的"扣拨"原则,指的是户部事先规定下一年度应拨的兵饷数额,并从当年起运的地丁钱粮等项中,明确指定该饷应从

---

① 佐伯富:《清代奏销制度》(《东洋史研究》第 22 卷第 3 期,1963 年)中有详述。

哪项财源中拨出、拨出多少。由于正月是会计年度的开始,因此,此项原则具有预算性质,事先规定好兵饷的预算额及其财源,并规定拨给兵饷后的所有余留款额均应送交户部。不过,布政使司库的最大支出项目虽是兵饷,但还有其他如官俸、役食、河工等不可或缺的支出项目,对于这些项目是否与兵饷一样得以"扣拨"呢? 尚无法得知。

至于协济给收入贫乏的省的协饷,正月时户部就采取措施。这点从汪琬的题本覆稿(康熙七年)可以知晓。

> 查各省最近贵州者莫如湖广,但湖广钱粮先行尽解云南,则就近省分别无可协。惟有江西、江南较之别省距贵州差为不远,是以将江西省银十三万两、江南省银十七万两解济,先经臣部于正月拨饷时题明在案……①

不过,在此需要说明的是,这种"正月拨饷"制度并非康熙三年才开始实施的,在顺治年间(1644—1661)就已经实施了。②

户部"指拨"兵饷,是由外省以题本的形式,把前一年制定出的次年度兵饷数额预算上报户部。户部据此指定财源。汪琬的题本覆稿(康熙七年)中,还谈到了办理的行政程序:

> 其两浙及上元等项盐课银十五万两,系黔抚罗绘锦于上年十二月题请拨给见银,臣部欲拨七年分钱粮,只恐起解迟误,遂将六年分所存盐课俱属拨剩见银,限文到速解。

---

① 《请申严就近拨饷之制,以无误军需事题本覆稿》,康熙七年二月题,《尧峰文钞》卷一,第 3—4 页。
② 参考顺治十八年八月二十二日户部题本(《清代档案史料丛编》第四辑,1979 年,第 8 页)。顺治十七年正月二十二日洪承畴揭帖,《洪承畴章奏文册汇辑》(商务印书馆,1937 年),第 205 页。

关于办理的行政程序,在雍正二年(1724)正月二十八日的户部题本①所引四川巡抚蔡珽的题本中也有反映。作为成都驻防八旗的官兵俸饷、马匹豆草、白米折价,蔡珽"请拨"15 万 412 两。户部对此批复道:"……等项银两,系岁需之项,该省各案,库存银拨给"[意译],而且要求对于支出的银两数目,列入当年度的兵马奏销册报销,并接受户部的核查。② 据此,我们大体可以推算出当时的处理程序,是首先由巡抚提出支出预算并"请拨",然后户部对其批准并指定财源(指拨),年终再进行奏销。另外,至雍正元年(1723)为止,清政府规定:巡抚在"请拨"时,要预先编制"预估册",并于前一年十月之前上报户部。③

外省在作出各种支出预算(估饷、预估、估拨)和支出之后,由布政使司将各州县府上报的会计册(县、府的草册)进行汇总,编制奏销册,一部呈皇上御览(黄册),另一部递交户部(即清册或青册),以该省的巡抚和总督的名义上呈。

如上所述的制度,确立于何时? 准确的年代目前尚无法考证,但是,通过这些制度规定,我们可以清楚地看到,原则上各省都是按照每年的"正月拨饷"进行正额钱粮的留支和协饷的起解。

那么,户部对各省留支钱粮以及调剂他省的协解以外的所剩钱粮,是如何管理的呢? 户部银库被称为"天下财赋之总汇,各省

---

① 《雍·题·粮饷七》。

② 此外,康熙五十七年九月九日两广总督杨琳题本《康·题·奏销二十三》中,对于广东省康熙五十六年兵饷的岁需预算的册册,户部指拨其财源、数目,于康熙五十五年十二月二十一日获准,咨报巡抚。从中可知"正月拨饷"手续于前一年十二月进行。

③ 雍正二年六月一日吏部题本《雍·题·例行三十五》:"查得,户部咨称,直隶巡抚李维钧,以直属各镇营应需雍正贰年俸饷等银预估册,准咨行令拾月内到部。今拾月已终,尚未送到……"

岁输田赋、漕赋、盐课、关税、杂赋,除存留本省支用外,凡起运至京者,咸入焉"[1]。关于地方起解的银两数目,罗玉东根据户部银库大进黄册,对雍正二年(1724)至咸丰三年(1853)间进行了统计(罗玉东《中国厘金史》,第6—7页)。按罗玉东所列举的数据制成了图2-1,而此年代之前的史料,除零星的以外,完整的史料则比较少。[2]

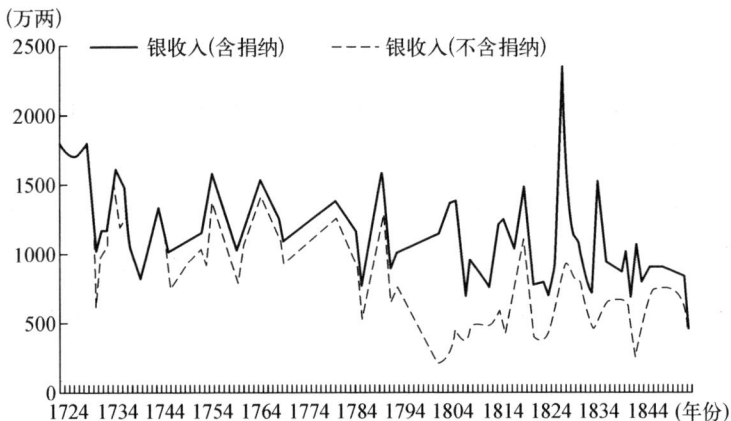

图 2-1　户部银库的收支

《清实录》康熙四十八年(1709)十一月庚辰条记载:收入1300万两,支出900万两。王鸿绪的密缮小折[3]记载:收入1000余万两。据此可推测收入大约在一千几百万两。除了成为惯例的捐纳是直接收入,其他所有的收入都是各省的市政使司、盐运司、海关等的起解。

---

① 《皇朝文献通考》卷四十,第2页。
② 根据罗玉东的统计表制成图2-1。关于"户部大进黄册",参见岸本美绪《关于清代户部银库黄册》(原载石桥秀雄编《清代中国诸问题》,山川出版社,1995年;其后刊载于岸本美绪《清代中国的物价与经济变动》第十三章)。
③ 《文献丛编》第二辑,1930年,第24页。

另一方面,户部银库直接支出银两数目的史料也比较少。《雍正元年四柱清册》①里记载,当年银两支出数为1035万两,这与上述《清实录》中所记的900万两的概数结合起来考虑,可以大体认定平常是在1000万两左右的水平。② 中央各衙门的经费、京营八旗的兵饷、盛京户部之协款等都由此支出,因此称之为"清朝的命脉"也不夸张。而且各省的支出部分,以及由于挪移、侵欺等造成的亏空部分,还有起解至户部的部分,这三者基本上都是同一个财源所出,因此可以说它们之间构成了一种竞争关系。③

那么,在雍正年间春秋拨制确立以前,中央户部是如何确保京饷起解的呢? 康熙二年(1663)规定,"除每年正月扣发兵饷外,其余通解户部",然而实际执行起来却并非那么容易。

笔者亦尚存一些不明之处,主要有如下几点。每年解京钱粮的一千几百万两中,一部分数额以惯例而固定下来。按照明代的做法,额派中所含的金花银或岁派、坐派等,送往京师或边境的款项都是专门规定好了数额,分配给各省的。而在清代的《赋役全书》中,一部分也同样当作解京的定额而固定下来。虽然没有史料直接显示清代前期这种定额到底有多少,但是王庆云参照道光末年(19世纪40年代)的实际状况,推算出了一个大体的数额:

---

① 黄册2849。

② 年代虽是此后的,但王庆云在《熙朝纪政》卷三的第52页,列出了户部银库的支出:

　　道光二十九年 9 460 702 两

　　道光三十年 9 564 059 两

　　咸丰元年 9 569 911 两。

③ 例如,源于地丁钱粮的京饷,从运至布政使司的那部分中划拨,因此便有规定,要求即使是平时,各州县也应将起运款项优先于存留款项(康熙《大清会典》卷二十四,第29页)。另外,州县虽有可支配存留部分,但对于"紧要"的起运丝毫不敢怠慢(《福惠全书》卷七,第15页)。

"各省例解部款一百二十万,常捐、旗租、减平二百余万。"①该部分只要没有"未征""亏空",即使户部放任不管,也可以年年照收。

但是,无论在数额方面,还是在确保措施方面,尤为重要的是定额部分以外的京饷这一块。关于确保的措施,下面就让我们首先通过"奏销"来窥其一斑。根据康熙某年的户部题本②中所引山西省康熙五十三年度(1714)的奏销,额征地丁银295多万两作为"支用各款",首先记载:

　　一、给协解陕西、甘肃五十三年兵饷银六十六万两(A)

　　一、钦奉上谕案内拨给甘肃兵饷银二十万七千七百四十二两(B)

　　一、给解部银五十万四百七十八两(C)

接下来列出了本省内的支出款项之后,还列有"亏空""未完地丁银"等项目,末尾记载:

　　存剩地丁等银四十八万四千一百六十一两(D)

户部对此"存剩"部分,指示道:"行文该抚,作速解部"〔意译〕。上述几项中,属于京饷的是(C)和(D)。(A)、(B)也是协饷,但其程序不同。(A)估计是户部的"正月拨饷",而(B)大概是根据其他"上谕"旨命。笔者认为,作为京饷的(C),无论依照"正月拨饷"还是依照"上谕"——估计是前者,但两者的不同并不重要——都是预先下令要求起解的部分。换言之,它与兵饷或协饷的"扣拨"同样是作为预算充当京饷的。(D)是该年度的剩余,年

---

①《熙朝纪政》卷三,第52页。例解部款、常捐等之外,正如"不敷银,随时奏闻,于盈余省分地丁、盐、关,指款解部库。无定额"所述的那样,没有定额,由根据春秋拨制拨解的京饷进行筹措。

②《康·题·奏销二十六》。

终过后几个月内要向户部奏销的,其处理办法事实上由户部决定。①

以上记述的是"地丁"项下的钱粮处理。奏销"盐课"时,要记录库存银数,"应令该御史贮库,待户部文发饷"②。盐课以及关税等估计也是同样。③

关于京饷起解的时期,雍正元年(1723)十二月十八日,两淮巡盐御史谢赐履的题本④中所引用的户部咨文里,记载:

> 直隶、山东、河南、山西、江南、江西、浙江、湖广等省银两,应于春秋季发解。直隶、山东、山西等省,以文例六十日到部……[意译]

依此可知,春秋拨制确立之前,京饷起解即已按春、秋两季⑤进行了。

为了保障户部对国家财政担负的监督和支配的职责,至雍正初年,国家财政基本上形成和确立了一个制度上的框架。户部与各省之间的财政关系,笔者认为可以归纳为以下几点:

(1)"一省财赋总汇"的布政使司,在每个(财政)年度前算好一年需要支出的兵饷银两数目,由巡抚在十月前"册报"户部。户

---

① "正月拨饷"时,户部咨文中必添这样文字:"其本年截旷、小建、下剩等银,扣存司库,照倒奏报,听候部文,拨充下年兵饷。"参见康熙五十七年九月九日两广总督杨琳题本《康·题·奏销二十三》,以及雍正元年十二月五日湖广巡抚纳齐喀题本《雍·题·粮饷一》中引用的户部咨文。

② 康熙五十九年九月二十四日户部题本《康·题·奏销二十二》。

③ 参考本书第 86 页注①中所引用的《熙朝纪政》记载。

④ 《雍·题·盐务二》。

⑤ 地丁的征收,分上忙、下忙两个时期进行。原则上指春季征收完前一年的下忙部分,秋季征收完当年的上忙部分。由于这两项都已向布政使司起运完成,因此大概会在这两季下达起解京饷的命令。

部据此从估算收入中对各项目和数量于正月进行"指拨"(估饷——部拨制,即彭雨新所称的"冬估制")。

(2)向收入不足的省份调拨的协饷,从预估黑字收入部分中按正月的部拨进行,或者其他机会另行安排。

(3)户部银库的收入包括:① 通常捐纳等直接收入;② 作为例解部款,《赋役全书》中规定的定额部分;③ 与协饷一样,在预估黑字收入之内命令起解的京饷;④ 奏销时年度内尚未支付的部分,和成为盈余收入后命令起解的京饷;等等。

也就是说,各省的兵饷、京饷、协饷,都从年度内估算的收入中,预先受户部指拨如数支出,次年通过奏销报告其实施状况,再由户部进行决算手续。通过这种程序,户部对各省支出进行调控,力图实现全国财政的平衡。然而,每年获得的收入未必都能如同估算的那样,除了部拨款项之外各省还会出现一些临时性支出。这样一来,就会发生预先订好的京饷、协饷不能如数起解的情况。我们不难预想到,以上所述的制度中就潜藏着这样的问题。

春秋拨制是在这些制度先行实施的前提下出现的。为了明确其意义,在下一节里,让我们来看一看截至雍正初年制度中具体出现过哪些问题。

第二节　动支、挪移、亏空

户部统理全国财政,决定财政事务以及给外省巡抚下达指令的依据是来自各省的报告。户部只有正确把握各省的财政状况才能保证其指令的可行性,避免其做出的指示如纸上谈兵。怡亲王允祥的奏折①中提到：

> 本部钱粮，均以外省题疏咨文为据，务使内外一致，前后
> 相符，款项明了，方可免支给及拨解项目之延迟、错误等。
> ［意译］

由此奏折也可看出，来自地方的题本、奏疏、咨文，对于反映
当时的财政状况具有何等的重要性。

正如前一节中所述，自顺治时期起，责成各省编制赋役全书
上报户部，每年还要定期上报奏销册和估销册。这样的报告制度
已经完备。但仅采取这几项措施，户部仍无法控制外省正额钱粮
的出入，也无法保障户部下达的起解京饷、协饷指令得到切实贯
彻。怡亲王在雍正二年（1724）十一月二十六日呈递的奏折《为请
定酌拨条例事》②中，指出了现行制度存在的弊端。

> 巨部每年春秋二拨、年终大拨旧例，按各省本年额征钱
> 粮，及各年各案登记银两，通计酌拨。而各省本年额征，未经
> 奏销，征收存库之数，不能确知多少。其各年各案登记银两，
> 本省或已于别案动拨，亦以未经奏销，部内登记仍未开除，故
> 部拨款项，各省抚臣或以业经动支，或以未经征收不敷拨给
> 为词。盖缘部拨款项定例，必照所指何项动用，藩库即有别
> 项存库，以非部所指，不敢擅动，故往往咨请改拨。查各省兵
> 饷驿站官役俸工等项，皆按月支给，不容迟缓。其别省协饷，
> 亦不可稽时日。乃一经咨题改拨，往返动隔数月，既于兵饷

---

① 雍正四年二月二十八日奏。清华大学图书馆藏《户部奏咨，雍正元年至乾隆十二
年》不分卷，抄本，第二册，雍正四年五月二日到的户部咨文中所引用。该抄本的书
名大概是该图书馆所起，从内容来看，笔者判断它是贵州省巡抚衙门接到的户部咨
文的抄录。
②《户部奏咨》第一册，雍正三年正月八日到的户部咨文。

不能无误,而别项已征银两徒贮藩库,恐反或致亏空。此皆因部内不知各省实在存库款项数目也。

户部对在收支上预计会有盈余的省份,会预先算好征收数额,并据此责令春秋二次起解京饷。春季应起解的银数,参考前一年下忙征收期后的征收并运至布政使司库的钱粮数目,和当年正月拨饷规定的留支、协解的数目进行估算;而秋季应起解的银数,同样要参照当年上忙征收期以后预算收入和预算支出进行估算。可是,户部进行估算的依据一般是按照当时已入库的数目,而京饷拨解时的数目与库中现存的数目往往是不一致的。而且还存在着户部并不知情的银两支出,于是就发生了怡亲王所提到的弊害。

无论奏销制度如何完备,它也是事后才进行的报告;不论估饷的监查如何严格,它也不过是预计而已。当发出拨解指令时,至多不过是一种可能状态,所以自然无法控制现实。因此,户部对于正额钱粮无法做到完全支配,结果就出现了外省常常编造各种理由拒绝起解京饷,或者要求"改拨"的事态。

怡亲王奏折中,提到了巡抚以既已"动支"为由不服从部拨的情况。钱粮的动支或动用之所以成为一大问题,有下述背景。

因三藩之乱造成财政极度困难的时期,户部于康熙十七年(1678)规定:

> 各省动用钱粮,司道等官,须先申详督抚,预行题明。如不申详题明,借称军需,竟入奏册请销者,将司道等官革职,不准开销。①

------

① 《清圣祖实录》卷七十二,第4—5页,康熙十七年三月辛巳条。

户部欲以此限制各省在正月拨饷之际,擅自动支指拨以外的钱粮,可是随着后来财政状况的改善,对该项规定的执行也变得不严格了。比如,在康熙十七年的规定中,仅就"惟正在用兵,刻不可缓之时",采取"一面具题,一面动用"可以例外;至康熙三十一年(1692),例外措施又增加了"直隶除供应陵寝及紧要事务所用者,该抚一面动用,一面报部"①;更于三年后,规定"嗣后见在应用钱粮,该抚一面动用,一面报部"②。也就是说,正额钱粮的动用可以不待户部指示,凭督抚的权限就可执行。

《实录》康熙四十四年(1705)五月甲戌条中,记录了被责令向江苏省发送协饷十五万两的直隶巡抚,以无应解钱粮为由要求改拨他省的奏请。可见这样的事情时有发生。外省利用制度的不完善,想方设法逃避拨解。雍正四年(1726)的上谕中记载:

> 从前户部春秋二拨、岁底大拨之时,各省俱夤缘求免拨解京饷,以致藩库钱粮虚收、捏报、掩饰、弥缝之弊,不一而足。③

雍正八年(1730)的上谕也记载:

> 从前直省应行起运钱粮,该省抚藩以解部为艰,每至拨饷之时,百计营求,借"备公"、"协饷"之名,存留本省,而户曹堂司,亦就中渔利徇情,将杂项税课,尽留司库。即正项解部者,亦属寥寥,以致外省抚藩,得借存库名色,通同那用,而州

---

① 雍正《大清会典》卷三十一,第8页。
② 雍正《大清会典》卷三十一,第8—9页。
③《户部奏咨》第二册,雍正四年十二月十二日到的户部咨文,十月二十一日内阁交出。另外,《世宗宪皇帝上谕内阁》卷四十九,第30页(十月十八日)亦载同文。

县效尤,亦不肯随征随解,官侵吏蚀,亏空累累……①

上谕一针见血地指出,正是由于布政使司的截留钱粮才造成了亏空问题的频频出现。在现行制度下,不仅易产生亏空,外省还能巧妙隐匿亏空,户部难以发觉。本来,奏销制度的建立,就是为防止挪用、侵欺等不法行为,强化户部的监督权,但是在监督亏空方面却显得无能为力。这是由地方诸库盘查(财务监查)制度不完善造成的。虽然自康熙二十八年(1689)起,清政府就规定奏销时巡抚要亲自盘查布政使司库的钱粮;②但是如果二者"通同作弊",这项规定便显得十分无力,而事实也的确如此。③

康熙二十三年(1684),监察御史李锦上奏:④

> 各省一应钱粮,俱在藩司掌握,即有亏空,犹可指后抵前。

也就是说即使因"挪移""侵欺"而导致亏空,也可用后入库的银两填平账面。这种情况下,只要事先串通好督抚,便可做到天衣无缝,轻易地瞒过户部。

在此,恕笔者无法详述亏空的原因及形态,但笔者认为,要弄清康熙末年财政亏空问题,有必要对其诸多背景进行分析,比如准噶尔战争的军务问题、康熙皇帝的"务为宽大"造成的吏治松

---

① 《雍正朝上谕档》卷三,第 27 页,雍正八年九月十日条。《史料丛编》收录。此外,《世宗宪皇帝上谕内阁》卷九十八,第5—6页(九月十一日)亦载同文。
② 《清史稿》卷一二一,食货二,第 3530 页。
③ 雍正元年十二月九日甘肃巡抚事傅德题本《雍·题·田赋十一》,"值日御史条奏内称,藩库为钱粮总汇,典守綦重,责在藩司。查盘足,责在巡抚。各宜奉公守法,不容少有假借。但抚藩情好易密,多至相为表里。藩司侵那,则力恳巡抚代为掩护,巡抚滥用,该藩司不得不一一应付,以公帑之蓄储,竟视为私家之出入,而亏空遂不可数计。……"
④ 康熙口年(残缺)山东巡抚觉罗崇恩题本《康·题·田赋十四》。

弛,以及上面谈到的对"动支"规定的放宽,还有会计制度本身的问题,等等,应该将这些联系起来,综合地进行分析。

自康熙后半期开始,由于没能制定有效的对策,导致亏空经年累积,至康熙末年,上至户部银库,下至州县库、道库、司库,无不亏空。如果说康熙末年最大的政治问题是钱粮亏空,也不为过。随后即位的雍正皇帝,在其即位不过十几天,便任命怡亲王允祥,总理户部三库事务,接着命怡亲王、隆科多、白潢、朱轼四人共同处理所有的钱粮奏销事宜。怡亲王等奏请另立衙门,配备郎中以下官员。雍正帝立即照准,并亲自命名"会考府",奏响了整顿大清财政的号角。

怡亲王执兄雍正帝的尚方宝剑,就任总理户部一职。关于当时的状况,张廷玉记载:"当是时,国家休养蓄息,民物康阜,税赋岁入既多,经费浩繁,簿籍益冗,蠹弊丛集……案牍壅滞累积。"①怡亲王意识到要发挥户部统理国家财政的职能,就必须首先掌握各省"现存库银款项数目",他指出:户部向各省拨饷时,必须掌握各库当时现存银数,于是,提出了建立春秋季报册的制度。春秋报册的建立,可谓中国财政制度向前迈进了一大步。

第三节　酌拨条例及其体制

关于春秋季报册制度的概要,在介绍彭雨新的研究成果时已有说明。此处,根据清华大学所藏抄本《户部奏咨》,笔者引用雍

---

① 《敕撰和硕怡贤亲王行状》(《澄怀园文存》卷十四,第1、4页)。

正二年(1724)十一月二十六日怡亲王的原议如下：①

> 自雍正三年为始，令直省每春秋二季，造具现年征收何项若干、动用何项若干、现存何项若干清册送部。臣部于二季酌拨、年终大拨时，将其确存款项数目，酌拨各省兵饷、驿站、官役俸工及充协饷外，余悉令解充京饷。……春季应送清册，务于二月二十以前到部，秋季应送清册，务于八月二十以前到部。如违限不到，臣部即行题参，交部议处。

此处的"清册"就是季报册，后来常被称作"拨册"，所以本书也沿用这种说法。怡亲王在谈到造送拨册的好处时，指出：

> 如此则臣部所拨，皆系实征在库之数，直省不得以"不敷""未征"借口，既可省文书驳诘之往返，亦可除改拨挪移之纷扰，钱粮各归款项，不致混淆，似于国帑兵饷均有裨益。

雍正皇帝对此提案颇为赞赏，即日朱批："狼（很）好，着照行。"户部抄录原奏发往各省，指示实施新定的酌拨条例。该酌拨条例中，虽然丝毫没有提及以往的估饷册（即预估册），但是，据春秋拨册所报告的确存银数而进行的酌拨"兵饷、驿站……"的数目，依然是按照前一年冬季呈报的估饷册来计算的。乾隆《会典则例》《户部则例》以后的各类典籍，均是将春秋拨册和估饷册的规定放在一起的。

该酌拨条例提出如下原则：收支有余裕的省份，除去酌留本省充当留支部分、协饷部分以及"另有他需，奏请拨用"②的部分

---

① 雍正四年二月二十八日奏。清华大学图书馆藏《户部奏咨，雍正元年至乾隆十二年》不分卷，抄本，第二册，雍正四年五月二日到的户部咨文中所引用（同本书第89页注①）。
② 参考本书第74页注①。

以外，其余银两都必须全部上送户部。如此一来，掩饰亏空或者督抚、布政使司擅自挪用等不听从户部指示的事情就不容易进行。但是另一方面，如果不给予地方些许的财政自由，遇到非常时期或特殊情况，就很难采取相应措施。于是，雍正五年（1727）正月二十一日，户部奏请创设"封储"制度①，立即获得批准，要求各省"酌量地方远近大小、钱粮存剩多寡"，从春拨的京饷中抽出一部分进行封储。就这样，酌拨制度的整顿促成了"封储制"的诞生。

黄册，经皇帝御览后保存于内阁大库，因此今天我们还能看到其中的一部分。而估饷册和拨册，作为清册（即青册）由外省直接报送户部，由户部保管。不过，由于屡经战乱和火灾，户部保存的文本如今几乎看不到了。② 根据《会典则例》的记载，"春秋拨册"有三种，而"冬拨估饷册"有四种。③

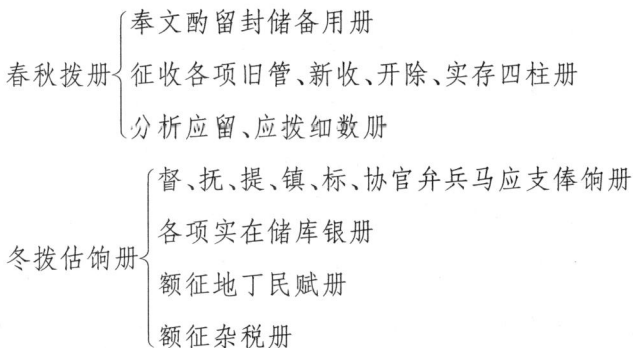

春秋拨册 {
奉文酌留封储备用册
征收各项旧管、新收、开除、实存四柱册
分析应留、应拨细数册
}

冬拨估饷册 {
督、抚、提、镇、标、协官弁兵马应支俸饷册
各项实在储库银册
额征地丁民赋册
额征杂税册
}

①《户部奏咨》第二册，雍正五年三月四日到的户部咨文。另外，雍正八年，雍正皇帝亲批:州县可酌留银两封储。
② 关于户部档案为何没有多少保存，以及户部的火灾等情况，可参考拙稿《清代的户部——关于度支部档案》，载《中国出土文字资料的基础研究》（京都大学文学部，1993年）。
③ 乾隆《会典则例》卷三十七，第55—56页。

从名称我们可以大体推测其内容,但它们究竟是什么样的体裁,仅凭以上所述还不够清楚。

至此,我们介绍了雍正时期所整顿的酌拨制的概要。接下来,将对其实际运作情况及其效果等进行考察。正如以上所述,这种制度建立的目的,是加强户部对正额钱粮的管理,制约地方收支,并要求京饷、协饷须按户部指示进行。但对地方而言,这一制度导致了它们的自主权被限制和削弱。因此,从当初一开始实行,这一制度就引起了(地方)抵触。雍正四年的上谕[1]中记述了这种情形:

> 自怡亲王总理户部以来,凡事秉公持正。于拨饷一项,皆斟酌地方远近,详核钱粮多寡,据实预先奏朕定夺后,方行分拨,四年以来毫无假借,各省亦应晓然明白矣。乃闻尚有愚昧之人,私嘱吏役暗行贿赂,以冀免拨,其巧为迁避者,将实存数目不尽开报。盖缘各省督抚,身处远方,不能深悉户部拨饷,悉出至公,乃为吏胥之所愚弄耳。

此外,即使没有施以贿赂,在无奈拨解的情况下,也还会发生起解时短斤少两,或者解送时官吏中饱私囊的事情,雍正皇帝曾严厉地训斥这些伎俩。[2] 外省官吏采取各种手段来抵触,也说明酌拨制度的严格和京饷拨解的苛刻,在防范和制止外省的挪用、亏空方面,也确实取得了预期的效果。安徽布政使石麟报告云:

---

[1]《户部奏咨》第二册,雍正四年十二月十二日到的户部咨文,十月二十一日内阁交出。另外,《世宗宪皇帝上谕内阁》卷四十九,第30页(十月十八日)亦载同文。

[2]《户部奏咨》第二册,雍正四年六月十四日上谕:"何以解京之项短欠俱如此之多。盖缘各省藩库季报实存银两,悉令拨解京饷,藩库倘有亏空,不能掩饰,于地方官甚有不便。故将解部之项,轻平弹兑,或扣存于解官私囊,致使必有短少,以见银库有弹兑苛刻之声名,为将来协拨存留那移掩饰之计。"

藩库钱粮，从前多有亏空、侵那之弊。我皇上御极以来，特设造报春秋贰拨之法，按季拨解，使藩库亏空，无可掩饰。①

河南巡抚田文镜也有报告说：

各省钱粮、每岁正供所入，除俸食兵饷工役动用之外，春秋二拨悉令解部。一以使府库丰盈，度支优裕，一以杜外官侵蚀，易于稽查。政诚善也。②

尽管该报告多少有些吹捧之词，但是，对这种制度给予了很高评价。实施几年后，该制度显现出了令雍正皇帝满意的效果。雍正八年九月上谕云：

从此各省不敢有虚收虚报之弊，地方大吏亦咸知怡贤亲王秉公持正之心，不可以营求幸免。是以亏缺渐清，帑藏充裕。③

执行酌拨条例、造送春秋拨册，不仅仅限于布政使司。当所在省的地丁收入不敷支出时，盐课、关税等也会被要求按户部的指令报送布政使司库，还会作为协饷起解他省。为完成这种调配，必要的前提就是春秋二季都要将现存银数报告户部，接受部拨。

雍正二年(1724)奏准实行的春秋拨册制度，与以前就在实行的以估饷册制度为主的酌拨制度，此后一直没有什么大的变动。

———————

① 雍正四年十二月四日奏折。《宫中档雍正朝奏折》第七辑（台北故宫博物院，1978年），第66页。
② 雍正三年七月六日奏折。《宫中档雍正朝奏折》第四辑，第624—625页。
③《雍正朝上谕档》卷三，第27页，雍正八年九月十日条。《史料丛编》收录。此外，《世宗宪皇帝上谕内阁》卷九十八，第5—6页（九月十一日）亦载同文。

只是道光七年(1827),长年担任苏州布政使司胥吏的华琳在《苏藩政要》(布政使司胥吏的工作指南)中,记载有"三拨估饷册,系春、秋、岁三拨季册也……",与春秋拨册具有相同性质的"岁拨估饷册"(春秋拨册此处被称为春拨估饷册、秋拨估饷册),是在预估册之外另行编制,并须于十月之前报送户部。① 虽然它与会典或则例的规定稍有不同,但整体功能可以说是相同的。总之,即使到了道光时期,拨册、估饷册的造送仍然得以照例遵行。

对京饷、协饷的拨解下达指令,通常仅限于每年收入盈余的省份,不过其他省份有时也会接到临时拨解的命令。例如对福建省,要求解往布政使司的地丁达到 104 万两,而支出则有 144 万两,对于不足部分每年都是"奉户部指示,动拨盐课、关税及各案存库留备银"进行填补。当然,不会再被要求京饷、协饷了。在没有实行酌拨条例以前,除了闰年,每年多少还会有一点儿剩余,大约在四五万两。但是自从酌拨条例实行后的几年里,这些都被严格收缴为京饷。直到雍正十一年(1733)才停止起解,留存本省充当经费。这些款额长期累积竟也达到了 280 万两。可是据记载,乾隆二十三年(1758)春拨案内,奉户部指示拨解 100 万两②,继而奉户部指示,拨解协饷银 200 万两予江苏省。③ 由此可以看

① 雍正四年八月二十八日户部议覆要求"一应钱粮衙门"须于春秋二季造册(九月一日奉旨)。《户部奏咨》第二册。此外,同年十一月二十日的户部咨文中记载"长芦盐运司"的报册未到。
② 《苏藩政要》二卷,抄本二册,南开大学图书馆藏,该本为光绪十三年汪圻所抄。另,《中央研究院历史语言研究所善本书目》收录有别的抄本。南开大学存本与其他抄本如《款目源流》、《捐摊款目》、《禀稿录》、《详蒿录》、《钱谷视成》等一起,统以《苏藩政要》的书名收录。"三拨估饷册"记载于卷上,第7—8页。
③ 德福纂辑、颜希深续辑《闽政领要》卷上,第 15 页。从三木聪氏得知,该书的续辑者为颜希深。参见三木聪《明清福建农村社会的研究》(北海道大学图书馆刊行会,2002 年),第 52—53 页。

出,户部通过春秋拨册,掌握了各省实际库存银数,一有需要便可随时调用。各省正额钱粮无论收存于何处,最终都是作为国库之银,处于户部支配之下。

在考察了酌拨制度功能的基础上,接下来,笔者将探讨在清代国家财政上,中央与地方是一种什么样的权力关系。通过冬估、户部拨饷、春秋拨、奏销等财政制度的实施,外省正额钱粮的收支全部归由中央户部支配,地方官衙只是作为其代理对收支进行保管而已。也就是说,正额钱粮之内,地方上完全没有财政支配权。尽管地方财政衙门以及一般行政衙门之下附设有很多库,但是对于中央户部而言,如同操作户部自己的银库一样,地方上各库的正额钱粮收支都置于户部的远程操控之下。酌拨制度的完善,使得户部银库与地方诸库动态地结合起来,形成了一个统一、完整的国库。顾家相《浙江通志·厘金门稿》(卷中,第8—9页)记述道:

> 泰西分国家税与地方税为二,中国向无区别,未立定名,民间所输,纤悉必以报部。春秋拨册某项动支某款,由部预定,藩司奉行而已,不敢擅专。

另外,这种正额钱粮,从理念上而言,属于高度集权型的财政体系,但是在其周围也存在着依附的财政体系,可称之为实质性地方财政。无论从百姓的负担来看,抑或由此实现的政治功能来看,可以说这种地方财政体系具有与国家正额钱粮(即国家财政)相匹敌,甚至超乎其上的规模和重要性。

这种"地方财政"体系与正额钱粮体系明显有别,尽管还带有几分暧昧,但笔者认为仍应视作两个领域。一个是"私"的领域。官的收入、吏的所得,以及征收税粮的相关人员、幕友、胥吏等捞取外快等,均来源于乘机私征、加派;另一个是"公"的领域。提解的耗羡、归公的陋规,以及因公受上级官府认可进行征收的捐款等。前者为"私",在某个允许的范围内不会受干涉,而后者特别在雍正朝以后有逐步受限的趋势①,如被要求承担报销的义务,等等。然而,"私"的领域不必说,即使是属于"公"的领域的公项、公费银等,也并没有在明确的制度化的财政体系里,被当作与国家财政相对的地方财政看待。这一点反映在公项等并没有被安排在独立的存放场所,而是向存放着正额钱粮的诸库借地存放。因此,它自始至终带有"半公半私"的中间性格。国家财政,在其坚硬的外壳里面,总包裹着某些柔软而含糊不清的东西,"私"与"公"之财政就这样缺一不可,共同生长在国家财政的躯壳里。综观清朝的国家财政,大体可作如上的描述。

第四节　酌拨制度的瓦解

乾隆年间(1736—1795),除临时战争费用支出之外,经常费用也有增加,就此曾有人表示担忧。② 然而当时财政收入亦有所增加,所以,财政总体说还是处于稳定状态。但是嘉庆(1796—1820)以后,各个领域相继出现了正额钱粮收入减少的情况。首先,"地丁未进"逐渐增多,更严重的是,嘉庆、道光之交(1820 年

---

① 安部健夫:《耗羡提解的研究——以〈雍正史〉的一章为例》(原载《东洋史研究》第 16 卷第 4 期,1958 年;《清代史研究》1971 年,第 707 页之后,均称之为"耗羡的正项化")。另,关于清代的"公费",可参考岩见宏《雍正时期公费之考察》(《东洋史研究》第 15 卷第 4 期,1957 年)。
② 阿桂:《论增兵筹饷疏》(《皇朝经世文编》卷二十六,第 29—30 页)。

前后),各地盐政开始瓦解。① 此外,关税收入也从乾隆三十一年(1766)的 540 余万两减少到嘉庆十七年(1812)的 460 余万两。至鸦片战争前夕(1838),虽然维持在 470 万—480 万两,但与乾隆三十一年相比,还是减少了 60 万—80 万两。② 究竟是什么原因导致收入减少的呢? 要回答这个问题并非易事,在此仅来观察收入减少带来的各种表现。

收支平衡的破坏就是由于收入减少而引起的,这一点毋庸赘言。此外,似乎还有其他原因。至道光年间,对此已开始敲响警钟。

道光三年(1823),户部上呈了近三年来的收支比较。针对此问题,上谕③道:"综计岁入,每年多有缺少。实缘定额应支之款,势不能减,其无定额者,又复任意加增",也就是说例外的支出在增加,"似此纷纷陈请(临时支出),将来遇有要需,必致无从筹拨",申诫各省:禁止督抚任意动垫钱粮,尤其不许违反定例额外支出。上谕所谓"任意加增",其实并不是外省已经任意支出了,而是"纷纷"提请或咨请,要求增加开支。总的来说,纷纷要求例外支出的情况,到了令人忧虑的程度。不过,如此事态还不至于立刻导致户部支配正额钱粮制度的瓦解。据道光十二年(1832)

---

① 关于地丁未进与亏空,参考铃木中正《清末财政与官员性格》(《近代中国研究》第二辑,1958 年);关于盐政,可参考佐伯富《清代盐政的研究》(东洋史研究会,1956 年)。

② 《史料旬刊》第 22—30 期(1931 年)连载的"汇核嘉庆十七年各直省钱粮出入清单"关税项下的收入 463 万余两。另,北京图书馆藏抄本《岁出岁入简明总册》道光十八年至道光二十八年,每年关税项下的合计,道光十八年 468 万两,道光十九年达 486 万余两。乾隆三十一年的数字可参阅《清史稿》卷一〇〇,食货六,第 3703 页。盐税以及常关税收入的变迁,可参考本书第一章第二节(第 32 页)的内容。

③ 《清宣宗实录》卷五十,第 10 页,道光三年三月甲戌条。

户部上奏①,道光十年以来,因各省军需、赈恤、河工等支出,已产生 2000 余万两赤字,但"现在酌拨,尚无支绌"。由此看来,当时户部的酌拨制度仍在正常运转中。

道光十五年(1835)闰六月上谕记道:

> 近年以来,各省地丁税课,积欠频仍。于每岁额征,已不能年清年款,即至征存报部之项,亦不随时解拨。经该部节次严催,仍复日久宕延。②

由此看来,事态在日渐恶化。问题突出表现在季拨册中报告征收完毕,却不执行户部指示,不起解银两。无论是未征却谎报已征,还是挪移、动支导致亏空,都表明存在着不执行户部酌拨的省份,这说明了户部的财政支配权的弱化。同一上谕还记载,尽管户部屡次催促,可是,"各省司道库收存余存银,久未造入拨册者","共入拨银三百九十五万五千余两"。尽管中央采取"严参议处"的手段处理此种违法行为,但仍无法有效地制止,大概是由于吏治日趋颓废的缘故。但是,或许是通过对照奏销册和季拨册的办法,户部仍掌握未被造入季拨册的银两数目,户部对正额钱粮的支配虽有所减弱,但并未完全丧失。

基于酌拨制度的财政统理,于咸丰年间(1851—1861)开始发生根本性变化。最明显的原因便是太平天国的冲击。

《湘军志》作者王闿运对这期间发生的事情如下记载:

> 洪寇兴,始由部筹饷拨军者六百余万,其后困竭,则以空文指拨,久之空无可指。诸将帅亦知其无益,乃各自为计。③

---

① 《清宣宗实录》卷二〇九,第 16 页,道光十二年四月丁亥条。
② 同上,卷二六八,第 6 页,道光十五年闰六月乙丑条。
③ 王闿运:《湘军志》筹饷篇,第 1 页。

王闿运认为正是由于户部酌拨制度失灵,地方督抚才不得不自筹军饷。这表明前一节所述中央集权的国家财政根基已经开始动摇了。

既然已无法通过春秋二拨来确保京饷,只得每年把定额的上供京饷向各省分摊——摊派制出现了。根据军机大臣奕谖等人的上奏可以判断,时值咸丰三年(1853):①

自咸丰三年,因各省春秋报拨无存款,户部始改为按年定数,指拨解部。

各省上报的春秋拨册已载明"无存款",可还是要求起解定额京饷,这种要求完全是无理的,但是现实却朝着这个不合理的方向前进。当年十一月,户部奏请"部库岁需银两,请改归冬拨案内办理",咸丰皇帝对此批示如下:

所有该部岁拨京饷,著准自本年为始,归入冬拨案内,与各直省协发兵饷,一律酌拨。②

从形式上来看,与历来履行的程序一样,经冬拨—岁拨而实行酌拨,可是从实质上来看,它是一种纯粹的摊派。此后直至清朝灭亡,京饷、内务府经费、海军费、赔款、协饷等均通过向各省及海关摊派来筹措。

太平天国以后,清朝财政的变化,特别是"督抚权重"现象在财政方面的表现,是个值得研究的问题,笔者将在另稿中讨论。一度瓦解的酌拨制度,在同治后半期至甲午战争这一相对稳定的

---

① 光绪十一年八月二十二日奕谖等奏。中国近代史资料丛刊《洋务运动》(上海人民出版社,1961年)第三册,第542页。不过,彭泽益在《十九世纪五十至七十年代清朝的财政危机和财政搜刮的加剧》(《历史学》1979年第2期)一文中指出,预拨制过渡到摊派制是在咸丰六年,但并未说明其依据。

②《清文宗实录》卷二一三,第26页,咸丰三年十一月戊辰条。

时期(19世纪70年代至90年代前半期),为何未被恢复? 关于这个问题,笔者将在下面作一简要探讨。

简而言之,是因为无论收入还是支出,与过去正额钱粮范围内的项目——"经制"相比,新增项目的比重急剧膨胀。正如上一节最后所述的那样,以"厘金"为代表的新增的收入项目,不属于"正额钱粮",即不属于国家财政,它是地方上存在的、介于"公"与"私"之间的一个特殊领域。譬如,当国家财政出现困难时,京饷等国家财政经费就会要求用"公"的领域中的厘金收入来填补。尽管"公""私"领域不断膨胀,其特殊的重要性也日益增大,但它们毕竟还从未形成明确的制度化,不过是附着于国家财政的外围的部分,因而户部对其控制力也就比较弱。在这一点上同过去无异。这一时期,出现了"外销"经费这一新词。① 这是指由外省自主支配的经费,是与"内销"——须向户部奏销的经费(即国家钱粮)相对的。尽管外销经费的重要性与日俱增,但是它既未被纳入国家财政体系,也未形成制度化成为现代国家的地方财政体系。与此同时,历来构成国家财源的地丁、盐课、常关税(除海关收入外)等的减少,已无法支撑庞大的国家财政支出。中央户部若想从没有直接控制的"公"的领域来弥补财政缺口,就必然地不得不采取摊派的办法。庚子赔款(1901)后,各种摊派激增,地方竭力想要保护"公""私"领域,于是与中央产生了激烈的对抗,最终,中央与地方的分裂不可避免地出现了,最终形成了本章开头引文中所述的局面。

---

① "出现'外销'经费这一新词"的表述是不准确的。"外销"并非新出现的,而是光绪年间以后,随着地方上的外销经费的扩大,不久它成了朝廷、户部与外省之间矛盾纠纷的根源。关于"外销"的详细阐述,可参阅本书第四章"清末的外销经费和地方经费"。

小　结

雍正二年(1724)酌拨条例的制定,是在过去正月拨饷以及京饷、协饷起解制度的基础上,新增了季报册(即拨册)制度。通过上述制度,户部能够适时把握地方诸库正额钱粮的出入动态,此外,户部还可以根据各库实情指拨京饷、协饷,对全国范围内的国家财政实行有效的调度。如此一来,户部银库与地方诸库,以前者为核心形成有机联结,组成国库整体。支出项目、数目由户部统一指拨、"藩司奉行",从而实现了国家正额钱粮的彻底的集权体制。

以太平天国运动为转折点,国家财政的运作超出了以往的框架。此前暧昧地附着在国家财政体系外围的"公""私"领域,换言之,已经制度化了的地方财政的缺失,尽管早已适应了这种体制,但是也开始成为国家财政极端集权支配的障碍。首先,以酌拨制度为基础的中央财政支配开始瓦解,出现了"无异数千小国各自为计"①的局面。其次,围绕着经费的分配,中央与地方钩心斗角,互相欺瞒,完全处于分崩离析的状态。

近代统一国家的建立,其必要条件之一,即必须从制度上明确中央与地方在行政、财政功能上进行合理的分权及统理。在过去,由于采取封建分立的政治形态,这种过渡(中央、地方的职权分工与统理)毫不费力地实现了;但是对于清朝统治下的中国这样一个专制集权国家,要实现这种过渡却不得不经历一段极其艰

---

① 赵炳麟:《请统一财权、整理国政折》(《政治官报》第 233 号,光绪三十四年五月二十三日,第 6 页)。

难的路程。

　　本章原本并不打算论述清代的财政全局问题。因为在本章中，不仅没有谈及笔者所思考的"公""私"领域的任何具体内容，也未能论及国家财政内部发生的亏空，尤其是嘉庆至道光年间再次严重化的亏空问题。这些，只好留作笔者今后的研究课题。

第三章　清末的危机与财政

　　19 世纪 50—60 年代,各地动乱四起。清政府采取了若干措施,这些措施建构了清末财政的主基调。[①] 如前章所述,太平天国攻占南京的咸丰三年(1853),对支撑户部财政的外省所交京饷,实行了从酌拨制到摊派制的转换。这是朝廷和户部的集权式财政资金管理制度开始出现瓦解的第一步。接着,又制定了弥补收入绝对不足(缺口)的措施。除以前就采用过的弥补国库收入不足的捐纳(捐输)外,以商品流通为征税对象的新商税——厘金制度的创设[②]、外国人税务司制度这一特殊管理方法而增加的海

[①] 通过刘克祥《太平天国后清政府的财政"整顿"和搜刮政策》(《中国社会科学院经济研究所集刊》三,1981 年),何烈《清咸同时期的财政》(国立编译馆,1981 年),彭泽益《十九世纪后半期的中国财政与经济》(人民出版社,1983 年),邓绍辉《晚清财政与中国近代化》(四川人民出版社,1998 年),周育民《晚清财政与社会变迁》(上海人民出版社,2000 年),周志初《晚清财政经济》(齐鲁书社,2002 年)等书,可以详细了解这个时代的财政变迁。本章集中讨论平定动乱过程中强势化了的总督、巡抚等地方大官的财权扩大过程,以及动乱平定后财政如何变化问题。

[②] 罗玉东:《中国厘金史》(商务印书馆,1936 年),何烈:《厘金制度新探》(私立东吴大学中国学术著作奖助委员会,1972 年),以及前注列出的书籍等,均对厘金制度做了大量研究。在罗玉东的著作中,研究了报告厘金收支的档案,为我们提供了大量的统计资料。

关税收①等,使得平定动乱的军事行动和引入西洋技术的近代化事业的完成成为可能。

如此一来,清朝不仅摆脱了当前的危机,也迎来了"中兴"的时代。"保守主义的最后的复兴"(Mary C. Wright②)确实避免了清王朝的灭亡,使传统的统治体制得以延续。但是,怀特女士所说的保守主义,并没有使清朝的统治体制恢复到 19 世纪前半期的原状。

我们在观察财政上的若干变化时,更能清楚地体会到,统治体制往往因社会发生了动乱而产生转变。开始于这个时期的财政转变,一方面表现为罗尔纲指出的以"督抚专权"为基础,另一方面又表现为被称为"洋务运动"的对军事和产业的近代化尝试。这是由于任命了率"勇营"平定反乱的强有力者为各省总督、巡抚,还由于各省总督、巡抚在财政权力上的事实上的增大。作为动乱时期的一种非常举措而实施的财政措施,"中兴"以后成了既成事实而被保留了下来,这就是"厘金""津贴"等制度。如果没有这种地方上的非正规财政收入的增多,省财政就难以维持。

仅限于对正额财政部分进行支配的朝廷、户部,其支配体系

---

① 海关制度和海关税方面,滨下武志:《中国近代经济史研究——清末海关财政与开港场市场圈》(东京大学东洋文化研究所,1989 年),戴一峰:《近代中国海关与中国财政》(厦门大学出版社,1993 年),冈本隆司:《近代中国与海关》(名古屋大学出版会,1999 年)等。汤象龙:《中国近代海关税收和分配统计:1861~1910 年》(中华书局,1992 年)和前面提到的罗玉东著作一样,均是 20 世纪 30 年代在北平社会调查所(中央研究院社会科学研究所前身)开始进行的近代中国经济史项目的研究成果之一。北平社会调查所的研究员从当时故宫文献馆里珍藏的军机处档案,宫中档案里收集与财政、经济相关的资料,并进行统计工作。在研究海关税收的用途上,汤象龙的著作提供的资料价值非凡。

② M. C Wright, *The Last Stand of Chinese Conservatism*:*The Tung-chih Restoration*,*1862 – 1874*(Stanford 1957,2nd ed. 1962).

在动乱中濒临崩溃,即便在动乱被平定以后也未能完全恢复到原有状态,这是省级财政形成的背景。如前章所述,清朝是通过各省与户部之间,以及各省之间的财政的调配(京饷、协饷)来实现全国的财政平衡和统一的。为此,户部必须通过"冬估""春秋拨""奏销""报销"等制度,来掌握各省的财政收支。可是,19世纪的社会动乱,使户部丧失了有效的功能。虽然通过协饷来完成跨省的财政调配制度在平定动乱后也得以维持,但是,在不能掌握外省的财政状况和现银数量的状态下下达的协饷指令,是不能保证被如数执行的。以前能够按照朝廷、户部的指令而执行的协饷,如果没有手握实权的省总督、巡抚的合作,就根本无法完成。各地总督、巡抚之间形成的派系和对抗关系,也成为左右协饷能否完成的一个因素,这是清末出现的新情况。于是,分权化倾向、省财政的独立、中央政府权力的缩小,为辛亥革命后的中华民国财政体制的建立拉开了序幕。

另一方面,在财权日益扩大的总督、巡抚之下,成立了像"厘金局"这一类的非法定行政财政机构。其职能是征收以厘金为主的非正规税收、筹措军需、统辖行政恢复等事务,但是它与过去的道、府、州县等地方官府属于不同的系统,朝廷和中央的六部均不能插手其人事及活动。为了应对鸦片战争后的经济状况,财政收支的结构随之发生调整,本来也是理所当然的。然而,随着权力结构的变化,围绕着财政权,朝廷、户部和外省的关系也发生了变化。具有讽刺意味的是,朝廷、户部在财政上的统辖能力大幅度地降低,反倒保住了清朝统治的命脉。

在本章中,笔者想对此种变化的历史意义作一探讨。把握具体的财政运作过程中的实际变化,是探讨该问题的第一步。不仅如此,笔者还拟从财政结构和原则的层面上,考察哪些发生了变化、哪些还在持续发挥作用,进而就这些变化的历史意义提出一个看法。为何会出现"各部经费各部自筹,各省经费各省自筹,度支部臣罔知其数"的"我朝财政之散"的局面呢?为何会造成"至于州县进款出款,本省督抚亦难详稽,无异数千小国各自为计"的"财权之纷"①的后果呢?在本章里,笔者首先把考察的对象放在其原型——太平天国时期的财政上。

第一节 19 世纪前半期的财政问题

对正规财政的全国掌控,如第二章所述,完成于雍正年代(雍正帝于 1723—1735 年在位)。制度的完整使得国库变得充裕。乾隆年间(1736—1795),不管军费支出多大,户部的银库里总有巨额的储备。② 可是,到了 1796 年,爆发于湖北、四川、陕西一带的长达九年的白莲教起义(译者注:日文原文为"白莲教乱"),则使清朝财政受到沉重打击,以致"三省之役,举户部旧帑七千余万而空之"③。

嘉庆十一年(1806),户部上奏说前一年人口增加了 2712 万。一年里的人口增长如此多,笔者认为这个数字未必可信。嘉庆帝

---

① 赵炳麟:《请统一财权整理国政折》(《政治官报》第 233 号,光绪三十四年五月二十三日,第 6 页)。

② 康熙六十一年(1722),户部库银的储备是 800 万两,雍正末年增加到 6000 万两。乾隆年间,即使因多次大规模的军事行动而导致临时性军费支出高达 1.5 亿两以上,但还是给后任留下了 7000 万两。阿桂:《论增兵筹饷疏》(《皇朝经世文编》卷二十六,户政一,理财上,第 10 页)。

③ 《皇朝续文献通考》卷八十八,第 18 页。《清史稿》食货志六,镇压白莲教的军费为 2 亿两。铃木中正计算在嘉庆元年至嘉庆十年花费了 1.2 亿两。铃木中正的《清朝中期史研究》(丰桥,1952 年),第 217—218 页。关于清代的军费,陈锋《清代军费研究》(武汉大学出版社,1992 年)有详细论述。

接到该报,谕曰:

> ……国家重熙累洽,生齿日繁,日用所需,人人取给,而天之所生,地之所长,只有此数。即使雨旸时若,岁获屡丰,小民盖藏犹虞不足,又况水旱不时,岂能尽获丰稔,设遇歉岁,支绌倍形。①

即便人口增加了,生产量仍然要求保持原来的规模,对于持如此经济观的为政者,自然会把人口的增加视为一大威胁。这一年,仁宗嘉庆帝曾谈道:各省的人口和税收,左右着财政经费。随着国内人口的日益增长,消费也在成倍地增长。但是我朝对百姓的征收是有节制的,从无增税之事。要按照一年的正规收入的多少,来规划一年的支出,再次否决了增税措施,重申了"量入为出"的财政原则。②尽管年景平和、人口增长,但既然"天之所生、地之所长"是有极限的,那么,百姓的租税就必须恪守原额不变,当然也"不得加赋"了,这是为政者的义务。财政的原额主义,与嘉庆帝表达出的经济观,可谓一脉相承,完全一致。

另一方面,无论官僚们提出的财政改革,还是产业振兴政策,都不过是精神上的号召而已。嘉庆十九年(1814),被问到"可裕国用"的良策时,吏部尚书英和如此答道:"治国不可言利,而圣人不讳理财。财之道,不外开源节流。"③此处见到的"开源节流"之词,在清代频频地作为财政的根本原则被使用。尽管这只是官僚

---

① 《皇朝续文献通考》卷七十九,第7页。
② 同上注。"各省丁赋,关系度支经费,国家生齿日繁,费用倍增,我朝取民有制,从无加赋之事。惟借此每岁正供,量入为出。"
③ 英和:《开源节流疏》(《皇朝经世文编》卷二十六,户政一,理财上,第11页)。

英和的一纸文书提案,但是能够讨论开源之策已算一大进步,逐渐形成"今财源,不应再议开源,惟在节流"①的共识。要知道,在当时的那个年代,这种王安石式的积极变法政策,往往会成为被全盘否定的对象。②

但是,不管节流有多必要,大幅缩小支出规模却是不可能的。嘉庆帝③屡次呼吁节俭,下谕曰"惟厚生之道,在乎节俭"④,可是,在现实中却没有制定出合理化政策来控制支出。嘉庆五年(1800),湖南省按察使百龄奏请裁撤有名无实的驿站长夫,嘉庆帝批复道:"站夫之设,原以闲款养闲人",一省一万两,全国就需要十万两的经费支出。但是,如果把它裁减掉,则全国就将增加一万人左右的失业者。"朕岂靳此十余万金,忍令数万人失业乎",于是,嘉庆帝终未同意裁撤。⑤

如此一来,清政府非但没有做到节俭,反倒呈现开支日益增多的倾向。在18世纪后半期,乾隆四十年(1775),清政府增拨兵饷二百万两;乾隆四十六年(1781),额外发给士兵的补贴(红白银、赏恤银)以及发给武官的养廉银就达到三百万两⑥;嘉庆年间,增拨给南河的河工费(岁修)三百万两,增拨给东河的经费增

---

① 《皇朝续文献通考》卷七十九,第7页。

② 举两个例子:"宋王安石以治财之说误神宗。创制置三司条例司,散放青苗钱,遣使者数十辈,周行天下,讲求遗利。卒之,民生困敝,宋祚中绝。此上下交损者也。若夫刘晏之理财,有上下交得者。"(郭起元《刘晏理财论》,《皇朝经世文编》卷二十六,户政一,理财上,第1页)"事之在民者,不可舍旧而谋新。北宋王安石青苗方田之法所以滋扰也。"[那斯洪阿《条陈国用事宜疏》(道光十三年)盛康辑《皇朝经世文续编》卷七十九,第9页]

③ 《皇朝续文献通考》卷七十九,第9页。

④ 程含章:《论理财书》(《皇朝经世文编》卷二十六,第35页)。类似言论,频现于讨论清代财政的文章。

⑤ 《清仁宗实录》卷七十七,第13页,嘉庆五年十二月戊午。

⑥ 王庆云:《石渠馀纪》(光绪十六年校刊本),卷二,第3页。

加了二百万两。① 除此之外，宗禄的开支年年加大，"生齿日繁，岁增一岁，非八旗生计之比"②。道光末年，皇族有三万人③，但支付给这些人的宗禄到底有多少，不得而知。④

既然节俭做不到，那么，政府在增收方面又做得如何？前面已经讲过，增加收入的努力谓之"开源"，可是，清政府几乎没有采取什么有效的措施来进行"开源"。进入 19 世纪以后，政府甚至显现出收入减少的倾向。⑤ 对于地方上负责实施的财政征收，朝廷、户部的管理是间接的，只能通过对征收官员和监督官员的"钱粮考成"（定额完成的指标考核）来实施监管。特别是对于地丁漕粮，直接负责该项征收的是州县官，如果州县官得到督抚的庇护，便可躲过户部的追究。因为户部无权直接指挥监督州县官，只有督抚才能对州县官、知府、道台等地方官违反开支规定的行为作出处分，况且户部也从未为此指责过督抚。一百多年蓄积下来的矛盾从制度最薄弱的地方开始侵蚀。收入的另外两大支柱——

---

① 魏源：《复何竹芗论会计书》（《魏源集》，北京，1976 年排印本），第 506 页。嘉庆、道光期间的河工混乱问题，铃木中正的《清末的财政和官僚的性格》《近代中国研究》第二辑（东京，1958 年），第 201—202 页有详细论述。

② 魏源：《复何竹芗论会计书》（《魏源集》，第 506 页）。

③ 内藤虎次郎：《清朝衰亡论》（京都，1912 年），第 61 页。

④ 冯桂芬：《校邠庐抗议》（光绪二十三年刻本）节经费议，第 40 页。"国家经费有常，惟宗禄无定额。会典诸书，报恩将军以上，俸数皆不录。闻近来岁支三百余万，十倍于国初。此宜与以限制者也。"另外，在本页注②提到的书简中，魏源谈道："宗禄则询之宗人府丞刘宜斋，亦委诸满员所掌，汉官不知其数。"

⑤ 参照本书第一章，第 34 页以后。户部山西清吏司编制的红册上，只是单纯地合计了各省布政使司及海关、盐政衙门上呈的奏销册上的数字，并非一年收入与支出的准确统计。但是，朝廷、户部应该意识到，与未进和亏空增大等问题一样，红册上的收入总额也在呈下降趋势。

盐税和关税，也同样显著地减少了。①

在这样的背景下，当清朝迈进 19 世纪时，清朝财政已经快用尽过去的所有储备。其根本原因在于，整个清代前中期的经济虽然发展了，可是始终固守"额"，因而严重束缚了财政规模的扩大。从对外贸易、国内商业的活跃情况、人口的增长等各个指标来看，中国的 18 世纪，作为前近代社会，可谓是一个快速发展的时期。如果当时在国家财政上采取积极的扩大政策，那么，对外贸易和国内商业的繁荣，无疑会成为财政增长的一条光明大道。② 然而当时的中国社会，一方面官僚、乡绅们作为个人表现出了对商业活动的热心，而另一方面，朝廷却对"开利源"忌讳甚深，因为"我朝立法严明，言利之臣立加惩斥"。

新的财源不开拓，不必要的费用、不必要的官吏不削减，等等，守旧主义表现得淋漓尽致。对于既存的利害体系，任何人都极力地避免触及，以免引起不可预料的动荡。

不进行改革，就解决不了国库空虚的问题。然而，一旦实行改革，能否继续保证财政的中央集权统治呢？这一顾虑才是改革的最大障碍。如果把地主和农民等土地所有人，以及承担着盐税

---

① 中国国家图书馆（北京）所藏的《岁出岁入简明总册》。嘉庆末年至道光年间，各地盐政显著崩溃，两淮地区陶澍（两江总督）实施"票法"。其结果虽然"对明代以来纲法的诸多弊病进行了根本性的改革"，但是从整体来看，道光末年的定额与以前相比，每年竟减少了 250 万两的收入，盐政的不景气无疑是财政状况恶化的原因之一。参照佐伯富《清代盐政的研究》第 22、325 页。另外，"票法"可参照冈本隆司最近的研究（第 42 页注①）。关税方面，即使在道光末年也能满足定额要求。嘉庆十六年，额外的盈余已达 500 万两，但却得填补其他收入项目不景气导致的不足。从这点来看，常关税收入的下降也应成为财政恶化的一个原因。《汇核嘉庆十七年各直省钱粮出入清单》，《史料旬刊》第 22—29 期。
② 道光年间，有人提议通过扩大商税对象来增加收入，但是朝廷、户部没有采纳。罗玉东：《中国厘金史》，第 12—13 页。有学者认为，纵观整个清代，清初繁重的商税从康熙时代开始呈减轻趋势。M. C. Wright, op. cit., p. 169。

和广州的海关税的特许商人看作主要纳税人的话,那么建立比较简单的税务机构(大部分与地方行政机构不分)就可完成稽征任务。这种财政机构的简单化和"额"的固定化,是确保中央对财政统辖支配的关键。另一方面,对于流动性大的小商业资本等新的征税对象,政府为了更好地管理就有必要提高征税点的密度,或者扩充征税机构,这些若由中央来管理则变得困难。

这个时期经济发展的重心在东南沿海地区以及长江中下游地区,这些地区和清朝政治统治中心——北京相距甚远。由于财政是由现银和谷类等实物构成的,所以,经济中心和政治中心之间地理上的距离,成了国家为什么没有根据经济发展而制定相应的扩大财政政策的原因之一。远在地方上的财政资源的增多,以及财务行政机构的扩充,对于力图维护中央的集权统治来讲,可能带来正反两种后果。也许是担心后果的不可控,所以中央才没有实行"开利源"的政策。

总之,进入 19 世纪的清朝财政,虽然窘困日益加剧,但还没有到达全面崩溃的地步。另外,对于根本性的改革要求,清政府依然坚持顽固保守的态度。

第二节　户部财政的瓦解

1850 年是 19 世纪里的一个具有重要意义的转折点,这一年,在广西省金田村爆发了拜上帝会起义(即太平天国起义,爆发于 1851 年 1 月——译者注),这场起义摧垮了户部的财政。仅道光三十年和咸丰元年两年,广西、湖南、广东三省的军需就达1 733.4 万余两,湖北、湖南、广西的防务费(防堵银)达 75 万两,再加上河南的临时河工费(丰工银)450 万两,总计 2200 余万两的巨额临时开支。而其中,户部银库的拨款只有区区 200 万两,其余的只能依靠地方各银库的余款。当时的历史学家王闿运有如下记载。

> 洪寇兴,始由部筹饷拨军者六百余万,其后困竭,则以空文指拨,久之空无可指。诸将帅亦知其无益,乃各自为计。①

户部不仅失去了筹饷和供应现银的能力,而且在调拨协饷方面,也丧失了调度各省财政的能力。户部接连向各省下达调拨协饷的指令,均不过是"一纸空文"罢了。户部的"空文"根本无法保证平定太平天国的军费开支。前线的督抚和勇营的将领们于是不再对朝廷和户部抱有指望,只能自己想办法补充军费。

道光后期,尽管财政状况不断恶化,但是户部的银库里每年 800 万—900 万两的现银收入还是能够保证的。可是到了咸丰三年(1853),自南京被攻占开始,库银锐减一半,仅剩 440 万两左右。② 再往后,太平军、捻军、回民、苗族等起义相继而起,从长江中下游蔓延到全国各地。一方面由于战乱,税收减少了,另一方面军事开支却又不断扩大。这对于绝大部分收入依赖于地方解款(京饷)的户部财政来说,影响简直是致命的。同治四年(1865),堂堂的大清帝国,其户部银库里却仅剩下了区区的十几万两。③

前面已经讲述过,户部按照冬估和春秋拨的制度来调度京饷

---

① 王闿运:《湘军志》筹饷篇,第 1 页。
② 罗玉东:《中国厘金史》,第 6—7 页。彭泽益:《十九世纪五十至七十年代清朝的财政危机和财政搜刮的加剧》(原载《历史学》1979 年第 2 期,后收入《十九世纪后半期的中国财政与经济》,第 132 页)。
③ 同治四年三月十三日户部左侍郎皂保奏折清单(彭泽益《十九世纪后半期的中国财政与经济》,第 134 页所引)。

和协饷。然而,其性质自此发生了变化。

　　　自咸丰三年,因各省春秋报拨无存款,户部始改为按年
定数,指拨解部。①

本来,如果各省银库中"无存款"的话,那么就不该再向北京
或其他省指拨。但是,如果没有京饷入京,中央政府的财政就将
立刻陷入僵局。于是,户部一改过去的做法,不再指示确切的解
款额,而是依据过去的解款记录和对负担能力的大致估算,每年
将应该缴纳户部的京饷数额分派给各省。这样,自此,京饷改为
"摊派制",一直持续到清朝末年。②

至于协饷,从前面王闿运的记载中我们也可知道,户部的"指
拨"完全成了空头支票,其结果是,理应"制天下经费"的户部真正
失去了掌握和调节各省财政的调配功能。即便是平定了各地起
义以后,协饷的指拨也无法再像从前那样有效了。③

如果说从预拨制到摊派制的转变是财政的中央集权管理衰
弱的第一步,那么第二步则是地方督抚与绅士合作的新财政机构
的创设,以及督抚对整个财政的影响力的扩大。

第三节　捐纳与厘金、厘局

整个清朝,"捐纳"被作为一种措施,用来弥补因临时开支导
致的户部银库收入的不足(参照本书第二章第84页图2-1)。捐

---

① 光绪十一年八月二十二日奕谟等奏(中国史学会编中国近代史资料丛刊《洋务运
动》第三册,第542页)。
② 参照本书第二章第四节第101页之后的内容。
③ 参照本章第140—142页的内容。

纳包括取得监生资格的"例捐"和取得任官资格或官品的"大捐",等等。地方上有时候也会受理捐纳①,不过那是特例,一般都是在户部的捐纳房缴纳,收入也直接进入户部的银库。②

例如,为常平仓的米谷储备而设的捐纳原本是由地方受理,不过,乾隆三十一年(1766)规定"嗣于本年九月,将直隶安徽山西河南等省捐例,一体停止,均令赴部报捐"③。不久以后,福建、广东、云南等远方诸省也开始执行这个规定。④ 一直以来,监生资格都靠"捐纳"取得,办理手续的时候也可以在各省的布政使司库交纳银两。但是,这些收入除经特别许可可以用于省内的开支外,一般都要全部上交到户部的捐纳房,作为户部银库每年收入的一部分。另外,为了应对临时性大额开支,为获取官品而设的"大捐"的收入也归入户部银库。康熙年间,为筹集军费,军营也常开设捐纳,但是弊害多生,于是规定由户部对此项进行严格管理。⑤

---

① 许大龄:《清代捐纳制度》(燕京大学哈佛燕京学社,1950年),第93页,罗玉东:《中国厘金史》,第4页。
② 捐纳时,户部捐纳房要征收称为"饭银"的手续费。其中一半"归公"用作公家资金,剩余部分按惯例当作额外补贴,户部得二分之一,吏部和兵部各得四分之一,发放给尚书、侍郎等堂上官以及捐纳事务相关的官僚、胥吏。参照郑世任《敬陈理财用人疏》(道光十六年)、盛康编《皇朝经世文续编》卷十三治体六,治法中如下记述:"至户部大捐,每正项百两,收饭银三两。查得增常例,头二两卯,捐银二千余万两,计收部饭银六十余万两。筹备经费例,捐银八百余万两,计收部饭银二十四万余两。除一半归公外,其余一半银两,吏兵二部分半中之半,户部分半中之半,堂官三成,办捐司官三成,办捐书吏三成,心红一成。窃思开例,原为经费起见,每例饭银,皆不下数十万两,全数归公,于经费不无小补,何必分肥官吏。况此项饭银,户部所分最优,吏兵二部,已觉递减,此外三部,旨属向隅。即以户部论,惟堂官与派办捐纳房之司官数员专分其利,此外满汉司官,又皆向隅,似亦不成政体。如谓借资办公,则常捐饭银,各省捐监饭银,历系堂官及捐纳房官吏专分,足敷大捐办公之用,何必于大捐饭银而取盈乎。"
③《皇朝文献通考》卷三十七,第45页。
④《皇朝文献通考》卷三十七,第52页。
⑤ 参照许大龄《清代捐纳制度》,第93页,罗玉东:《中国厘金史》,第4页等。

但是,咸丰三年(1853)《推广捐例章程》出台后,情况就完全发生了变化。户部发行了大量的空白执照,一切捐纳事务交由各地的军营、军粮台办理。[①] 这样,捐纳的管理及收入就基本上由地方掌管,户部甚至连实际情况都不清楚了。同治年间到光绪朝前半期,各省的军务告一段落后,户部停止发行"空白执照"。外省之所以同意放弃捐纳收入,是因为筹集军事作战经费的借口已经没有了。但是,如后面所述,即便军务告一段落后,厘金还在继续征收,"厘金"成为外省财政的稳定财源,所以放弃捐纳收入对外省也不算是太大的损失。

"厘金"对强化督抚的财政权起到了决定性作用。正如它以前的名称"捐厘""厘捐"所表示的那样,是在非常时期"借助商力"的"捐输"在形式上的变形,一旦军事行动结束就应该取消,属于临时性的税收。其主要征税对象是流通商品,从这一点来看,它与"常关税"性质相近。但是,两者不同之处在于,常关税属于经常性的正额收入,有一套可以实际增加收入额的"盈余"制度,并对每种关税都设有一个数额。另外,常关税与非常时期的临时税收——厘金的征税机构不同,从收入到支出的整个过程中两者不发生交叉。

常关设在全国的交通要冲,数量不超过 30 处,所以不能对所有的流通商品征税。在中国,大大小小的城市都建有城墙,如果对出入城门的商品实行征税,巨大的商品流通量必定会带来非常可观的税收。譬如京城北京就设置了"崇文门税关",对内城外城各城门的过往货物进行征税。然而,其他的大小城市都没有做到像北京那样。另外,各州县征收的杂税里还包含了一定的牙税收

① 彭泽益:《十九世纪后半期的中国财政与经济》,第 136 页。

入,但从财政规模整体来看其数额很小。因此,截至19世纪中期,在商品经济快速发展的形势下,清朝对一般的商品流通征税方面可以说还是非常节制有度的。

在19世纪50年代的动乱中,各省相继实行厘金制,在交通要道设置征税局——"厘卡",来掌握商品的流动,获得了巨额的税收。可以说,这是适应商品经济发展而进行的税务制度的改革。不管从在租税制度中所占的位置来看,还是从组织结构上看,这种改革既不算小,且来势剧烈,丝毫没有让中央政府得以利用这种扩大的商税制度来强化中央财政的余地,以致中央集权式的财政体系,始终未能充分掌控厘金制度,也未能阻止外省督抚借厘金制扩大自己的财政权。

太平天国军占领南京的第二年,即咸丰四年(1854)的闰七月,两江总督怡良就厘捐(厘金)的征收之事奏请朝廷。但是4个月既过,户部的答复杳无音讯,更谈不上上谕了。迫于现实,江南地区在尚未得到朝廷和户部许可的情况下,就开始了厘金的征收,每个月可得数万串("串"是计数单位,铜钱一千文为一串)的收入。同年十一月,胜保上奏提议:不妨顺势将厘金的征收用于筹集军费。① 对两江总督怡良的这篇上奏,被指示"议覆"的户部应该是在内部有过讨论的,但大概是担心这种非正规税收的征收会带来种种弊端,所以才迟迟未作答复。事态在继续发展,江南的厘金征收已成既定事实,并且在向全国蔓延。户部不仅没有发挥其主体性,还错失了裁定的机会。十一月,户部对胜保的上奏作出答复,对他的提案给予了肯定。自不必说,这是迫于既成事

---

① 户部《遵议胜保奏劝谕抽厘助饷疏》,盛康编《皇朝经世文续编》卷五十六,户政二十八厘捐,第12页。十一月十九日胜保的上奏里,附有雷以諴在泰州仙女庙等地实施的"抽厘章程"。

实的结果。

胜保在十一月的上奏中说:"各省水路码头往来货物,非地方官及绅董熟悉情形认真办理断难收效。"不只地方官,还应该让"绅董"(即当地的乡绅和有实力的商人等)担任征收厘金的实际工作。① 这是根据江北地区早已开始征收厘金的经验而提出的建议。关于地方官和"绅董"的关系,胜保的上奏中说,"官为督劝,商为经理"。还说,"不经胥吏之手,自无侵漏之虞"。从这些话可以看出,胜保主张在厘金的征收上,地方官该做的仅限于督促,不要让官府的胥吏等参与其中,而应该由身为纳税人的商人来管理征税的事。在户部对此事的覆奏中,户部没有明确表示是否同意"商为经理",但是同意让"公正绅董"担任征收的实际工作。

> 胜保但虑地方官畏难苟安,巧为推卸。臣等转虑借端滋扰,从而取盈。应请饬下各省督抚,专委道府大员督同州县,拣派公正绅董,各就地方情形,妥为筹度。

户部还主张,不让统率军队作战的"统兵大臣"插手外省厘金制度的制定和运用,而应让各省总督、巡抚就厘金制度的实施拟定计划上奏朝廷,以求裁定。

由此可知,朝廷中枢不愿让当初统率勇营的将领们直接参与厘金征收。当时,统率勇营、号称"帮办军务"的将领——湘军的曾国藩、胡林翼等人收复武汉之后,正沿长江而下,向江南地区进发。户部令相关省份的督抚统管厘金征收之事,意图是防止勇营

---

① 户部《遵议胜保奏劝谕抽厘助饷疏》,盛康编《皇朝经世文续编》卷五十六,户政二十八厘捐,第12页。十一月十九日胜保的上奏里,附有雷以諴在泰州仙女庙等地实施的"抽厘章程"。

的将领直接拿到厘金收入。① 因为兵权和财权一定要分离开来。

另外,户部对厘金征收的定位是:"万不得已之计,暂济目前,亦属补苴之一法。"②也就是说,厘金征收不过是救一时之急的临时措施而已。对在外省征收厘金之事,户部没有有效手段可以控制,只能强调督抚须向户部报告收支情况。③ 即像地丁一样,朝廷、户部试图通过让督抚承担监督义务来掌控厘金的收支,同时防止地方势力滥用权力以及军事统帅专权。但是,事情却向相反的方向发展。

首先,湘军系的"统兵大臣"相继被任命为督抚,使兵权和财权分离并互相牵制的目的宣告失败。另外,虽然防止厘金脱离朝廷、户部控制的方案屡有提出,却始终没有奏效。④ 同治七年

---

① 户部《遵议胜保奏劝谕抽厘助饷疏》,第 13 页。"胜保但虑地方官畏难苟安,巧为推卸。臣等转虑借端滋扰,从而取盈。应请饬下各省督抚,专委道府大员督同州县,拣派公正绅董,各就地方情形,妥为筹度,既须有裨于国用,尤当体察夫舆情。如蒙俞允,即由臣部将雷以諴抽厘章程缮发各省督抚查照办理。至各路统兵大臣,于地方绅董本非联属,且身在行间,志图灭贼,自有当务之急,又非雷以諴实任藩司帮办军务可比,所有用军省分酌量抽厘之处,应由各该督抚筹议具奏,毋庸会同统兵大臣,所收钱文,悉数解充兵饷,亦不准地方官擅自挪移,启影射侵渔之弊。"户部此奏文中提到的雷以諴,是指咸丰三年(1853)创立厘金制度的人。雷以諴一直在扬州从事军务,他开始以"捐厘"的名义向商人征税,取代已达饱和状态的捐纳、捐输,以达到筹集军费的目的。翌年三月,把事情的经过和章程上奏朝廷,获裁可:会同各督抚督同地方官绅仿照筹办。

② 户部《遵议胜保奏请各省普律抽厘疏》。

③ 户部《遵议胜保奏请各省普律抽厘疏》,第 15 页。"臣等公同商酌,现在用兵各省,或因部拨饷银一时未能接济,为此万不得已之计,暂济目前,亦属补苴之一法。除江楚抽收动用确数,应令该督抚查报部,此外用兵各省,能否照办,应请旨饬下各该督抚体察情形,慎选廉明之吏,于水陆交冲地方,妥筹酌办。如能试行,即严定赏罚条例,办有成效者,给予优奖,倘或激生事端、及查有侵渔等弊,即将承办之员,据实参奏,加等治罪。仍责成各该督抚,将抽收动用确数,按季报部,以凭查核。总期国计民生,两无妨碍,是为至要。"

④ 朝廷、户部的努力与失败的许多事例,在罗玉东《中国厘金史》第 27—54 页有详细记载。

(1868)十月,规定半年一报,终于落实了报告收支的制度。① 但是,以户部为中心的中央机构对外省的收支实行审核结算的制度,适用于针对正规税收收入而实施的奏销、报销而言,没有能够适用于对厘金收支的监管。朝廷、户部试图约束各省的厘金局、厘卡的税规、组织、人事等,却没有有效的办法。同治十三年(1874)编撰的《户部则例》对"厘金"一字未提。以后,户部也没有制定过厘金的统一征收标准。也就是说,厘金是各省按照自己制定的章程征收。这与"捐纳"形成了鲜明对照,因为直到道光时期,捐纳都是按照户部下达的"条款"规定统一进行的。之所以如此,还是因为朝廷、户部始终把征收厘金当作非常时期的权宜之计,认为它只是临时性措施。

而且,地方上也存在着把厘金看作"一时权宜,非经常之政"的倾向。有的地方,虽然征收的金额巨大,可是在地方志的编撰中仍然没有被归入"赋役"和"税课"等项目,而只是在"杂志"中作了简单记载。②

厘金制度因省而异,但是在厘局、厘卡的组织以及人员构成方面存在极具特点且重要的共同之处。外省的正规财政主要由布政使司负责,而厘金的征收和管理却一般都与布政使司、道府州县这类地方行政系统独立开来。

征收厘金的具体工作,在以上引用的胜保的上奏中也看到

① 罗玉东:《中国厘金史》,第 39 页。《清史稿》食货志六,第 15 页也记载:"(同治)七年,定厘金报部,照两淮盐厘排式,年分两次。"
② 卷首冠以光绪三年(1877)《吴江县续志》凡例:"厘捐为军兴以来一大政,吴江就盛泽镇厘局计之,岁可十万余缗,合邑而论,为数亦巨矣。本拟别纂为篇。论者谓之一时权宜,非经常之政,故但杂志中附见之。"(第 2 页)该县志编撰方针是,不认为厘金是"经常之政",所以没把年收达十几万串的厘金作为赋税加以记述,而是放在了"杂志"这一事件类里面。

了,多是委任给被称为"绅董"的地方绅士和商人。各省的厘金制度,是"军台"(朝廷军队的军需供应站)和勇营的将领征得各省总督、巡抚的配合,并经朝廷许可而创立的。"军台"和勇营不属于地方官制系统。征收厘金的目的是为了补给军费以及和军事相关事务的非经常性开支,其收入是和维持着经常性开支的地丁、盐税、常关税的收入分开管理的。以地丁杂税为主的正规收入的征税机关是州县等地方官府,而设有厘卡的州县的官府则一般都不介入厘金的征收,由此,形成了一个完全独立于当地官府的厘金局——厘卡的征税网络。

例如,在湖南省就采用"牙厘另设一局,选委道府大员专管,不归作藩司收款"的做法。① "一局"指的就是厘金局。厘金局设于省城长沙,而省内的各府州县、镇则设置征收厘金的厘卡,其人员配备亦独立于当地州县官府系统,至于厘金收入,也和州县所管的地丁、杂税等正规税收以及附加税等分开管理。这里的"道、府"不是指在省内各道、府任职的官员,而是指"候补道""候补府"这样的候补官员。这类候补官员里,大多是通过捐纳取得的候补资格。这些候补官员几乎不敢奢望能通过吏部的铨选谋得实职②,因此外省的总督、巡抚享有任命权的厘金局等各种局、所,对他们来说就算相当不错的差事了。虽然现任布政使一般都会作为负责人之一担任名义上的职务,但是厘金的收入,则由总督、

① 曾国藩:《拟设江西粮台及牙厘总局片》(《曾文正公全集》奏稿,第333页)。
② 吏部的铨选,是优先录用进士出身或有军功之类的人。通过捐纳取得候补官员资格的人原本就有其他的职业,但是如果不光是为了获得官员资格(商人捐纳等情形),而是想要谋得一官半职的话,那就得在外省开展猎官活动,争取得到总督、巡抚的青睐,派到局,当上要员。近藤秀树:《清代的捐纳和官僚社会的终结》(上、下)(《史林》第46卷第2—4期,1963年);伍跃:《清代捐纳制度论考——以报捐为中心》(夫马进编《中国明清地方档案的研究》,京都大学文学研究科,2000年)等。

巡抚任命的厘金局的总办、会办、督办等人来把持管理。

厘金征收机构里有"委员""委绅"之类的要员。前者是督抚安排进入厘金局的、拥有候补知县等品衔的官员,后者则是本地的绅士、绅商,即"绅董"。光绪元年(1875)规定,须全部任命委员,不得与当地绅士有关系。但实际上该规定未被执行,这之后仍有任命委绅。① 特别是在湖南,从创设伊始,就一直按照郭嵩焘的提议重用士人(生员等)。

> 府县厘局皆举、贡、生、童,商民便之。院司虽或委员,总成列衔而已。②

在湖南省,即使官员被厘金局、厘卡任命为委员,大多也只是名义上的。户部虽然明确规定不许与当地的绅士发生关系,但湖南省厘金局的重要官员中,当地的绅士及下级的知识分子还是占绝大多数。值得注意的是,督抚就是通过该局的人事任用,把"局"这种半公半私机构的实权掌握在了自己手中。

光绪二十一年(1895)闰五月,清朝在甲午战争中败局已定,御史易俊上奏弹劾厘金的弊端。

> 各省厘差,定限一年期满,名为调剂,非有劳绩不能得委,其最优之厘差,非劳绩而兼有奥援者,仍不能得委。充斯差者,大卡动获万金,中卡或数千金,小卡亦逾千金。夫薪水能有几何,而此盈千累万,非作弊窦,从何处得来,固不待智者而知也。③

这段话也印证了厘金局完全操控在总督巡抚手中。

---

① 罗玉东:《中国厘金史》,第 42 页。
② 王闿运:《湘军志》筹饷篇,第 2—3 页。
③《光绪朝东华录》,光绪二十一年闰五月己酉,第 3625 页。

　　清代中期以后,因"外任制"的实行,总督、巡抚对州县官的人事权得到了强化。[1] 只要是正式在册官员,就不能在吏部的铨选制之外获得任职。但是,在厘金局谋得委员职务的机会,与吏部的铨选制不发生关系,只要有省内的地方官或候补官的经历或功绩就可以了,如果有掌握人事权的上级官员作后盾就更没问题了。自不用说,对委员的经历、业绩进行考评的,握着人事大权的就是掌管厘金局的总督、巡抚。由于长期实行捐纳制度,候补官员每年都得到补充。其结果是,1906 年就有 257 400 人通过捐纳登记为候补官员。当时官员的定编大约 4 万人,候补官员竟是其6 倍之多。[2] 如果让特定人员独占厘金局的职位,就不成其为官僚社会了。因为不收回先期用于捐纳、猎官的钱财,不进行利益的分配,从广义上讲,就无法维持官僚制度。厘金局不仅对财政有所贡献,还发挥着调整官僚社会利益分配的功能。故此,厘金局、厘卡的职位才以一年为限,以便让更多的候补官员可以享受到利益的分配。另外,每个厘卡都有规定征收额,业绩考评就是看征收额是否完成。但是"各省总局,其始非不遵照办理,无如日久视为具文,夤缘者虽多记过,而不见撤差。安分者虽多计功,而不见留办",其任免完全是总督、巡抚由着自己的喜好而决定。[3]

---

[1] 近藤秀树:《清代的铨选——外补制的成立》(《东洋史研究》17~2,1958 年)。

[2] 任恒俊:《神奇的腐朽——晚清吏治面面观》(生活·读书·新知三联书店,1996年),第 27—28 页。

[3] 同本书第 125 页注[3]。"查部章有按年按卡切实比较,以收数之盈绌,定委员之功过。如收数较多,再令接办。其短收各员,立予记过停委等语。各省总局,其始非不遵照办理,无如日久视为具文,夤缘者虽多记过,而不见撤差。安分者虽多计功,而不见留办。似此漫无赏罚,人虽至愚,孰不欲收多报少,自饱囊橐乎。委员狃于积习,先私后登,犹望厘金有起色也难矣。"

由于厘金制度的存在,其人员的选任独立于正规的地方官府,赋予总督、巡抚一种特殊权力,即,下从生员、监生等士人中,上至道员、知府等高位的候补官员中,有权广泛地挑选人员担任厘金系统的官员,给这些人分配利益。

本来,厘金收入本身不是正额的租税,可是它不仅支撑着清朝末期日渐膨胀的地方财政,而且也成为京饷和协饷的资金来源。如前面所述,外省必须每半年向户部报告一次收支情况,从这点来看,可以说厘金已经被"准正额化"了。前面引用的御史易俊的上奏中提到,每个厘卡都设有一定的征收指标,所以,向户部报告的厘金收入总额也应该是固定的。尽管这个固定数额绝不会是一成不变的,但是,实际上,通过对户部收到的厘金报告的统计,我们可以看出,每年虽有所变化,但从整体上来看,大体保持在一个固定的数额上(参照本书附篇第 384 页列出的图 F4)。由于厘金中途被纳入准正规化,因而一定会受到正额财政属性的原额主义的影响。非正额收入的厘金,附带着额外的收入,这里面潜藏着许多"奥妙"。根据前面引用的御史易俊的上奏可以了解到,厘卡"委员"的"中饱"收入远比正规薪水要多得多。因此,厘金制度中,一部分收入就这样流向了"私"的非正规财政领域,还有一部分为总督、巡抚提供了相当数额的"公费"。也就是说,得不到正额财政收入支持的地方财政,其经费就只能用厘金收入来填补,厘金也因此成为这部分非正额财政的资金来源。由于这部分财源的支撑,总督、巡抚的行政权和财政权才得以维持或扩大。

动乱平定后,在因战乱而凋敝不堪的地区,各省总督、巡抚之下设置了"善后局",负责重建工作。江苏省也设立了善后局,19世纪 80 年代,江苏的战后重建工作基本完成,但是善后局依然继续存在。① 这是因为江苏巡抚想继续借用善后的名义做自己的事,而没有执行中央政府的规定。宫中档里保存着光绪十一年、十二年(1885、1886)有关江苏省善后经费的奏折,就善后经费的处理有如下记载。

> 苏省历年办理善后各项事宜,前经奏准按月酌提苏沪两局一成厘金抵用,请免造册报销。嗣经遵照部咨,按年开单奏报,旋准,部文行令造具细册报销。复经前抚臣卫荣光确查,善后用款无异外销,两次奏请免予造报。奉旨:该部知道。钦此。②

据此记载我们可以看出户部与江苏省的较量:户部要求源于厘金的善后经费应该与正规的财政经费一样,向户部履行报销手续,也就是接受户部的监察;而江苏省则希望善后经费等同于"外销",列为不需要履行结算手续的非正规经费,免除报销手续。较量的结果,双方达成了妥协,采取呈交清单向户部作简单报告的做法。这两份奏折指出,以苏州、上海的厘金收入调拨江苏省充当善后经费的资金,光绪十一年达到银 104 796 两、铜钱9350串;光绪十二年达到银 93 380 两、铜钱 6629 串。

列举的支出项目有"修建祠庙、衙署、城垣""赈济贫民""整顿书院""刊印经史书籍""巡防、保甲""救生、渡船""洋务、发审局经

---

① 在四川省,本书第136页的表3-2中看到的"筹饷总局"被称为"与各省善后局之起源相同",相当于设在他省的善后局。周询从四川的筹饷总局"惟事务则较他省善后局纯洁"之情况中观察到,各省的善后局一般都是帮忙办理地方官府处理不过来的繁杂事务。周询:《各局所》(《蜀海丛谈》卷二,第 4 页)。
② 江苏巡抚崧骏《为苏省酌提厘金办理善后各事宜查明光绪十一年分收支款目开缮清单恭折奏祈圣鉴事(光绪十三年三月十九日)》(《宫中档光绪朝奏折》第三辑,台北故宫博物院,1973 年),第 136—137 页。而光绪十二年的报告在光绪十三年十月十七日得到处理。同前书,第 457 页。

费""文武职月课、奖赏""善后局经费""部拨京员津贴"等。奏折的正文中没有记载这些支出细目。① 清单的确被转交到了户部，可是它与奏销、报销不同，不仅不需要履行结算的手续，也不会发生户部监察后驳回之类的事情。也就是说，清单的报送，不过是一份单纯的事后通知罢了。因为对善后经费的办理，事实上就是按照"外销"款项对待的。

上面列举的各支出项目，在厘金制度确立之前，几乎都由摊款、摊捐等非正规财政措施来支付。而现在，这些支出，都要靠以厘金收入的一部分作为资金来源的善后经费来维持。这说明厘金具有接近于正额的性质，与非正额性质的"外销"有所区别了。从奏折中还可以看出，在江苏省，除了善后局，还有洋务局以及发审局（处理积压案件的裁判机构）等名称中带"局"的机构，也靠来源于厘金收入的善后经费来维持。善后经费实际上就是巡抚可以自由支配的"外销"资金。这些"局"就是处理省级地方业务的半官半私性质的机构，是过去巡抚的幕友制的扩大而带有"公"的性质的机构。由于确保了这些机构以及维持它们的"外销"资金，这就为总督、巡抚的权限扩大以及外省的行政财政自立化奠定了基础。

第四节　督抚、勇营、财政

19世纪中叶，人民与统治阶级之间爆发了激烈冲突，此间造就出了一批"疆臣重权"。李鸿章的部下薛福成亲眼见证了这段

---

① 这份奏折附有清单，但是，皇帝阅批之后，清单转送户部，而朱批奏折先送达上奏者以后，再交回北京，保存在宫中。因此，存放在宫中的朱批奏折里往往唯独少了清单。

历史,他从财政的角度就这一现象发表了自己的看法:

> 国家承平二百年余,凡有大寇患,兴大兵役,必特简经略大臣及参赞大臣,驰往督办。继乃有佩钦差大臣关防,及号为会办帮办者,皆王公亲要之臣,勋绩久著,呼应素灵,吏部助之用人,户部为拨巨饷,萃天下全力以经营之,总督巡抚不过承号令,备策应而已。……夫承平时,筹饷之权,固在户部,疆事糜烂,关税而外,户部提拨之檄不常至,至亦坚不应。盖事机急迫,安危系之,斯时欲待户部济饷势所不能,而疆臣竭蹶经营于艰难之中,则部臣亦不能以承平时文法掣之,故疆臣之负才略者,转得从容发舒,以成夷艰济变之功焉。①

薛福成说,把国家的统治从危机中拯救出来的是"疆臣",国家得益于这些总督、巡抚们在政治、军事、财政上的"经营之功",他们能在朝廷和中央政府的职能失灵的时候挺身而出、独当一面。

对于一介团练出身的湘军、淮军首领来说,筹集维持军队开支、作战开支的军费是最让他们费心的事。王闿运也说:帅之能否,观其筹饷可知。以本地自卫为目的的团练,之所以能发展成勇营,正是因为在旧的财政体系之外建立起了一套独立的筹集资金的机构,并且这些机构的权力还扩张到能实际支配原属正额收入的领域中的一部分。不能忽略的是,这些攀升到外省总督、巡抚地位的人,取代了固执于"节流""严催"等守旧的财政政策的朝廷、户部,发挥了推动变革的作用。而且,在动乱平定后的复兴时

---

① 薛福成:《叙疆臣建树之基》(《庸庵海外文编》光绪二十一年刻本,卷四,第12—13页)。

期以及与此同时进行的建设时期,他们在财政上能做到或不能做
到的,构建了近代中国财政的框架。

在太平天国时期,那些已升任总督、巡抚的地方大员们,除了
在其统辖的区域内左右着财政运营,还在其统辖的区域之外,在
地区与地区之间建立了新的体系、确立了新的原则。这种财政关
系以前是属于中央户部支配的协饷制度的体系。其实,在某种意
义上讲,这种关系是超越道德的、弄权仗势的。但是,太平天国时
期户部协饷的"空拨"使协饷制发生了质变,一直以来由中央确保
的来自他省的协饷援助,现在却不得不由湘军、淮军的首领自己
设法解决。如果送饷一方的督抚与受饷一方的督抚关系融洽,那
就会在相互理解的基础上规定一个协饷额度,然后履行上奏裁可
的手续,或者干脆就不奏请,而是直接在私下移交协饷。[①] 更有
甚者,把自己的亲信委派到其他省份,开设募集捐纳、征收厘金的
"局",不通过该省当局就直接另"局"解款。

在此不妨看一下曾国藩湘军的例子。咸丰四年(1854),曾国
藩领了4000份空白的执照,其中的1000份用在自己的军营里招
募捐纳,其他的3000份则用在把夏廷樾、郭嵩焘派到湖南省,黄
赞汤、朱孙诒派到江西省,胡兴仁、李惺派到四川省,各用1000份
执照,捐纳集资。[②]

另外,咸丰十年(1860),在早已设立厘金局征收厘金的湖南
省,又新建了一个不同系统的厘金征收机构——"东征筹饷局"。
在湖南省的厘金局征收厘金之外,另按其五成的税率实行征收,
所收税款直接送往湘军。此种行为在湖南省内遭到强烈反对,其

---

① 罗尔纲:《湘军新志》(长沙,商务印书馆,1939年),第129页。
②《曾文正公全集》奏稿,第36—37、58—59页。

中国近世财政史研究

至发生了火烧东征筹饷局总局的事件(总局就设在黄冕的长沙家中)。尽管如此,湖南省的这种双系统双重征收的制度,一直持续到太平天国运动被镇压后的同治四年(1865)。①

同治元年(1862),曾国藩上奏,请求将广东省的厘金充当江苏、浙江、安徽三省的军费。朝廷裁可,并派副都御史晏端书(与曾国藩同年的进士)到广东省主管厘金的征收。但是,两广总督劳崇光不愿意将广东省厘金送交他省。于是,朝廷撤掉其总督一职,相继任命湖北的勇营(楚勇)将领刘长佑(未上任)、晏端书、毛鸿滨(与曾国藩同年的进士)为两广总督,又安排黄赞汤、郭嵩焘出任广东巡抚,力图消除广东省方面的抵抗。同时,又在晏端书主管的厘金局里安排要员,把黄冕、李瀚章等人,从曾国藩幕府直接派到了那里。②

想要保证得到他省的协饷,与其靠朝廷、户部指令,不如与掌管财源的官员搞好个人关系,甚至还有更直接的做法,就是干脆把自己人安插到他省去掌管该省的厘金等收入。与总督、巡抚搞好关系当然至关重要,处理好与下级具体经办人员的关系也有重大意义。

例如李鸿章,在扫荡捻军的军务处理完之后,虽然位居直隶(相当于现在的河北省和北京、天津一带)总督之位,但是直隶的财政相对比较拮据。他的十多万淮军的开支之所以得以维持,是

①《曾文正公全集》奏稿,第465页;《曾文正公全集》,年谱第94页;罗尔纲:《湘军新志》,第238页。
②《曾文正公全集》奏稿,第465—466、485—486、603页。《曾国藩未刊信稿》(中华书局,1957年),第71—72页。

132

因为有江苏、湖广为中心的外地财源作保障。① 尽管李鸿章深得朝廷的庇护也是一大要素,但是如果对掌控财源的官员,尤其是对上海道台(正式官名是苏松太兵备道,也兼任上海海关监督),江苏、湖广督抚若是没有一定影响力的话,恐怕难以保证其筹集工作。②

之所以能调动江苏省的财源,与李鸿章曾担任过江苏巡抚(1862—1867)时打下的基础有关。后来出任湖广总督(1867—1870),又得以从汉口海关取得收入。即便是调任直隶总督以后,每年仍能够从上海、汉口两地的海关收到 120 万两左右白银(相当于淮军总收入的 1/3)。把淮军的收入按照其财政来源地的不同而划分的话,如表 3 - 1 所示。

表 3 - 1　淮军的各地域收入[光绪元年至十年(1875—1884)平均]

单位:库平两/年间

项　目	来源地	收　入
江汉关(海关税)	湖北省	400 000
江海关(海关税)	江苏省	400 000
江苏布政使司库	江苏省	100 000
松江上海厘金局(厘金)	江苏省	40 000
江苏牙厘局(厘金)	江苏省	100 000

---

① 论述李鸿章在军事、经济两方面推进各项事业与财政关系的有 Spector, *Li Hung-chang and the Huai Army: A Study in Nineteenth Century Chinese Regionalism* (Seattle,1964 年),臼井佐知子:《太平天国末期李鸿章的军事费对策》(《东洋学报》第 65 卷第 3 期,1984 年),细见和弘:《清法战争期间的军费筹措之考察——户部的"开源"、"节流"对策与李鸿章的议覆》(《小田义久博士 60 岁生日纪念东洋史论集》,龙谷大学东洋史学研究会,1995 年),细见和弘:《李鸿章与户部:以北洋舰队的建设过程为中心》(《东洋史研究》第 56 卷第 4 期,1998 年)等。
② 王尔敏:《淮军志》(台北,"中研院"近代史所,1967 年),第 252—260 页。

续表

项　目	来源地	收　入
两淮盐厘	江苏省	700 000
协饷	他　省	200 000
合计		1 940 000

资料来源：王尔敏《淮军志》，第282页。

　　为了保证其曾经任过职的江苏、湖广的协饷，与当地掌握财政大权的总督、巡抚建立良好关系是李鸿章最重视的事情。[1] 另外，同治十一年（1872），在选任上海道台（如前所述，兼任海关监督）之际，该人选历来要从总理衙门的司员中保荐，可是这次李鸿章却从上海、天津等地的机器局的委员中提名，奏请朝廷从中"酌量遴补"。[2] 自不必说，他提名的机器局的委员肯定是与自己关系亲近的淮系人物。李鸿章还一直想插手与海关税分配相关的海关监督的人事任命。丁日昌、应宝时、涂宗瀛、冯骏光等在同治年间官居上海道台的这些人，全部来自曾国藩和李鸿章的幕府。即便是在光绪年间，江苏省不在李鸿章管辖的时期，像刘瑞芳等的出任，也无一例外都是湖南或者合肥出身。一直到1894年之后才任用了江西省出身的官员。[3]

　　两淮的盐税、盐厘收入也是李鸿章的重要财源之一，因此，管辖两淮盐运使一职自然成为李鸿章关注的事情。于是，不仅在厘金局，而且在海关监督、盐运使等职位上也安插自己派系的人，确保了江苏省在长达约三十年的时间内一直都是李鸿章及淮军最

---

① 王尔敏提出：为此，李鸿章费尽心计要把同派同系的官员安插到该职位上。为了达到这个目的，便利用其在朝廷中枢的政治影响力，竭力操纵人事任免。

②《同治十一年五月十五日直隶总督李鸿章片》，中国史学会编中国近代史资料丛刊《洋务运动》第四册，第26页。

③ Spector. op. cit. , p.135.

大的财源。尤其是光绪十一年(1885)之前,即中央尚未拨给淮军协饷额之前的那段时期,如果不依靠私人关系来确保协饷,如果不依靠这种方法来确保对财源的控制,那么李鸿章就不可能扩大其以淮军为中心的政治资本。

有的学者提出,这个时期地方分权日益严重,或者说分散化(decentralization)更加严重了。而刘广京、阿谢德(S. A. M. Adshead)等学者认为既然协饷、解款制度已经在各地普遍执行,所以不能同意上述观点。[①] 确实,通过京饷的摊派,朝廷、户部成功地筹集到内廷费和中央政府的开销经费,而且京饷、协饷在各省的财政支出里所占的比重也绝对不小。不过,刘广京、阿谢德看到的是银两调动这一表面性的现象,笔者难以完全同意。其实,看待这个问题的关键在于,全国性的银两调动,换句话说,通过调动银两而运转的清朝国家财政,是依靠一个什么样的机构体系在运作。

太平天国时期之后,清朝的财政规模逐渐增大。其时,新增收入已经成为清朝财政不可或缺的要素,而其大半来自旧的征税机构之外,也就是说来自中央户部能够控制的范围之外的机构。如前一节提到的牙厘局、房捐局、沙捐局等的"捐局"、盐票盐引的督销局等,冠上形形色色名称的"局",大多数是由督抚"委以委员""委以乡绅"而设立的。与国家最关紧要之一的税收密切相关的这种半公半私的机构(以前被明令禁止的当地乡绅也开始参与财政)的出现,足以动摇财政的中央集权统治。另外,督抚支配下的这些半公半私的机构,不仅仅负责税务征收工作,还扩展到军

---

① 刘广京:《晚清督抚权力问题商榷》(《清华学报》新第 10 卷第 2 期,1974 年,第 89—192 页)。S. A. M. Adshead, "Viceregal Government in the Kuang-hsü Period (1875~1909)", *Papers on Far Eastern History*, 4, 1971, pp. 41-52.

需局、善后局、报销局、支应局等财务行政的所有部门。

对于像"局""所"这些机构,尚难以了解其当时的全貌,但是,研究清朝末期的地方行政和社会变化的时候,局所的纷纷设立是个需要特别重视的问题。《清国行政法》也有评述:

> 兹开列官厅,多为会典所定。咸同以来,财政支绌,因势临时设立,嗣后未能遽行废止。令举其二三,如军需、善后、支应、报销之设局,显然财务相关,然所管何事,则不得而知。[1]

清朝末期在四川省为官、辛亥革命后又转入该省经济界的周询,将涉及清代省内行政各方面的掌故汇编成《蜀海丛谈》。周询长期任职于清理财政局,这方面的记述应该是以其职务之便而得来的资料。根据《蜀海丛谈》记载,现把清末四川省设立的局所列成一览表(见表3-2)。

表3-2 清末四川省的各种局所

名称	所在地	构成人员	备注
发审局	成都府知府署内	总办1(成都知府)、坐办2、正委、副委、学习	兼有高等法院和司法培训班的机能
采访通省忠孝节义总局	骆文忠公专祠内	总办、会办、委员	另有绅士数人
通省厘金总局	布后街,骆公祠旁的子龙塘内	总办1、会办1、提调1、各职掌委员	在各地设有20多个分局
通省防军营务处	总督署内附近的沂水庙内	总办1、提调1、各职掌委员	另外设有"军械所",提调由成都县、华阳县知县兼任

---

[1]《清国行政法》第六卷,第316页。

名称	所在地	构成人员	备注
省城保甲总局	—	总办 1、提调 1，每个分局设正委 1、副委、局丁	光绪末年，因实行警察制度，被裁撤
筹饷总局	布政使司衙门内	总办 1（布政使）、会办（在任各司道）、坐局总办 1、提调 1、正委 3、副委 3、特设幕友	由防剿总局改名。作为下属机构，设有支发所、报销所、日行所
机器局	成都东门内	总办 1、会办 1、提调 1、各专门委员、数百名工匠	—
银元总局	邻近机器局	总办 1、会办 1、提调、委员、200—300 名工匠	银币、铜币的制造
土税总局	—	总办 1、各职掌委员	对省内产的鸦片征税，分局 10 余个，税收约 100 万两，在分局可"中饱" 2 万—3 万两，是"优差"。因光绪末年禁止栽培罂粟而被裁撤
通省学务处	从总督署内出来，皇城内方向	总办 1（起初是在任司道、之后是候补官）、提调 1、各职掌委员、士绅数人	因提学使的设置而被裁撤
警察总局	皇华馆内	城内每 6 个区设正委 1，大约每 30 个派出所设副委 2，警长、警士约 800 人	经费每年 22 万两。光绪末年并入新设立的巡警道管理

名称	所在地	构成人员	备注
计岸官运盐务总局	成都新开街	总办1(盐道、盐运使)、提调1、各职掌委员	38个厅州县的盐的专卖,收入的100万两。分局9个
四川川汉铁路总局	岳府箭道街	总办1、提调、各所委员	向股份制转轨后,聘省内的"巨绅"当总办、士绅当咨议
官报书局	铁路总局的对面	总办1、编辑1、各职掌委员、工匠数十人	—
商务总局	总府街	总办1、各职掌委员	后来由"省绅"担任总办,商会成立后被裁撤
矿务总局	总府街	总办1、各职掌委员	功业道设立后被裁撤
兵工厂	成都东门外近郊	总办1、会办1、提调1、各职掌委员	每月从票捐局收益中得2万两的经费
票捐总局	省城七家巷口	总办1、会办1、各职掌委员	彩票业从高额的奖金中扣除3%,充当总办以下的奖金
筹赈总局	南门二巷子延庆寺内	总办1(布政使)、会办(罗济川主事)、局员3、从布政使司来的书吏数人	每次救济一结束便裁撤
经征总局	—	总办1,会办1,契税、酒税、油税、肉厘、糖税等各科的科长、科员	契税从州县接管,设置分局;肉厘从布政使司接管;酒税、油税、糖税等从厘金总局接管

续表

名称	所在地	构成人员	备注
劝工总局	皇城后宰门宝川局的旧址	总办 1，提调 1，各分科委员、工匠学徒 200～300 人	因劝业道设立而被裁撤
清理财政局	布政司署的隔壁	钦派的正监理 1、副监理 1、总办(布政使)、坐局总办 1、3 个科的科长、科员	—
官膏总局	鼓楼南街	总办 1、各职掌委员	禁烟令的宽限期间，鸦片的制造和贩卖
裁撤绿营处	总督署内	督办(总督)、提调 2(成都县、华阳县知县)、各职掌委员	辛亥革命爆发前业务结束，被裁撤

说明:未列出人数的,系因原资料上没有记载,可以视作若干名;如果由现任官员兼任,是没有俸禄的。

资料来源:周询《蜀海丛谈》各局所,第 12—22 页。

在这 24 个局当中,发审局、采访总局、厘金总局、筹饷总局、通省防军营务处、保甲总局在 1870 年之前就已设立。而其他大部分的局所,在光绪新政时期(1904—1908)才设立。周询在这个表中所列举的只是与省财政有关的局所,除此之外,还有其他各府州县设立的局所。①

---

① 有关四川省州县内的局所与当地绅士阶层的行政关系,见新村容子《清末四川省局士的历史性格》(《东洋学报》64-3,四,1983 年);山田贤:《"绅粮"考——清代四川的地域精英》(原载《东洋史研究》第 50 卷第 2 期,1991 年,后载入《移住民的秩序》,名古屋大学出版会,1995 年)。另外,关于省内的财政,见山本进《清代后期四川的财政改革和公局》(原载《史学杂志》第 104 卷第 12 期,1994 年,后载入山本进《清代财政史研究》);原朝子:《关于清末四川经征局》(《近代中国研究月报》二十一,1999 年)。

　　督抚、候补人员以及本省绅士①直接结合的产物——"局"的纷纷设立,使督抚在省内的实际行政能力以及权限得到了进一步强化。

　　单从以上叙述的现象出发,罗尔纲就认为地方上出现了"督抚专权"的政治局面,这恐怕是有些言过其实了。督抚既不是军阀,也没有割据。然而,原本由中央任命、拥有独立权力、负有牵制督抚使命的布政使,如今已变成了督抚的从属。② 以督抚实权的强化和局所为核心的省内行政、财政的"二重化",极大地改变了传统的省行政体系,这一点可谓是具有重大历史意义的变化。如果没有"督抚专权"作为前提,便不会出现民国期间的"被地方架空的中央"(参照本书附篇,第 387 页以后),也不会有军阀割据局面的形成。

　　接下来,有必要考察一下跨省的财政关系的变化。19 世纪后半叶,协饷指令已经失灵,中央和督抚双方都不能,也不再执行指令,指令的下达通常被视作一种权力而已。这是无视各省的财政现状,或者单凭一方的推断来分摊送款金额的"摊派制"带来的必然结果。

　　翻阅一下同治、光绪年间(1862—1908)的实录,就可以看到很多与协饷相关的上奏和上谕。"催饷"或"改拨"(某省的指令无法实现时,只好将此款额转由其他省完成)的记载频频出现。接

---

① 夏井春喜指出:"过去,在地方政治上,乡绅是通过'潜势力'或通过胥吏来达到'实际'控制乡村,维护自身阶级利益的。而今,因局的设立,乡绅得以直接控制地方政治了。"(《洋务运动时期税的强征体制的再编》,《中国近代史研究会通信》第四号,1976 年,第 160 页),并且强调把乡绅作为控制地方政治的工具的意义。的确,从以乡绅为核心的"绅权"来看,这样的历史理解也是成立的。不过,如果把因局所的设立而使外省行政财政能力得以扩充这种情况,放到"乡绅支配论"的框架里来谈的话,看问题就难免有所片面了。
② 罗尔纲:《湘军新志》,第 243—244 页。

受协饷一方没有收到的饷额已成巨数,而发送协饷一方也累欠了巨额的不可能实现的饷额。累欠下来的这些饷额有时也可能被正式销账,但大部分还是在无可奈何的状况下不了了之。即使不执行协饷指令、拖欠了饷款,也不会因失职而受到处分。这种不了了之的混乱局面一经出现,就等于外省总督、巡抚获得了协饷的决定权,协饷送给哪个省,送多少,均由督抚说了算。

对于盲目地摊派协饷,朝廷、户部自己也很清楚,外省不可能如数完成,却也毫无其他方法。同治七年(1868),陕西、甘肃地区爆发了回民起义,左宗棠率军出征。在筹集"西征协饷"时,出现了下面的情形。左宗棠着手西征之际,为了改善协饷关系错综复杂、协饷执行不稳定的情况,要求户部整顿协饷,建立能确保每年真正拿到 400 万两协饷的支援体制。于是户部把左宗棠预算的400 万两翻了一倍,按照 950 多万两的数额摊派给各省及各海关。这样做并不是出手大方,更不是为了鼓舞出征将士的斗志,而是考虑到如果不额外多摊派一些,就根本筹集不上来 400 万两。① 按照户部自己的私下估算,即便皇帝的协饷上谕下达后,其"完成系数"也不过 0.5 左右。把几乎一半以上实现不了的、没有依据的协饷额摊派给各省之后,对于完成不了的省,户部依然无法以违背上谕为由对总督、巡抚进行处罚。因为,除任命权、处分权以外,中央政府简直没有什么办法可以制约外省胥吏的行为,如同被人缴了械一样。中央政府的这种处境的变化,具有重要意义。

朝廷、户部的协饷指令无法如数完成,而不完成似乎也没关系。既然不能受到什么实质性处罚,那督抚、海关监督等官员就

---

① 《清穆宗实录》同治七年十月庚戌,十二月庚午,八年二月丁未、丁卯。

可以在其有限的财政能力范围内,决定协饷派送的优先顺序。当然,此时的优先顺序,是依照派系原理及官僚们之间的关系而排列的。前面已经提到过湘军、淮军的例子,此处就以左宗棠为例。薛福成对左宗棠与浙江省财源之间的关系作了如下论述:

> 浙江一省,亦五者兼备,岁入可得江苏之半。左文襄公用之,以驱殄悍贼,肃清西陲。盖左公后虽去浙,而西征所借,惟浙饷尤丰也。

左宗棠由浙江巡抚到升任闽浙总督,即从咸丰十一年(1861)到同治五年(1866),在浙江的任职达六年之久。薛福成认为,此期间在浙江省建立的人际关系,对于一直持续到光绪五年(1879)的"西征"(平定新疆骚乱)起到了极大的作用。朝廷、户部的财政计划变成了一种形式上的指令而已,远远构成不了对外省总督、巡抚的压力,而领导地位大大降低。中央政府实行的专权制国家财政统治实际上已呈现空洞化,私人关系在蚕食着国家的财政权,这种局面在洋务运动之后也没有改变。因为长期以来苟安于正额财政里的中央户部,没有能够采取任何可以打破这种局面的行之有效的措施。

第五节　自强运动和财政

19世纪60年代以后,在强有力督抚主持的事务中,以提高勇营为核心的陆军战斗力、制造兵器、军舰等与军事相关事务始终占最大比重。西洋式火器、炮船的模仿制造早在镇压太平天国运动的时候就已经开始了,但是具有正规化设备和规模的兵器厂、造船厂的陆续兴建还是从60年代后半期开始的。尽管存在因规格不统一、技术水平低下而导致产品有缺陷等问题，但已经算是取得不小的成绩了。① 总之，通过"自强运动""洋务运动"取得的这些成果，主要得益于那些有实力的督抚，是他们把财政从旧体制的"额"的束缚中解放出来，并争取到了厘金等新的财政资源。其主要财源包括本省的厘金、来自他省的协饷以及海关收入，尤其是海关收入，所占比重相当大。

值得注意的是，围绕海关收入，户部与洋务官僚之间存在着一种对抗关系。原则上，海关税的六成要充当军饷为主的地方经费，四成上交户部充当储备。但是随着财政开支的增多，中央就把海关当作财源，不断地把京饷、协饷、借款还账等任务指派给各海关，导致各个海关都抱怨"入不敷出"。在此种状况下，前面提到的督抚财权扩张显现出了力量。在这一点上，形成鲜明对比的是江南制造总局和福州船政局。前者因李鸿章派系对上海道台之职的控制及李鸿章得到了两江督抚的支持，从而稳收海关税收的两成作为经费。② 后者虽以福建海关为财源，但从同治十三年（1874）九月开始，每年都有巨额的到款不足，这种状态已成经常，

---

① 江南制造总局在规模和设备方面居东洋之最，能够模仿制造最新式的枪炮。同治七年（1868），中国第一艘炮舰下水。另外，在翻译出版西方科技书籍方面，"自强运动""洋务运动"也取得很大成果。第141页提到的平定回民起义（译者注：日文原文为"动乱"）及后来的收复新疆之时，左宗棠成功地在兰州等内陆地区兴建兵器工厂，保证了武器和弹药的稳定供应。甲午战争时，日本海军的军舰是从欧美购买的，而当时清朝的北洋舰队、南洋舰队配备的都是左宗棠任闽浙总督期间创立的福州船政局建造的舰船。由此可见，在近代化的军需工业的引进和发展上，洋务官员推行的"自强运动""洋务运动"的确是取得了成果。

② 光绪元年，李鸿章要求两江总督沈葆桢，在向户部解款之前，优先考虑给江南制造局的经费补贴。《复沈幼丹制军》（光绪元年十月二十三日）（《李文忠公全集》朋僚函稿，卷十五，第34—35页）。"枢垣无主持大计之人，农部尤甚愦愦，欲朝廷力减不急之务，无敢言，亦无能行者。如三陵岁需二三百万，与京饷并重，势须说法腾挪。此外则视缓急以为匀付，江局庶尚可支。弟前函所请部议勿过拘泥者，意固有所指也。"

给船政局的运营造成了诸多困难。这是因为福建海关监督是由福州将军（满族人担任）兼任的，洋务官僚不能左右这个职位。

对于地方的洋务官员而言，统辖全国财政的户部有时甚至成了绊脚石。李鸿章讲过下面一番话：

> 朝贵一闻拨款，则缩项结舌，而莫之敢应。即有一应，农部疆吏，空文支吾，于事何济。是以曾文正剿粤贼，鸿章剿捻匪，兴师十万，皆自筹饷，但求朝廷不掣肘为幸，何曾预请巨款耶。①

从地方上来看，户部官员不仅不了解财政的实际情况，而且还乱开空头支票，户部是加重财政混乱的罪魁祸首。② 军事工业之外，无论是对民用企业的扶持还是军事借款，但凡采用新式财政运作方式的时候，户部从未对其计划发挥过主导作用。地方的洋务官员要实施新政，不得不依靠其私人的人际关系自筹资金。尽管从个别事例看，在此情形下，洋务运动还确实是取得了相当的成果，但是若要制订统一的计划，在全国范围展开，却是不可能的。

小　　结

资本主义在世界范围的扩张，导致了其周边地域在传统的社会和经济方面都发生着变化，这些构成了 19 世纪世界史的基本

---

① 《复沈幼丹节帅》（同治十三年五月一日），《李文忠公全集》朋僚函稿，卷十四，第5页。

② 李鸿章严厉批评了户部。《复沈幼丹船政》（同治十二年二月十八日），同前书，卷十三，第2页。"……且时忧度支之告匮，将若之何。司农岂知国计，即奏拨恐亦空文，似宜从长计议。"

趋势。中国的形势是,清王朝的统治一方面走向崩溃边缘,另一方面已经开始为下一个时代的到来做着政治统治的准备。近代中国的经济、政治结构是在1860年开始的约30年的"洋务运动"期间形成的。牟安世曾经说过,这个时期产生了几个中国近代史的根本性的关键问题[①],笔者认为他讲得非常中肯,值得关注。

将30年来因掌握外省行政权、财政权而增强了势力的总督、巡抚等地方大员,看成是后一时代的军阀的先行者是不恰当的。从袁世凯死后直至国民革命时期,"中华民国"时代的军阀们,围绕中央政府的权力展开角逐,并在地方上割据一方。明确地讲,在奉守儒教国家的权威及权力体系的框架下力图保有政治权力的洋务派地方大员,与力图控制一方土地搞小军事政权的军阀,这两者在统治构造上存在极大不同。若说两者有共同点的话,那就是它们都体现了最适合近代中国的政治经络。

地方主义(regionalism),或者说其折射出的分散化的概念,是与洋务运动相关而被提出的一个视点。[②] 通过本书第一章和第二章的论述,笔者认为,只要认识到在清代的财政制度里的集权性的本质核心,是与以分散和放任为特点的正额外财政这两者相辅相成结合在一起的,那么就能够看清清朝的财政结构。在此结构的基础上,清朝的财政一步步走向近代化。"地方主义""分散化"的分析概念,对于深入研究这个时期的财政变化极其有用。

---

① 牟安世:《洋务运动》(上海人民出版社,1956年),第164页。

② S. Spector, op. cit. 以及作为该书序文的 F. Michael, *Regionalism in Nineteenth Century China*,正面探讨了这个问题。他们认为分权化倾向表现出来的一个主要侧面就是,地方士绅的首领在当地拥有盘踞地方的军队和效忠于他们的政治机构保证的军事力量。而台北"中研院"近代史研究所学者们对这种分权化的观点持否定态度,王尔敏的《淮军志》(台北,1967年)就代表了这种批评。本章提到的包括刘广京、阿谢德等学者的观点是,都强调李鸿章等洋务派地方大员与中央政府的一致性与合作关系。

第四章　清末的外销经费和地方经费

　　清末的财政给我们提供了许多非常值得研究的课题。20世纪80年代以后,黑田明伸、山田贤、山本进等学者的研究方向集中在省或者省以下的地方财政与经济、社会的关系上,都取得了丰硕的成果。

　　黑田对签订《马关条约》(1895)到辛亥革命爆发前这段时期的湖北省财政进行了详细的分析,内容涉及市场的结构、货币流通等广阔领域。如果仅就财政问题而言,其研究的结论可归纳如下:即便是湖北省这样的经济条件比较好的省份,在光绪新政时期,也同样由于经费的膨胀使得省财政陷入了危机。不过,以铜元的铸造差价而获益的官钱局采用信用供与等业务手段挽救了财政危机。况且,清朝的"财团型财政"无法应对当时急剧膨胀的财政局面,在处理财政危机方面,省与省之间、省与中央之间的矛盾越来越突出。[1] 黑田通过对省财政、县财政的自立和发展过程的细心考察,把握其内在的种种困难,从而预见辛亥革命后中国必然会出现"各省独立"的政治局面。笔者认为黑田氏的这个研

---

[1] 黑田明伸:《中华帝国的构造与世界经济》(名古屋大学出版会,1994年)第八章"清末湖北省政府的财政改革——中国分省化的选择"。该书中黑田对湖北省财政的研究是据1983年发表的论文《清末湖北省财政分权的展开——辛亥革命的财政史的前提》(《史林》第66卷第6期)。

究成果,可以作为研究近代中国的财政和经济的一个立足点。

山田贤主要着眼于"公局"和"粮绅"的研究。清代中期以后,在四川省,僵化的清朝行政和财政体制满足不了因经济发展而增大的行政服务的现实需要,为了解决这个矛盾,该省实施了正税之外的资金筹措。另外从事一定公共事业的"公局"出现后,实际上是由被称作"粮绅"的地方精英们在管理。为了弄清"公局"体制是如何在当地盘根生枝的,山田把镜头对准了清初以来涌入了大量移民的合州,通过对地方志的记载和当年历史人物的记述的具体分析,终于得出这样的结论:举办各种"善举"的公益活动的宗亲组织与"公局"体制,两者互为依托,共同形成了这种局面。当地人的社会结构、行为方式以及情感,与来自上面的财政、行政服务的要求,究竟是如何相互作用,从而导致处于中间领域的"公局"体制出现的呢? 这是一个崭新的视点,而且山田对此的研究取得了巨大成果。[1]

山本进在他的《清代财政史研究》一书中,大多数论文都集中在一个问题的探讨上,即,一直到清代末期,到底有没有出现所谓的地方财政? 山本论述了从太平天国被镇压后至光绪新政时期的各省总督、巡抚主导的财政改革的内容和意义。山本的研究所长在于,在研究一直以来都是地方经费部分来源的"陋规需索、规礼馈送体系"的瓦解的同时,还收集了大量史料对差徭等正额外负担进行了分析。另外,山本指出,商品经济发达的江南、湖北、四川等地的财政改革获得了成功,但是在华北诸省、湖南、江西"尽管实施了差徭或浮收的改革,但是还没有达到省财政确立的

---

[1] 山田贤:《移住民的秩序》(名古屋大学出版会,1995 年)第五章"'粮绅'和'公局'——清代四川的地方精英",第六章"四川省合州——公局即粮绅体制的成立"。

程度",省财政的确立与否,存在着地域的差异性。[1]

在此,需要提到的是,山本进曾对岩井(我)的研究反复进行了批判。山本在 1992 年以后,发表了一系列关于省财政改革的研究。其中,山本提出:在社会经济发生着本质性变化的 19 世纪,"已经无法用'原额主义'原则的桎梏来解释清代后期财政陷入僵局"[2],以此对"岩井理论"进行了批判,甚至更进一步批判道:"对于一个拥有强大权力的专制国家,在财政陷入困境时,为何不进行正额财政的改革呢? 岩井除了搬出'原额主义'不变论以外,拿不出任何让人信服的解释。"[3]山本对我的"岩井理论"的批判,其实存在着许多重大的误解。首先,我从不认为"清代后期的财政陷入了困境"(也从未表明过这样观点)。当然,我也从没有试图用"'原额主义'原则的桎梏"去解释这个问题。山本对我的观点做出的断定是:"在中央与地方的激烈对立中,清朝的财政支配崩溃了",据说山本对湖广地区财政改革进行分析后,推导出的结论与这个观点不同。[4] 我拜读到此处,不禁目瞪口呆,因为

---

① 山本进:《清代财政史研究》(汲古书院,2002 年)。该书是山本氏的财政史研究的汇辑(1994—1999 年间发表过的论文)。

② 同上书,第 8 页。1994 年的原载刊物,第 73 页。

③ 山本进:《商品生产研究的轨迹》(《明清时代史的基本问题》,汲古书院,1997 年,第 95 页)。山本对"为何没有实施对正额财政的修订"的疑问表示关注。此言论有点莫名其妙。首先,正额部分,事实上并不是完全没有修改。州县的"存留"部分当然属正额,可是我已经指出过,对"存留银的削减"贯穿于整个清代(本书第 47—49 页,原载《中世史讲座》,第 290—291 页)。山本提问的前提既已错误,故没必要回答。

④ 山本进:《清代财政史研究》,第 28 页。山本此段话的依据,若为本书的话是指第二章第 99 页及第 103—105 页。读者可以从中确认我是否表达过"清朝的财政支配崩溃了"的观点。

我连想都没有想过"清朝的财政支配崩溃了"①。的确,我曾引用
1908 年军机大臣的覆奏,该覆奏显示户部(度支部)与外省之间
围绕着财政资金而产生的对立,还记载了对财政报告中虚假行为
的批评。据此,我得出:财政权的分裂和混乱、酌拨制度的瓦解,
建立在中央的酌拨制度基础上的财政支配崩溃了(本书第二章第
四节)。可是,很显然这与"清朝的财政陷入了僵局"或者"清朝的
财政支配崩溃了"是不能画等号的。另外,山本在批判"岩井理
论"时所使用的"'原额主义'的枷锁""'原额主义'不变论"等提
法,我也觉得颇为不妥,我没有使用过那样的词语。我的研究在
于强调:正额收支受原额的约束的同时,对于正额财政无法进行
的业务,正额外课税就被灵活地扩大了。这与"桎梏""不变论"完
全是相反的意思。而且我还指出,以正额外的课税作为原资,"地
方财政"体系事实上是存在的(本书第 99 页)。山本忽视我的以
上观点,就断言我阐述的是"'原额主义'的桎梏""'原额主义'不
变论",这是完全的偏离。"地方行政开支一增大,州县就开始加
大不受'原额主义'约束的地方性征收,因此不得不说中央财政的
僵化与州县行政经费的不足基本上无关"②,当我读到山本的这
样的文章的时候,我不禁想要问山本,你是否认真地读过我的论
文呢? 对于学术批判,我是欢迎的,但是如此恣意曲解,搞出一个
"岩井理论"来,对之加以"批判"。请问这岂能称之为批判?

　　对于 19 世纪后半叶的清朝财政具有重要意义的是,从商业、

---

① 当然,清朝政权因 1911 年的革命崩溃了。在走向崩溃的长期过程中,以原额主义
　为主因的正额外财政的膨胀和因此而滋生的吏治颓废、分权化倾向的深化(中央和
　外省之间产生了财政上的利益冲突),这些导致专制国家的基础崩溃,我指的是这
　样的因果关系,而从来没有提出过像山本所说的"清朝的财政支配崩溃了"这种含
　混而又简单化的观点。
② 山本进:《明清时代史的基本问题》(汲古书院,1997 年),第 44 页。

流通领域获得的厘金、海关税等收入显著增长。这些新获得的收入，属于"新增"的范畴。这说明厘金、海关税，与以前的以地丁、杂税、常关税、盐税为支柱的传统意义上的税收——"经制"是属不同范畴的收支，在收支管理上自然被区分开来，而且在制度上被赋予了不同的性质，而不是仅仅作为收入统计数字时的"新增"。长久以来只以"经制"为框架的财政制度（"经制"的满语是"ton i toktobuha"，数量固定的意思，可见其财政都是按照固定的数额来运作的），不能把"新增"这部分划归到"经制"里，于是不得不对"新增"项目的收支采取另外的特别处理。笔者认为，在制度上使其保持分离，从某种意义上讲，是清朝的有意安排。

"经制"和"新增"这种财政制度上的划分，在集权制财政里，与"事实上的省财政"的发展形势不是一对一重叠的。但是省财政的确是以厘金、海关税等"新增"收入的一部分被外省保留为发展的基础。尽管作为中央的朝廷、户部对省财政的发展事实上给予了一定的空间，但是他们仍然坚决维护着集权性的"经制"这个框架。一方面，"经制"不能接纳"新增"，而另一方面，直到辛亥革命爆发，中国仍没有真正地采取措施调节"经制"和"新增"背后的财政权的矛盾与对立，建构一个新的财政制度。

以督抚为核心的省财政的实质上的形成，具有重大的历史意义。笔者并不认为，对于清末财政史上的所有问题都可以从"原额主义"这一视点去解释，笔者也从未做过那样的尝试。但是，清朝财政已经习惯于在原额主义及其逻辑演变的结果——正额外财政的产生与发展的过程中解决各种矛盾，太平天国以后，当率领勇营的外省官僚主导形成了新的局面时，清朝财政没有改造自身的结构创造出新的体制——譬如，通过把外销部分正式规定为法定的地方财政等措施，从法律上明确划分国家财政和省财政的税源和事业范围；譬如，给州县划出与其业务相应的财源，以使其确立不依赖附加税等正额外课税的财政体制；再譬如，取消征税及财政本身的承包制。① 对于维持中央政府及朝廷必要经费的军饷、经济收支不平衡的省份的协饷等，这些跨省的全国性财政资金的调动，虽然其调动方式从"拨"的原则改变为"摊"的原则，从而使清朝的财政得以延续，但是，没有把不断增大的各省外销收支纳入国家财政内部，最终没能使集权制的财政统治得以恢复。

但是，没有必要把这种状况说成是"财政陷入了僵局"，也不存在"清朝的财政支配崩溃了"的事实。莫不如说，由于扩大了其财政的分散性、多重性，清朝财政的生命反而得以延续。另外，当我们观察民国期间的财政时，会发现民国财政的许多性质特点与清朝财政具有连续性。因此，用历史的眼光去分析问题，是个重要的课题。

清朝末期，从军事到行政，总督和巡抚的权力扩大了。保证其权力扩大的是外销款项的增长。在本章中，从成为清末重大问题的内销和外销——这两个财政上的概念入手，考察其历史起源和在近代的演变。通过对外销款项的历史发展经过的把握，重新审视清朝财政体系在近代的演变。

省财政——处在中央政府财政权管辖之外的事实上的存在，

---

① 即使是在对中国近代财政史，特别是省财政研究颇多的今天，笔者也觉得没有必要修正笔者曾经的看法："尽管外销经费的重要性与日俱增，但是它既未被纳入国家财政体系，也未形成制度化成为现代国家的地方财政体系。与此同时，历来构成国家财源的地丁、盐课、常关税（除海关收入外）等的减少，已无法支撑庞大的国家财政支出。中央户部若想从没有直接控制的'公'的领域来弥补财政缺口，就必然地不得不采取摊派的办法。庚子赔款（1901）后，各种摊派激增，地方竭力想要保护'公''私'领域，于是与中央产生了激烈的对抗，最终，中央与地方的分裂不可避免地出现了。"（本书第二章第104页）

作为覆及帝国各个阶层的财政中的一环,发挥着其职能。如果不把各个阶层的财政相互关联纳入视野,那么就不能正确理解笔者所要强调的省财政的发展及其历史意义。即使存在"增强"的或者"自立化"的省财政,那么它也是无法代替国家财政的。① 无论是清朝还是"中华民国",统辖省的是中央权力机构,考虑到这一点就自然可以理解了。

太平天国以后,外省的财政状况发生了巨大变化,旧的财政结构也随之发生了变化。那么发生了怎样的变化呢? 笔者曾对此做过如下论述:

> 除了"厘金"之外,四川省的"津贴"、华北诸省的"差徭"等恒常化了的附加性、追加性课征,太平天国以后取代绿营、八旗的各省的主力部队"勇营"的军需费用,省内的会计管理等工作,几乎都是由地方上的具有半公半私性质的局、所在处理。这样,在中央政府的法律规制外,已经形成了实质性的地方财政制度。北洋政府时期如此,而且部分地延续到国民政府时期也是如此,中国近代财政中所能看到的中央与地方的对抗关系、重叠且分散的组织形态、机构与资金的自主性,等等,都是清末 60 年间就已确定了的,而且其萌芽状态

---

① 山本所说的改革,指的是各督抚将"公"财政,也就是厘金、捐输等与商品生产的发展相对应的新税纳入国家财政,同时整顿"私"财政,也就是"陋规需索、规礼馈送"体系。这样的改革,光绪年间在各省展开,但如山本所知道的那样,"财政改革成功的地方是江南和地域经济自立化显著的湖广、四川",对这一事实的认识没有问题。但是,山本却又说,因外省改革而"重建了的国家财政也变得难以接受户部中央的支配了"(山本前书,第 281 页)。此论述首先会使读者感到困惑。如果说在个别省"重建"了的财政是"国家财政"的话,那么清末的国家是不是就已经在省内消亡了呢? 把统辖国家财政的"难以接受户部中央支配"的财政视为"国家财政",其意图何在呢? 就像山本自己所说的"这样的新财政作为事实上的地方财政=省财政而自立化"一样,那是省财政,而不是国家财政。何谓国家财政? 国家财政是包含省的财政,由中央政府统一支配的财政。

已经在传统的法定外财政制度中有所体现。[①]

也就是说,财政是中国近代国家和社会关系的重要支柱,太平天国以后的清末 60 年间,对于财政的发展方向有着决定性的影响。清末的新财政,绝不是旧财政的脱胎换骨,而是从由正额、非正额(正额外的部分又有公私之分)构成的多层性的财政体系中派生出来的。在各个阶层、各个地方都形成了适应外部条件的,从一个体系衍生出来的多样性的财政。在 19 世纪后半叶以后的社会经济变化的土壤里,财政的多层次性、分散性全面开花,这可谓是清朝最末期的财政的真实写照。

第一节　内销和外销

内销和外销是清朝财政的两个专门概念,研究光绪时期财政的罗玉东先生是这样解释的:

> 地方经费分内销与外销二项,内销之款,系经常费,中央定有用途及款额,地方政府不得妄费。外销之款,无定额,实销实报,地方政府有便宜处置之权。中央一切筹款,例由地方筹措。地方需款,须秉命中央办理,不得私自做主。[②]

对于内销,除规定有用途和定额的项目之外,还必须向"内"(即中央政府、户部)做会计报告(即奏销),履行"准销"手续。因为虽然是地方上的征收和支出,也属于国家财政＝正额的一部分。另一方面,对于外销,其款项是没有定额的,据说是"实销实

---

① 请见本书附篇,第 387 页。有关局、所,请参照第三章,第 135—139 页。
② 罗玉东:《光绪朝补救财政之方策》(《中国近代史研究集刊》1935 年第 1 卷第 2 期),第 263 页。

报"，中央政府通常是把不用上报给户部（度支部）的款项视为外销，比如在光绪三十四年（1908）的政务处的奏折里就有这样的记载：

> 历来外省积习，皆有外销款项，自筹自用，向不报部。[1]

可见，对于外销的收支，并没有建立上报户部（度支部）的制度。虽然户部的要求是：只要是公的财政资金，即便"无定额"，也应该"实销实报"，然而外省的总督、巡抚却抵制了这种要求。有时也采用折中妥协的方法，即，不"报销"，而是在上奏的奏折里附上"清单"（参照第三章第 128—129 页）。向户部、兵部等机构的"报销"，与附在奏折上的"清单"，这两者具有截然不同的含义。甚至连清单都不附的外销项目也很多，这反映在"外销款项、自筹自用、向不报部"这段文字里。

"自筹自用"，是指地方上自定征税项目筹措财源、支出也由地方上自己做主的财政经费，所以没有必要向中央户部履行报销—准销的程序。但是，从户部的角度来看，外销的大多款项都是没有履行"奏请皇上→户部同意→裁可"这样的程序就进行征收、支出的，所以从法理上讲是不守法行为。与其说没有履行报销—准销程序的必要，倒不如说根本就不可能履行，而且也根本不可能获得裁可。但是，中央户部也能理解，外销之于外省可算是不可缺少的财政手段，所以也就没有依法进行追究和处罚。正额财政里的原额主义，就是这样与正额财政里的灵活变通的措施共生并存。

在光绪二十三年（1897）户部的上奏里，对"外销"下过这样的

---

[1] 光绪三十四年十二月十日朱批政务处折（罗玉东前述论文，第 256 页）。

定义：

> 各省例不应支而事非得已者，辄于厘税收款提留济用，所谓外销者也。①

所谓"例"，是指符合行政法规、准则而被许可的以前的案例，"不应支"可以理解为是按照以前的案例而言。若"事非得已者"的话，则不必顾忌前"例"。这是官僚社会里悄然形成的"潜规则"。故此，原本不认同外销的户部作出了上述定义。

拥有严格的程序来制定和颁布"事例""则例"等行政法的体系，是维护皇帝权威和官僚统治的机器。可是，在"某种条件"下，似乎也可以不遵守。所谓的"某种条件"，正如"事非得已者"一样，是没有特别限定的。究竟什么是"事非得已者"呢？对待同一事情，也会因为立场的不同、当事人的主观判断的不同，而呈现随意性。如果不把这种随意性控制在一定范围内的话，制度和权力便无法建立。对于没有限定的东西慢慢地加以限定，恐怕是官僚社会中的一种共识吧。但是，由于这种共识的不确定性，因此而产生的各种问题便在所难免。最可能引发的问题是：物质上的"情"、人际关系上的"情"在官僚社会里相当盛行。这种暧昧的行为准则大行其道，为上级官员和最高决策者皇帝的权力超越法律甚至扩展到道德、伦理价值的领域提供了便利。于是，统治的暧昧性与"专制"性，有机地结合为一体。

此处的"厘税"也就是以各种厘金和常税的形式征收的正额外的杂税，地方上把这部分收入留下作为省的财源，通常称之为"外销"。并不是说户部奏请皇上整顿厘金的"中饱"，就可以说外

---

① 《光绪朝东华录》光绪二十三年十二月庚辰，第4015页。"各省例不应支而事非得已者，辄于厘税收款提留济用，所谓外销者也。"

销的财源仅限于"厘税",有的省外销的财源还通过盐税、契税等获得,而州县对地丁、漕粮征收的附加税也属于外销。但是,太平天国以后的新增收入中,厘金占了绝大部分,户部也清楚地看到了厘金带来的外销膨胀、中饱等问题,可以从光绪八年(1882)户部奏折中反映出来:

> 查咸丰初年,始行抽厘助饷,于关税之外复设厘卡,迹近重征。大吏谕民以暂时抽收,事竣裁撤,小民均切同仇之义,勉强输将。其后厘卡愈密,法网愈周,析及秋毫,贩负俱不得免。皆因军饷不足,迄今未能遽裁。计每年报部收厘数目千数百万,至外销之款与夫吏员所侵蚀,书役所索取,又无论已。层层剥削,竭泽而渔。①

在厘金收入上,除了一千几百万两的"报部",即能够把收支情况上报给户部的那部分之外,还另外同时存在着外省独自经费即外销的部分、贪污款项的征收部分、管理机构办公费用的部分、给上级官员的"规礼""馈赠"等几乎是义务化了的私下处理的部分。但是应该注意的是,在能够上报给户部的厘金中也包含了一直以来执行的有别于正额的征收部分。这部分本来是待财政状况有所好转后即应撤销的征收,起初以"军饷不足"为名实质上是因正额税收不足而实施的临时性征收,但是此后始终没被撤销,负责其征收和管理的善后局、厘金局,也都不是正式的官僚机构。至此可以看出,带有这种性质的厘金,本来就有接近于外销经费的性质——只是因为京饷、协饷有赖于它的供给,所以它才部分地发挥着正额钱粮的替代功能,于是就有了向户部报销的义务。

---

① 户部《统筹新疆全局以规久远疏》《皇朝经世文续编》卷二十五,户政二,理财中,第8页)。

外销经费的用途多种多样,涉及地方经费的各个领域。之所以离不开外销的存在,是因为以下情况的开支无法解决。比如,虽然是必要的支出,但是因为"例不应支"而无法从正额钱粮里获得支出;本可以使用存留银或奏请动支,但由于正额财政紧张而难以实现,于是,只得另辟财源。

> 历科武闱报部经费,每省已数千金,而不合部例,又不能径裁,归于外销者,不与焉。其院试郡试县试,则为牧令亏累之一大端。[①]

从这个例子中可以反映出,在科举方面,也存在着正额经费不足以及支撑"不应支"的外销经费的问题。

另外,还有一个实例:

> 前因署毁于匪,间或借差侨寓省城。现若重建衙署,委实无款可筹。惟此职为捕盗厅员,该处为东南门户,巡防责重,未便任听旷官,拟饬在黄湖店僦居民屋,所需租值,在厘税外销项下撙节开支,以重职守而节床靡费。[②]

正如上面的这个事例,如果履行奏请程序,本该正额项下支出的衙署重建也会被搁置,最后还是由厘金这一外销部分才得以解决。为弥补正额财政的困窘,外销发挥了作用。

省拥有独自的财源,也反过来证明了外销扩大的事实。只要以僵化的正额财政为核心,那么地方经费的困窘和正额外财政的扩大就不可避免。[③] 尽管是正额外但是以厘金为支柱的收入须

---

① 沈葆桢:《请停武闱片》(《皇朝经世文续编》卷五十四,礼政五,学校下,第 3 页)。
② 边宝泉:《查明角子山地方险阻拟酌拨练军驻扎毋庸改设通判疏》(光绪十三年《皇朝经世文续编》卷七十六,兵政十五,山防,第 4 页)。
③ 本书第一章、第七章有详细论述。

上报户部,可是在报部之外还有一部分外销经费①掌握在督抚手中,提高了省财政的自主度。这部分事实上存在的省财政,正如户部批评外销是"历来外省积习",在法律上是缺乏正当性的。而且,由于中央户部管理下的正额财政与事实上的省财政的财源通常是同一个,这样就造成中央与地方之间产生了难解的利益冲突。②

第二节　从公费到外销

以前笔者曾撰文认为"这个时期(太平天国以后)'外销'这个词语开始登上历史舞台"。③ 但是,这样的提法是不正确的。写完那篇文章后没过多久,笔者就发现早在18世纪后半叶"外销"这个词已经被使用了,甚至在这之前可能更早地被使用过,只不过至今为止,还没见到18世纪前半叶出现的例子。

乾隆五十一年(1786)的上谕里记载:广东省的财务官厅使用"外销款项""外销公项银两"等名,调动未经报部的资金。后来查实,广东的外销资金原来是从乾隆二十四年(1759)就有了,总额累计达到5.9万两。户部覆奏,责令广东历任粮储道、督抚赔偿这笔款项。由此说明,即便是用于公事的支出,只要是未经报部的外销款项,均被视作违法。(参看《清高宗实录》卷一二五四,第19—20页,乾隆五十一年五月庚戌;卷一二五九,第15—16页,

---

① 在华北诸省除厘金以外还有差徭,在四川省作为田赋附加税的津贴,这些作为正额外的收入发挥着重要作用。参见本书第147页注①、第148页注①中提到的山田贤和山本进的详细研究。
② 本章的后半部分再作论述。另见本书第三章,第120页以后。
③ 笔者拙稿《清朝国家财政的中央和地方——以酌拨制度为中心》(《东洋史研究》第42卷第2期,1983年)。另见本书第二章,第104页。

七月癸亥。)

19世纪初叶的十几年里,在直隶历任过州县官的张杰,在评论差徭的文章里有这样一段文字:

> 每年直隶承办巡幸木兰与谒陵大差,一切桥道工程车马支应等项,虽有经费,不敷支销,而差次费用名目不一,有难以报销而必须使用者,名曰外销费。此项银两,向由司道派之州县,州县派之民里。止为从前,大吏面奏,并不借资民力,相沿不敢据实陈奏,而派办则仍如故也。[1]

对于"外销"的理解,户部于1897年所言"各省例不应支而事非得已者",与张杰所讲"有难以报销而必须使用者"是完全一致的。向户部履行的"报销",不单是对收支进行报告,且是履行户部审查的程序,户部将参照则例、事例确认支出和金额是否妥当。[2] 对于不符合则例、事例的项目支出,或者经费来源不妥的情况,本来就不能进行报销。对于直隶"大差"的相关经费,其无法报销的部分,就只好转嫁"民里",即在旗地村庄以外的普通村庄课征附加税,以筹措资金。

"外销"这个词,在道光十年(1830)以江南为中心推行两淮盐政改革的陶澍的奏折中亦可看到:

> 查成本之输于官者为科则,有正项、杂项、外支、带款等名目。用于商者,有引窝、盐价、捆坝、运费、辛工、火足等名目。此外应征杂支各款尚多。而外销、活支、月折、岸费等

---

[1] 张杰:《论差徭书》(《皇朝经世文编》卷三十三,户政)以及《牧令书》卷十一,赋役,第54—55页均有收录。

[2] 户部有"驳查"之权,可以指令重行奏销、报销。因此,外省、常关、盐政衙门在奏报之际,以"部费"打点以求关照,已形成惯例。本书第一章,第57页以后。

款,皆总商私立名目,假公济私,诡混开销,种种浮费,倍蓰正课,统名为成本,归于盐价。①

包纳盐税、握有官盐经销权的"总商",把购盐经销权分卖给"散商",借机加入各色名目的成本,导致盐价上涨。由于抵不过廉价的私盐的竞争,以致盐政本身都难以为继了。陶澍在上文中指出:总商借口原价提高是由于官府(盐运司)摊派"外销、活支、月折、岸费等款",但是实际上,是总商"假公济私",即假借官家的名义,大幅抬高价格,获得利润。在盐政繁荣的时期,两淮盐运司可以说是江南的生财宝地,由此挣得的"盐规",以节规、规礼等形式,送给布政使、按察使、巡抚、总督衙门等,维持着正额外经费。在江南也有把这笔经费的一部分叫作"外销""活支"的。

如上所述,无论地域如何偏远,经费的筹措方法、用途如何不同,无法向户部(工程的向工部、军事的向兵部)报销的正额外支出,均称作"外销"。19世纪前半叶的这种外销,即是清末时期形成的省财政的外销雏形。

如果再往前追溯的话,清代被通称为"公费"的正额外经费,在制度的处理方法上,和清末的外销是一致的。在"耗羡提解"实施的同时,创设了给官员支付"养廉银"制度,还有各官府自设的"公费"制度。② 当初,公费就如同秘密经费一样,在会计处理上

---

① 陶澍:《再陈淮醝积弊折子》(道光十年十一月十一日奉到朱批),《陶文毅公全集》卷十一奏疏,盐法,第17—18页。
② 庄吉发:《清世宗与赋役制度的改革》(学生书局,1885年),Zelin, *The Magistrate's Tale*: *Rationalizing Fiscal Reform in Eighteenth-Century China* (University of California Press, 1984),岩见宏《关于养廉银制度的创设》(《东洋史研究》第22卷第3期,1963年),安部健夫《耗羡提解的研究——作为"雍正史"的一章来看》(《东洋史研究》第16卷第4期,1958年,后收入安部健夫《清代史的研究》创文社,1971年),岩见宏《对雍正时代"公费"的一考察》(《东洋史研究》第15卷第4期,1957年)等,研究颇丰。

是不可能向户部奏销的。

可是到了乾隆五年(1740),皇帝下旨,要求对公费款项也须订立章程:

> 户部可行文各省督抚,将地方必需公费,分析款项,定立章程,报部核明,汇奏存案。①

另外,还在公费的使用上要求:

> 岁底将一切动存完欠确数,及扣贮减半平余银两,造册咨送户部核销。②

于是,依靠筹措正额外经费来维持的公费,就这样也被纳入户部的管理。公费既已转为"准正额",外省就又变得困窘了。于"公费"之外,另外出台了管理正额外资金的措施,即要求准备一项可以不必报部的公用资金。在本书的第一章已经详细论述了"摊捐""摊款"制度,但那只是措施之一而已。在嘉庆十六年(1811),温承惠曾经上奏朝廷提出了一个方案,对此,上谕内阁云:

> 上谕内阁。温承惠奏,将直省库贮款项彻底清厘,除正杂钱粮以外,另有附贮赏项存剩,并公捐提解等银四款,或本系恩赏,或通省捐解,向有支用皆不报部等语。此项银两,系以通省公捐济通省公用。即兵差经费用剩银两,亦系恩旨赏给,并非应行报拨之款。著加恩将前项兵差用剩银两,赏留直省充公。其提解公捐等款,仍准本省照旧支销,免其报部,

---

① 光绪《大清会典事例》卷一七〇,户部十九,田赋十二,耗羡动支,第1159—1160页。《皇朝文献通考》卷四一,第22页。
② 光绪《大清会典事例》卷一七〇,户部十九,田赋十二,耗羡动支,第1159—1160页。《皇朝文献通考》卷四一,第22页。

俾地方公事得资宽裕。①

"赏项"是皇帝的特别赏赐金,"存剩"是因节支而产生的剩余,"公捐"指的是摊捐,"提解"是从支出中扣除一部分上缴。以摊捐的方式从省内官员手中筹措资金,可以有效地解决一直以来在公费上的困窘。因为是把已经通过俸禄、养廉的形式化为私有财产了的资金再次从官僚们的腰包中掏出来充公,皇帝对温承恩的提案没有采纳,仍一如既往地实行宽松的管理。

此后,嘉庆十九年(1814)的上谕中,谈到了外省的正额外公用资金:

> 谕内阁:陈预奏,东省藩库收支款项,应令按旬详报一折。东省藩库支发各款,向不详明巡抚,止有月报,而所报又系笼统开载,以致节年支发弥补各款,牟辖不清,殊非慎重出纳之道。著照该抚所请,嗣后饬令藩司将收支银两,按旬详报巡抚备案。如非常例应支,及本款无项而借动别款者,俱令随时详明巡抚,俟核定方准支放。庶款项互有钩稽,免致日久弊混。②

对于布政使司库银的收支不如实上报巡抚,山东巡抚陈预认为是一个问题,需要整顿。皇帝批示:除了每旬要把收支报告巡抚之外,对于未列入"常例应支"的支出(包括三年前就已出现的问题,如附贮、赏项、存剩、公捐等正额外的所有资金),以及从其他预算中挪用的支出,现规定须向巡抚请示获准后方可支用。估计这种财政上的规定不会仅在山东省实行,通过某种形式,各个

① 《皇朝政典类纂》卷一四六,仓库六、库藏,第14页。上奏者温承惠是直隶总督。该书将此条列为"圣训",但是在《十朝圣训》理财项下查不到,在《清仁宗实录》嘉庆十六年里也找不到。
② 《清仁宗实录》卷二九七,第34页,嘉庆十九年九月丙辰。

省份也都会援用此规定,以强化巡抚的权力。

以上史料,反映的是嘉庆年间的公用资金的管理情况,这些史料中,没有出现"外销"一词。但是,对于正额外资金的管理,通过采取摊捐、摊款等措施之后,至少,那些出入省级出纳中枢的布政使司银库的款项,须向总督巡抚报告了。不过,如果仅仅是筹措正额外资金去填补支出的话,还不能算作"销"。将外省的行政、财政到军事大权统揽于一身的督抚,若以"销"或者类似的其他形式与资金的出纳联系起来,那么,这时的"外销"才名副其实。而事实上,在 18 世纪后半叶这个词出现以后的五六十年间里,外销的制度还真的逐渐形成了。

第三节　中央与地方对外销的争夺

以外销制度为轴心,在户部支配的正额财政之外,总督、巡抚自主支配的省财政从 19 世纪前半叶开始萌芽了。在此期间,发生了以太平天国为代表的全国性动乱,户部管理下的正额财政体系无法应对这种事态。中央与外省因全国动乱而形成的财政关系,罗玉东做了如下论述:

> 户部对于地方财政,毫无正确观念,每遇划策筹款,常恃臆度,所拟之计画,往往不切事实,而遭督抚之痛驳。由此可见,中央筹款之难,大部应归咎于地方当局之把持财源。光绪末年,中央采用摊派之法筹款,即无非欲利用地方官吏保持禄位之心,使其不敢把持财源,敷衍廷命。①

---

① 罗玉东:《中国近代经济史研究集刊》1935 年第 1 卷第 2 期,第 266 页,《光绪朝补救财政之方策》。

　　一直以来,户部对各省、各关实行的酌拨(资金调动的指令)是以正额税收部分为对象的。但是,在太平天国时期以后,户部在对外省的财政状况的掌握方面,甚至连正额税收这部分都不能把握准确的情况。于是,变"酌拨"为"摊派"来分配京饷、协饷任务便成了户部的一大能事。由于采用了摊派方式,外省就可以把自己控制的厘金等正额外收入作为京饷、协饷的财源,因此没有遭到外省的抵抗。如果不这么做,一方面无法保证内廷经费所需,另一方面对于外省来讲,如果不拿厘金充当京饷、协饷就不可能完成户部的要求。在这样的现实面前,本该遵守的原则都被抛弃了。

　　一方面是随着外销款项的扩大,省财政的基础愈加坚实,另一方面是户部连京饷、协饷都要屡次三番地催解甚至动用人事处罚权才能实现。户部一直努力设法抑制省财政的扩大,或者设法保证对中央的财政供给,打破此种局面,然而种种努力都化作了户部与地方之间的对立和利益冲突。依靠附加性、追加性的课税而发展起来的事实上存在的地方财政,由于没有中央税(国税)和地方税的区分,所以名义上都应该属于朝廷、户部统治下的一部分,在课税的对象和最终的负担者等方面,与国家财政共同拥有、共同发展。既然是拥有同一个财政资源,那么,对"果实"的你争我夺便难以避免。

　　下面举一个例子来说明这种关系。光绪九年(1883),有人提议,令各省、各关从外销款项中拿出 26 万两上解户部,以此款支给京城官员做津贴。该提议获得了裁可。① 为了增加了中央的经费,把手伸向了外销款项。这自然遭到了地方上的抵抗。当时,任山西巡抚的张之洞发出了鲜明而强硬的反对之声,击破了户部

---

① 《光绪朝东华录》光绪十年三月己卯,第 1671—1672 页。户部对前一年言官提案的奏请。

的逻辑论调,也揭穿了把外销的一部分用作京城官员津贴这一计划的矛盾性和可笑性。① 下面,通过考察这个事件的来龙去脉,笔者对已深深依赖于外销制度的当时清朝的财政状况做一分析。

1.“款目浑沦”和“无名”

光绪九年(1883),为了获得给京官发放津贴的资金来源,做出了各省、各关从外销款项中解出 26 万两的决定。② 从朱寿朋《东华续录》(《光绪朝东华录》)的记载,可以得知这是根据御史李肇锡和刘恩溥的提议做出的决定。③ 对于此事,在户部的上奏或

---

① 《筹议京员津贴折》(光绪九年十一月十七日),《张文襄公全集》卷七奏议七,第22—27页。

② 汤象龙认为,有规定“京员津贴”从洋药厘金(即鸦片税)中提取,可是未说明其依据。依本人管见,既不存在那样的规定也没有过类似的筹议。大概是汤象龙的误解。汤氏还指出,从中法战争后的 1887 年开始,“京员津贴”改名为“加复俸饷”,121 500 两由各海关分担。参见汤象龙《中国近代海关税收和分配统计——1861—1910》(中华书局,1992 年),第 26 页。

③ 朱寿朋的《东华续录》(《光绪朝东华录》)光绪十年三月己卯:“御史李肇锡、刘恩溥奏请各省关外销款项内分拨匀筹,每年拨解银二十六万两作为京员津贴。得旨:允行。”(第 1671—1672 页)此记载也见于该书的宣统元年上海集成图书公司排印本中的光绪十年三月己卯(卷五十八,第 14 页)。但是,如本书中所述,右庶子盛昱和御史曾培祺等人提议将京员津贴“作正开销”,分别见于《清德宗实录》光绪九年十月和光绪九年十一月。此外,光绪九年十一月十七日张之洞上奏的开头为:“本年四月户部因言官条奏,以京员津贴令各省关提解外销之款,奏准咨行到晋。”由这些来判断,户部根据御史们的提案,奏请皇帝下令从各省、各关的外销中提解 26 万两作为京员津贴,应该是光绪九年三四月的事。在《清德宗实录》光绪九年、十年中,既看不到京官津贴发起人李肇锡、刘恩溥的上奏,也看不到户部的覆奏和上谕。在中国第一历史档案馆的“上谕馆”里也找不到。将此事记载于光绪十年三月己卯,也许是《东华续录》(《光绪朝东华录》)的笔误吧。在实录和上谕档中,有关盛昱和曾培祺上奏一事,除了命令户部议奏的上谕外,提案、决定、驳论以及户部对此的回应等一概全无,笔者推断这是当时的实录和上谕档的编纂者有意不录载。指拨外省的外销款项充当京官津贴,不仅不光彩,而且很多省份都未执行户部的解款令,京员津贴案以失败告终。这种于朝廷脸面无光的事情不被载入朝廷的历史记录中也是自然的。实录只载录了提议京员津贴“作正开销”的两份上奏,也算是表明了作为正史的实录编纂者的些微抗议吧。顺便提一下,时任军机大臣的翁同龢参与了处理了“云南报销舞弊案”等许多户部的事务,但是在他的日记里也找不到京员津贴的相关记载。

上谕(《清德宗实录》《上谕档》)里面见不到,可是光绪十三年(1887)刊行的《晋政辑要》收录了与山西省相关的户部奏折。①

> 卷查。光绪九年三月户部奏准。京官廉俸所入,不惟不足以赡身家,并衣服车马之需亦无所出。臣等于无可设法之中,求补救之策。现在各省库款既未充裕,而厘金洋税岁入较前实多,加以关局盈余,盐漕耗羡,外省近年各提一二成作为外销款项。拟令于此等外销款项凑筹文职京员津贴一款,亦属不难,于帑项正供一无妨碍。核计拟给津贴各员,岁需银二十六万两,再难核减。

为了解决京官津贴的财源而打起了外省外销款项的主意,这个措施一出台就在社会上引起轩然大波。即将临近经费发放的这年冬天,右庶子盛昱提出了应该把这笔津贴"作正开销"②。接着,御史曾培祺也表示支持,并且指出过去浙江省曾被要求筹解津贴,便以此为由,增派"盐捐",即在盐课里加大附加税额,曾培祺呼吁要禁止此种行为。在京官里,也有人反对拿正额外的外销款项充作津贴。③ 对这件事反应最为强烈的当数以"清议派"而颇得人望的、时任山西巡抚的张之洞。初夏,张之洞接到了从外销项下解款的指令,六月,张之洞根据省内财政官厅的报告,向户

---

① 《晋政辑要》卷十七,户制,饷需一,第 3 页。另外,"拟请每年令山西筹银三千两,即自光绪九年为始,限本年七月解半,十月解清。以后按年额解交臣部饭银处存储,以备分给"。可见,山西省被要求每年分担 3000 两。

② 《清德宗实录》卷一七一,第 15 页,光绪九年十月癸丑:"又谕,右庶子盛昱奏,各省筹给京官津贴,请饬户部作正开销等语,著户部议奏。"

③ 《清德宗实录》卷一七三,第 15 页,光绪九年十一月己丑:"谕军机大臣等,御史曾培祺奏,京官津贴,请作为养廉,作正开销,浙江因筹解津贴议加盐捐,请旨饬禁,并请饬部查明各省厘卡过密之处,及近年议加厘税之案,分别裁减各折片。著户部议奏。"但是在实录等史料中看不到户部对盛昱和曾培祺上奏的复议。

部发出了咨文。

> 是年六月巡抚张咨覆,据清源局司道并河东道详,筹款议解京员津贴银三千两,于司库厘金外销公款内提银二千两,定为头批。河东道库盐务闲款内筹银一千两,定为二批,随同京饷搭解户部饭银处存储备领。①

咨文中所说的清源局是张之洞为了进行省内陋规、摊捐改革,设置在布政使司内的机构。② 因为户部调款的对象是外销款项,因此在山西省,涉及了与陋规、摊捐等外销资金相关的非正规的部局。这里应该注意的是,款项不是解往户部银库,而是饭银处。饭银处是一个受理外省奏销和解款的机构,但是随奏销、解款进京的外省人员,还会送来礼品礼金,饭银处将这些作为正薪外的收入分配给胥吏,或发给官僚作津贴。③ 也就是说,就算是户部,也不能把来源于外销的资金纳入正规的银库,因为户部银库只能是"正供"出纳的地方。给京官发放津贴即便是经上谕裁可的,只要它出自正额外经费,那么,交由负责管理户部内的正额外资金的饭银处来处理就再恰当不过了。

对于山西省来说每年3000两的分摊额按理不是什么大的负

---

① 《晋政辑要》卷十七,户制,饷需一,第4页。
② 有关此时期至清朝末年的该省财务官厅的组织体系,《山西全省财政说明书》第一种《山西全省财政沿革利弊说明书》第88页以后有详细说明。
③ 奏销时的"部费",请参照本书第三章第118页注②。山东布政使张保《为奏闻事》(雍正五年二月七日,《宫中档雍正朝朱批奏折》第七辑,第418—419页)中,称作"奏销饭银"。另外,解款报部时随送的礼金称作"平银"或"平饭银",这在苏州巡抚陈时夏《为钦奉上谕遵即覆奏事》(雍正六年六月十一日,同前书,第十辑,第601页)中有记载。军机处的章京和乾清门侍卫的补贴由户部的饭银处和银库的饭银支取,梁章钜《枢垣纪略》卷八,规制二,第10—14页中有详细记载。清晨当班的章京和下役的伙食费也以饭银支取。"饭银"的由来,可能是因为外省送来的部费和平银等非正规收入,都转而用于填补中央政府和朝廷的伙食费而得名的吧。

担。从上面张之洞的咨文可以看出，从厘金中不报部的"外销公款"和盐法道署的"盐务闲款"中，筹措解款，很快就完成了山西省承担的摊派任务。[①] 对朝廷的旨命表示出恭顺的基础上，精心策划的抵制运动也拉开了序幕。其目的并不在于为了免除区区一年 3000 两的摊派额。张之洞看重的是摊派的对象和名分的关系。光绪九年十一月十七日（1883 年 12 月 16 日）张之洞上呈户部的奏折里挖苦地写道：为了筹集京官的津贴，又要避免给"正款"（即正额部分）带来负担，户部可谓煞费心机。[②]

京官若单靠正规的俸禄，甚至连生活费都成问题。上面引用过的户部的奏折里也写道"不惟不足以赡身家，并衣服车马之需亦无所出"。说到京官俸禄，咸丰年间（1851—1861 年）以财政困难为由，一直实行的是俸给减额的政策。但是，就算能全额发放，仅靠俸禄也未必能维持京官的生活。太平天国在江南作乱最严重的时候，冯桂芬有如下描述：

> 大小京官，莫不仰给于外官之"别敬"、"炭敬"、"冰敬"。其廉者，有所择而受之。不廉者，百方罗致，结拜师生兄弟以要之。大抵大官之廉者仅足，不廉者有余，小官则皆不足。不足则揭债，母十岁三其子，子复为母，十年外简，数已巨万，

[①] 张之洞：《筹议京员津贴折》（光绪九年十一月十七日），《张文襄公全集》卷七，奏议七，第 24 页。"当饬司道于藩盐两库筹动外销公款，于八月内全数解讫，咨明户部在案。"不过，几乎全文载录张之洞上奏的《光绪朝东华录》载曰："于十月内……"（该书光绪九年十二月癸亥，第 1643 页）。户部的指示是"十月解清"，所以这里依据的大概是《光绪朝东华录》。顺便说一下，台北故宫博物院的《宫中档光绪朝朱批奏折》以及中国第一历史档案馆的《光绪朝朱批奏折》中都没有张之洞的上奏。笔者在后面文中引用的张之洞上奏，均出自《张文襄公全集》卷七，奏议七。

[②] 同上书，同卷，同页。"窃惟京秩清约，上轸皇慈。此体恤群臣之渥恩，澄叙官方之本计。至于筹津贴而不耗正款，具见计臣苦心。特是愚臣管窥以为尚宜详议，何也。"

债家相随不去。犹冀其洁清自好乎？选人亦然。①

面临这种状况，对于筹措京员津贴的要求，朝廷也难以拒绝。但是，户部支配的资金只有"正款"部分，而各省、各关上解的京饷也只能用于"额支"（有支出预算的经常性定额的支用），所以也没有富余。而且，外省的正额收入连省内的定例支出和充当京饷、协饷都难保证，所以不能指望用正额部分来解决京员津贴的资金来源。于是，就出台了从各省、各关的外销款项中上交经费的举措。对于此种"苦肉之计"，张之洞无情地进行了批判。

首先，他批判道："京朝贤士大夫每自矜重，此项但责以不报部之款，便不能一一问所从来。款目浑沦，于受者有不安。一也。"外销系来路不明之款，作为尊贵矜持的京官，怎么能轻易接受这种不明不白的钱呢？②

接着，他又批判道："取给外销，情同伙助，势必省省发书，年年告籴，婉言敦趣，略法言情，以春秋之王人而恃监河之分润，于政体有不肃。二也。"张之洞认为，为了讨得"伙助"般的外销而向外省"婉言敦趣"，这不是朝廷该做的，于京官于朝廷均不合适。若像"以春秋之王人而恃监河之分润"过日子的话，那将有伤政体。所谓"监河之分润"，出自《庄子·外物》的一个典故："庄周家贫，故往贷粟于监河侯。"关于"王人"③，杜预注："王人，王之微官也。虽官卑，而见授以大事，故称人而又称字。"这里隐指依靠外省施舍的京官。④

---

① 冯桂芬：《厚养廉议》（《校邠庐抗议》卷上，第 7 页）。从张集馨《道咸宦海闻见录》中可以知道"别敬"的金额之巨。参照本书第一章第三节，第 59 页。

② 张之洞：《筹议京员津贴折》，第 24 页。

③《春秋左氏传》庄公六年。

④ 张之洞：《筹议京员津贴折》，第 24 页。

话已至此,让朝廷、户部颜面扫地,但是,张之洞毫不留情,继续说道:"无名巨款,一旦呈解,虽出竭力措画,有如发其私藏,于外省筹解者有不愿。三也。"①

无论是对于突然被要求筹款的一方,还是对于纳款的一方,这笔"无名巨款"都是没有名分的款项,上解户部,就等于让外省将偷偷摸摸积攒下来的命根钱掏出来一样。张之洞是在迅速完成了摊派解款之后,对各省、各关上解的钱额使用"无名巨款"来描述的。本来朝廷规定,地方上不允许在正税之外另外征税,也不许加赋。但是,地方上如果没有正额以外的课税,官僚机构的运转和朝廷的统治均无法维持。对于这种矛盾,地方上是通过"无名"的课税加以解决的。但是,没料想到的事态终于发生了——户部开始要求将这笔"无名巨款"上解国库。张之洞所抨击的就是这种矛盾。②

宣统元年(1909)出版的《东华续录》(《光绪朝东华录》)几乎全文收录了张之洞这篇上奏,只是把"无名巨款"改写成了"所有巨款"③。到底是编撰人朱寿朋的笔误,还是该书的资料来源——《京报》因为忌讳而故意改写的呢?不管怎么样,"无名"是对朝廷和户部的措施的形容,以至于到了让人不敢直接书写的程度,看来,这在当时的确是一个很尖刻的词。

---

① 张之洞:《筹议京员津贴折》,第24页。

② 冯桂芬:《厚养廉议》(《校邠庐抗议》卷上,第7页)。因朝廷所迫而处于不得不贪的状态之中,却又被处以"不枉法赃"。冯桂芬对此表达了愤怒:"然则非本性之贪,国家迫之使不得不贪也。而尤且设为空虚不用之律例,凡俸禄外丝毫有取,皆不枉法赃,以综核名实之法治之,曹局一空矣。朝廷果不知耶,抑知之而故纵邪。"

③《东华续录》卷五十七,第17页,光绪九年十二月癸亥(中华书局排印本《光绪朝东华录》,第1643页)。另外,饶玉成《皇朝经世文编续集》卷二十七,户政二,理财下,也节录了张之洞的上奏,但是改成了:"所以巨款一旦呈解……"(第7页),文义不通。

但是,张之洞的言论不只批判了中央,他还把京员津贴之源的外销款项说成"私藏"。此用词之尖刻应不亚于"无名巨款"吧。没有义务向户部奏销的外销收入,对外省的财政运营而言是必不可少的。其实,对于曾推动过山西省陋规公开化的张之洞,他心里十分清楚:外销绝非"私藏"。[①] "私藏"是个贬义词,意思是把不义之财偷偷摸摸藏起来。在这里,张之洞故意使用这个词,目的是给官员和地方势力敲响警钟,因为外销款项的膨胀常常伴随着中饱私囊、贪污舞弊。

虽说是 26 万两,但是发放对象达 1400 名,分到每人手中的就寥寥无几,更别说要靠这点津贴来保证京官的清廉了——批判之四如是说。[②] 由于这不是库正帑(正额的国库银),所以无法以该款完成情况来考成外省官员。起初,各省虽不情愿但还是能够听从朝廷命令。但过不了多久,能够足额上解的就会越来越少,给官员发放的津贴额也将不得不削减。于是津贴京员就会变成朝廷的口头恩惠,若由户部财政拿钱贴补,又为漏卮。此即批判之五。[③]

张之洞一针见血地指出,户部把京官津贴的资金来源寄希望于"无名"的、"款目浑沦"的外销资金上,这本身就是犯了根本性错误。而且,其来源能否有持续的保障,以及是否具有实效性,都

---

① 始于光绪八年(1882)的山西省陋规摊捐改革,参见在前面提过的山本进的论著,以及武静清、陈兴国《十九世纪末二十世纪初叶山西财政与经济》(中国财政经济出版社,1994 年)。

② 张之洞:《筹议京员津贴折》,第 24 页。"部臣原定二十六万之数,已属竭力搜罗,然散之群僚,所增无几,不能赡其身家,岂能如部臣所言,绳以峻法。于砥节励廉之本意有不尽。四也。"

③ 同上注。"不特此也,既非库帑,难以考成。创办之始,各省已未必踊跃争先,浸假而逾期,浸假而缺额,五年以后,必减其半。少给则朝廷为口惠,垫发则司农为漏卮。于筦(管)度支者有不便,五也。"

令人质疑。

2. 张之洞提案及其意图

针对户部的原案,张之洞提出了一项替代户部的新案。

一般人认为该津贴本可以"正大堂皇"地"径支正款",但是,若遇财政困难就难办了。而张之洞想出了一条一举两得的良策,既可以增加京官的津贴收入,又不至于造成国库的负担。① 即:"欲加支款而不伤库储,莫如指拨外款归入正款内销。"他主张,京员津贴的财源可从三个外销收入项目中加以解决,所谓:"指拨之款有三,一曰厘金,取之奏案一成;一曰盐务,取之杂课;一曰关税,取之溢解。"②

(甲)查各省厘金,皆有奏定外提一成以备本省公用。其出款虽云外销,其入款实为内案,不得与他项漫无稽考之外销比。若于此一成内酌提十分之二三,合各省计已成巨款,按其报收之数可知一成之数,无所推谢。其原动此项者,或删减或改支,听该省自为筹划。此奏案一成之可指者也。

(乙)凡盐务,例设公项杂支,皆取给于杂课,名目甚多。各省鹾(盐)政不同,大致要当不远。即以河东论,年额杂课二十七万余两,例提二万六千八百余两,以充盐官养廉、部饭、解费及一切额设纸朱、票簿、酒筵、衣廪、花红、棚厂等杂费,庶吉士帮俸,即出其中。大约亦居杂课之一成。若于此项外用不

---

① 张之洞:《筹议京员津贴折》,第24—25页。"议者或谓,径支正款,最为正大堂皇。不思财用方艰,请务省啬,偏重一端,殆难轻议。臣窃,本部臣维护正供之意,更为推阐而疏通之,以为欲使名正而用足,莫如作正开支。欲加支款而不伤库储,莫如指拨外款归入正款内销。"

② 张之洞:《筹议京员津贴折》,第25页。

入拨之一成内亦提十分之二三,而移其原动此款之轻缓者,责令盐道撙节另筹,便可不劳而理。此杂课之可指者也。

(丙)自去年饬下各关额外溢解,当已陆续遵行。夫昨甫责其溢解,今又提其外销,稍嫌重出。此项本在例定正额、盈余之外,正可移充此用。似可定一溢解之数,即以为津贴京员之数。在司榷者无大出入,当可不致为难。此溢解之可指者也。

全国的常关税、盐政、厘金收入每年合计 3000 万两左右,若指拨(甲)至(丙)的资金,就可达 60 万到 90 万两。若把这些连同京饷一起解部作为正款纳入会计处理,那么就能够解决1400名京员津贴,而且这笔津贴远高于户部原提案的 26 万两。这就是张之洞开出的一剂良方。

然而,在各省、各关看来,张之洞的这个方案,与户部的原提案并无二样,都是使用外销经费,以削减省内的支出去填充京官的津贴。不同之处在于,不是笼统地从外销款项中提取 26 万两,而是指定上述的(甲)至(丙),把它们"归入正款内销"。一旦归入了正款,就变成了户部支配的资金,上解该款也变成了外省义不容辞的必需义务。

理虽如此,但于当时可行吗? 作为外省自有资金的外销款项绝不是富余的资金,它是要用来维持省内"公用""公费"等支用的。如果其中的一部分被列入"正款",那就势必还得另外再作筹措。可是,在张之洞的提案中,例如,把(甲)中的来自厘金、用于省内公用的外销的二三成转为正款,用于支付京官津贴,"其原动此项者,或删减或改支,听该省自为筹划"。(乙)中的盐政的杂课中因上解而减少的那部分,"责令盐道撙节另筹"。结果是,中央抽取的日增,地方财源日减,对减少的部分,中央并没有给予任何弥补或替代措施,而是让地方自己想办法。因此,外销款项中抽取 26 万两的户部原案和张之洞的提案,两者性质是完全相同的,都是让外省自行解决外销被抽取后的缺口,其结果就是逼迫外省不得不谋求其他的外销收入。张之洞虽然批评户部提案"于外省筹解者有不愿",但是,他自己的方案也难免"于外省筹解者有不愿"。

张之洞还认为:

> 况乎筹之在正供之外,取之仅十分之三,不过量节滥支,稍除中饱,岂有合九海关、十四大省、八盐运司道之全力而不能办此者哉。①

官僚、书役的"中饱",已经以征收附加税或各色摊派的形式被固定下来,可以称之为"组织性的中饱",已成为植入财政结构的一种机制,离开这种机制,官府的一切活动都难以开展。通过外销款项来解决津贴来源,在这一点上,户部原案和张之洞提案是一致的。张之洞之所以认为并非革除了"中饱"便无法津贴京官,是因为户部所觊觎的外销款项与这种组织性的或者说"结构性的中饱"已经交错在一起。

京官们为了攫取"中饱"——后来把用于公用支出的部分,文雅地称之为"外销款项",仅凭皇帝的一纸上谕各省、各关便能接受巨额要求,从而得以实现吗?凭身处官僚社会的张之洞的智慧,是不可能不明白此中道理的。明知不可能实现,却还是要展开看似有理的辩论,这在官场上屡见不鲜。张之洞之所以故意拿出一个不现实的提案,不过是想避免与朝廷、户部的正面冲突罢了。

---

① 张之洞:《筹议京员津贴折》,第 26 页。

3. 对于中央和地方而言的外销

　　针对这里所讨论的张之洞的这篇上奏，皇上下了圣旨"户部议奏。片并发"。但是再没看到户部的覆奏，也没有见到有关的上谕。《实录》在此事件上亦不着笔墨。虽然光绪九年（1883）开始，的确实行了京官的津贴补助制度，①但是没有固定下来，在光绪《会典事例》中没有任何相关的记载。

　　如前所述，山西省遵照执行了。若仅看执行的第一年的话，各省、各关的报解情况似乎都不错。② 但是，第二年即光绪十年（1884），受中法战争的影响，到年底各省、各关上缴的还不到一半，还宣称说不再缴纳光绪十一年的了。③ 不过，各省各关也都采取了相应的措施，并没有宣布解除缴纳义务。④ 譬如，江苏省缴纳了光绪十一年、十二年的"部拨京员津贴"，江苏省是把它归入了由厘金征得的"善后经费"的外销项目下⑤处理的，因此不能说完全无视户部的指令。光绪十三年（1887）二月，决定全额发放自太平天国以来被削减的近 30 年的京官俸禄和京师兵丁俸饷。与此同时，停止发放京官津贴，但是户部仍然改用"另款加复俸饷

---

① 饶玉成：《皇朝经世文编续集》载录了《津贴京员章程》（卷二十七，户政二，理财下，第 11—13 页）。资料来源大概是《京报》之类的。
② 户部《请停京员津贴暂济饷需片》（光绪十年），盛康辑《皇朝经世文续编》卷三十一，户政三，理财下，第 33 页。
③ 同上注。不过，这一年外省以战争爆发为由，甚至连正额的京饷都"截留"了，没有解部而留作他用的款数巨大。
④ 同上注。
⑤ 参照本书第三章第三节，第 128 页。

银两"的名义,要求各省、各关继续筹解到部。①

户部不再提及以前的做法——要求各省、各关从外销款项里拨解。既未像一般人所呼吁的那样,把来自外销经费的解款"作正开销",也未像张之洞主张的那样,把"指拨外款归入正款内销"。就是说,各省、各关的筹款仍然是"无名"的,处于"款目浑沦"状态,在这一点上没有采取任何措施,只是奏请把收款办理由户部的饭银处改为户部银库。户部的提案肯定是获裁可了,但不清楚各省、各关分摊筹解的 26 万两是否真的落实了。实录和上谕档里都没有相关的任何记载。从这一点来判断,估计光绪十三年二月的户部奏请最后以失败而告终。

罗玉东通过对清末大量档案史料的分析,著成《中国厘金史》。书中指出,取自厘金收入的京饷中,包含了"加复俸饷"款。"各省厘金项下有此项解款者仅有广东及山西两省。广东每年应解此款额数为 1.5 万两,由厘金项下拨解之数为 7800 两,山西每年由厘金拨解之数仅为 2000 两。"②张之洞对厘金制度下的外省解款"浸假而逾期,浸假而缺额。五年以后,必减其半"的预言可以说是言中了。

如果通过"外款归入正款"的手段,就能够恢复中央户部的财

---

① 《晋政辑要》卷十七,户制,第 4 页。"光绪十三年二月户部奏准。光绪十一年十一月间,钦奉慈禧端佑康颐昭豫庄诚皇太后恩旨:在京官员兵丁俸饷,仍按十成开放。经臣部奏明,京员既得十成俸银,自应停止津贴,其各省关应解前项银两,仍令照额报解,以备搭放俸饷之用。应请自此次奏明之日起,此项津贴名目改为另款加复俸饷银两。各省关仍照原定额数,限七月内解到一半,十月内解清,不得丝毫蒂欠,亦不得于奏牍文批内再填写津贴京员字样。倘敢任意稽延,臣部定当指名奏参。至此项银两以后应由银库兑收,不必再归臣部饭银处,以省周折而清界限。"

② 罗玉东:《中国厘金史》,第 200 页。山西省的加复俸饷的上解持续到何时,无法确认。作为清朝末年"清理财政"政策一环而奉命上呈的《山西全省财政说明书》第二种《山西藩库内外销支款说明书》的内容极其详尽,但其中却见不到"加复俸饷"。"加复俸饷"的原资,有一半左右分摊给了各海关,参照第 165 页注②。

权的话,那么朝廷、户部应该早就这么做了吧。但是,后文还会提到,清末财政的多层化复合结构和财权分散化的问题,不仅没有能够得到解决,反而在不久后出现了"各部经费各部自筹,各省经费各省自筹,度支部臣罔知其数"①,"(度支部)而今竟不然,各衙门经费,往往自筹自用,部中多不与闻。各直省款项,内销则报部,尽属虚文"②的局面。正如张之洞一语道破的那样,中央要把手伸向地方的外销款项,就如同"发其私藏",是不可能如愿的。而且,正因为外销款项是"不能一一问所从来,款目浑沦"的,才成了地方上的可靠财源。围绕着京官津贴问题的这番较量,鲜明地反映了清末外销款项的性质。

4. "中饱"的扩大

通过对厘金及各种捐输等新增收入的支配,外省的财政扩大了。这不仅仅是量的扩大,在省的内部经费上,外省财政伴随着结构上的变动,区别于正额的朝廷、户部集权控制之外的外销款项的比重增大了。如山本进所言,在沿岸、沿江经济发达的地区,"厘金、牙帖捐(对牙行的营业许可证的课税)等商税,以及名为'津贴'、'捐输'等的田赋附加税,充裕了国库,也强化了省财政;在国家财政内部,户部中央财政的比重不断下滑,而洋务派官僚主导的省财政得到了强化"③。这些论述是正确的,但仅仅是问题的一个方面。省财政的扩大和督抚财权的强化,是以外销款项

①《光绪朝东华录》光绪三十四年五月辛丑条载有赵炳麟的上奏,第5921页。
② 军机大臣奕劻等《奏议覆度支部请清理财政宜先明定办法折》(中国第一历史档案馆,清度支部(户部)档案,一五一三/24/2224)。
③ 山本进:《商品生产研究的轨迹》(收录于《明清时代史的基本问题》,汲古书院,1997年,第97页)。

的增大为基础的。然而,正如身为省财政改革推进者的张之洞亲口所言,外销款项是"不能一一问所从来,款目浑沦"。换言之,外销款项仅是"中饱"的冰山一角,更多的未计入外销的"浑沦"资金隐藏在水面之下。

自不必说,厘金等收入的增多为"洋务派官僚主导的省财政的强化"奠定了重要基础。但是,"臣等窃查,各省厘金中饱,弊在承办委员不肯和盘托出,各省倒不应支而事非得已者,辄于厘税收款提留济用,所谓外销者也。各省院司,类有案存,原非自谋肥己。然既有外销之事,即有匿报之款,否则从何罗掘。无惑乎,人言藉藉,佥谓各省厘税实收之数,竟数倍于报部之数矣"①。外省厘金收入的增多,于公于私都伴随着中饱的扩大。光绪二十一年(1895),御史易俊指出,在外省,若谋得厘金局的委员职位,那么收入是可观的,"大卡动获万金,中卡或数千金,小卡亦逾千金"。甚至欲谋得一下级职位,都需要花费相应的"活动费"才行,"司事有充司事之费,巡丁有充巡丁之费"②。

光绪前半期,对外贸易和国内商业活动的扩大,使财政处于相对稳定期,因此,财政上没有出现大的矛盾和冲突。但是,甲午战争的失败,使清政府背上了赔款的重负,激化了财政上的矛盾和冲突。光绪二十三年(1897)年末,光绪帝斥责各省督抚没有执行"严杜厘金中饱"的禁令。接到上谕后,户部奏称:

> 臣等窃查,各省厘金中饱,弊在承办委员不肯和盘托出,

---

① 《光绪朝东华录》光绪二十三年十二月庚辰,户部上奏,第 4015 页。
② 《光绪朝东华录》光绪二十一年闰五月己酉,第 3625 页(参照本书第三章第三节,第119 页)。《瞑庵二识》第 138 页记载:据直至光绪十三年(1887)一直担任湖南省征官的朱克敬讲,在咸丰、同治年间,谋得道员之位而成为厘税征收总管的某状元,曾将厘金分局之职卖给出了 400 两银子的人。

各省倒不应支而事非得已者,辄于厘税收款提留济用,所谓外销者也。各省院司,类有案存,原非自谋肥己。然既有外销之事,即有匿报之款,否则从何罗掘。无惑乎,人言藉藉,金谓各省厘税实收之数,竟数倍于报部之数矣。现在中饱之弊,已奉上谕饬令各该将军督抚,激发天良,认真整顿。各该将军督抚,自不致仍前泄杳。惟是外销之数若不和盘托出,则厘税实收之数,亦终不能和盘托出。臣部总握度支,各省岁出岁入不合,藏头露尾,致臣部无可勾稽。即外销款目不能骤议全裁,亦宜咨报臣部,权衡缓急,庶几内外一气,共济时艰。譬之各省局卡,亦援院司报部办法,该将军督抚其许之否,此理之浅近者也。拟请饬下各省将军督抚,一面将该省外销各款数目,向来取给于厘税者,据实奏明,分别裁减。一面将各该省所收百货厘、盐厘、茶厘、土药厘,及常税、杂税等项银钱数目,据实报部,毋事欺饰,统限奉旨后三个月奏咨,不得违逾。自光绪二十四年正月起,按季具报。其从前造报不实,或外销浮靡,拟乞圣恩宽其既往,并准将外销最要之款,切实声明,臣部量予留支,使无窘于公用。惟各省通年进出款项,不得再有隐匿,俾臣部无隔阂之虞,各省免掩著之烦。倘经此次通饬之后,各省仍有隐匿,甚或巧立名目,谬称入不敷出,则典守之官,不能辞咎,臣部亦难曲为之谅也。得旨:如所议行。①

山本进通过对各省陋规改革的研究,得出"暧昧地附着在国

---

① 《光绪朝东华录》光绪二十三年十二月庚辰,第4015页,"户部奏。本年十一月二十五日钦奉上谕,前曾谆谕各省将军督抚,严杜厘金中饱,旋据陆续覆奏,并未将厘金中饱之数和盘托出,等因。钦此。臣等窃查,各省厘金中饱,弊在承办委员……得旨:如所议行"。

家财政边缘的地方财政征收得到了大幅度整顿"。山本进的这个论断是正确的,但仍免不了有些片面。莫不如说,使省财政得到强化的厘金系统的课税增大,进一步扩大了"暧昧地附着在国家财政边缘的地方财政征收"。在朝廷、户部支配下的正额财政(内销部分)的外侧,外销款项的存在为事实上的省财政的形成提供了基础。省财政的有力财源——厘金,依厘卡的大小决定了厘金局委员的额外收入多寡,以至于"各省厘税实收之数,竟数倍于报部之数",它给庞大的"中饱"提供了温床,它支撑着省财政预算外领域的经费支出。

另外,在《山西全省财政沿革利弊说明书》中,记述了张之洞改革后的清末山西省州县的财政状况:

> 就山西论,地方行政经费亦以附加税居多数,但除各项附加税而外,如铺捐、肉捐之类,在晋省多系各州县就地自筹,为数有限,借供地方之所需。①

如山本进研究发现,经张之洞的省财政改革,农民的"差徭"负担减轻了,种种附加税的征收得到了遏制。但是,基层的行政经费还是得依赖正额外的附加税来维系,如果限制了附加税,那就不得不编出"铺捐""肉捐"之类的名目来"就地自筹"了。州县财政之所以会表现出"顺应多变",是因为虽经改革但财政制度的核心结构并未改变。

---

① 《山西全省财政沿革利弊说明书》,第6页。另外,甲午战争(1894—1895)以后的山西省财政情况,参见武静清、陈兴国《十九世纪末二十世纪中叶山西财政与经济》(中国财政经济出版社,1994年)。该书指出,因为赔款以及光绪新政期的学校制度改革和警察制度的整备而产生的财政压力,使州县不得不开征各种税捐,进而出现了乘机"私派达官征的数倍,杂税比正额还多"的情况,另外,省内各地爆发了抗税捐的斗争。

地方经费对正额外收入的依赖,并不仅仅是像山西省那样的身处内陆、没有得天独厚财政资源的个别地区的问题。光绪二十三年(1897),位于大运河和长江交汇处的交通要隘——镇江府丹徒县就曾上呈诉状,投诉县衙门的"公费"(即为填充正额外经费而附加于地丁漕粮的税收)过重。两江总督刘坤一、江苏巡抚赵舒翘奉旨前往调查,他们认为这些附加税收"本系专指办漕及津贴常年署中一切公用而言,通省一律","委实不能再减"。其实,丹徒县呼吁减轻附加税收的目的,是企图用通商港——镇江海关的税收来补助丹徒县,或者把下游的厘金局的管理权交给丹徒县,以此解决县衙门的"公费"财源问题。但是,管理海关收入的海关道自然反对这一提案。镇江下游的厘金可谓江苏厘金局的摇钱树,当然也不会同意,于是,以"归县经理,恐多窒碍"为由加以拒绝。①

---

① 《光绪朝东华录》光绪二十四年正月二十七日,第 4043 页。"刘坤一等奏,准军机大臣字寄,光绪二十三年七月初十日奉上谕,都察院奏,编修支恒荣等,以地方凋敝,征收丁漕公费太重,请分别裁革,据情代奏一折。据称,江苏丹徒县征收地丁,每两折收向不得过千五百文,嗣因银价昂贵,每漕一担加增五百文,今则银价落至一千二百余文,加增公费之例,仍未单除。丹徒漕米,既个起运,加收运费一十文之例,究属名实不符,请分别革除裁减等语。著刘坤一、赵舒翘确切查明,应否酌量裁减之处,奏明办理。原呈着钞给阅看等因。钦此。当即钦遵,札饬苏藩司移行该管道府查明核拟详办去后。查丹徒一县,山田硗确,十居八九,雨旸偶一失时,即成灾歉。而公费之足用不足用,视征数为衡,征收短则公费少而不敷度支。该县为通省著名瘠苦,征收上下两忙丁银折价,向来每两仅折钱一千四百九十六文,地方官征不敷解,赔累甚巨。经前督抚臣奏明,自同治七年始,除漕米折价查照苏松等属之数征收外,其随漕公费,每石加收钱四文,无论本折,共收钱一千五百文,借资贴补。总计漕米一担,丁银一两,均匀牵算,较他县尚少收二百文。又近年银价渐短,民情困苦,经前抚臣赵舒翘先后奏明,将光绪二十一、二十二两年,该县漕粮项下续加之公费钱五百文暂予减免。入款愈少,办公益窘。年谷顺成,尚可勉力支持,一遇岁欠,万难敷衍。所有漕粮每担随收费钱一千文,本系专指办漕及津贴常年署中一切公用而言,通省一律。运费虽有专款,与此项随收公费各不相涉。是丹徒漕粮虽不起运,而所收公费实与各县同一开支,揆时度势,委实不能再减。其暂减之续加公费钱五百文,应请永远裁汰,以恤民隐。至原呈谓丹徒缺瘠,由镇江关税量拨津贴,或将下游厘局归县经理酌支公费等语,镇江关商税短绌,拨款倍增,由该关道查覆,无力筹给该县津贴;镇江下游厘局,为苏局收捐大宗,归县经理,恐多窒碍,(转下页注)

厘金收入的增多的确充实了省财政,但是把厘金局从原来的地方行政系统中分离出来,则厘金收入就不能解决州县的地方经费短缺问题了。尽管太平天国以后的清朝财政发生了巨大的变化,但是,州县衙门的"公费"以及知县以下的官僚、胥吏们的额外收入,还依然得依赖于"地丁漕粮"等正税的附加、追加课税、定额外的契税收入,这种结构始终没有改变。[1]

小　　结

集权性质的国家财政,使得"公""私"关系暧昧的另类财政附着于其外围。中央与外省的关系,表现为内销与外销的互补结构的关系。两者既互补,同时又因为征税对象的共有而相互对抗。更重要的是,在这种结构下,就出现了中央不能从帝国的规模去统管外省财政,同时,外省也不能以地方团体的身份获得法定的财政自主权。

再来看一下外省内部,也存在同样的结构。对于统掌省财政的巡抚、布政使司(也可以称作省的"中央")与其他的财政官府之间的关系,《山西全省财政说明书》有如下论述:

(接上页注①)均请毋庸置议。据苏州藩司聂缉椝具详前来,臣等覆查,苏省各属征收冬漕,历年奏明每担随收公费钱一千文,系专指各州县办漕一切公用,通省一律。丹徒县丁银折价,每两征一千四百九十六文,较他属现征二千文,计短收五百余文,其常年一切用款,全赖冬漕公费济用。自光绪二十一年起,奏减续加之五百文,该县办公尤形竭蹶。编修支恒荣等原呈谓丹徒缺瘠,似宜另筹善法,实已深悉该县情形。若将奏定之公费一千文,再议减收,无以养该县之廉。相应请旨,将丹徒县漕粮公费仍照各属定章,每担随收钱一千文,以资办公。其续加之公费钱五百文,应请永远减免,以苏民困。得旨:如所请行。"

[1] 民国时期,省财政主要以厘金和田赋的正额部分为财源,而县经费则依靠田赋的附加税和各种杂捐来维持(本书附篇,第395页)。这一趋势,也同样可以视为此种财政结构的产物。

至于本省除各府厅州县而外，又有关库、运库、道库、各局所自行经理收支之库，与藩署多不相联属。欲略与整齐则事权不一，兼综甚难。故以全国收支之总数叩之于部库，而部库茫然也，以一省收支之总数叩之于藩库，而藩库茫然也。盖管理权限各有攸司。凡非一般周知之款，局外者即无得悉其原委也。①

另外，依赖于"平余"等附加税、浮收、杂捐、差徭等"就地自筹"而生存的州县财政，既没有被省财政合并，也没有被赋予法定的财政自主权。光绪三十四年(1908)，开"清理财政"运动之先的赵炳麟对此状况形容道：

至于州县进款出款，本省督抚亦难详稽，无异数千小国各自为计。②

中央与外省的关系，省与州县地方官府的关系，两者是完全相同的。如果再把目光投向府州县等地方官府的内部，我们会发现那里的经费收支也呈现出同样的多重性和分散性。在正额的国家财政里除"存留"款项的支出以外，还存在着有赖于各种附加税、差徭等类似官府公费的收支。这部分"本省督抚亦难详稽"的款项，相对于省当局而言，则可称作州县的外销。而在这部分之外侧，另有官员及胥吏、衙役的自筹活动经费和收入的"私"的筹款机制在运作。即使在州县衙门的内部，也可以看到类似于中央与地方、省与州县地方官府的关系结构的存在。如此既具多重性又具分散性的财政经费筹措体系，犹如遗传因子一样，体现在各

---

① 《山西全省财政说明书》第一种《山西全省财政沿革利弊说明书》总论，第12页。
② 《光绪朝东华录》光绪三十四年五月辛丑，第5921页。

种关系、各个层面上。

由此看来,整个财政体系就犹如"套人木偶"一样,外面的木偶里面套着一个长得一模一样的木偶,里面的那个木偶里面又套着另一个长得一模一样的木偶。在太平天国以后的财政膨胀时期,就出现了顺应外部条件的"套人木偶"。不过,这个"木偶小人"绝不是经过脱胎换骨而进化出来的新人。光绪年间洋务派督抚主导的财政改革,并没有改变财政的基础结构,反而更加深了财政的多重性和分散性。可以说袁世凯死后出现的"被地方架空的中央"①的状态,就是从这个时期拉开了序幕。

① 参照本书附篇,第387页以后。

第二部

徭役与财政之间

第五章　均徭法与明代徭役问题

　　洪武十四年(1381),随着"赋役黄册"在全国范围内的编造和里甲制度的确立,明初的徭役分成了两种,即按照里甲组织的轮役制度实行的里甲役和除此以外的杂役。一般认为,杂役没有像里甲制那样规定统一的分派方法,而是不定期地指派富户应役。例如,驿传夫役中有关水驿水夫即驿船水夫的任役标准为,从税粮额在五石以上、十石以下的人户中指派应役。为中央、地方官府提供各种差役的祗候、皂隶(打杂)、禁子(监狱的看守)、弓兵(逮捕犯人、巡逻)等夫役,原先从税粮额在二石以上、三石以下的人户中选派,而从洪武十八年(1385)开始,改为把各户按经济实力分为上、中、下三个户等(户则),再按户等选定征用各类夫役的人户。[1]

　　杂役中有关驿传方面的徭役,在明末一条鞭法合并各种徭役之前,一直有其独立的运作体系。[2] 而祗候、皂隶等依户等分派

---

① 各类差役的内容及分派方法详见山根幸夫《明代徭役制度的展开》(东京女子大学学会,1966 年),第 65—82 页;岩见宏《明代徭役制度的研究》(同朋舍,1986 年),第 10—22、229—235 页;唐文基《明代赋役制度史》(中国社会科学出版社,1991年),第 93—102 页。

② 驿传相关的徭役不同于其他徭役而有其独立的运作体系,这也许跟驿传相关徭役属于兵部管辖有关。关于明代中期以后改为折纳银两的驿传经费的管理,请参看星斌夫《明代的驿传银与协济制度》,《东洋学报》第 52 卷第 2 期,1969 年。

给富户的杂役,其分派方法在里甲制确立 60 多年之后才终于导入了轮役制度。这就是正统八年(1443)前后在江西省首先开始实施①,15 世纪末之前基本在全国普及的均徭法。这是一项以纠正"徭役不均"为目的而进行的杂役分派方法的改革。

作为均徭法对象的杂役,基本囊括了官府办理各类事务所需的劳务和财物中不由租税收入来开支而想另取于民的所有差役。如果我们把以租税为财源筹措公共权力机构的经费称作财政的话,那么明代的杂役可以看作是一种通过非财政性手段来实施部分官府行为的制度。② 作为明代最初的徭役制度改革的均徭法是在怎样的意图下以怎样的方法规划出台的?弄清这一问题,对我们理解在当时的财政体系下人们认识、处理徭役问题的方法——特别是理解与里甲制度的关系——将大有裨益。

第一节　关于均徭法的两种观点

最早阐明均徭法的内容和实际运作状况的是山根幸夫。《明史·食货志》等对均徭法只有极为简单的说明,山根幸夫广泛收集相关资料,首次弄清了均徭法的实际情况。在实证研究的基础

---

① 关于均徭法的实施也有纪年为正统四年(1439)的史料。参看本章第 213 页注①、注②。

② 杂役中的皂隶、祗候、马夫、斋夫、膳夫等作为对官僚低俸禄的一种贴补而提供给官僚个人,贴补对象不局限于地方官,也包括中央政府的官僚。另外,除了面向官僚个人的,还有一种分配给官府衙门总称为公使皂隶的差役,同样是不但提供给地方官府,也提供给中央官府。从这个例子也可以看出,明代的徭役制度不只限于地方官府。

上,山根幸夫对均徭法中杂役的分派方法提出了以下观点:①

（1）杂役以甲为单位服役,里甲正役服满后第五年服杂役,杂役的服役方式由以前的不定期科派改为每十年一次定期摊派。

（2）除赋役黄册之外另行编制"均徭册"(或均徭图籍),作为分派徭役的簿籍,编制时主要以税粮的多少为基准。

此外,山根幸夫还进一步指出,摊到里甲正役的里甲叫"现年(见年)里甲",而轮到均徭的里甲称"均徭里甲"。②

山根幸夫在这里使用了"以甲为单位"服役这一表述,这一表述可以有以下两种理解:

（A）只不过是应役的顺序在里内十甲中轮流而已。

（B）除了以甲为单位的轮役制之外,负担的分派也以甲为单位,是一种共同应役的形态。

均徭法的具体运用形态到底是（A）还是（B）,在山根幸夫的论述中我们找不到明确的答案。

不过,山根幸夫认为均徭法中杂役的分派"与里甲正役的情况相同……",而且还认为,轮到均徭应役的里甲称"均徭里甲",这与轮到里甲役时称做"见年里甲""排年里甲"相对应。由此给人的印象是,山根幸夫倾向于上述（B）的观点,即可以理解为:均徭法与里甲役相同,也是以里长户一户及其所率一甲为共同承担单位来承受各种杂役的。

在山根幸夫的这种开创性研究的基础上,小山正明明确提

---

① 山根幸夫:《15、16世纪中国赋役劳动制的改革——以均徭法为中心》(《史学杂志》60-11,1951年)。之后,山根幸夫写了前面提到的《明代徭役制度的展开》一书,书中关于均徭法的记述基本沿袭原来的连篇论文,见该书第105—107页。
② 山根幸夫前引书第107页。但该书没有列举可证明对应"见年里甲"的"均徭里甲"这一称呼实际使用情况的史料。"均徭里甲"的用例见《天下郡国利病书》原编三一册"浙江上",备录,第60页。

出,均徭法如(B)所述,原则上是以甲为单位的共同应役。小山
正明认为,均徭法的意义在于"均徭法确立了不管正役杂役均以
里内各甲为科派单位的体制"①。

均徭法采用与里甲役同样的科派方法,以此为前提,小山正
明认为,随着均徭法的实施,作为徭役主体的正役、杂役开始"分
派到里内各甲",这就对"在编制里甲时尽可能使里内各甲的徭役
负担能力均等化"提出了要求。在这一观点的基础上,小山正明
进一步指出,为了均等里内每甲 11 户组成的各个小集体的负担
能力,里甲组织具有必须持续进行人为重组的性质。② 由此可
见,小山正明对赋、役制度论及里甲制社会形成论进行的事实认
定,即把杂役的负担方式由原来的指派("金点")富户不定期负

---

① 小山正明:《赋·役制度的变革》(初次发表于 1971 年,后收入《明清社会经济史研
　究》,东京大学出版会,1992 年),第 68 页。
② 为避免曲解小山正明缜密的论述,虽然有些长,但还是将原文引述如下:
　　"里甲正役、杂役均由里内各甲每年依次负担,并且这种正役、杂役负担越到明
　代后期越是繁重,但从相对特定的时期来看,每年的总额基本上都是一定的,为了
　把这个总额每年分派给里内各甲顺利进行征收,就需要在编制里甲时尽可能地使
　里内各甲的徭役负担能力均等化。另一方面,编入里甲的各户在以三等九则的户
　则来划分的经济方面是不均等的存在,里甲的编制是以这种里内各户的经济不均
　等性为前提的。因此,为了把经济上不均等的各户按照一甲＝十一户(一里长户、
　十甲首户)的户数原则编制里甲并使里内各甲的徭役负担能力达到均等,就必须由
　国家对各户进行人为组合,并且这种编制方式应该是里甲组织的原则。同时,为了
　在以这样的户数原则进行里甲编制时能够维持里内各甲徭役负担能力的均等化,
　就必须避免土地向特定人户过度集中,对于土地过度集中的人户,采取析户的措施
　也就是在户籍上强制分户由一户变成几户。从上述情况来看,可以说里甲的编制
　是以确保国家每年进行徭役的均等征收为中心分别抽取各户进行人为组织而成
　的,并且这种里甲编制方法是与根据以户则分等的各户情况向各户科派赋、役的
　赋、役科派原则相互关联的。"(前引书,第 68—69 页)
　　小山正明在此处认为必须"使里内各甲的徭役负担能力达到均等",而在另一
　篇文章里又说"要尽可能使各里各甲间的徭役负担能力均等化",认为原则上县内
　各甲之间也必须保持负担能力均等化。在以里甲为单位进行科派时,如果原则上
　对县内各里课以均等的负担,那么各里各甲间的负担能力均等化应当是确保每年
　均等的徭役征收的基础。小山正明《关于明代的十段法》(最初发表于 1968 年,后
　收入前引书),第 177—178 页。关于这个问题另请参照本章第二节第 204 页注②。

担,改为以甲为单位的科派方式的正是均徭法。这一认定意义非同小可。①

　　也许是由于山根幸夫、小山正明等学者关于徭役制度的出色研究的影响,均徭法把杂役的任役方式由原先分散无序的选派富户应役改成了与里甲役相同的科派方式,这种理解在我国(译者注:日本)似乎已成为一种常识。均徭法的确立,被看作是税、役的收取原则上通过里甲组织来实现的体制建立起来的标志。

　　而在中国也有学者对均徭法的理解持与小山正明相似的观点,伍跃就均徭法原理与里甲编制原理的相互关系,便有如下论述:

　　　　均徭法是按丁粮编定户等,按甲应一年之役。但各甲所

---

① 小山正明关于均徭法还作了如下叙述:"按照明代役法最初的原则,里甲正役应由担任里长户·甲首户的人户一律每十年负担一次,杂役按户则将具体役目同样科派到户,这一点在均徭法实施后仍基本不变。"(小山正明:《赋·役制度的变革》,第175页)在均徭法实施以前,杂役各役目是通过不定期地指派居于上位户则的富户来应役的,小山正明表述为"按户则将具体役目同样科派到户"也没有问题,让笔者不能释然的是"这一点在均徭法实施后仍基本不变"这一看法。在刚才引述的句子之前,还有这样的观点:"至少可以认为在一条鞭法以前,银差、力差都是按照与从前的杂役=均徭科派同样的原则,将各个具体役目以户则为媒介分派到各户的。"(该书第173—174页)为了对这些表述和前面引述的"确立了不管正役杂役均以里内各甲为科派单位的体制……"这一观点作出统一、合理的解释,有必要把这些言论放到下述脉络中来理解。也就是说,所谓"分派到各户"是指科派到甲的一定负担量的一组役目最终是由当年应役的里长、甲首户共 11 户分别承担之意,而在里甲内部进行分担时则是"以户则为媒介"按负担能力分派。或者所谓"以户则为媒介分派到各户"也许可以看作是这样一种理论上的说明,即,不考虑针对各户的具体的徭役分派手续,而是根据各户的户则,划分出里长户、甲首户、带管户等负担不同的类别,同时在十户里长户和一百户甲首户中编甲时进行组合以使十甲的负担能力达到均等,通过这种方法在结果上达到各户承担与户则相应的徭役负担的目的。总之,小山正明的这一言论,不能理解为对里内各户的具体役目的分派也由官府进行,也就是说不能理解为以户为单位进行科派。这与小山正明认为"不管正经杂役均以里内各甲为科派单位的体制"是随着均徭法的出现而确立的这种观点显然是矛盾的。

拥有的丁粮是不平均的,即各甲的户等高下不一致。不仅一里在十年之中各甲的负担前后不一样,就是同一年应役的各甲之间负担也不尽相同。①

这里所说的"各甲负担不同"的意思是,给负担能力(反映在甲内 11 户的人丁、税粮总额上)参差不齐的各甲分派等量的徭役负担时,各甲的实际负担程度就变得不平等了。这种意义上的负担不均等现象产生的前提是,以里甲为单位分派等量的徭役,各甲以十年为周期轮流应役。这一点与小山正明对均徭法的理解相同。

然而,在明代学者留下的有关均徭法的记述中,却存在着与以小山正明、伍跃等学者为代表的对均徭法的理解明显不同的资料,现举例如下。

王世茂纂辑《新刻精纂详注仕途悬镜》中的《筮仕始末》是一部实务性的官僚业务指南手册,里面记述了编审均徭的具体步骤。所谓编审是指根据一定的原则把徭役承担者编排成册,然后依册分派徭役负担:

> 均徭十年一编,俱凭丁产。间有飞诡花分之弊,或乡宦士夫影射,岁图优免,或托逃亡死绝,户积虚粮,或怨归官府。须先期拘集里老书手,分投开报上中下户,仍行面审,以验虚实。先算概县均徭银若干,力差若干,每丁起银若干,通融算计明白,又将当年该审均徭人户若干,序列上中下三等,开具龙头蛇尾册。次将徭役名色,何为极重,何为次重,何为稍轻,何为极轻,亦宜分别等次,上户与之上役,中户与之中役,

---

① 伍跃:《明代中叶差役改革试论》,《文献》1986 年第 2 期。

下户与之下役,俱亲笔投注。周而复始,务要轻重均搭。此法惟于不分户地方最宜,其有民习俗巧,花分子户去处,更宜酌处。编审之后,明于榜上各名下开注其户田若干,准丁若干,每丁几钱几分算,或优免若干,今审某役银差若干,力差若干。有隐漏作弊者,许人首告。仍各户给一由帖,以杜争端,以便征纳。其应纳均徭银两,当堂公收,不可委老人等役,恐为侵欺。马丁柴薪,廪膳斋夫等银,不可委僚属自收,恐其倍取。惟征完解送,有缺扣除可也。[①]

这里所说的"当年该审均徭人户"是指全县范围内当年轮到均徭应役的所有人户,不论上中下的等级排列顺序,也不管属于哪个里甲,进行整体统一安排,而不是各里对当年轮到的一甲之内的应役户进行以甲为单位的徭役分派,也不是在该甲范围内将应役户分成上中下三个等级,让各户分担分派到本甲的一定量的徭役。《筮仕始末》所说的均徭法是一种以根据负担能力划分等级的单独的人户为科派单位的方法。一里十甲中,在某一年应役的是轮到之甲所属各户。从这个意义上来说,应役的顺序的确是以甲为单位轮流的,但"科派"即分摊徭役的单位归根到底是户而不是甲。《筮仕始末》所呈现的均徭分派方法,是无法用"以里内各甲为科派单位"这一原则来概括的。

顺便需要指出的是,王世茂纂辑、刊刻《仕途悬镜》的确是在天启、崇祯年间(1621—1644),收录其中的《筮仕始末》对上任后的礼仪、交际、官署管理、公文处理、里甲编制、徭役、税务、治安、

[①] 王世茂:《新刻精纂详注仕途悬镜》卷一《筮仕始末》,第20—21页。首次介绍这一史料的是谢国桢先生,见谢国桢《明代社会经济史料选编》下册("明代野史笔记史料辑录之一",福建人民出版社,1981年),第163—164页。

审判等地方官的种种业务的具体步骤做了一一说明①,但是,仅从有关役法的记载来看,《筮仕始末》的内容在《仕途悬镜》刊行之时已经是完全落后于时代了。《筮仕始末》既未提到当时已经基本上在全国实施的一条鞭法,也未述及在一部分地区先于一条鞭法实施的十段法的里甲编制方法。而且在均徭方面也是将银差、力差按不同差役指定应役户,这显然是一条鞭法以前的形态。另外,在"造黄册"的条目里,只有按照户数原则补充里长、甲首的指示,而没有主张要注意均等各里各甲的负担能力。这是十段法以前的老套做法。十段法的普及推广是在正德年间(1506—1521)至嘉靖前期(16 世纪二三十年代),由此我们可以推断《筮仕始末》反映的是十段法以前的役法形态,成书年代应该在 16 世纪上半期之前。里面记载的均徭法不像是户部根据当初在江西省的实施情况指示的方法,而似乎是以各地实行的做法上各有差异的均徭法中的一般性方法为蓝本的。

《筮仕始末》把为分派均徭而编造的簿籍称作"龙头蛇尾册",这和明代称作"鼠尾册"的簿册在编排结构上完全一样。龙头蛇尾也好,鼠尾也好,都是对从上等户到下等户、从大到小,也就是从财力雄厚的富户到弱小的贫户的直线排列状态的一种形容。

朱健的《古今治平略》中《国朝户役》一节通论了明代役法,在叙述了随着里甲役和杂役负担的加重,随意摊派徭役的现象日趋严重之后,谈到了均徭法的创立:

---

① 《筮仕始末》的条目如下:"候选,初选,选后,夫马,赴任送札,未入境,入境,上任,下学,看监,交盘,任后,升堂,印信,金押,上司公文,清理前件,招详,门禁,日用,防吏书,驭门隶,清田赋,造黄册,定催征,审均徭,谨仓库,课农桑,兴学校,恤孤老,设保甲,严告讦,审词状,公听断,明发落,检尸伤,严巡警,承上司,处僚属,救灾荒,兴水利,重文移,考销缴,别善恶,慎访察。"

　　于是议臣言均徭之法。按册籍丁粮稽贫富者,以资产为宗,而审里老手实核贫富者,户得其蓄藏之实也。稽册籍则富商大贾,多积厚藏,得免役而土著困。核人户则官吏里胥,轻重其手,恣胸臆而小民蹙。二者均弊。而专论丁粮,庶几犹古人租庸调之意焉,盖租由田出,富自租生,与其实不甚远。苟不论丁粮,而独于里甲均之,为弊何极。宜令府州县查旧编力差若干,当于丁粮若干上下编点,银差若干,当于丁粮若干上下编点,必得其差役难易轻重之适。而后将该差里甲,除优复外,毋论都图里甲,先丁粮多者,毕以次编,其小者居后,自极大以极小,造鼠尾册,以差次填编之。上户力差一名或二名,下户朋编一名,其丁粮不满斗升者并免。法简而明,一举在目。①

　　如果均徭十年一审的话,那么县内各里所属十甲中,同一号码的甲代表里应纳一年的均徭役。轮到的人户"毋论都图里甲"从丁粮多的开始顺次排下去,最后是丁粮少的弱小户。这种把人户从大到小排列的簿籍就是"鼠尾册"。很显然,这和《筮仕始末》中所说的"龙头蛇尾册"基本上是以相同体例编排的应役者簿籍。这里所说的"均徭之法"虽然也是以甲为单位轮流应役,但显然不同于小山正明等人所说的以甲为科派对象。

　　值得注意的是,朱健在这里以"议臣言"的方式叙述的部分,并非是对均徭法初创时期提议实行均徭法的奏疏之类的直接引

①朱健:《古今治平略》卷二,国朝,户役,第40—42页。文中所见"丁粮"无疑是指各户人丁数与税粮额,但在作为评定户等、分派徭役等的基准时,一般把人丁一人换算成税粮几石,或反过来把税粮一石换算成人丁几人,通过这样的换算使指标一元化。《筮仕始末》采用的是前一个换算方法。在能够认定为是当作计算负担能力的指标时不分译为"人丁、税粮"而直接使用"丁粮"一词。

用。本来"力差""银差"就是均徭法普及实施过程中采用的徭役分类。这一点山根幸夫早就指出。[①] 朱健写《国朝户役》是在明朝最末期,当时一条鞭法已经普及,均徭法早已成明日黄花。而且,明代人不光对正统年间(1436—1449)江西省开始的均徭法,而且对由此派生或发展而来的方法也用"均徭"这一用语来表述。[②]

因此,我们也许可以得出这样的论断,即朱健所说的"均徭之法"以及前面引用的《筮仕始末》的均徭法指南,与山根幸夫、小山正明等论述的初期均徭法的内容是完全不同的。但是,两者都体现出这样一种认识,即均徭法就是主要依据以各户的人丁及税粮的多寡计算出的负担能力给当年的应役户排定户等,打破里甲的框架把所有应役户按户等顺序排列的簿册上对各户进行徭役分派。也许在现实当中均徭法有各种各样的具体实施办法,但两者无疑都把按户分派看作是均徭法的法理。

我们或许可以这么来考虑,即从均徭法刚刚开始实行的正统年间至某个时期为止,均徭法对杂役的分派方法与里甲役相同,

---

① 山根幸夫:《明代徭役制度的展开》,第109—117页。朱健对于均徭法中力差、银差的误解或者说简单化在《明史·食货志》等中如出一辙,二战前松本善海关于明代徭役制度的开创性研究也沿袭了这种见解,见和田清编《支那地方自治发达史》(中华民国法制研究会,1939年),第102页。山根幸夫研究的一大功绩在于论证了银差、力差的惯例始定于16世纪初,也就是说在均徭法创设约半个世纪之后(《明代徭役制度的展开》,第114页)。

② 伍跃提出质疑:朱健的《古今治平略》关于均徭的叙述中混入了一条鞭法。的确,科派的基准以州县内人丁、税粮的总量作为分振的基础等是十段法、一条鞭法导入的做法,朱健在记述中将之与均徭法联系在一起也许是一种误解。但是,按役目分派力差、银差以及按户等顺序编制应役者簿籍等不可能是十段法、一条鞭法的做法。朱健并没有把一条鞭法和均徭法混为一谈,从本质上讲,他的观点对两者有着正确的辨别。总之,有一点可以肯定,明代特别是明代后期以"均徭"一词概括的方法是多种多样的。隆庆年间(1567—1572),海瑞在应天府实行一条鞭法时也下令编制"均徭册"付诸实施。见《海瑞集》,中华书局,1962年,第268—272页。

是以甲为单位科派的,但后来发展为《筮仕始末》所说或朱健所理解的那种按户科派的形态。当然,如果我们这样来设想均徭法的变迁的话,就有可能化解山根、小山他们以甲为单位的科派这种理解与明代后期的记录者们以户为单位的科派这两种理解之间的不一致。那么到底有没有可能追寻均徭法的这种变迁呢? 这也是本章所要探讨的课题之一。不过这里有一点需要确认,那就是不管是《筮仕始末》的均徭步骤指南还是在朱健的记述中,都没有任何暗示均徭法曾有过这样变迁的线索。

一个不争的事实是,在明代有一种与我们的一般认识明显不同的均徭法理解。对于这样的事态,我们不能不做任何说明地听之任之。因为弄清均徭法是以怎样的面目出台的,对理解明代里甲制与作为基层权力机构获取财政资源的方法的徭役收取之间的关系至关重要。

在此之前通常把小山正明等人的见解,即均徭法是以甲为科派单位的杂役分派方法这样的观点,看作是历来的代表性的均徭法理解。但是对这种观点早就有人提出了不同看法。这个人就是岩见宏。

山根幸夫的研究问世十多年之后的 1965 年,岩见宏发表了题为《关于明代的杂役赋课——均徭法与九等法》的论文,他在这篇论文里指出,均徭法"常常被理解为一种对分成三等九则的人户按其负担能力分派差役的方法"[1]。也就是说岩见宏认为均徭役的分派通常采取以户为单位的形态,但当时他并没有对"以甲为单位"的山根的理解进行明确的批判。

岩见宏还在另一篇论文《关于均徭法的一史料》(1978)中,对

---

[1] 岩见宏:《明代徭役制度的研究》(同朋舍,1986 年),第 236 页。

明初期——天顺年间（1457—1464）以前——均徭法的史料（包括许多此前不为人知的史料）进行了探讨。在这篇论文中，他以本章第一节第 189 页（B）所展示的山根幸夫对均徭法的理解为前提，对此进行批判后，得出了这样的论断，即有关初期均徭法的史料中没有证据表明服役是以甲为单位。

山根幸夫以甲为单位服役的立论的依据之一是景泰元年（1450）给事中金达上疏[1]中的话，说正统年间（1436—1449）在江西省开始施行的均徭法是"五年而正役之，又五年而杂役之"。关于这一史料，岩见宏认为，虽然可以理解为是在以甲为单位服役的前提下说的话，但即使是以户为单位服役的情况下这么说也无不可。岩见宏的结论是：

> 均徭法采用的到底是何种方式，不但金达的上疏中没有提到，前出实录的其他条目中也无明示。我想这一点大概是山根先生一时疏忽把从后来的史料中得出的印象写了下来吧。[2]

---

[1]《明英宗实录》卷一九八，第 3 页，景泰元年十一月乙巳。"礼科都给事中金达言二事。一、安民莫先于均徭役。臣窃观江西按察司金事夏时奉行均徭之法，五年而正役之，又五年而杂役之。此法至善，一旦为参政朱得怀忿构诬奏沮。乞重将均徭之法举行。……"

[2] 岩见宏：《明代徭役制度的研究》，第 293 页。初期的均徭法按上中下三则或者三等九则的户等"对分成不同等级的人户按其负担能力分派差役"，采用这种方法的均徭法与以甲为单位分派差役的里甲制并存具有怎样的意义？从方法各异的里甲与均徭的并存到一条鞭法的徭役制度变革又该如何理解？岩见宏没有朝着这样的方向进行论述。由于在对山根幸夫的学说提出质疑时只局限于初期均徭法的相关历史事实以及史料解释的争论方面，在历来的明代赋、役制度研究中，岩见宏提出的问题似乎没有引起多少关注。但是，如果从考虑事实上作为地方财政的徭役制度的发展方向及其与里甲制关系的角度来看，岩见宏提出的不同观点具有重要意义。一般的观点认为，明初以来五花八门的徭役征收在均徭法确立后统一为与里甲役相同的形态，而岩见宏的观点为我们提供了另一种不同理解的可能性。

虽然岩见宏认为没有史料可以明确证明初期均徭法是以甲为单位进行科派的,但他对明代中期以后出现这种方法的可能性没有否定。相比于谨慎的岩见宏,梁方仲和唐文基则是在均徭法就是以"户"为单位进行杂役分派的方法这样一种理解的基础上来展开论述的。

梁方仲在 1963 年发表了题为《论明代里甲法和均徭法的关系》一文,论述了里甲役和均徭役分派方法的不同:

> 其他一切"杂泛差役"各地多数是每年由现年里甲长酌量该役的轻重如何,各按黄册上所定的上中下三等户内临时佥点。……两者不同之点是:里甲以"甲"为应役单位,杂泛则以"户"为单位。……尽管有这些不同,可是杂泛差役的佥点方法还不能不受里甲制中的三等户则和轮年次序方面的限制。
>
> 里甲是用全甲十户来供应的,均徭则只于现年甲内从十户中来选点,有时可以不用全甲。①

杂泛差役的临时"佥点"即指名分派,指的是均徭法之前的方法。梁方仲认为,即使在均徭法把这种临时指名分派制改为轮役制之后,仍然是"里甲以'甲'为应役单位,杂泛则以'户'为单位",这一点没有改变。

---

① 梁方仲:《梁方仲经济史论文集》,中华书局,1989 年,第 594、599 页。梁方仲还指出,均徭法施行以前,杂泛差役由见年里长分派。不是由地方官府之手而是由见年里长掌控杂役的分派,这种见解很有意思。不过,遗憾的是梁方仲没有明示支持这一观点的史料依据。另外,唐文基也认为均徭法以前杂役分派的权力操纵在里长之手(唐文基:《明代赋役制度史》,中国社会科学出版社,1991 年,第 255 页)。

唐文基的近作从地方志中收集了很多史料进行了这样的论证：①与由中央政府统一制定的里甲正役不同，由地方官参与创设的均徭法因各地的具体情况不同出现了多种多样的编审原则即负担的分派方法。但是，这种论证作业的主要目的在于纠正《明史·食货志》等中诸如"以户计曰里甲""以丁计曰均徭"②之类单纯化的叙述，而不是正面论述科派单位是户还是甲的问题。

在论及应役的轮流周期部分，唐文基这样写道："均徭的轮役与里甲正役基本相同，以里为单位，按甲轮流当差。"③但这里的"按甲轮流当差"这一表述并非以甲为科派单位之意。唐文基关于差役分派原则的论述前提是，均徭法就是按根据人户的贫富程度划分的户等（户则）来决定负担轻重的方法。他认为，贫富、户等（户则）的评定是根据各户的人丁数、拥有的田产（税粮）、资产、牲畜等的多寡以及职业来进行的，但具体采用的评定标准却是因时期、地区的不同而不同。这里从一开始议论的前提就是均徭法的负担分派是以一家一户为对象的。因此，很明显，"按甲轮流当差"这一表述的意思是均徭应役的顺序按甲轮流，"当差"这一动词的主语不是"甲"，应补上动词主语"户"来理解。可以说，唐文基对均徭法的理解是，以户为单位服役是均徭法自始至终的一贯原则。这种理解和前面介绍的梁方仲的均徭法理解是相同的。

---

① 唐文基：《明代均徭法》，《平准学刊》第四辑下册（光明日报出版社，1989年），第592—597页。唐文基的《明代赋役制度史》一书的第七节"均徭法的实施"与这篇论文内容基本相同。

② 《明史·食货志》以及朱健《古今治平略》中出现的这种表述似乎来源于潜谷先生《函史·赋役志》。谢国桢：《明代社会经济史料选编》，第168页。

③ 唐文基：《明代赋役制度史》，第255页。此句在原来的论文里没有，是作者在收入本书时添加的。

有一种观点把均徭法的普及看作是"正役、杂役均以里内各甲为科派单位体制"的确立,虽然唐文基没有提到这种观点,但唐文基的论述和山根幸夫、小山正明、伍跃等学者的论断显然是不能两立的。唐文基的研究结论,可以说是对岩见宏关于"五年而正役之,又五年而杂役之"这一史料的理解的支持,即虽然可以理解为是在以甲为单位服役的前提下说的话,但即使是在以户为单位服役的情况下这么说也无不可。岩见宏没有否定山根幸夫、小山正明推论的天顺年间(1457—1464)之后以甲为科派单位的均徭法的存在,与岩见宏相比,我们可以认为唐文基更偏向于主张均徭法是以户为科派单位。

综上所述,历来的明代徭役制度的研究中,关于均徭法的理解存在着两种不同的观点。

第一种观点是,以簿籍上登记的"户"为单位分派差役负担。《筮仕始末》的均徭指南、朱健的记述、梁方仲以及唐文基的研究都持这种立场。

第二种观点是,与里甲役的情况相同,以里内各甲为单位对各甲平均分派。山根幸夫、小山正明以及伍跃的研究都表示出这样一种理解。

岩见宏基本上持第一种观点,他认为在初期均徭法的相关史料中没有显示第二种方法的资料,而对于"五年而正役之,又五年而杂役之"这一表述,他谨慎地认为,既可以解释为第一种方法,也可以解释为第二种方法。

如上所述,关于均徭法到底采用的是何种方法的问题,没有达成完全一致的见解。也许有人认为这个问题在甚为复杂的明代徭役制度中不过是细小的技术性论点而已,然而,正如小山正明所指出的,"国家统治体制的特性表现在赋、役是以什么为对象进行科派的科派方法中"①,均徭法与里甲制、里甲役的关系问题,是关系到明朝国家试图建立怎样的统治体制的方向性问题的重要论点。另外,笔者个人认为,我们不应只盯着税、役的科派方法,而应对隐含在论述财政体系的整体结构及其发展方向的过程中科派方法变化的意义进行思考,从这样一个立场来说,这个问题具有重要意义。作为明代徭役改革出发点的均徭法,如果分派对象问题仍然模糊不清的话,那么对被看作是明代国家统治农民、地主的基础的里甲制的理解,也就只能建立在不可靠的事实认知的基础上了。

均徭法的杂役分派方法到底是何种形态? 以重新探讨这一问题为线索,明初洪武时期(1368—1398)确立的国家财政体系中,里甲制被期待发挥怎样的机能,实际上又发挥了怎样的机能,对这些问题进行探讨是本章的课题。这个问题换句话说就是里甲制在税、役收取方面是一个能够发挥多少功效的装置,反过来说就是通过里甲制的矛盾来探索产生这种矛盾的财政体系的结构及其发展状况。

在日本学界,似乎一般都把里甲制统治理解为依托自耕地的农民们对共同权益的管理支配来实现国家对一切税役的征收。从明代初期至明代中期实行的这种里甲体制是如何走向崩溃,继而出现的新的统治体制又是怎样的形态,对这个问题的论述是社会经济史的中心课题之一。毫无疑问,税役制度的变革也应该置于这种历史的脉络中来理解。

历来的观点认为,从明代初期至中期的这段时期,针对仍然由自耕地主阶层这一当地势力控制的农村社会,专制国家为了确

---

① 小山正明:《明清社会经济史研究》,东京大学出版会,1992 年,第 97 页。

立以税役征收为中心的统治,作为最为合乎目的的装置而构想、建立、完善起来的就是里甲组织和以此为基础的"以甲为科派单位"的里甲役以及均徭役制度。这种观点从明代财政体系的实际情况来看是否妥当呢?

在均徭法推广、普及的明代中期,当时的人们对均徭科派与里甲制的关系是如何认识的呢? 通过对这种认识的分析,明初以来徭役问题为什么会必然发生? 里甲制在税役征收方面原本是作为具有怎样的机能而被构想的? 里甲制组织和徭役收取的制度性原则及其实际情况之间存在着怎样的紧张关系而引起了徭役问题的发生? 对这些问题的考察是以下的具体作业的目标。

第二节　均徭法再探讨

1. 里甲与均徭

上一节对围绕均徭法的种种见解进行了探讨,探讨的结果表明,利用里甲组织进行徭役赋课方面应辨别两种不同的形态。

第一种形态是,按轮役制轮到的里长管理、协调当年应役的甲内各户(甲首户,原则上为十户)[1],通过共同承担或者内部分担的方式完成见年里甲役负担。虽说是分担,但里甲役是对见年里长进行科派的,对里长如何把负担转嫁给各甲首户或者其他里甲成员,官府可能并不干涉。如果发生金钱方面的负担,很可能

---

[1] 如果里长如"图分十甲,一长统甲首十,轮年应役,十年而周"所说的那样统率十甲首户共同应役的话,那就有必要保持作为统率者的领导力量和权力。崇祯《肇庆府志》卷一三,赋役志二,役,第1页。

是在里甲组织内部由各户分担所需总金额。① 当然，对县内各里分派的徭役是等量的。②

第二种形态是，虽然在选定应役人户时采用以各户所属各甲为单位的轮役制，但徭役分派给各户，服役义务在各人户。具体的分派作业也由县衙门进行，轮到应役之甲的里长户不负责对各户的具体的差役分派，也不负责向同一甲内各甲首户征收分担金额之类。

在这里需要提请读者注意的是，以上两种不同的形态不是作为历史存在来设定的，而是笔者"假设"的进行分析作业所必要的手续上的概念。

现在，我们暂且把第一种形态称为"里甲役形态"，第二种形态称为"均徭形态"。这里为了避免误解需要补充的一句是，笔者丝毫没有把各地实际进行的均徭法统统看作这里所说的"均徭形态"的意思。事实上，以均徭一词来概括的徭役收取方法因地区

---

① 近年公开出版的徽州文书中有一册名为《万历三十一年里长派使用银帐》的簿册。虽然单从这本孤立的簿册来看还是不清楚通过里长之手从各户摊派征收的"使用银"是怎样性质的费用，但它却生动地记录了里甲内某种费用的征收是由里长计算确定（而不是由州县衙门计算确定）并据此在内部处理的。见中国社会科学院历史研究所收藏整理的《徽州千年契约文书（宋·元·明编）》第八卷，花山文艺出版社，1994年，第1—22页。万历《福宁州志》记载道："每图分为十甲，每甲属以十户，为甲首。州县每年役其一甲，使供公事用度，使奉公事役使。十年而周，十甲既周，复编如故"（万历《福宁州志》卷七，食货志，纲派，第12页）。像这样里长作为充任里甲役的代表的记载不在少数。如果只是提供轻微的劳役，或许可以与十甲首户毫不相干，但通常情况下里长役不仅要提供劳役，还要承担官府的经费负担。这样看来，正如《国朝役民之制》所载："每岁里长以其甲之十家出办上供物料，及支应官府一岁经常泛杂之费"（《天下郡国利病书》原编第二十六册，福建，第67页所引《国朝役民之制》），里长应役通常是指里长户自身和甲首十户的共同负担。
② 山根幸夫举出了各里轮到应役的甲首十名出一名皂隶在县衙服役的事例。另外，有关里甲夫马的一些史料中也有"每里一夫""五里一马"之类的表述，说明对每里都是均等地科派负担的。山根幸夫：《明代徭役制度的展开》，第50—51页。关于被认为是由里甲负担的"上供物料"，森正夫也举出了显示各里均等分派的史料（森正夫：《明代江南土地制度的研究》，同朋舍，1988年，第702页）。

不同、时期不同而多种多样。山根幸夫、小山正明、伍跃所说的像
里甲役那样以"甲"为共同应役组织的均徭法的存在也不可否认。
因为事实上存在暗示有这种分派方法的史料。

福建省龙岩县志中对嘉靖年间(1522—1566)十段法实施以
前杂役的分派方法和十段法的杂役分派方法进行了如下的对比：

> 嘉靖以前,只轮甲编金,随其岁直甲分,则尽甲内人户丁
> 粮,以应一年之差,间有轻重不均之叹。迩来通将概县丁粮,
> 裁为十段,次第相承,前后适均。谓之均徭,名称情矣。①

此外,关于江西省也有类似的记载：

> 均徭之法,每岁通县徭银数,一定不可复减。而各甲丁
> 粮多寡不一。甲之丁粮多,则其年派银数轻,丁粮少,则其年
> 派银数重。固已不均,而所当之差又复不齐。②

如果对县内各里甲科派等量的杂役,而又不对各里各甲在编
制上进行调整以使各里各甲的负担能力均等,那么徭役的"轻重
不均"就无法避免。而且,即便是上一节里介绍的《筮仕始末》以
及朱健所说的、不管属于哪个里都按当年应役各甲全体人户的户
等分派差役的方法,只要每年应役各甲的群体负担能力参差不

① 嘉靖《龙岩县志》卷上,民物志第二,徭役,第 57 页。"杂役岁编谓之均徭。嘉靖以
前……"
② 万历《江西省大志》卷二,均书,第 73 页。又,万历《江西省大志》卷二,均书,第 1 页
有意思相同的内容:"今列户口、里甲、均徭、驿传、民兵为五,通计十年应支额数而
均派之。则银纳官,帑自为支募,较旧志所载银差力差,轮甲轮年者不垾。盖十年
一差,交并难支。频年递纳,力轻易办,且每岁征收徭银有额,而各甲丁粮多寡迥
异。如此甲丁粮多者,则其年派银,彼甲丁粮少者,则其年派重,奸民避重就轻,往
往入籍于丁粮数多之甲。以故重者愈重,轻者愈轻。况所充之差,又复倍蓰什百,
大相殊绝者。如金银、斗级、库子等项,朝任其役而夕倾其赀,谓竭泽何。自此法
行,则轻重通融于合邑,苦乐适均于十年。吏胥莫得舞文,贫富不乏其力。法孰善
于此哉。"

齐,也仍然会产生徭役的"轻重不均"。只要按户数原则编制里甲,这种弊端就很难规避,龙岩县放弃了户数原则,采用将全县丁粮分成十等份的十段法,才做到了"均徭"。而江西省则是通过一条鞭法,废除了里甲、均徭、驿传、民兵等徭役的十年一轮制,改为每年负担,实现了负担的平均化。

这两则史料里所说的十段法和一条鞭法改革以前的杂役到底是以甲为单位的平均科派还是以户为单位按其户等进行科派的? 这个问题其实并不清楚。"随其岁直甲分,则尽甲内人户丁粮,以应一年之差"这一段记述里的"甲",是指某一年轮到应役的多个甲(一个县有 20 个里的话那么就是指 20 个甲)呢? 还是指单独一个甲? 两种解释都有可能。龙岩县实行的均徭法的实际情况,按前一种解释的话可理解为"均徭形态",而按后一种解释则必须看作是"里甲役形态"。虽然不能肯定,但后一种情况也是完全可能的。《江西省大志》中王宗沐的记述亦然。

为了对各户按其户等分派徭役就有必要编造"龙头蛇尾册""鼠尾册"等簿籍,但是不编造此类簿籍而随意摊派的情况也似乎不在少数。嘉靖初年顺天府尹万镗这样写道:

> 往年均徭造册,到府者十无三四。类多袭旧循讹,或有乘机作弊,赋役不均。因而缺误,小民怨诉,无凭处分。[1]

如果官府怠于造均徭之册,那么必然会偏向于采用向各里甲组织或轮到应役的里长每年科派一定数量徭役的做法。这种方法对官府来说无疑更为简便。在南直隶松江府,一条鞭法以前,

---

[1] 万镗:《恤民隐均偏累以安根本重地方疏》,《皇明经世文编》卷一五一,第 4 页。

"京库"之役（漕粮搬运之役）由粮长掌管，里甲役和均徭由里长掌管。① 从"以里长主办里甲均徭"这句话可以看出，不管是里甲役还是均徭役，要么是一并分派给里长户，要么由衙役化的里长包揽。总之，均徭所包括的银差、力差不是按户等分派到各户的形态，而应该是如小山正明、伍跃所推测的那种以甲为科派单位的方式。

值得注意的是，这里所举的史料都是在十段法、一条鞭法施行后在对新旧方法进行对比的文脉语境中涉及均徭的。虽然都名为均徭法，但实际上各地采用的方法多种多样，甚至有的地方用徒有均徭之名的名不副实的方法分派杂役。然而，不管现实中形态的多样性及其变形如何，均徭法既然是依据其创始人夏时上奏阐明的方法依户部之命在全国各省推广实行的，那么对均徭法的应有的形态或者立法原则就必然有某种共识。15 世纪前期，江西省及其他各省为纠正"徭役不均"而需要的，应该是一种纠正"徭役不均"的行之有效的方法。这也正是均徭法的历史意义所在。

均徭所包含的银差、力差的科派方法因时期、地区的不同而多种多样。同样，里甲役的科派方法也不是千篇一律的。如果按照以里甲组织为基础的轮役制原则进行科派，就得设法消除各里各甲之间必然产生的负担能力的差距；而如果以这种里甲之间的差距为前提进行科派，则可以采用对负担进行分等分级的办法；

---

① 万历《嘉定县志》卷五，田赋考上，田赋，第 14—15 页。"条编之法行，则岁中出入无虑数十万，而宿猾不得有所支吾。盖岁贡之目有京库，有里甲，有均徭，有兵饷。旧以粮长主办京库，而有掌收者，谓之折白收头，则有税粮县总总计之。以里长主办里甲均徭，而又有掌收者，谓之均徭收头，则又有均徭县总总计之。又有练兵书手，总练兵之饷。"

还有像里长与甲首户共同分担等,方法多种多样。例如,森正夫研究发现,江南地区早在宣德六年(1431)就已经出现了将里甲役的一部分通过附加征收税粮来支付的做法;到了 16 世纪初,有的地方出现了轮到应里甲役的甲首户"计田出钱"的做法,还有的地方出现了通过每亩征收附加性粮米替代该年里甲和均徭之役的"田差法"。①

结合以上情况,如果要从徭役征收的多种多样的现实状态中概括出作为分析概念的类型的话,笔者认为可以设定前面提到的"里甲役形态"和"均徭形态"这两种类型。

笔者认为,"均徭形态"才是徭役征收的初始性形态,而且还是从根本上规定并制约各种因时代、地区不同而以多种形态呈现的均徭方法的一个模型。我们可以从有关均徭法的史料记载中找出这种论断的依据。依据可以梳理为以下三点:"均徭文册"的形式,官府指定各户徭役名目,均徭法的目的和方法。

2. "均徭文册"的形式

首先,开均徭法之源的夏时的上奏及其他不少史料都显示,在编审均徭之际要编造称作"均徭(文)册""均徭图籍""鼠尾册""龙头蛇尾册"等应役户簿籍。这表明,均徭法所设想的徭役分派方法和里甲役的分派方法有着根本性的差异。之所以这么说,是因为如果均徭法采用的是"里甲役形态",即以"甲"为单位的科派方法,那么编审时只要有一部载有里甲编制的"赋役黄册"就基本上万事大吉了。也就是说,只要先将均徭所包含项目(均徭法实

① 森正夫:《明代江南土地制度的研究》,同朋舍,1988 年,第 186 页等。

施以前部分徭役已改为纳银)的徭役数、纳银数的总额除以全县的里数算出分派到各里的均徭单位量,然后按照"赋役黄册"规定的里长轮流顺序和甲的编制,让轮到的里长户和十甲首户承办、缴纳就行了。

当然,当单纯的总额/里数这一算式导致负担上出现偏差,也就是说,县内各里各甲的群体富裕程度＝负担能力方面差距显著时,就有可能作出某些调整。① 在这种情况下,分派到各里的徭役的单位量虽然不均等,但给各里分派一定量的徭役这一点并没有改变。总而言之,这种以里甲组织为单位进行徭役分派的情况,对分派给各里甲的负担量应役之甲内部如何分担,官府不予干涉。

假如均徭法和里甲役一样采用以甲为科派单位,即笔者所说的"里甲役形态"的话,那么在徭役收取的具体手续上就没有必要编造不同于"赋役黄册"的其他形态的负担者簿籍了。相反,如果在均徭法的实施中有必要编造不同于"赋役黄册"的"均徭册""鼠尾册""龙头蛇尾册"等簿籍的话,那么就应该认为,均徭法采用了不同于从州县的均徭总量算出各里的分摊量再分派到里甲组织的别的分派方法。

这种分派方法可以从"均徭册"的形式来推测。"均徭册"之类不是罗列一下均徭役的项目,再简单地记上总额和各里甲的分

_____

① 其实,即使是关于里甲役,能够看出对各里各甲具体分派了哪些差役、分派了多少的史料也不多。在笔者所知道的范围内,在对县内各里的科派方面没有史料可以明确表明有根据负担能力进行适当倾斜的做法("半图"等规模未满基准的里另当别论)。相反,有史料表明,里甲役分派时对各里都科派同等的负担量。参照本章第204页注②。关于均徭法的杂役分派,也没有史料表明考虑各里负担能力的差异而有所倾斜。所以,这里所说的对各里甲的倾斜分配,仅仅是一种理论上的可能性。

担额的簿册。如果"均徭册"和前面介绍的"龙头蛇尾册""鼠尾册"之类性质相同(参见第 186 页),那么"均徭册"应该是一种将人户按照从户等或税粮额、人丁数测算出的各户的负担能力进行排列的应役者簿籍。

"赋役黄册"显现了里甲的组织编制。各里的编制原则上为一里十甲、一甲十一户的分级序列构造,附有各里甲组织的里长户户名、甲首户户名以及各户的成员、拥有的田地数量(税粮额)、所属的上中下户等信息,列有每甲所包含的不能成为甲首户的弱小户即所谓奇零带管户的户名,并且还在卷首以表的形式载有里甲编制一览"图"(又称"格眼册"的原因就在于此)。当然,由于为了了解、掌握各户情况的"户帖"制度没过多久就不实行了,黄册完全脱离了现实,变成了只要账面上齐备就行的玩意儿。但是,即便是这种简直就是虚册的东西,也能显现作为税、役征收机构的州县内的里甲编制的功能。

与此相对,"均徭册""鼠尾册"等伴随均徭法的施行而编造的簿册则是按户等、负担能力的高低来给人户排序的。是否按里甲编制顺序排列,是两者的决定性差异。正是由于两者各自被要求的功能不同,才产生了这种簿册构成上的差异。反过来说,由于里甲役的分派方法和均徭法的杂役分派方法的不同,带来了这种簿册上的差异。

附带要说一下的是,黄册上也有上中下等关于户等的记载,但受到黄册十年一编这一原则的制约,十年间没有户等的升降。与此相对,均徭册的户等却是随时有升降的。在北直隶顺天府,"均徭文册"是每年编造的。顺天府尹万镗的上奏中这样写道:

每年一次审编均徭文册。计算地亩人丁,兼论家赀生
理,因其贫富,分以三等九则,酌量轻重,派以银差力差。①

关于均徭,前面也引用过的福建省龙岩县的地方志里有着这
样的说明:"杂役岁编谓之均徭。"②里甲役只要每十年进行一次
里甲重编即黄册重修,下一个十年的分派对象甲的构成以及分派
给各里甲的徭役的内容就基本上自动地确定了。正是因为均徭
与里甲役不同,是每年编审即每年对应役户进行徭役分派的,所
以才会有这样的说明。③

而且,簿册上人户的排列方法也没有必要按照里甲编制把属
于同一甲的人户排在一起。均徭的应役如果采用十年轮一圈的
轮役制的话,那么估计"均徭册"应该是将第一年轮到的应役户,
也就是 A 里第一甲、B 里第一甲……全县各里第一甲所属的所有

---

① 万镗:《恤民隐均偏累以安根本重地方疏》(《皇明经世文编》卷一五一,第 3 页)。另
外,华北实行"门银·丁银"制,也称均徭,这已为山根幸夫、谷口规矩雄所证实。请
参见山根幸夫《明代华北役法的特质》(1962 年初出,《明代徭役制度的展开》,附
论);谷口:《明代华北银差产生之研究——以山东门银之产生为中心》(《东洋史研
究》第 20 卷第 3 期,1961 年,后收入《明代徭役制度史研究》,同朋舍,1998 年)。
"门银""丁银"一般向县内各户每年派,不实行轮流制。从这一点来看,似乎是和
均徭法完全不同的方法,不过,众所周知,均徭法随着均徭负担的加重,也出现了各
甲五年一次(一里内两个甲在同一年应役)或者两年一次(一里内五个甲应役)成为
编审对象等变化。与税粮负担沉重的江南不同,在侧重于收取徭役的华北,大概是
因为一下子要承担十年的负担(每年分派的情况)超出了应役户的能力,所以选择
每年应役即每年编审。这样来理解的话,可以说均徭法与"门银·丁银"制所依据
的原则并无不同,两者是相通的。如果把均徭法理解为以"甲"为科派单位的话,那
么就只能把华北的"门银·丁银"制看作和均徭法截然不同的东西。
② 嘉靖《龙岩县志》卷上,民物志第二,徭役,第 57 页。参照本章第 205 页注①。
③ 虽说是每年进行户等评定、簿册编造,但只是把应役户(10 年轮一周的话占总户数
的 1/10,5 年轮一周的话为 1/5)抽出来针对应役户进行的,对各户来说,调查人
丁、税粮重新评定户等只在应役之年(十年一次,或五年一次)才实施。《笾仕始末》
的均徭指南里说的"十年一编"指的是这个意义上的十年一次。而"赋役黄册"上的
人丁、田地的过割、户等的评定、里甲编制上的变动都是每十年一次以全县全体人
户为对象同时实施的。要注意两者的区别。

人户抽出来,不管原来属于哪个里甲,全部按户等自上而下地直线形排列。① 应该是这样的排列方法才有利于按各户负担能力公平地分派杂役。②

这里我们再来探讨一下关于均徭法施行中编造的簿籍的另一个余留问题。那就是,是否可以设想初期史料中出现的"均徭(文)册""均徭图籍"和前面介绍的"鼠尾册""龙头蛇尾册"在体系构成上是完全不同的?③ 也就是说,是否可以认为初期均徭法的簿籍在体系上是为适合以甲为单位的科派方法来构成的? 对这

---

① 第二年将各里第二甲的人户以同样方法排列。在不是十年一轮而是施行五年一轮或者两年一轮的均徭负担制度的地方,各里有两个甲的所属人户应役,或者五个甲的所属人户应役,"均徭册"上按户等顺序从上户到下户排成一列。

② 进行分派作业时,如果户等的每个等级应负担的徭役数量都已事先计算停当(如上上户每户银差 x 两、力差 y 两之类),并且已为所有户等按等级事先设定好了与其应负担的徭役数量相对应的具体徭役项目的一揽子组合的话,那么"均徭册"上各户的排列,也许就不必按户等顺序编排而只要按里甲编制排列就可以了。因为只要注明各户的户等,事先准备好的与户等相对应的一揽子徭役项目组合就会自动地被分派到各户。然而,在均徭法阶段,为所有人户按其等级准备好与每户的负担量相对应的一揽子徭役项目组合,而且其总量又要和所需要的杂役总数一致,这基本上是不可能的。在施行一条鞭法以前,每个徭役项目是独立的,通常都是单独地将徭役项目分派给负担者。在银差、力差(力差徭役项目也以银两数作为其轻重指标)出现以后,才有了计算银两总额的可能,也有了对当年所有应役户根据户等考虑权重后计算出作为计算单位的负担者总数的可能。不过,即使可以通过(银力二差之总数)÷(根据户等考虑权重后计算出的负担者总数)这一公式计算出作为计算单位的每个负担者的平均负担银两数,那也只能作为分派时的一个大致的基准而已。这是因为,需要分派的徭役每一项都是独立的,为了能与每个负担者应负担的平均银两数相一致,即使把具体的徭役项目几个组合起来制定一揽子的徭役项目组合,大多数情况下仍然会余留下不能完全填补的零头银两数。即便导入"朋充"方式,也就是由数户分担一项较重的徭役项目,也不一定就能正好是一个负担者应负担的平均银两数的整数倍。只要维持每个徭役项目的独立性,那么就很难事先准备好与每个户等的平均负担额相对应的一揽子徭役项目组合。如此说来,分派方法也只能是像《筮仕始末》以及朱健所说的那样,先把当年所有应役户按户等顺序排好,再通过不折不扣的手工作业将徭役逐项地依次分派下去,分到户等列表的末尾还未将徭役分派完的话,就再从头按顺序分派。

③ 笔者意识到这个问题的存在是因为受到伍跃先生的赐教。伍跃先生在读了笔者发言稿后提出了宝贵的意见,在此深表感谢。

一问题的回答,有可能会支持以下这样一种观点:初期均徭法为
"里甲役形态",后来变化为采用"鼠尾册""龙头蛇尾册"的形态即
以户为科派单位的"均徭形态"。

初期的"均徭文册"的原型应该是正统四年(1439)或者八年
(1443)①在江西按察佥事夏时的建议下由户部命令各地施行的
文件。伍跃介绍的成化《杭州府志》卷二田赋志记载的内容是这
样的:

> 正统四年,以江西按察佥事夏时言"天下徭役不均",户
> 部行令:"里甲除正役照赋役黄册应当外,又另编造均徭文
> 册。查勘实在丁粮多寡,编排上中下户,量计杂泛重轻等第
> 佥定,挨次轮当。"一时上下称便。②

这里的记述非常简洁,不过从中可以看出以下四点:

(A)"正役"按照"赋役黄册"充任,即遵照"赋役黄册"上标明
的里甲编制应役之意。毫无疑问,这是以甲为分派单位的十年轮
流一周的轮役制。

(B)"均徭文册"上各户按调查到的"实在丁粮多寡""编排上
中下户",也就是按上中下三个等级分类排列。按里内十甲的编

---

① 山根幸夫根据实录的多条记录,特别是《明英宗实录》卷一三六第 3 页正统十年十
二月乙巳条的记录,推测出均徭法的创始实施为正统八年。山根幸夫:《明代徭役
制度的展开》,第 105 页。唐文基在引述把均徭法的开始纪年为正统四年的《海宁
县志》的同时,认为实录中记载的"廷臣"们的认识即始于正统八年前后的认识是可
信的。唐文基:《明代赋役制度史》,第 229 页。

② 成化《杭州府志》卷二十二,风土徭役。请参照伍跃《明代中叶差役改革试论》,第
96 页。另外,梁方仲在嘉靖《海宁县志》卷二,田赋志中发现了完全相同的记录。
参见梁方仲《梁方仲经济史论文集》,第 595 页:"正统四年,以江西按察佥事夏时言
'天下徭役不均',户部行令:'里甲除正役照赋役黄册应当外,又另编造均徭文册,
查勘实在丁粮多寡,编排上中下户,量计杂泛重轻等第佥定,挨次轮当。'一时上下
称便。"

制排列的解释是得不出来的。

（C）这种"均徭文册"是按里分别编造的,还是横贯里甲把全县作为一个单位来编造的? 未见明确说明。

（D）虽然说是"挨次轮当"即轮役制,但没有明确说明是按怎样的原则轮流的。

仅凭这么一些信息要复原夏时创始于江西省经户部的政令扩展到全国的最初的均徭法原型是很困难的,但是如果加上礼科给事中金达的上书①里"五年而正役之,又五年而杂役之"这一信息,那么（D）的问题就可以认为是按甲轮流各甲每十年应役一次。

关于"均徭文册"的构成体系问题,可以看作是如（B）所述,但却无法判断此类簿册是各里分别编造还是以县为单位编造（换句话说就是,到底是把一里内110户按户等顺序排列,还是把全县所有人户按户等顺序排列）。本章第202页中引用的万镗《恤民隐均偏累以安根本重地方疏》也记载了"均徭文册"的编造方法,虽然由于过于简单而无法知道具体的形式,但可以确定的是,那是分成三等九则各个等级的应役户簿籍。

不过,我们可以设想,州县官府在编造一州一县整体的均徭册时,肯定是让各里提交了由里长、书手等编制的各里的基础资料的。这也可以从编造"赋役黄册"时首先要从编造"里册"开始这个情况来推测。这样说来,"均徭文册"有以里、都为单位的也不足为奇,但官府在进行负担分派作业时肯定需要把那些以里、都为单位的分散的簿册合并为一部完整统一的簿册。合并时有可能会像"龙头蛇尾册""鼠尾册"那样把当年所有应役户按户等

---

① 参照本书本章第一节第198页注①。

顺序排列,也有可能将各户按其所属的里分别排列后登载。但是,没有史料能够明确显示初期史料中出现的"均徭文册"究竟属于哪一种类型。

唐文基认为,"均徭文册"也称"鼠尾册""虎头鼠尾册"[①]"龙头蛇尾册",为区别于"黄册"也称"白册"。[②] 他把初期史料中出现的"均徭文册"看作是将全县的当年应役户按户等顺序排列的。另外,第二次世界大战之前松本善海的研究也把"均徭册"和"龙头蛇尾册""鼠尾册"作同等看待。[③] 由于没有现存的"均徭(文)册",我们无法作进一步的探究,不过笔者的想法和唐文基、松本善海一样,觉得把"均徭(文)册"和"鼠尾册""龙头蛇尾册"看作同样性质的簿籍当无大碍。

从为均徭法制定的簿册构成体系来看,均徭法采用"里甲役形态"或杂役的分派方法接近里甲役的分派方法这样的理解存在很大的困难。因为这种理解与均徭法实施之际必须另外编造不同于"赋役黄册"并具有上述构成体系的应役者簿籍这一事实是不能共存的。

3. 官府指定各户徭役名目

不管"里甲役形态"还是"均徭形态",最终负担者都只能是

---

① "虎头鼠尾册"可以确认隆庆二年(1568)在苏州府吴县编造过,不过并不是为了均徭的分派,而是为了对通常包含在里甲役或粮长之役里的漕米征收及运输之役"依田多少定差轻重"(似乎改成了纳银雇役的做法)时编造的。

　　崇祯《吴县志》卷九,役法,第 20 页。"隆庆二年知府蔡国熙详定南北运柜收等役及仓兑,并五年一编与十排年役,各别挨轮。每遇编期,核造虎头鼠尾册金点,以田多少定差轻重。革府总、县总金点大户,改选书役承充,革报库子城当等为雇役。"

② 唐文基:《明代赋役制度史》,第 253 页。

③ 和田清编《中国地方自治发达史》(中华民国法制研究会,1999 年),第 101 页以后。

户。因为明代的里、甲不是作为经营单位而存在的,无论是地主
经营还是小农经营,户(也就是家)才是经营和所有的单位。当
然,"赋役黄册""均徭文册"上登录的"户名"并不一定和现实中地
主、农民作为经营单位的家一一对应。立为里长户、甲首户的户
只是名义上存在的户,实际上由多个独立的家庭共同担当的情况
也不在少数。① 即使在这种情况下,互相协作共同担当一个里长
户等役的各个家庭仍然是各自独立的经营体,只是在负担徭役的
时候才相互协作。值得注意的是,官府方面是在明知所掌握的收
取徭役的对象户里包含这样的"合并户"的情况下使用户这一概
念的。

　　由谁来对这样的各户实际进行徭役负担的分配是决定税、役
收取结构的重要因素。不仅如此,由于税、役收取结构是建立在
社会组织形态的基础上的,所以也是考察社会组织形态所要注意

---

① 在中国社会科学院历史研究所所藏明代徽州文献资料中,发现也有多个户主约定
　共同担当一个里役的契约文书——"承当里役合同"。前面提到过的《徽州千年契
　约文书(宋·元·明编)》卷四,第 350 页。此外,片山刚氏的研究表明,广东省直到
　民国时期还存在着和明代里甲组织相同的图甲组织,在那里作为向官府缴纳公租
　公课的里甲户而登记在册的"总户"在现实中往往是一个宗族的代表,或者是一个
　包含数个姓氏的集团。请参见片山刚《清末广东省珠江三角洲的图甲表及相关问
　题——税粮·户籍·同族》(《史学杂志》91-4,1982 年),片山刚:《关于清末广东
　省珠江三角洲的图甲制》(《东洋学报》63-3、4,1983 年),片山刚:《清末广东省珠
　江三角洲图甲制的诸矛盾与改革(南海县)》(《海南史学》21,1984 年),片山刚:《清
　末广东珠江三角洲的图甲表及同族统治的重组(顺德县·香山县)》(《近代中国史
　研究》四,1984 年)。其他还有片山刚题为"清代珠江三角洲的宗族·村落与国家
　制度"的发言稿(1993 年 7 月 29 日,第七届明清史夏季研讨会,于川渡培训中心)。
　另外,明代的"赋役黄册"上"户"的下面还记载有构成"户"的"丁"的相关信息。这
　个"丁"的数量是户等的评定基准,"丁"本身又是负担的分派对象,在徭役制度中
　"丁"和"户"一样是重要的要素。但是,这个丁和现实中的人丁却不是对应的,有史
　料表明它代表了构成一个虚构的名义户时的现实家庭——有时亦称户丁、子户。
　这个问题且待今后作进一步研究,这里仅限于指出一种危险性,即,在明初的"户
　帖"制度逐渐废弃之后,虽然从有关税、役的各种簿籍上看"户""丁"是税、役的对
　象,但根据这一点认为国家掌握着作为实际经营单位的家庭及其成员是危险的。

的问题。

一般来说,在"里甲役形态"下,分派给里的徭役是以十户里长户和十甲为单位按十年一轮的轮役制首先分派给作为共同应役组织的见年里长+十甲首户,然后由共同应役组织内部决定如何分派到作为基层负担者的各户的。具体的做法应该是由轮值里长户或书算之类的村官进行对各户的分派作业,或者根据应役组织的内部协议、惯例等决定。① 那么,均徭法在把负担落实到各户时是否也设定了这样的方法呢?

有关均徭法的史料中出现有"审官"这一概念。何瑭的《均徭私议》是为了批判以拥有田地为基准进行徭役分派这种倾向而写的徭役论。据他所言,以前在河南省,审编均徭时由"审官"决定"差银增减",也就是户等决定户内各丁每人的负担额。②

像这样提到"审官"的不止河南省的例子。笔者认为,均徭法对各户的徭役分派不是在里甲内部由里长等人进行的,而是由州县官衙以州县整体为对象规划实施的。有关初期均徭法的代表性史料《明英宗实录》天顺元年(1457)的记载如下:

> 正统间,江西参议夏时建议造册,以税粮多寡为差,官为定其徭役,谓之均徭册。民初以为便。时四川按察副使刘清请行其法于四川。③

这条实录的记载说明,均徭法提倡者夏时的建议,原本也是为了以税粮的多寡为主要标准,按户等顺序将应役户编排成册即

---

① 参照本章第 204 页注①。
② 见何瑭《均徭私议》,《皇明经世文编》卷一四四,第 20 页:"河南旧例。审编均徭,遂未以田为主,亦未以丁为主。其人丁差银增减,从审官之意,多寡无一定之法,少有不至两者,多有三五两者,有十余两者,甚有四五十两者。"
③ 《明英宗实录》卷二八一,第 3 页,天顺元年八月戊戌。

"均徭册"后,由"官"按照户等分派具体徭役项目。

这种按户等进行的客观、机械的徭役分派如能得以实现的话,那么就会像唐文基所指出的那样①,即便是官方进行分派也将不受"官"的意志所左右。位于浙江省中部的永康县县志上有这样的记载:

> 弘治元年,始定均徭之制。其制照里甲定籍,年役一甲,以五年与里甲互役。总验一县之丁粮,配诸当役之数,通融而审编之。凡役期之前后,役直之轻重,有司者皆莫得而高下焉,此诚所谓均徭者矣。②

假如均徭的科派单位为里内各甲,那么需要各户实际负担的徭役项目和徭银数量就会在里甲内部决定。然而史料显示,徭役项目和徭银是官府以均徭册上登载的"户"为直接对象决定的。即使是以甲为单位,那也只不过是应役的顺序以甲为单位轮流而已。从这一点上也应该可以确认,以甲为单位进行徭役项目的分派不是均徭法的宗旨。

4. 均徭法的目的和方法

所谓均徭就是固有杂役中除与驿传有关的差役之外的徭役的分派方法。在均徭法以前,这种"杂泛差役"是不通过里甲的,而是不定期地从有实力的人户中指派(金点)负担者。如果这种分派方法在均徭法施行后改成了以"甲"为共同应役组织的科派

---

① 唐文基:《明代赋役制度史》,第 255 页。下注所引史料也为唐氏之介绍。
② 康熙《永康县志》卷四,户役篇,第 5—6 页。这条史料没有言及户等。这或许是一个徭役分派已发展为类似于"十段法"那样将徭役直接分派到人丁、税粮的事例,但弘治元年已施行十段法的说法与以往的理解不符。这个问题且待今后的研究。

方式的话,那么当时的人们应该有进行这种变更的理由才对。

由于以前的方法不能排除因随意指派而导致负担集中在一部分人户的可能性,所以人们自然而然地认识到需要通过某种办法使负担趋于公平。但是能够减轻徭役负担偏差的方法有很多,其中有一种被提出来并在各地的推广实施中其核心部分具有共同性的制度,那就是均徭法。由于均徭法是"以甲为科派单位"的,那么我们就必须找到采用这种方法的原因的合理说明。如果我们认为作为杂役科派方法的均徭法,将原来的杂役科派方法改变、调整为以里甲为单位的徭役分派方法,而又不能对为什么进行那样的调整作出合理解释的话,那么我们对均徭法的历史意义的理解就只能停留在表面。

说到小山正明以及松本善海、鹤见尚弘①等人的研究,他们一开始就认为由税粮和徭役组成的国家性征收全部是通过里甲制这一社会组织来实行的,并且以这种体制为前提展开了他们的论述。按照这种思路,将明初那种不定期的随意性的杂役科派纳入这种体制是不言自喻的,而以甲为科派单位的均徭法的出现也是意料之中的事情。在这样的背景下,对均徭法产生的历史必然性的研究不受重视也就理所当然了。从小山他们设想的里甲体制论来看,这一研究根本就没有探究的必要。

均徭法的目的在于消除杂役科派的不公平和负担过于集中在一部分人户的问题,这也是"均徭"这一名称的由来。可是当时的改革者们是否真的认为通过向"里甲役形态"的集中就能实现均徭的目的呢?笔者无法想象当时的人们会觉得通过把里甲役

---

① 和田清编《中国地方自治发达史》;鹤见尚弘:《明代的乡村统治》,《岩波讲座 世界历史)12,1971 年。

和杂役都向"里甲役形态"集中就能实现负担的均等化。后面还会提到,如果能够容忍为平均各里各甲的负担能力而定期进行里甲组织的人为重组所带来的烦琐事务和由此引起的弊病的话,倒也不是不可能。但是,即便在均徭法初创的 15 世纪中叶,如果考虑到在之后的时期里完全可能采用《筮仕始末》的指南手册和朱健提到的对轮到应役各甲所属各户分别分派徭役项目的方法的话,有什么理由一定要让杂役的分派方法和里甲役的分派方法一致呢?

均徭法之所以要花大力气进行诸如调查各户人丁数、税粮额来评定户等、编造"均徭文册"等簿册之类相当麻烦的事务手续,是因为均徭法的目的归根到底是为了与负担能力相称的杂役负担的绝对公平。像均徭法以前的杂役分派方法那样不定期地指派有实力户应役的做法很难排除指派的随意性和负担的不公平。排除这些不公平因素追求负担的绝对公平应是均徭法的精神。

那么,与里甲役相同的以甲为单位的平均科派方法能够达到"均徭"的目的吗? 要达到这一目的,就要像小山正明所说的那样,"必须在编排里甲时注意让里内各甲尽可能保持均等的徭役负担能力"。在编排里甲时,让一里内的十甲保持均等的负担能力并没有多大困难,但是,要按照一里一百一十户、一甲十一户的户数原则,在保持里内各甲间均等的同时还要调整县内各里,使之负担能力也保持均等的话——要在以里甲为单位均等科派的情况下实现负担均等化就非得这么做不可——困难的程度就更大了。要克服这种困难,就必须放弃按自然居住区的划分编排里甲组织。也就是说,在大部分地区,必须像小山正明所说的那样,通过"把各户一户一户地单独抽出来人为地组织起来"才能实现。从这一点来看,小山正明的均徭法理解和里甲组织论在逻辑上是具有很高的完整性的。①

　　然而，不管是地主还是自耕农民，其经济实力的消长是不断变化的，也不存在抑制里甲内的户数、人丁数以及田地面积增减的家法村规（译者注：日语 IE、MURA）之类的制度。在这样的社会现实面前，依靠十年才重新编排一次的里甲组织，果真能实现均徭法所追求的负担的绝对公平吗？可以想象，要在以甲为单位进行分派的前提下实现这个目标，在十年一次的重新编排时，根据情况有时需要进行几乎是全面的大手术。假如不但里甲役而且连杂役也改革为以甲为单位的平均科派，那么在与里甲役的关系上已经暴露出的里甲制的矛盾——里甲组织被赋予的各种功能对里甲成员间共同性的要求与里甲编制从地缘关系的脱离之间的矛盾——就会进一步扩大。②

─────────────

① 小山正明认为，对里甲组织的徭役科派方法的原则是各里均等，也就是不管对哪一个里都分派相同的负担量。参照小山正明《明代的十段法》，《明清社会经济史研究》，第 177 页以后。而事实上也有这方面的记载了具体方法的史料。参照本章第 204 页注②。从史料上也可以看出，对里甲役所含徭役负担，即使各里之间存在负担能力上的差距，原则上也不对各里的负担量进行调整。为了稳定、持续地以这种方法进行徭役征收，就必须对各里各甲的负担能力的差距进行调整。那就是每十年一次的"赋役黄册"的修订即里甲重组。因此，小山正明的如下观点——"如果说明代的里甲编制既要把以户则形式分成不同等级的经济实力各异的各户按户数原则组织起来，同时又要尽可能使各里各甲的徭役负担能力均等的话，那么这种编制是不可能以村落这样的地缘关系为基础进行的，而只能是不考虑各户的地缘关系把各户单独抽出来进行组合"（小山：《明清社会经济史研究》，第 180 页）——是和他的那种对里甲、均徭的理解密不可分、互为一体的。

② 里甲组织的编制"是不可能以村落这样的地缘关系为基础进行的，而只能是不考虑各户的地缘关系把各户单独抽出来进行组合"，这一假说不管均徭法是否采用"里甲役形态"都是必定成立的。之所以这么说，是因为在各里各甲间经济实力的差距自然扩大的现实面前，即使以里甲为单位科派的只是里甲役，当达到相当繁重的程度时，就会导致负担发生实质性的偏颇，甚至致使徭役征收发生困难。当然，即使均徭法在杂役负担方面实现了以户为单位的科派，光靠这一点还是不能消除那种事态发生的可能。笔者想说的是，既然里甲役的征收已经引发了那种事态，当时的人们难道就想象不到用与里甲役相同的科派方法分派杂役所将带来的后果吗？而并不是基于通过均徭法的实施以避免那种事态的发生这样一种假设。

在均徭法的实施中，如果要坚持给里甲组织分派均等的负担，而且要根据基层负担者各户的负担能力做到实质性的负担公平的话，那就需要在十年之内为达到各甲负担能力的均等而进行调整。在社会流动性高的地区，也许甚至需要抛开黄册十年一编的原则，每年都对里甲组织进行实质性的重组。均徭法应该是以这种形态来实施的吗？笔者对此表示质疑。

但是，如果原则上不是以甲为科派单位，而是以户为单位的话，那么只要没有特殊情况，基本上不会有徭役负担均等化的要求来迫使里甲组织经常性重组的压力。无须制作数理模型进行思维实验即可知道，集团内成员数目越大，其内部无规律①的个别成员经济实力的变化就越不会直接导致集团间差距的扩大。如前所述，只要把轮到应役的人户按户等顺序编排成册，原则上说就能达到实现绝对公平——虽然影响绝对公平的外在因素很多——的目的。对于杂役，明代的人们是要选择与里甲役相同的不对里甲组织进行经常性的调整、重组就不能实现"均徭"的科派

---

① 原则上只有每甲 11 户左右规模的各甲之间，以及分别只有 110 户外加奇零带管户这样规模的各里之间，无规律地发生的各成员户经济实力的消长以及户数、人丁数的增减导致各里各甲之间负担能力出现偏差的概率是很高的。另一方面，按照"均徭形态"，以十年一役为例，全县每年的应役户形成一个甲首以上占全户数十分之一的横贯各里的人户群体。这 10 个人户群体的成员分散在全县各地，而且户数规模相当大。因此，没有规律地发生的个别地主、自耕农民经济实力的消长以及户数、人丁数的增减导致十个群体相互间负担能力差距扩大的概率当然就会降低。从五年一役到三年一役乃至每年应役，应役的频率越高，每年应役户群体的户数就越多，产生差距的概率就越低。不过，需要注意的是，这是没有人为因素影响的情况。而当在全县范围里比如大家都知道各里第一甲富户相对较多，其他各甲（第二甲至第十甲）的成员又能够通过不正当手段等迁入第一甲，实际上确实有不少成员就是这么干的，在这种情况下，各里第一甲所属各户的负担就会变轻，留在其他各甲的各户将被迫承担比以前更重的负担。在采用以户为单位科派方式施行均徭法的地区，如果各甲之间产生负担上的偏差的话，那就是这种情况了。在只有 10—20 个里的小县，要想有意识地制造这种人为的偏差也是比较容易的。

方法,还是想采用与里甲役不同的科派方法来实现"均徭"? 至少就笔者而言,既找不出对认为开创或推广均徭法的人们应该选择前者的^①方法这种观点的合乎逻辑的合理解释,也不知道有显示选择前者方法的史料。

以上从三个角度对均徭法的徭役分派方法进行了探讨。无论从徭役制度的自身规律来看,还是从史料依据方面来看,把均徭法看作以"甲"为单位的科派方法都是不恰当的。如果我们假定采用了对里甲组织一揽子分派的方式,那么我们无法对这一假定与编造"均徭册"这一事实作出合情合理的完整理解。而且,评定各户上中下或三等九则的户等,或人丁数、税粮额作为分派徭役项目的基准,这是有关均徭法的史料再三强调的事实。显而易见,这一事实比起一揽子分派方式的假定来,与直接以户为单位进行科派的观点更相吻合。

第三节　"均徭形态"与里甲制

上一节里我们说到均徭法的杂役分派方法与里甲役的分派方法在原理上应予以区分。另一方面,应役顺序的轮流原则是以里甲编制为基础的。而且,里甲役名下的所有差役名目和均徭名下的所有差役名目本来就没有统一的法令来加以严密区分。对

----

① 按照小山正明的观点,15 世纪中叶均徭法的确立标志着明初里甲统治体制,具体地说就是主要的税、役征收都通过里甲组织来实现的体制的确立。正是以这种体制的存在为前提,小山正明把从明代后期到清代初期的税、役制度改革看作是里甲制统治体制涣散、解体的具体表现的历史勾画才显得更加鲜明。如果说小山正明的均徭法理解欠妥的话,那是由于他太急于完成他的那种以里甲体制理论为中心的历史勾画了。也正是由于这种急躁致使他在研究税、役制度的发展变化时没有对其本质所在的财政问题提出疑问。

于性质上有共性的徭役,到底应该作为里甲役来征收,还是应该包括在均徭里面,没有一个明确的标准。① 在这些方面,均徭法也和里甲制有着很深的关系。在与里甲制的关系上,"里甲役形态"和"均徭形态"之间有着怎样的差异和怎样的共同点? 这个问题是我们思考财政动向对徭役制度的影响时首先应当解决的论点。

首先,"里甲役形态"可以说是以里长主要对十甲首户(其次还包括奇零带管户)的管理能力,或者里内所含的乡村社会中里长户阶层的优越地位、领导能力等②,也就是"当地权力结构"的普遍性构造为基础的。轮到的里长以及甲内各户负有共同承担分派给里甲的徭役的义务,而且规定里长是这个共同应役群体的具有领导地位的负责人。在现实社会关系中,如果没有这样具有领导能力和权力的里长阶层的存在,官府就不可能以"里甲役形态"获得必要的财物和劳力。

其次,要让具有这种阶层结构、内含支配与被支配关系的里甲组织,尤其是由各甲十甲首户与一里长户构成的共同应役群体有效地发挥作用,就需要以乡村社会内部具体的相互关系、相互结合为基础。③ 所以,里甲组织尽管存在程度上的差异,但原则

---

① 对于公费和上供物料,有的地区当作里甲役,也有的地区包含在均徭之内。谷口规矩雄指出在山东省是包含在均徭里的,他还提示在其他省也有类似的事例。谷口:《明代华北银差产生之研究——以山东门银之产生为中心》,以及岩见:《明代徭役制度的研究》,第93—94、145—146页。另外,在山根幸夫指出的永嘉县的事例中皂隶被当作里甲负担。但是,皂隶历来是算作杂役的,几乎都是作为均徭中的徭役项目的。参照本章第204页注②。
② 参照本章第二节第203—204页。
③ 崇祯七年(1634),冯梦龙赴任福建省靠近与浙江交界处的寿宁县知县,亲笔私撰地方志《寿宁待志》。在下卷"都图"项,简明扼要地记录了全县二十二图(图即里)各甲离县城的距离,所在地的地名、特色等一览表。从中可以看出寿宁县的里甲组织具有以下组织结构。(转下页注)

上是依据自然居住形态的地缘性组织。丧失了这种地缘性的里甲组织，就变成了簿册上的一个空壳，难于发挥被赋予的各种功能。[①]这种观点已成为众多学者的共同认识，而滨岛敦俊、川胜守则更是以"里共同体""里甲共同体"来强调这种内含多层关系的农村地缘共同体的特点。[②] 可以说，此种支配关系（决非固定不变的）和地缘共同体的特性，即是农村生产、生活的"里甲役形态"。

与此相对，"均徭形态"却不一定以那种"当地的权力结构"为前提。在这里，里甲组织内的里长户和甲首户、奇零户不是作为具有阶层结构的集团而被置于承担徭役负担的位置上的。他们

（接上页注③）（一）虽然属于同一个图（里），但有的甲却位于相隔很远的地方。

（二）存在着多个甲虽然在同一个村里却分属不同的图（里）的情况。

（三）各甲附有"村""溪""坑"等名称，以地名而存在。

由于从表中得不到任何构成甲的各户的信息，所以并不能凭（三）就可以直接认为甲是同一村落内的近邻组织。但是，相对于图（里）并不是按照是否属于同一地理区域来组织的，甲的范围似乎不超越村这样的狭小范围。这种编制形态也许说明，里甲组织不一定需要里的地缘色彩，但对甲的地缘色彩却有较强的要求。另外，这个一览表虽然是明代最晚期的记录，但冯梦龙却有这样的证词，"每人造黄册，姑以故籍为主而附会成之，前后不甚相悬"（卷上，第16页），所以可以看作是记录了更早时期的状况。关于徭役他也进行了饶有兴趣的记述，这在后面会涉及。

① 如果容许由里长统一缴纳役银转变为一种单纯的包揽行为的话，那么即使是这种空壳化的里甲组织也能达到税、役征收的目的。而且，随着时间的推移，在有些地方里长之役变为由多个专业人员即性质上与胥吏、衙役相近角色的经营业务。这种状态是在已经无法维持里制和里役的原则之后出现的，标志着里甲制的变质或崩溃。不过，值得注意的是，这种变质、崩溃并不是由外在因素引起的现象，而是在里甲体制的原理中就已经蕴涵了变质、崩溃的种子。关于里长役的分化，参照山根幸夫《明代徭役制度的展开》，第144页以后；森正夫《明代江南土地制度的研究》，第306页等。关于里长役的胥吏衙役化，参照韦庆远《明代黄册制度》（中华书局，1961年），第134—135页；缪全吉：《明代胥吏》（中国人事行政月刊社，1969年），第188—189页；川胜守：《中国封建国家的支配构造》（东京大学出版会，1980年），第80页，列举的相关史料。

② 滨岛敦俊：《明代江南农村社会的研究》（东京大学出版会，1982年），第18页以后；川胜守：《中国封建国家的支配构造》，第186页以后。

是作为按负担能力分成不同等级的应役户分别接受役项及役银分派的同等者。均徭的"编审"就是以户等为基准分别给各应役户分派具体的役项、役银,而作为具体的权力行使者出现在应役户面前的则是主管"编审"手续的"审官",以及负责指派应役、征收财物的州县衙门的胥吏、衙役。虽然在各户的应役顺序取决于所属的甲这一点上体现了对里甲组织的利用,但是,里甲组织并没有发挥诸如甲内相互协作共同分担负担、里长代表一甲服役等作为建基于内部支配关系和共同关系上的应役实体的作用。如果由各户分别应役,那么即使里甲编制只是簿册上的一个空壳也没有关系。

不过,如果各里在同一年应役的各甲加在一起的负担能力总和即全县同一年应役各户的负担能力总和在不同年份存在很大差异的话,就很难稳定地确保财政资源。所以,理想的是各里各甲的负担能力都靠近平均值。但是,即使各甲的能力有高有低,因为应某年之役的是几十甚至数百甲组成的群体,所以自然的高低不均在群体内部得以抵消,从结果上来看每年负担能力的总和呈现出靠近平均值的倾向(参照本章第221—222页)。如上所述,"均徭形态"同时又是一种能够吸收各里各甲之间自然产生的负担能力差距的方法。这与采取"里甲役形态"时徭役征收的稳定性易受各里各甲负担能力差距的影响形成鲜明对比。

小　　结

迄今为止的明代税、役制度研究取得的成果之一是,论证了税、役制度的变革是由里甲组织的变化及其实际功能衰退导致的征收困难所催生的,是一个创造出适应新出现的农村社会结构和权力关系的税、役征收方法的过程。以居住在农村的自耕地主阶层为主力的粮长、里长阶层的没落导致徭役负担向中小农民集中,并由此引发里甲体制功能瘫痪,即税、役征收困难。另一方面,由于土地向享有优免特权的豪绅集中、"诡寄"等包揽行为的扩大以及商品经济的渗透等原因,地主制度也迎来了巨大的转变,明代后期,这种乡绅地主的支配力量得到了壮大。有观点认为,与这种社会变动相对应,在以阶层序列结构和以户等为核心的里甲制度的框架范围内,以"户"为单位对农民、地主进行控制的体制开始向只关注作为收益资产的土地所有权、以征收土地税为基础的统治体制转变。① 作为映现社会经济的发展过程与国家制度、统治体制的变化之间的相关关系的光源,明代税、役制度研究提供了很好的视角,正因为如此,在 20 世纪 70 年代以前一直受到许多学者的关注。

　　这样的理论体系无疑是具有说服力和充满魅力的。对于这种理论体系,要么像小山正明、重田德两位学者那样从中国社会封建制度确立和"地主国家"出现的脉络来理解,要么从含义稍稍不同的乡绅统治论的脉络来理解②,或者应该设想一种完全不同

---

① 小山正明和重田德的税、役制度史研究对得出这样的分析结果起到了最大的作用。
② 檀上宽的《明清乡绅论》(谷川道雄编《战后日本的中国史争鸣》,河合教育文化研究所,1993 年)对日本学界对乡绅论研究方面的论点进行了整理。乡绅统治论颇有影响的学者川胜守在其著作《中国封建国家的支配构造》中虽然使用了"封建国家"这一概念,但笔者觉得,他并没有按照把明末清初看作生产关系从奴隶制向封建制过渡的转型期的小山正明和重田德的思路,把这一时期看作封建制及封建国家的确立时期。虽然最初提出里甲体制向乡绅统治过渡,即粮长、里长阶层社会地位衰退、里甲体制崩溃"过程中以新的统治阶层身份出现的是以科举制度为基础的乡坤"(小山正明:《明清社会经济史研究》,第 86 页)的观点的是小山正明和重田德,但是围绕乡绅问题展开论述的很多学者在封建制确立的问题上却没有和小山正明、重田德持相同的见解。

的历史脉络,不管怎样,围绕税、役制度变革的上述历史认识,今后仍然应该受到充分的重视。

然而,即使这种围绕里甲体制的解体来理解税、役制度改革的意义的视角对明代中期以后的各种改革依然有效,关于明代前期进行的作为杂役征收改革的均徭法,认为均徭法是对通过里甲制进行税、役征收体制的进一步完善的观点却是站不住脚的。通过本章的分析,我们已经基本上论证了把均徭法的创立和实施看作是体现徭役征收向里甲体制一元化方向发展这种理解是难于成立的。那么,均徭法的创制与普及提示我们在与明代的税、役征收制度及与之紧密相连的社会组织里甲制的关系上存在着怎样的问题呢?笔者主要关心的就是这一点。

前面我们时而夹杂着过度抽象的议论论述了"里甲役形态"和"均徭形态"的区别,这是基于这样一种预见,即均徭法出现的意义,也许可以理解为明初的里甲制已经与财政体系内在的追加性、附加性征收增大的趋势开始产生矛盾的外在特征。里甲制在整个明代都被当作税、役征收机构来利用,其划一的户数编制原则和轮役制度,看起来似乎是为被当作里甲制最主要功能的徭役征收而设计的,但是实际上里甲制在创建后不久就已经和徭役征收处于一种激烈的紧张关系中。

随着均徭法的普及,杂役分派方法发生变化,不仅没有向早已确立的"里甲役形态"集中统一,反而创制出有别于"里甲役形态"的"均徭形态"并得以普及,原因何在? 本来不作为里甲役科派的上供物料和公费①早已在永乐、宣德年间(15 世纪前半期)成

---

① 这已经被岩见宏缜密地考证过。请参照岩见宏《明代徭役制度的研究》,同朋舍,1986 年,第 27—103、135—155 页。

了按照"里甲役形态"科派给见年里长和甲首户的徭役,那么把杂役以同样的方式编入里甲役也顺理成章,可是当时的改革者们在均徭法上却没有作出这样的选择,而是采用了不同于"赋役黄册"的簿籍和科派方法,这又是基于怎样的情况判断呢? 这两个极其简单朴素的疑问似乎隐藏着问题的关键。

明太祖朱元璋及其顾问们在他们创立的国家货币、财政体系中也许并不一定把徭役的征收作为核心目标来构思里甲制。如果这样的话,那么源于货币、财政体系结构而必然要发生的追加性、附加性的税役征收及税役的加重,与没有预见到税役加重的情况而设定的里甲制的原则、功能等之间产生摩擦,也是理所当然的了。而且,在法律制度的盲区不断加重的徭役科派的压力下,里甲制以及地方行政制度一方也会在法律制度的框架中巧妙地改变实质内容来顺应压力。这种压力的大小与顺应的方法不一而足,除此之外还存在着一种维持开国之初"祖法"所定制度的压力,这些因素都使明代税、役制度变得复杂与不透明,而最根本的还是货币、财政体系内部存在着制度性的紧张关系。如果这样的话,那么对这种紧张关系的理解首先应当成为我们历史地解读明代徭役问题发展变化的立足点。

第六章　里甲制与徭役负担

第一节　两个正役

　　明代人将十里长户和一百甲首户十年一次分别轮流担任见年里长和见年甲首习惯称为"正役"。称其为"正役",可能是因为他们认识到应该与其他的"杂役"区别称呼。明代的"杂役"是指与驿传有关的差役,以及后来按均徭法分派的皂隶等杂泛差役。之所以称之为"杂役",是因为它绝对不是所有在编户都必须承担的徭役,而只是"佥点",即被指名的有实力的人户才必须承担。正如税粮是无论做到怎样的高位高官,只要拥有土地就都必须负担的"正供""正差"一样,作为"正役"的见年里长役和甲首役,是"赋役黄册"中登载的中产以上的人户(被认为无力承担的奇零带管户以外的人户)都必须承担的徭役。① 与不定期的或临时的从

---

① 人们往往会以为"差"就是"差役",即徭役方面的负担,然而在明代,有时用"正差"或者"粮差"来指税粮负担。比如,海瑞曾云:"独见年里役,每丁约用银多则四两,少亦不下三两,虚审均徭,少者一丁一两二钱,多者一丁至十余两。是以民间不苦朝廷正差,独苦均徭里役。富家破产,贫者逃亡,图图有之,是诚未可轻议也。"参见《均徭申文》,《海瑞集》,中华书局,1962 年,第 161 页。显然,这里的"正差"指的是与"里甲均徭"相对的税粮。又如,张栋有言:"夫条鞭之称善,正以其征银之在官,凡百用费,皆取于官银。民间本户粮差之外,别无徭役,自完本户粮差之外,别无差使。吏胥无所用其苛求,而民相安于无扰耳。"参见《国计民生交绌敬伸末议以仰裨万一疏》,《皇明经世文编》卷四三八,第 19 页。这里把按一条鞭法缴纳的(转下页注)

有实力的人户中挑选徭役的杂役不同,里甲正役是原则上对于编户齐民来说具有普遍义务的徭役。总的来说,明代的税、役制度中的"正"和"杂"的意思可作如下理解:

正＝所有在编户都具有普遍义务

杂＝不一定所有在编户都具有普遍义务

根据负担能力十年一次轮流承担见年里长或甲首役,这一制度确实是为减轻"徭役的不均"而制定的。洪武十四年(1381),根据统一的政令,在全国范围开始编制里甲。这似乎是当时的署户部尚书范敏根据太祖下达的编制户籍的指令而提案的。《明史》范敏传有如下记述:

> 洪武八年举秀才,擢户部郎中,十三年授试尚书。⋯⋯帝以徭役不均,命编造黄册。敏议百一十户为里,丁多者十人为里长,鸠一里之事以供岁役,十年一周。余百户为十甲。后遂仍其制不废。明年以不职罢。②

导入轮流制度的目的是为了让大致与每户的能力相称的徭役负担达到同一水平。"岁役"的内容虽然没有明示,但从这些情况中可以看出,对于组织成里甲的编民来说,"岁役"应该就是原则上为普遍义务的"正役"。

然而,明代作为"正役"的见年里长和甲首役,与自古以来以"正"的役所科派的力役、军役却是完全不同的。

(接上页注①)条鞭银称为"粮差",与"差使"即徭役相对。不过,需要注意的是,"粮差"一词有时是当作税粮差役的缩略语来用的。"差"在广义上是指编民不管是通过钱物上的负担还是提供劳务,满足国家和官府公务需求的义务。

②《明史》卷一三八,范敏传,中华书局本,第3966页。范敏从户部郎中升任本部尚书只有洪武十三年五月至十四年正月的半年多时间。《明太祖实录》卷一三一,第7页,洪武十三年五月癸丑,以及卷一三五,第1页,洪武十四年正月戊子。

古代国家对徭役的征派是对户籍上登录的成年男子,即从达到一定身高或年龄开始直至免役年龄为止的"成丁""壮丁"作为直接的使役对象进行征发。另外,一般惯例是通过政令规定服役期限,有时规定服役内容。秦汉时期以来,除了犯人的惩罚性劳动[①],依据这种制度对人民进行的劳役征发从物质上支撑了国家规模的建筑事业和统治机能。如若没有规定服役开始年龄或身高标准、免役年龄、年服役日数和劳役种类、指明服役地点的这些政令,国家的劳役征发是无法实施的。在秦代,身高达六尺即被编为兵役、力役的对象,56 岁或 60 岁时免除义务。在汉代,不依据身高,而规定 15 岁或 23 岁时赋课"算钱",即负有力役、兵役等义务。[②]

总之,在秦汉时期,编籍在册的成丁一般被看作是拥有同等劳动能力的人,把他们征发为力役、兵役,或以"算钱"替代劳役,这种直接对人(即劳动力)的收取构成了国家这个专制的统治集团与被统治的人民之间进行的国家供给制度的根本。

明代的里甲役虽被看作"正役",但是无论其性质还是内容都与古代国家的正役,即力役或兵役的征派制度完全不同。明代的"正役"是指担任由国家组织的街区或乡村的坊、里的统率者即坊长或里长,以及辅佐他们的甲首。

在明代的徭役征取制度中,男子成丁也是应该登录在户籍上的对象,并且出现了以他们为摊派对象的丁银等的征收。然而,

---

① 在古代中国,作为国家必需的劳动力的供给来源,犯人的役使占有很大比重。参见 Yang Lien-sheng(杨联陞),"Economic Aspects of Public Works in Imperial China", in *Excursions in Sinology*(Harvard-Yenching Institute,1969)。

② 依据渡边信一郎的考证。参见《中国古代国家的思想构造》,校仓书房,1994 年,第 101—109 页。

那既不是单纯的人头税,也不是以货币代替对拥有平均劳动能力的壮丁科派的差役。明代的徭役制度中的"人丁",在多数场合是计算公租公课的分配单位"户"的负担能力的计算标准之一,而不是把人丁作为基本的生物性存在从经济能力差距悬殊的各个编户中抽出来直接为国家业务的实施进行编制的手段之一。

在明代,也存在着以所有在编人丁为对象,不论其负担能力如何而均等分派徭役负担的做法。例如,属于福建省泉州府惠安县的地方志中,可找到以下记述:

> 凡科敷物料及差役,十年一事。男子年十六以上为成丁,丁当米一石,事其身。贵者、老者、疲癃残疾者,皆复之不事。正德十四年行八分法,每一丁岁征银八分以充岁办等料。唯差役仍旧十年一事云。①

在16世纪初的"八分法"之前实施的成丁一人折合税粮一石"以事其身"的方法,就是按照十年一次轮流应征的里甲役的原则轮流担任里长、甲首的方法。"丁当米一石"是指把户内的成丁换算成一人折合税粮一石,并与该户的税粮额加在一起,来比较、测定各户的负担能力,再按照各户负担能力区分为里长户、甲首户,其结果是分担应役当年各自的职责和经济负担。这种里甲役的方法是把成丁作为计算各户负担能力的要素来看待的,而不是把成丁当作直接进行徭役征派的对象。

但是,后来作为上供物料的征派方法而导入的"八分法"则是以成丁每人八分、税粮每石八分的标准每年向所有人户征收,充

---

① 嘉靖《惠安县志》卷六,户口,第2页。

当原来作为里甲役的一部分而征收的上供物料。① 正如山根幸
夫所说,"当然,人丁费不但对丁,也对粮进行科派,但对丁不论贫
富差异一律科派八分银的做法值得关注"。山根幸夫特别提到
"人丁费带有人头税的特征"。无论经济能力大小,对所有成丁都
一律征收银两这一点,与古代人丁支配的理念相接近。但是,必
须注意的是,对成丁一律征收的人丁费的计算方法,是从把各户
的人丁数和税粮数(即拥有土地的规模)相加后评定徭役负担能
力的方法派生出来的。而且,在制定八分法的时代,在福建省,已
完全不可能掌握各户人丁的增减或是一个州县的现有人丁总数。
八分法是为对应当时的现状而想出的现实对应方法。我们不得
不认为,八分法的前提是,无论对征收方还是负担方来说,都不可
能具有在掌握具体的人丁数后在人丁数的基础上征收人头税的
性质。②

    万历《福州府志》中记载道:以前的制度规定十年登记一次户
籍,但多数情况下只要原来的人丁数足够,就不会增加登记数目。
这实在是弊政。③ 万历《福宁州志》中记载了该直隶州的户数减
少到了只有洪武年间的 2/3,人丁数只有 3/5,指出在不实行"户

---

① 这一史料中没有有关税粮分派的内容,但从福建省其他县的事例来看,仅惠安一县
  没有分派税粮是不能想象的。参见山根幸夫《明代徭役制度的展开》(东京女子大
  学学会,1966 年)第 135 页以后部分。
② 八分法中的丁料和一条鞭法中的丁银在方法上是一样的。一条鞭法中的"丁银"也
  和其起源八分法中的"丁料"一样,是在不可能成为依靠掌握人丁的人头税的前提
  下出现的。
③ 万历《福州府志》卷二十六,户口,第 4 页。"旧志载正德时户口,视洪武间不能增十之
  二三。顷视正德,又无所增矣。夫国家治平,晏然无事,二百年于兹,即前古未有也。
  休养生息,涵濡汪秽,固宜数倍于国初时,而民不加多,岂有是理哉。抑或有司未稽其
  实,而奸胥蠹吏,得为侥幸者地耳。旧制凡十载一籍其民,大抵足旧数而止,此弊政
  也。夫一邑之户,始衰而终盛,一族之人,始寡而终众,奈之何必因其旧也。是故豪宗
  巨家,或百余人,或数十人,县官庸调,曾不得征其寸帛,役其一夫。田夫野人,生子黄
  口以上,即籍于官,吏索丁钱,急于星火,此所以贫者益贫,而富者益富也。"

帖"制度的情况下就"难以排除隐瞒人丁数的可能"。对于这种情况,下面一段话道出了实情:

> 顾令甲役民之制,丁赋三钱,以佣直计之,是一岁之役,
> 五倍于周,而兴事任力,又不与焉。上但期于足用,不必计于
> 隐口与否,下虽受重役之名,而实分输于数丁,上下固两得
> 之矣。①

在分派人丁费时所依据的各县成丁数很可能只不过是延续了开国之初各县原有的成丁数而已,户籍上登录着这种性质的"丁"的户或里、甲对于一"丁"银三钱的办纳义务"实分输于数丁",即在内部进行分担的条件早已存在。正因为如此,八分法在形式上虽然看起来像均一科派的人头税,上上下下却都以为对自己有利。其实,这种人丁费的征收并非是直接的人丁支配或人头税的复活。

人丁可分为两种,一种是作为衡量户内资产内容的指标之一的人丁,另一种是作为劳务对象由国家直接掌控的古代徭役制度中的人丁。要想在前者中找出后者的"余晖"并非不可能。不管在哪个时代人总是具有劳动力的。而且,从国家这一公共统治组织的一般机制——通过直接组织劳动力,或通过具有一般交换价值的货币等为媒介用财政方法间接组织劳动力,以实施国家事业——来看,也是可以这么说的。但是,我们不可能运用这种一般性、抽象性机制理论中的共同性来论述古代、中世纪或者近代

---

① 万历《福宁州志》卷七,食货志,户口,第4页。"国朝洪武二十四年,户给一帖,以书丁产,岁核于有司,十岁而登之黄册。然郡邑大夫,数岁一更,若过宾之于传舍,不甚急也。而户帖遂废。吾州之籍,自嘉靖以视洪武,户减三之二,口减五之三,自今以视嘉靖不能加其什一。虽或时有盗贼荒扎之蓄,而以数十年之生聚,乃不足以补其一年之耗,则隐口之弊,不敢谓其必无。顾令甲役民之制,丁赋三钱,以佣直计之,是一岁之役,五倍于周,而兴事任力,又不与焉。上但期于足用,不必计于隐口与否,下虽受重役之名,而实分输于数丁,上下固两得之矣。"

的国家统治的历史性特征。这是因为古代国家是这样,而近代国家也是如此。从明代的徭役或丁银中发现古代的"个体人身支配",作为一种历史性分析,其意义微乎其微。

如果我们变换一下角度,关注一下在把统治下人民所拥有的劳动力组织起来实施国家事业的时候,具体的制度是着眼于个体的人所拥有的怎样的能力来构建的,那么我们就可以知道上述两种对人丁的不同看法在原理中存在根本性的差异。这种差异是历史性的。如果直接评判在个体差别的上限和下限之间基本集中于平均值附近的人的生理能力,成丁就是基本均质的劳动资源。既然各个成丁以自身的劳动资源支撑起本人及其家属的生存,那么每个成丁都应具有将其劳动资源的一部分贡献给国家的能力。因此,原则上在编成丁一律同等课征——就算存在对不同身份的人群分配不同种类的徭役,或不同程度的负担——是秦汉时代的徭役制度。另外,唐代的租庸调制、杂徭制度虽然课征的种类繁多,但对任何人丁基本上一律要求同等的力役、军役劳动占有很大比重[1],应该说其制度的原理倾向于秦汉时代的徭役制度原理。

有关唐代的租庸调制是以对人丁的一律同等科派为支柱的这个问题,丘濬在《大学衍义补》中业已道破:

> 臣按,唐人租庸调法皆论丁。一年之间纳租之外,一丁出银十四两,出力二十日。今制赋税一出于田,役民之力,一以黄册为定,分其人户为上中下三等,各具军民灶匠等籍,排年里甲以次轮当之外,其大小杂泛差徭,各照所分之等,不拘

---

① 宫崎市定:《唐代赋役制度新考》,《东洋史研究》第 14 卷第 4 期,初次发表于 1956年,《亚洲史论考》中卷,朝日新闻社,1976 年。

于一定之制,遇事而用,事已而即休。非若唐人民有常调,役有定日也。①

另一方面,明代的徭役制度已经不再是着眼于成丁均质的生理性劳动能力并凭借权力强制性地组织劳动,而是把构成地主、农民经营单位的"户"所拥有的资产作为派征徭役的根本。② 户内的人丁数与拥有的田地、役畜数量等一起,都是评判"户"的负担能力的基准之一。原则上根据综合评定的户等、户则的不同等级,按照经济能力征派负担。

作为华北地区均徭法形态的门银、丁银制③以及一条鞭法等的"丁银",也确实是以户内的"丁"为对象直接科派的。但是,"丁银"制度是根据人丁数、田地数划分三等级或九等级的综合资产评估方法的变形,是将作为部分资产评估基准的人丁数抽出来并对其分派部分徭役银的方法。从表面上看是获取人丁血肉之躯的劳动能力,而实际上还是把人丁作为实现各户经济能力的劳动资产来评价的。"丁银"是与汉代的"口钱""算钱",唐代的"庸""调"完全不同性质的课征,把"丁银"看作古代"个体人身支配的残留"④的观点,可以说是只把目光停留在制度表面的一种肤浅的见解。

在宋代的徭役制度中发展起来的为明代所继承的户等、户则制度,不是基于身份等级的社会构成按身份等级课征相应的劳役或财物,而是只根据差役、徭役的负担能力来决定各户的负担等级,粗略地说,它类似于现代日本社会累进课税制度中对各户收

---

① 《大学衍义补》卷三十一,傅算之籍,第 17 页。
② 参见本书第五章,第 187 页。
③ 参见本书第五章第 211 页注①。
④ 重田德:《清朝农民统治的历史特质——地丁银确立的意义》,1967 年初次发表,后收入《清代社会经济史研究》,岩波书店,1975 年,第 109—111 页。

入等级的划分。户等、户则应当随着各户随时可能发生的经济实力的消长而升降,根据这样的户等、户则在编户中设置等级差别,这对于一个国家形式的社会体制来说,至少应该不是首要任务。虽然有关主户与客户的区别、正管户(里长户、甲首户)与带管户的区别是当时户籍编制的原则,但将其与古代或者封建制度下身份等级社会的构建硬扯在一起考虑是不妥当的。那只不过是根据税、役制度的原则(即按照各户的经济能力课征捐税杂费)采用的课征手续上的一种方法而已。

有学者以"户等制支配"的概念来概括自宋代至明代国家对农民的统治,认为中国式封建国家统治是明末清初随着"户等制支配"的崩溃和封建统治"朝国家集权方向重组"而成立的。[①] 这种观点是将户等的机能、徭役征派的性质等与古代体制硬扯到一起进行评价,笔者不认为这种说法能够成立。一条鞭法——地丁银改革,最终由于编审的停止而导致户等评价及以此为基础的户籍编制制度的全盘废弃,然而,实际上这是在评估编户的负担能力=资产时方法上或者说是技术上的一次变革,即抛弃人丁、家庭财产等现实中难以把握的评价标准,转为只看拥有的土地面积=税粮额这样一种单纯的资产评估方法。以每个经营单位所拥有的资产为对象征派徭役或者附加性、追加性收费,这一原则在清代也没有任何改变。

从关注人的生理劳动能力并以强权强制性地组织劳动的体制,向以私有财产为基准征派财物性或劳务性负担的体制转变,这当然不是发生在明末清初。而且,以劳役的均等征派为重点的体制,向以两税即土地税为核心的早熟的租税国家逐渐转变也并

---

① 小山正明:《亚洲的封建制——中国封建制的问题》,1974 年初次发表,《明清社会经济史研究》(东京大学出版会,1992 年),第 35—39 页。

非这一时期。归根到底,户等制的取消和以"摊丁入地"为标志的地丁银制度的确立,可以理解为在征派差役、徭役以及包含其中的附加性、追加性捐税时,征派方法从分段评估——划分负担等级的方法,向直接单纯地评估资产拥有量——确定负担额度的方法转变。从结果来看,作为正税的两税即土地税和以往的追加性、附加性课征的课税对象都是田地持有量这一相同税源。① 在以各户资产确定负担能力的原则下,户等制下的徭役制度与清代以后不依据户等制的附加性、追加性课征制度具有连续性。

第二节　"勾摄公事"再考

从以上论述可以清楚地看到,明代的"正役",尽管在称呼上具有共同性,但它与古代的"正役"有着完全不同的性质。关于其性质,笔者在论文中曾经这样写道:

> 明代法律规定了作为"正役"的"里甲"役,里甲户的职责除了要在里甲内"催征"税粮,它的另一职责是"勾摄公事"。有关此规定,"公事"的范围、财物负担的程度以及劳务负担的天数等均未明示。这只是对地方官衙调集财物、劳力(不

---

① 在这种清代地丁银制度下实际上作为附加性、追加性课征而在华北地区重新产生的"差徭"在每个州县科派对象都不相同。按照所拥有的田地数额以金钱形式征收似乎占优势,但也有按照所拥有的役畜数量进行分派,或者向每户一律均等征收"夫折钱",也有以保甲、村为单位进行科派的。另外还有对商店进行科派的。请参阅颜检《复议减差均徭利病疏》以及张杰《均徭辩》(《皇朝经世编》卷三十三,户政,赋役五,第19—30页)。在清代,虽然追加性、附加性课征一般是以正税附加税的形式按田地拥有数量来征收的,但这并不一定是制度上的原则。既然是非法定的正额之外的课征,那么科派对象就能够进行各种选择,这基本上与明代的情况没有什么不同。不管怎样,"在以各户资产为确定负担能力的依据的原则下,户等制下的徭役制度与清代以后不依据户等制的附加性、追加性课征制度是有连续性的"这一笔者的假说在这里也能够得到佐证。

同地方应该有各种不同的方法)的实际情况进行的一种含糊其辞的追认,有无法律规定对地方性徭役的现实并没有多大影响。也就是说,有关税、役征收并没有形成一种法律条文,虽然称作"正役",但实际形态和以往的地方性杂役,即"职役""差徭"等相同,不受明确的国家法律的制约,而明代国家也没有要将其法制化的意图。①

直到最近,笔者发现上述言论存在着重大错误,那就是对"勾摄公事"的含义产生了误解。当时在写上述那段文字时,笔者误以为"勾摄公事"这一用语是对里长职责中"催办钱粮"以外的、没有明确限定范围的各种劳务的泛称。

这种理解是从通过分析大量史料弄清了里长职责的以山根幸夫为代表的明代徭役制度史专家们的观点中学习来的,然而明代人似乎并非那样理解。"勾摄公事"一词说到底还是指某种极为限定的职责。

明初洪武年间(1368—1398)创设里甲制时,要求见年里长和甲首提供何种劳务? 对此明代人是如何理解的? 弄清这一点,不仅对正确理解明代"正役"的性质,而且对理解明代徭役问题的构造及其变化过程都是非常重要的线索。

洪武年间编订的《大明律》户律、户役"禁革主保里长"条②中

---

① 拙稿《中国专制国家与财政》(《中世史讲座 6》,学生社,1992 年,第 305 页,注③)。
② 被称为洪武三十年律的《大明律》户律、户役"禁革主保里长"条:"凡各处人民每一百户内,议设里长一名,甲首一十名,轮年应役,催办钱粮,勾摄公事。若有妄称主保、小里长、主首等项名色,生事扰民者,杖一百迁徙。……"根据前面提到的太祖朱元璋的提议和范敏的提案而下达的洪武十四年的诏令,对于见年里长和十甲首户的服役内容,也只是笼统地表述为"岁役里长一人,甲首十人,管摄一里之事"(《明太祖实录》卷一三五,第 4 页,洪武十四年正月)。在洪武期的法令里具体涉及里甲役内容的,只有这条户律条款。

明确规定里长的职能为"催办钱粮"和"勾摄公事"二事,这两件事在此后的明代人的论述中也反复提到。

律文中"催办钱粮"的意思很清楚,就是说,要求见年里长管理甲首户,征收一里以内的夏税秋粮,并搬运到指定的仓库缴纳。[①] 作为土地税的税粮的征收,特别是原则上在征收实物的情况下,伴随着必须将税粮搬入指定场所这个义务,这一惯例不仅仅限于明代。在里甲组织的内部,对里内各户征收税粮以及搬运时的劳动力的提供,均规定按照轮流制在十年中各户负责一次,这就是"催办钱粮"四个字的含义。

更为正确地说,缴纳税粮并搬入指定地点这一职责,原则上并非里长而是粮长的职责。《大诰续编》中有这样的记载:

> 催粮之时,其纳户人等,粮少者,或百户,或十户,或三五户,自备盘缠,水觅船只,旱觅车辆,于中议让几人总领,跟随粮长赴合该仓分交纳,就乡里加三起程。其粮长并不许起立诸等名色,取要钱物。其议让领粮交纳人,既是加三领行,毋

[①] 宋代把这种搬运税物等的负担称为"支移",分派有实力的殷实户缴到距离远的仓库,中下等户缴到附近的仓库。之所以这样根据户的负担能力分派"支移",是因为它是差役的一种。明代也在各地广泛实施类似的制度,那就是"仓口"负担。从宋代开始,纳税户并不直接搬运,有时转化为作为搬运经费名义的附加税,所谓支移往往是税粮的额外负担。另外,小山正明注意到,这种伴随着"仓口"负担的明代税粮,与徭役一样,根据户则的不同实际负担的轻重也不一样。由这一事实,小山认为,税粮也和徭役一样是根据户则来分派的,所以不能把税粮看作土地税(参见《明清社会经济史研究》,东京大学出版会,1992年,第52页)。然而,因户等而产生的负担轻重并非来自税粮本身,而是来自附加在税粮上的"仓口"这一属于徭役系统的负担。因为那是徭役的一种,所以那一部分根据户等分派负担是自然的,很显然,税粮本身并不是根据户等来决定负担轻重的。小山认为,既然明代的税粮是根据户则分派的,那就不能把它看作土地税,土地税制度直到废除了户等制的清代才成立。对于这种历史认识,笔者完全不能同意。关于"支移""仓口"等问题,请参见梁方仲《田赋史上起运存留的划分与道路远近的关系》,初次发表于1942年,后收入《梁方仲经济史论文集》,中华书局,1989年,第201—228页。

得破调不敷。①

就是说,船只和车辆的安排由纳税户自己负担,从纳税户中选出来把税粮汇集起来一并缴纳的"总领"在税粮正额之外加收三成,以补偿搬运税粮时所耗的经费和劳力。《大诰续编》中的这段关于"议让纳粮"的记载没有提到里长、甲首,那大概是因为这段记载所依据的是里甲编制在全国范围开始实行的洪武十四年以前发布的诏书敕令。而在里甲役制度实施以后,对见年里长及其属下十甲首户派征的"催办钱粮"可以看作是对"总领"职责的全盘接管。

值得注意的是,按照这个规定,搬运税粮的相关费用不是由从事税粮搬运的"总领"等来承担,而是向纳税户多收三成附加税来支付的。见年里长在履行相当于《大诰续编》中的"总领"的职责时,也不应只由提供劳务的见年里长户及十甲首户承担所有搬运费用,而应在全体纳税户的税粮正额之外额外增收一定比例的附加负担为资金来完成税粮搬运的职责。里长、甲首每十年轮到一次的税粮缴纳,本来也是期待按照这样的原则来实施的。由见年里长及甲首户自行解决整个里的税粮搬运所需的所有经济负担,即使现实中有这样的惯例,但在法律上却找不到相关规定。虽然这种经济负担的内部分担完全任凭协作型社会组织按其内部规范实行,但并没有禁止作为公差执行负责人的见年里长以加收税粮的方式来要求组织内的全体成员共同分担,而且按照《大诰续编》的指导方针,可以认为是鼓励这种做法的。这样一个原则的确立和存在的事实,在考虑里甲役性质时不容忽视。

那么,对于我们所关心的"勾摄公事",前人是如何解释的呢?

---

① 《大诰续编》议让纳粮第七十八,第73页。

山根幸夫围绕明代里长的职责进行了广泛探讨,对"勾摄公事"给出了明确的解释。山根幸夫的论点归纳起来有以下几点:①

(1)梁方仲②、清水泰次认为"公事"中包括"朝会、燕享、养贤、畜孤、诸典礼的费用",这种理解不正确。

(2)上述二人认为包括在公事中的朝会等的各种负担与"公事"并存。

(3)公事是"指除催办税粮以外的、里甲所附随的一切事务",据此进一步推断认为,"清理军户、匠户等的户籍、调查诉讼案件或者逮捕逃亡者等事务,光靠见年里长来不及处理,所以也让排年里长做事",所有这些事务可以说都是公事的一部分。

对明代里甲制进行了最为全面研究的栗林宣夫也大致赞同山根幸夫等人的学说,指出"勾摄公事应该就是为辅助官治而发挥自治性功能"③。这种观点认为,在里甲内部执行各种对行政的辅助性职责就是"勾摄公事"。

岩见宏也认为"勾摄公事具体指哪些事项尚不清楚"。他指出,明初的法令《律》《诸司职掌》《教民榜文》中,有很多条记载着需要里长负责或者与里甲有关的事例,可从这些记载中归纳"勾摄公事"的含义来解决这一问题。岩见宏的结论是,"勾摄公事的公事,从广义上理解是这些诸多事项中除催征税粮以外的其他所有事务,狭义上可理解为取缔律所规定的户口、田土、差役等方面的违规违法行为以及处理纷争等"。这里所说的"这些诸多事

---

① 山根幸夫:《明代徭役制度的展开》,第39—52页。
② 梁方仲说的是,本来包含在公费里的负担也开始向里甲课征,而并没有说"勾摄公事"就是出办公费的意思。这一点正如岩见宏所指出的。参见岩见宏《明代徭役制度的研究》,同朋舍,1986年,第98页,注(19)。
③ 栗林宣夫:《里甲制的研究》,文理书院,1971年,第54页。

项"，除对《律》所规定的户口、差役、税粮、田土等方面的不正当行为负有监管责任之外，还包括审判、治安、教化、劝农等事项。①

从总体上看，山根幸夫和岩见宏有关里长职责的见解——在本来的里甲正役中是否包含上供物料和公费这一点上②——是不同的，但对"勾摄公事"含义的理解基本相同。就是说，明代法令里出现的"勾摄公事"并没有要求里长负担公费等的含义，但要求里长和辅佐里长的甲首负责维持里内治安，并做好作为行政村落的里甲所附随的教化、劝农等公共事务。而笔者本人也正是基于山根幸夫和岩见宏的观点说了前面的一段话。

梁方仲认为，"勾摄公事"一方面是指"勾摄人犯"即拘捕罪犯，另一方面是指"勾摄""词讼、买办等公事"。"买办"是指筹措官府所需物资，意思是见年里长应该担负起买办的责任。梁方仲的论述虽然有模糊不清之处，但可以肯定的是，他认为"勾摄公事"就是要求里长担负起里内治安、与审判相关的事务以及满足官府的各种需求等职责。③

另外，唐文基的近作认为"勾摄公事"包括以下四种职能：

(1) 掌握里内户数、人口的变动以及伴随田地买卖而发生的纳税义务者的变动即"推收过割"。

---

① 岩见宏：《明代徭役制度的研究》，第 24—25 页。
② 这一问题是理解明代徭役制度发展变化的重要论点，从本章第四节第 264 页开始详细论述。
③ 梁方仲引用海瑞在《督抚条约》中所说的"里甲止是催征钱粮、勾摄人犯"，以及元代《史学指南》中把"勾摄"解释为"呼唤曰勾，追取曰摄"的内容，在把"勾摄人犯"解释为"拘传罪犯的意义"之后，表达了这样的看法："但据他书及一般记载，都作'勾摄公事'，因知词讼买办等项公事，亦在勾摄范围之中。"在这里，梁方仲认为"勾摄"一词的意思包含两个含义，即"拘捕"犯罪者和"执行"包括诉讼案件以及"买办"等的公事。作为言语的解释虽然奇妙，但应该是结合现实中见年里长实际承担的职责才如此解释的。梁方仲：《梁方仲经济史论文集》，中华书局，1989 年，第 587—588 页。

（2）从军户、匠户捕捉服兵役、匠役的人丁即"清勾"，追捕逃亡、犯罪者。

（3）前往各官府衙门"承符呼唤"，即受命当差。

（4）接受"上供物料"的科派。①

山根幸夫、岩见宏对于里长"勾摄公事"的考察主要集中在里甲内部的治安和行政事务方面，而梁方仲把"买办"也包括在公事中，唐文基则把上述（4）中上供物料的负担也包括在里面。梁方仲和唐文基把"公事"的范围看得更广。虽然他们俩对官府五花八门的经费即"公费"的负担是否包含在"勾摄公事"之中都没有论及，但他们把"买办"以及上述（3）中接受官府使役看作是"勾摄公事"的一部分，所以，如果他们将此看作金钱负担的话，那么也许在他们的理解中"上供物料""公费"等也同样包含在"勾摄公事"里面。不过，把"上供物料"负担明确地包括在"勾摄公事"中则是唐文基的独创。总之，唐文基把催办钱粮以外的里甲役几乎全部包括在了"勾摄公事"之中。

历来徭役制度研究者对"勾摄公事"的理解虽然在包含的范围上有宽有窄，但是有一点是共通的，即都认为"勾摄公事"是不明确限定内容，泛指见年里长及甲首所负责的公共事务的用语。正如前面所提到的，笔者也曾承袭了前辈的这种观点对里甲役的性质进行过论述。那是基于这样一种假设，即里长、甲首轮流应役制度一是为了催办钱粮，二是为了满足地方官府所需的各种劳务和财物需求而导入。

这种理解所依据的方法是：首先从史料中找出明代里长、甲首在承担里甲役的年份必须负担的各种劳务和财物的项目，然后

_____

① 唐文基:《明代赋役制度史》，中国社会科学出版社，1991年，第40—41页。

把这些项目按照法典中记载的"催办钱粮""勾摄公事"以及其他职责进行分类。从搞清里长的职责究竟包含哪些内容为目的的里长职责研究的角度而言,只要用上述方法厘清里长在现实中实际承担的业务内容也许就足够了。因为这些就是里长役的全部职责。当然也可以这么考虑,即不管"勾摄公事"的语义如何,也不管是不是这一用语所指的事项,重要的是这些事项反正是作为徭役的一部分而由里甲承担这样一个历史事实。

但是,笔者认为在里甲组织的编制原则、十年一次轮流应役的方法中,所包含的统治者的意图与随着时代的推移逐渐增加的徭役之间本来就存在着根本性的矛盾,而这种矛盾又是在怎样的财政构造下显现出来的呢? 从厘清这一问题的角度来说,笔者对历来有关里长职责的论述不能感到满意。

首先,确定职责范围这一着眼点仅仅带来罗列事项这样一种非常静态或者说浮于表面的结果。其次,一开始就假设里长、甲首役就是让里长、甲首负担地方官府所需各种役务、财物,这种假设使我们失去了理解明代徭役问题曲折发展过程的契机。

在当时人们的意识中,见年里长、甲首原本应该提供的"正役"究竟是怎样的一个范围? 这就是要确定对明代人来说"催办钱粮,勾摄公事"这一表述所指行为的种类,换言之,就是要确定明代人听到这些文字的时候,脑海里会联想起怎样的具体行为。

前面我们提到研究明代徭役制度的专家对于"勾摄公事"是如何理解的。如果按照总管里内各种事务这种理解,那么"勾摄"就是执行、掌管之意。"公事"的理解有两种,一种理解为里内的公务,另一种是像唐文基那样理解为包括里内之事以及负担上供物料、在官府服役等更为广义的公务,总之,"勾摄公事"被理解为执行公务。

然而,我国(译者注:指日本)江户时代的大儒荻生徂徕却提出了与上述这些解释完全不同的理解。关于前面引用的明律之户律中"禁革主保里长"的条文,荻生徂徕在其著作《明律国字解》中作了如下解释①:

> 所谓勾摄公事,发现咎人即解官府。[意译]

"勾摄公事"一词并非引经据典的雅语,而是通俗的官厅口语。荻生徂徕在江户时代的汉学家中也无疑是对汉语这门语言尤为关注的人物,他对"勾摄公事"的这种解释很可能是从长崎的通事(翻译官)以及中国商人那里听来的。"勾摄"并不是诸如"执行、处理"之类的抽象的动词,而是指"押解、扭送"这一具体行为的动词;"公事"也并非泛指公务,而是专指诉讼案件。荻生徂徕把"勾摄公事"看作是表现一种非常具体行为的词。可能山根幸夫、岩见宏、梁方仲、唐文基等人也知道荻生徂徕的这种解释,只是他们认为不应如此狭义地解释这个词,在律文里用来指里长职责的时候,它所表达的应该是更广范围的事项。

在明代,当人们说起或者在文章中用到"勾摄公事"这个词语时,人们脑海里浮现出来的是否就是上述那些徭役制度史的研究者们所阐述的事务呢?就是说,"勾摄公事"这个词语是否让人们联想起一个总管里内治安、诉讼、向官府提供物资、安排役务等的里长的形象呢?

不只限于明代,只要是还在使用这个词语的时代,如果我们能够确定它是在怎样的情况下用于指示怎样的具体行为的,那么就能为上面的疑问给出一个明确的解答。因为即便是像"勾摄公

① 内田智雄、日原利国校订《定本　明律国字解》,创文社,1965 年,第 180 页。

事"这样的用于法律、行政法规中的语言,其用法也不可能背离当时人们日常语言生活中所使用的含义。

还是先说结论吧。据笔者所知,在所有能够根据上下文的脉络确定"勾摄公事"一词的具体含义的用例中,都是指像荻生徂徕所说的"发现咎人即解官府"这样非常具体的行为,而没有执行、掌管公共事务或者官府命令之类"公事"的用法。无论是用四个字说得长一点的"勾摄公事"还是只用两个字说得简短一点的"勾摄",意思是完全相同的。① 这里的"公事"可作以下两种解释,一种是不厌其烦地补充说明"勾摄"即让犯罪者、证人、原告等前往官府(是罪犯的话就逮捕起来)的目的是为了诉讼、案件调查之类的"公事";另一种解释是,"公事"是犯罪者、诬人、原告等诉讼当事人之意的"公事人"的省略形式,是"勾摄"的宾语。只要说到"勾摄"一词,人们就会自然而然地想到与"公事"有关,或者"勾摄"的对象是"公事人",所以即使不加"公事"二字意思也应该很明确。总之,"公事"不是泛指官府里的公务以及里内的公共事务。下面举几个代表性的例子来说明。

冯梦龙收集自宋、元至明代的"话本"即说唱的底本而编纂的《古今小说》卷二十一里收录了一则《临安里钱婆留发迹》的故事。这里本来只要引用"勾摄公事"前后的内容就足够了,但是为了确认这一词语是在怎样的事情与人物的关系中出现的,不妨先介绍一下故事梗概。这也是为了避免参照同一出处的《汉语大词典》

---

① 也有人把"勾摄公事"和"催办钱粮"说成"承勾摄、督催征"。康熙《永康县志》卷四,户役篇,里长,第3页。"但其役之设也,本以承勾摄,督催征而已。后乃凡百科敛,皆在焉。约而言之,其所最苦者,曰夫马,曰坐月。……"此外,还有缩略为"催征、勾摄"的用倒。万历《福州府志》卷二十九,纲派,第1—2页。"国初,以里甲系民,十载番役,所领惟催征勾摄,载在令甲。顾役使支应官府诸费,未知作俑何人。"

所犯下的"望文生义"的错误。

主人公钱婆留人高力大,十八般武艺样样精通,但却讨厌学习,也不愿做生意,成年后仍然喝酒、赌博,还在无赖朋友顾三郎的劝诱下,抢劫了晚上停靠在郊外天目山脚下的王使节的官船,说是"做官的贪赃枉法得来的钱钞,此乃不义之财,取之无碍"。后来又开始贩卖私盐,"第一次胆小,第二次胆大,第三第四次浑身都是胆了"。这个钱婆留的赌友中,有县衙门录事①钟起的两个儿子钟明、钟亮兄弟,与钱婆留是结拜兄弟,在酒肆赌场自诩为"钱塘三虎"。

一天,临安县的县尉②邀请钟录事父子在县衙门饮酒。因为钟明略懂书法,所以县尉就把他带到书房让他写个条幅。偶然间,钟明发现端砚下压着一张纸,上面写着很多人名,钟明就把这张纸放进了自己的袖中。他悄悄地打开一看,竟然是一纸捉拿贩卖私盐者的拘捕令,把兄弟钱婆留的名字也在其中。于是钟明假装腹痛中途告退,一溜烟地跑到常去的赌场,把这一紧急情况告诉了钱婆留,使钱婆留一伙躲过一劫。

第二天,县尉正要出门抓捕(次日正要勾摄公事),却发现原本应放在砚下的拘捕令(访单)不翼而飞。县尉大怒,拷问了在书房伺候的下人却毫无结果。搜寻了三天也不见拘捕令的踪影,县尉无法实行抓捕行动。且说钟明、钟亮兄弟,他们倾其私财四处打点,贿赂了所有的捕吏,还通过捕吏向县尉送了200两白银,托他暗中压下这桩案子(教他搁起这宗公事)云云。故事的梗概就是这样。

---

① 唐宋时期,州设录事参军,府设司录参军,县设司录,元朝废除。
② 南宋时县尉负责取缔私茶、私盐,辽金元时负责巡捕盗贼。明代以典史、巡检取代县尉。总而言之,县尉就是警察署长。

在这个故事里,可以确定,县尉根据逮捕者名单(访单)准备执行的"勾摄公事"就是逮捕疑犯。而且还可以确定,"教他阁起这宗公事"的"公事"指的是诉讼案件(这里指刑事案件)。这里的"公事"绝非一般的公务泛指。

说到这里顺便提一下最近出版的《汉语大词典》的解释,该词典引用《古今小说》的相同部分,将"勾摄"解释为"谓处理公务"①。这一解释,是受"公事"就是指一般性的公务这种固定观念影响,又没有理解放在砚台下的"访单"其实就是知县等正印官向负责治安的县尉下达的拘捕令而造成的误解,有必要予以订正。

《古今小说》中还有一则出现"勾摄公事"一词的故事,那就是卷三十九的《汪信之一死救全家》。

原籍严州遂安县的汪革,字信之,流落到安庆府宿松县麻地坡,在山里纠合一帮游民烧炭、冶铁,几年间就发了不小的财。后又承租了望江县天荒湖方圆七十里的湖面,向渔户收取渔租积聚财富。不久,汪革就成了"乡中有事,俱由他武断","四方穷民,归之如市"的一方土豪。可是天有不测风云,他被原忠义军军士程氏兄弟诬告为谋反。被逼无奈的汪氏一伙以 500 人左右的兵力,对担负捉拿任务的县尉何能实施武力对抗。

汪革来到宿松县衙,虽然是早衙时分,却毫无动静。汪革正要下马,只见一个值班的看门衙役哼着小曲从衙门里出来。[汪革的手下]刘青(日语原文中误作刘青一,译者据中文原文订正)一把拿住问道:"何县尉在哪里?"看门衙役回答道:"昨日往东村勾摄公事未回。"汪革就叫他带路,出东门走了大约 20 里,来到一

---

① 《汉语大词典》第二卷,汉语大词典出版社,1988 年,第 142 页。

所大庙。此庙名叫福应侯庙,香火旺盛,备受供奉,灵验显著。看门衙役指着这庙说:"每常官府下乡,只在这庙里歇宿,可以问之。"

相当于现在的警察局局长的县尉平常都在县衙门上班,特地从县城"下乡",必定是发生了什么案件。从这一例子我们也可以清楚地知道,"勾摄公事"并不是指在官署进行的一般的公务处理,而是指与事件或者诉讼案件有关的、在现场处理的事务。不言而喻,那就是逮捕犯人,拘传原告、被告、证人等。

"勾摄公事"的上述含义在《水浒传》中也可以得到确认。第三十五回《石将军村店寄书 小李广梁山射雁》中,逃亡在外的宋江回到阔别的家中,向父亲和弟弟宋清询问近来发生的事情。宋江问:"朱、雷二都头曾来庄上么?"这里我们引用吉川幸次郎的翻译来看宋清的回答:

> 没有。前几天我听说他们两个都差出去了。朱仝差往了东京,雷横不知差到哪里去了。现在在县衙门办案的,是两个新来的人,都姓赵("如今县里却是新添两个姓赵的勾摄公事"①)。

朱仝、雷横两人以及代替他们俩来的两个姓赵的职位都是县衙的"都头",就是州县衙门里的捕盗头目,他们所要执行的"勾摄公事"除了捕盗和拘捕与事件、诉讼案件有关的人员以外不可能

① 吉川幸次郎译《水浒传》第五册,岩波文库,1950 年,第 212 页。据《李卓吾先生批评忠义水浒传》卷三十五,第 16 页,原文如下:"宋江又问道,朱、雷二都头曾来庄上么? 宋清说道,我前日听得说来,这两个都差出去了。朱仝差往东京去,雷横不知差到那里去了。如今县里却是新添两个姓赵的勾摄公事。"

有其他意思。吉川幸次郎译作"办案"可谓恰到好处。

黄六鸿的《福惠全书》出版于清代康熙年间，是广为人知的实务性官箴书。在这本书里也可找到"勾摄公事"一词。

> 凡衙役被人呈告，批发别处，审有赃私，本官即有失察之处分。若系前任，于今任无涉，若系本任，须查于事先责革立案。以便斡旋。若系差票索诈，少则指为饭食驴脚之资，犹可开释，多则于本官大不便矣。故每勾摄公事，无论事之大小，凡于投到时，必令具原差有无需索结状，无则存案，有则重处追革，庶免事后之累。①

从宋元至清初，"勾摄公事"这一官厅用语一贯表示拘捕与案件、诉讼有关人员的意思。在以说唱、戏剧、通俗读物等形式深受老百姓欢迎的"公案"系列中，当人们听到或者看到"勾摄公事"这一词语时，肯定立刻就能明白它的含义，因为只有在拘捕与案件有关人员的场景时才会听到"勾摄公事"一词。

另外，在明代以及之前的元代、宋代，"公事"一词，与其说指一般公务，不如说特指诉讼案件，这在《古今小说》中可以找到许多证据。该书卷四十《沈小霞相会出师表》讲的是因批判明嘉靖年间的权臣严嵩、严世蕃父子而遭流放的沈氏一家的故事，文中出现的"公事"一词，显然是指要列为审判对象的案件。

> 那个姓贺的知州受命处理这个案子，[因为牵涉严嵩的政敌，所以]不敢懈怠，马上把店主人抓来，听取四个人的口

---

① 黄六鸿：《福惠全书》卷二十，刑名部，赃私，第29页。另外，小畑行简在"勾摄"一词旁边添加了旁注"处理"。这虽然不如荻生徂徕的解释那样简明扼要却也相去不远。

供("奉了这项公事,不敢怠慢,即时扣了店主人到来,听四人的口词"①)。

同书卷十《滕大尹鬼断家私》主要讲述了曾任知府积累了一笔财产的老人倪守谦,回到老家过起了乡绅地主的退隐生活,晚年与年轻的小妾生下一子,从而引发了一场财产纠纷。父亲倪老人去世时年仅四岁的次子倪善述,由于贪婪的兄长霸占了所有财产,和母亲过着辛酸的生活。倪善述成年之后,意识到兄长对待自己的不公,于是开始了行动。

　　善述想去前村找个师傅[讼师?]在自己和兄长之间进行调停,偶然从关帝庙前经过,看到一群村民抬着猪呀羊啊在祭祀关帝……他向众人问道:"今天为什么事情祭祀?"大家回答说:"我们有人吃了冤枉官司,这次幸亏贤明的官老爷审明了这桩案子(我们遭了屈官司,幸赖官府明白,断明了这公事)。以前向神明祈求保佑许下的愿心,今天特地前来还愿。"②

这里的"屈官司"是指甲首成大被冤枉为因男女关系而杀人一事,滕知县"断明"的"公事",在这里显然是"官司"的另一种说法。

同书卷十五《史弘肇龙虎君臣会》一般认为是宋元时代传承

---

① 《古今小说》卷四十《沈小霞相会出师表》,人民文学出版社,1938年,第633页。"王兵备思想到,那严府(严嵩、严世蕃)势大,私谋杀人之事,往往有之,此情难保其无。便差中军官押了三人,发去本州勘审。那知州姓贺,奉了这项公事,不敢怠慢,即时扣了店主人到来,听四人的口词。"

② 《古今小说》卷十《滕大尹鬼断家私》,第155页。"[倪]善述到前村要访个师傅讲解,偶从关王庙前经过,只见一伙村人抬着猪羊大礼,祭赛圣贤。……问着众人道,我们今日为甚赛神。众人道,我们遭了屈官司,幸赖官府明白,断明了这公事。向日许下神道愿心,今日特来拜偿。"

下来的旧作，里面也出现判案故事，主人公之一的郭威犯了杀人命案，来向上司符令公自首。

> 符令公问了事情的经过，吩咐左右取来长枷[给郭威]戴上，押送到司理院[指五代时期在各州设立的掌管刑名的马步院]问罪。司理院可是多么厉害的地方啊！当天值班的王琇接了这个案子（"当日那承吏王琇承了这件公事"），把罪犯关进监医狱，命看守把他绑在走廊里开始审问。①

"公事"一词除这里介绍的例子以外还有其他用例，《古今小说》中出现的用例都与诉讼、案件有关，而无一例可以认定为一般性的公务。②

---

① 《古今小说》卷十五《史弘肇龙虎君臣会》，第23页。"符令公问了起末，喝左右取长枷枷了，押下司理院问罪。怎见得司理院的利害。当日那承吏王琇承了这件公事。罪人入狱，教狱子绊在廊上，一面勘问。"

② 以下摘录笔者看到的一些文章。F中的"公事"用于指"公事人"之意。

A. 当下散堂，回衙见过母亲杨老夫人，口称怪事不绝。老夫人问道，孩儿今日问何公事，口称怪异，何也。杨公道，有王千户解到倭犯一十三名，说起来都是我中国百姓，被倭奴掳去的，是个假倭，不是真倭。内中一人，姓杨名复，乃关中周至县人民。他说二十一年前……（卷十八《杨八老越国奇逢》，第266页）

B. 那时贾涉（九江府万年县县丞）适在他郡去检校一件公事，到九月方归，与县宰陈履常相见。（卷二十二《木棉庵郑虎臣报冤》，第331页）

C. 如何三日理会这件事不下。莫是接了寄柬帖的人钱物，故意不与决这件公事。（卷三十五《柬帖僧巧骗黄甫妻》，第519页）

D. 原来众人吃茶时，宋四公在里面，听得是东京人声音，悄地打一望，又像个干办公事的模样，心上有些疑惑，故意叫骂埋怨。（卷三十六《宋四公大闹禁魂张》，第32页）

E. 这贼人踪迹难定，求相公宽限时日。又须官给赏钱，出榜悬挂，那贪着赏钱的便来出首，这公事便容易了办。（卷三十六《宋四公大闹禁魂张》，第544页）

F. 却说王遵，马翰正在各府缉获公事，闻得妻小吃了官司，急忙回来见滕大尹。（卷三十六《宋四公大闹禁魂张》，第548页）

G. 众邻舍同任圭到临安府，大尹听得杀人公事，大惊，慌忙升厅。（卷三十八《任孝子烈性为神》，第583页）

　　这些话本小说是通过说唱等口头讲述而广为流传的,毫无疑问它的语言表现是极为口语化的。但是,"公事"一词用作诉讼、案件之意却并非仅限于口头语言,明朝末年涌现出来的一大批实用性百科全书的一种《古今类书纂要》中对于"口案"一词有如下解释:

　　　　唐朝的张九龄每次审案("每勘公事"),都把犯人带到面前,分说事情的是非曲直后再撰写判决书,罪犯们都心服口服地认罪伏法,世人称之为"张公口案"。①

　　当然,"公事"一词在古典意义上为"官府的事情"即公务之意,到了清代,"公事"用于诉讼、案件之意或者作为"公事人"的省略形式的用法在官场上也并不普遍。而且,明代也有将"公事"用于"公务"的情形②,然而在人们的日常语言生活中,"公事"首先意味着案件、诉讼的意思。具有这种性质的"公事"一词,偏偏在用于指法律规定的里长职责时,不是指案件、诉讼,而是指里内的各种公共性事务,或者不局限于里内甚至还包括官府进行的各种公务,这样的理解无论如何说不通。

　　毫无疑问,把诉讼、案件称作"公事"是在负责案子的官府人士以及时常要与诉讼案件发生牵连的民众中作为口头语言传播开来的。对于处于一种诉讼社会中的近代中国人来说,最能强烈意识到官府的存在及其所拥有的权力的,是在发生案件和诉讼案的时候。本来指一般性公务的"公事"一词逐渐走向低俗化而成

---

① 《新刻古今类书纂要》卷五,仕进部,第 36 页。"唐张九龄每勘公事,取因于前面,分曲直,撰案卷,咸伏其罪。时号张公口案。"
② 《新刻古今类书纂要》卷五,仕进部,第 31 页,把"嘱托"解释为"以公事嘱咐求托人也",把"因公科敛"解释为"因公事多敛民财"。(同卷第 39 页)这里所说的"公事"泛指官府的工作,相当于现在所说的公务,并非指案件、诉讼等。

为专指案件、诉讼的词语,这正好反映了这样的社会特性。① 然后,与宋代以后的许多官厅用语一样,"公事"一词又从口头语言的世界反过来向书面语言逆向发展。

另外,《汉语大词典》中对"勾摄"的词义解释为"处理公务",用例引自清代的文章。"全椒章惠知温州平阳县,奉公爱民,理繁就简,几百公务,不差隶卒勾摄"(褚人获《坚瓠九集》板隶。褚人获引自明代姜南《蓉塘诗话》,据姜南的记述,这是宣德年间的逸闻)。② 可是,因为这里说的是"差隶卒勾摄",所以并不是指执行一般的公务,而是可以解释为"干脆利落地处理复杂的案件,对很

---

① 《古今小说》卷三十六《宋四公大闹禁魂张》讲述的是义贼、怪盗纵横天下,愚弄官府的痛快故事,为宋元时期传承下来的旧作。那里面把相当于"捕吏""密探"等人称为"做公的"(下述 A—E),有时也称"公人"(下述 F)。"公人""做公的"这种说法在《水浒传》中也频频出现。这反映了通过口口相传的故事传承下来的古代口语中,"公"是一个非常倾向于案件、诉讼等方面的字眼。围绕着这个"公"字之所以有那么多的传承故事,正是因为对老百姓来说,官府的工作中与自己关系最深的就是事件的处理以及打官司之类。

A. 滕大尹差王七殿直王遵,看贼踪由。做公的看了壁上四句言语,数中一个老成的叫做周五郎周宣,说道:"告观察,不是别人,是宋四。"(卷三十六,第 531 页)

B. 便教周五郎周宣,将带一行做公的去郑州干办宋四。(同卷,第 531 页)

C. "真个是好手,我们看不仔细,却被他瞒过了。"只得出门去赶,哪里赶得着。众做公的只得四散,分头各去,挨查缉获,不在话下。(同卷,第 531 页)

D. 第三,是东京有五千个眼明手快做公的人,有三都捉事使臣。(附注中有"捉事"就是指缉捕的说明。同卷,第 533 页)

E. 马观察马翰得了台旨,吩咐众做公的落宿……(同卷,第 543 页)

F. 滕大尹似信不信,便差李观察李顺,领着眼明手快的公人,一同王保、张富前去。(同卷,第 574 页)

② 《汉语大词典》第二卷,第 180 页。另外,"公务"一词有时用作与"公事"完全相同的含义。在这篇《蓉塘诗话》的文章里,"凡百公务,不差隶卒勾摄"中的"公务"仅仅是"公事"的另一种说法而已。不说"勾摄公事"而说"勾摄公务"的例子,在有关明代徭役制度的论述中也有出现。后面出现的注(第 262 页注①)里引用的朱健《古今治平略》中为"追摄公务",而嘉靖四十年潘季驯的上奏中出现的则是"其里长止于在官勾摄公务"。《明世宗实录》卷四九二,第 3 页,嘉靖四十年正月庚寅。

多案件都没有派差役逮捕拘留［相关人员］"①。还有,《中文大辞典》中对"勾摄"的解释也是"处理公务",作为用例引用的正是这一章节里所探讨的《明律》户律"禁革主保里长"的条文。②无须多言,这是误解了"勾摄公事"的含义而引用的不适当的例句。总之,《汉语大词典》和《中文大辞典》把"勾摄"一词抽象地解释为处理、执行等,是由于将与"勾摄"一词紧密相连的"公事"或"公务"错误地理解为现今意义上的公务而造成的,对于这样的解释笔者实在无法苟同。

"勾摄"一词到了清代也已经不太使用,而从元代至明代,这个词作为官厅用语所要表达的是逮捕、拘留之类非常具体而限定的行为,并没有处理其他公务的含义。解说元代官厅用语的徐元瑞著《吏学指南》③对"勾摄"作了如下解释:

> 勾摄,呼唤曰勾,追取曰摄。

就是说,勾摄的含义是逮捕犯人、传唤诉讼相关人员以及追缴赃物等。

另外,前面提到的明末日用百科全书《新刻古今类书纂要》④中也有如下记述:

> 勾摄,拿犯人。

[补记1]

明代徽州资料中有一部分是有关诉讼方面的官厅文书,

---

① 从宋代至清代,每当让诉讼相关人员出庭时,如果动辄就派差役前往拘传的话,容易引发勒索钱财酒饭等腐败行为,所以特别是对"于证"即证人等,一般都是尽量让他自己出庭,或者由里正、里长、地保(地方)等陪同前往。
②《中文大辞典》第五册(中国文化研究所,1963年),第80页。
③[元]徐元瑞:《吏学指南》,"捕亡"项,浙江古籍出版社,1988年,第109页。
④《新刻古今类书纂要》卷五,仕进部,第35页。"勾摄,拿犯人。"

其中就有命令里长拘捕被起诉的被告(常称犯人)、证人(干证)的记录。从这些记录可以了解"勾摄公事"的实际情况。伍跃的《明清时代的徭役制度和地方行政》(大阪经济法科大学出版部,2000年)第一章"明清时代的地方基层组织"进行了这方面的研究,可作参考。另外,中岛乐章的《明代乡村的纷争与秩序》(汲古书院,2002年)也涉及了上述问题。

第三节　什么是里甲役

从以上论述中可以知道,明律的户律"禁革主保里长"条文中有关里长职责的"勾摄公事"是指,当里内发生案件或诉讼事件时,根据官府的指示,执行逮捕犯人,拘传原告、证人等非常具体而限定的职责。而且,"勾摄公事"这四个字与只说"勾摄"二字并无区别,加上"公事"二字只不过是强调逮捕、拘传等行为是为了把相关人员带到审判法庭。

在规定里长职责的律文中,"勾摄公事"之所以能与"催办钱粮"相提并论,是因为两者都是指非常具体而限定的行为。

从前面引用的各种用例可以知道,"勾摄公事"涉及逮捕犯人和官府审问案件当事人,所以在很多场合被认为是州县官、主管治安的佐贰官以及捕役、弓手等衙役的行为也是理所当然的。[1]但是,"催办钱粮,勾摄公事"这两件事在作为里长职责的时候,其

---

[1] 《御制大诰》差使人越礼犯分第五六,第38页。"皂隶系诸司衙门执鞭、缒镫、驱使、勾摄公事之人。此等之徒,往往承差于所属衙门,干办公务,或勾罪人。"这里所说的"皂隶"在明初是杂役的一种,挑选殷实户应役,目的是把那些历来由官府的胥吏、衙役干的工作作为差役让百姓通过自己的劳役来完成。而实际上,这种"皂隶"系统的差役,很早就由缴纳银两来替代了,因为这种工作的性质需要由胥吏、衙役等干这行的专家作为一种营生来做。

含义并没有发生变化。这一点可以从海瑞的文章中得到佐证。

隆庆三年(1569)，就任应天巡抚的海瑞对所辖各官府发布了表明自己政治态度和具体法律运用方针的《督抚条约》，其中有一条严禁官府对里甲进行各种科派，明确表明对这种业已成为惯例的行为作为"赃犯"予以取缔。具体条文如下：

> 一、里甲止是催征钱粮，勾摄人犯，外此非分宜然也。自官民之分不讲，义利界限不明，里甲受害，种种劳费，本院不能备言。俸米柴马，各官百用出焉，乃复取之百姓之身，有此法耶，有此义耶。原有官船，府县得而乘之，门子皂快，府县得而役之。外此一分一人，尽是赃犯。会典载御史出巡，心红纸札，油烛柴炭，府县将官钞买办。今后凡上司出巡，诸用取诸本县纸赎，如无用及各院道具数报，人役亦止于空闲徭役人借用。如本院经年不至南都，编八名人役可借用之，类不得借口上司，科派里甲。若府县不得已之用，查仓库钱粮，具数申本院，无不批给。如上司至，一面支用，一面申请。①

当时向里甲征收"公费""里甲夫马"等费用在江南也较为普通，为了明确说明这些课征都是违法的，所以指出"里甲止是催征钱粮，勾摄人犯，外此非分宜然也"。显然，这句话是意识到律的户律、户役"禁革主保里长"的条文而说的，把律文中的"催办钱粮"换成了"催征钱粮"，而"勾摄公事"则换成了"勾摄人犯"。这并非记错，而是有意置换。

前者的置换是为了强调见年里长和十甲首户的职责仅仅是督促里内各户缴纳钱粮并负责向各户征收。本来"催办"和"催

---

① 《海瑞集》上编《督抚条约》，第 246—247 页。

征"的意思相同,但是换成"催征"后,明确表明了缴纳税粮本身是里内各田地所有者(即纳税义务人)的义务,要求见年里长和十甲首户承担别人未缴纳部分及逃亡户的税粮是没有法律依据的。

后者的置换,也是为了防止将律文中"勾摄公事"的"公事"扩大解释为官府的所有业务,从而防止以此为借口堂而皇之地让见年里长和甲首户担任州县衙门的种种差役,或者承担公费和缴纳各种物资。置换为"勾摄人犯",亦即表明了这样的观点:见年里长和甲首户的职责仅限于在发生案件和诉讼案时,受官府之命传唤或拘捕犯人、原告、证人等而已。

另外,也有将里长、甲首的职责"勾摄公事"说成"承符呼唤"的资料,嘉靖《惠安县志》关于职役的记载中对见年里长的职责有如下规定:

> 出办上供物料,及支应经常杂泛之费,承符呼唤,催办赋税。①

前两者指上供物料和公费,后两者的"承符呼唤,催办赋税"显然相当于律文中的"勾摄公事,催办钱粮"。所谓"承符呼唤"就是接到"符"即"差票""传票"后,"呼唤"即让犯人、干证、原告等前往官府。

关于里长的职责,从法律的形式性解释来看,海瑞的解释和《惠安县志》记述者的理解是完全正确的。元代以来,在说到"勾摄公事"或者只说"勾摄"时,除"为了审问而将相关人员传唤、拘

---

① 嘉靖《惠安县志》卷七,职役,第12—13页。"正役。邑三十四都,都分十甲,每甲统十家。别推产力多者一人为里长,循环应役。该役之年,里长以其甲之十家丁粮若干,出办上供物料,及支应经常杂泛之费,承符呼唤,催办赋税。至第十甲,则大造黄册,有书手一人,贴书二人。此旧制也。至陈知县,以该年一人,催督一都赋税,力不能及,遂命十甲分催之。及八分法行,又以上供物料,归通县丁粮。于是该年所职者,惟官中杂费及承符呼唤而已。事省于旧矣。在坊者为坊长,分为三图,各十甲应役,亦如都里之制。"

捕至官府"的意思之外从来就没有其他含义。也就是说,《汉语大词典》和《中文大辞典》中"处理公务"这一解释固然是错误的,而迄今为止的明代徭役制度研究所提起的扩大性解释,在对律文所体现的立法者意图的理解上,也是不恰当的。

律的制定者将里甲的职责规定为"催办钱粮、勾摄公事"二事,想来是基于对里甲这个组织的某种理解而作出这种规定的。"钱谷、刑名",也就是财政和司法、维持治安是作为行政最基层的官府州、县的主要职能。正如前辈学者的研究所表明的那样,里甲组织被期待担负各种各样的功能,然而,规定里长的核心职能在于"催办钱粮、勾摄公事",这等于说里甲组织与执掌"钱谷、刑名"的州县衙门一样,只不过里甲组织是在比州县衙门更小的范围和权限下来完成"钱谷、刑名"二事的。此二事就里甲组织而言就是"催办钱粮、勾摄公事"。换言之,里甲组织其实就是在州县官府的指挥之下为完成其辅助性职能而构想的州县官府的缩小版。

在明代,里长有时别称"乡司"[1],这反映出里长虽然是轮流担任,但在人们的认识上,里长就是乡村里的"有司"即长官。[2]另外,如果"勾摄公事"不是指充任官府杂役、支付"公费"负担等义务,那么可以说设置里甲这一地方行政的基层组织(即行政村)的直接目的就是为了以官府组织的疑似自治形态把"催办钱粮、勾摄公事"切实地深入到乡村的末梢。

《古今治平略》的作者朱健有如下记述:

---

[1]《新刻古今类书纂要》卷四,人道部,第31页。"乡司,里长也。"

[2] 川胜守指出,万历《帝里盱眙县志》等几个地方志中,有关里长的记述并非在《赋役志》中,而是在《官师志》中继六房胥吏之后。《中国封建国家的统治结构》(东京大学出版会,1980年),第80页。把里长只当作徭役负担者来看,违背明代人的认识。

> 又五岁充里长甲首,以督办贡赋、追摄公务而止,仿古里
> 魁坊正而名。①

按照朱健的记述,里长、甲首是仿照始于汉代的什伍制中的"里
魁"而命名的。不过,笔者觉得,这不仅是名称上的继承,还体现
了朱健的一种理解,那就是里长、甲首是依照乡役即行政村(里)、
行政街区(坊)之长只以"督办贡赋、追摄公务"为本来职责的传统
而设定的。

里长利用这种优越地位欺压甲首户的也不乏其人。天顺元
年(1457),四川省有过如下报告:

> 近年但遇科征,里长一钱无费,而偏取于一里百家之中。
> 其间归于官者十一,而入于私者十九。是以里长日致富盛,
> 甲首日益贫难。②

见年里长到底是作为无助的应役者而单方面遭受州县衙门胥
吏的欺压,还是利用"乡司"的地位肆意压榨其他里甲成员,这取决
于各方的力量关系。万历《福宁州志》的记述者有如下的精辟观
察:"里长愚则胥欺其里长,里长黠则胥与里长共欺其甲首。"③

隆庆元年至四年(1567—1570)担任江西巡抚的刘光济发表
了如下谏言:

> 臣惟州县设坊里,轮年当差,乃庶民往役之义,自勾摄公
> 事、催办粮差之外,无他事也。奈何有司不加体恤,凡祭祀宴

---

① 《古今治平略》卷二,国朝户役,第41页。
② 《明英宗实录》卷二八一,第3页,天顺元年八月戊戌。"近年但遇科征,里长一钱无
   费,而遍取于一里百家之中。其间归于官者十一,而入于私者十九。是以里长日致
   富盛,甲首日益贫难。乞行有司禁革。事下户部,请移文四川布按二司,斟酌差科,
   以从民便。其有里长害民者,如律究治。上命行其说于天下。"
③ 万历《福宁州志》卷七,食货志,纲派,第13页。

飨造作供帐馈送夫马百而费用,皆令坊里直日管办,坊里又
坐派于甲首。费出无经,以一科十,闾里骚然。……臣愚以
为,今日所急,在于革坊里,在于定经费。①

　　让县里的见年里长、坊长轮流到官衙值班,负责调集以上列
举的"祭祀、宴飨、造作、供帐、馈送、夫马"等各种活动所需财物、
劳力,这种现象在福建省、广东省等地也同样存在。② 这些见年
里长的负担则通过向里、坊各户收取来补偿。刘光济认为,这种
惯例是不合法的,而且导致相关人员乘机数倍地中饱私囊。③ 所
以,刘光济主张废除这些本来就不是里长、坊长职责的徭役。之
所以能够提出这样的主张,是因为他有一种明确的观点认为,除

---

① 刘光济《差役疏》,万历《新修南昌府志》卷二十五,艺文,第 20—21 页。"一、革坊
里。臣惟州县设坊里,轮年当差,乃庶民往役之义,自勾摄公事、催办粮务之外,无
他事也。奈何有司不加体恤,凡祭祀宴飨造作供帐馈送夫马百而费用,皆令坊里直
日管办,坊里又坐派于甲首。费出无经,以一科十,闾里骚然。日见凋敝如病羸之
人,不少休息,将无回生之望。臣愚以为,今日所急,在于革坊里,在于定经费。凡
岁用所需,旧系坊里自行出办者,今皆派征银两,贮之官库。如铺陈轿伞幕次器用
等项,应顶先置造者。祭祀乡饮宾兴上司支用等项,应临时买备者。修理衙门工
料,应临时估计者。接递大马,应顶先雇募临时拨发者。莫非有司之事,掌印官为
之经纪,扣算实用数目,责令该吏照所司分管,随事给银,登记支销。其买办役使之
人,即于隶兵内轮拨应用,与坊里绝无干涉。自规则之外,不许妄用,自岁征之外,
不许加派。前项经费,仍置立稽查格册,每季赴臣等院道衙门查核。如果支用有
余,作正支销。如果事出不经,支用不敷,亦听各该州县于原编补银内支销。如
此则一州一县,咸有经常之用,既不失之苦节废礼而妨事,而坊里轮年应役,可无额
外诛求之累矣。"
② 让见年里长"轮班直日"筹措州县官衙必需的财物、劳力,并对他们进行种种压榨,
这些现象在嘉靖初年早已很成问题。嘉靖六年(1527)颁布了强调这种现象的违法
性并对默认这种行为的布政使、按察使进行处分的法令。该法令见于万历《大明会
典》卷二十,户部,赋役,第 12—13 页。"嘉靖六年,令抚巡等官查考各州县,有令见
年里甲本等差役之外,轮流直日,分投供给米面柴薪油烛菜蔬等项,及遇ءا识往来
使客经过,任意摊派下程,陈设酒席,馈送土宜,添拨脚力者,拿问罢黜。若二司官
纵容不举,抚按官以罢软开报。"
③ 这些情况对清代的"差徭""浮收"来说也完全相同。参见笔者拙稿《中国专制国家
与财政》(《中世史讲座 6》学生社,1992 年,第 299—301 页)。本书第一章第三节,
第 67 页以下。

"勾摄公事、催办粮差"——即作为坊、里等行政街区、行政村之长按照官府的指示执行村内的有关钱谷和刑名的辅助性业务——之外,都不属于老百姓应尽的"轮年当差"的义务。明代人所说的"里甲正役",其本义应该如此才是。

第四节 税、役制度的本来面目

一般认为,里甲组织及其轮流应役制度是作为徭役收取的方法而构想出来的,这种普遍性看法并不一定妥当。在明初,也就是在里甲制度建立起来的时候,里甲制度的外部业已存在着一种通过向人民征派役务来解决官府财政性需求的徭役,这一事实非常重要。

宋代以后构成地方性差役核心的"职役"系统的差役(即明代的杂役)与里甲制是毫无关系的,它只针对有实力的富户进行指名分派。里甲正役与缴纳税粮一样是作为在编户的普遍义务来征收的,与此相对,包括驿传相关差役在内的杂役,则是要向被明初的统治者常常当作敌对方看待的城市富裕户以及农村殷实户征收的。[1] 各官府的财政性资源,除税粮、税费等正额租税之外,还通过采取向有实力的富户征发杂役(即职役)的措施来确保。作为一种甚至可以随意科派的富裕税向有实力的富户收取杂役(即职役),从而避免对一般农民和小地主课征这种性质的徭役,笔者认为这就是明初税、役制度的构想。

---

[1] 参见本书第五章第187页。例如,按规定,祗候、禁子、弓兵等分配给中央、地方官府的"公使皂隶"从缴纳税粮在二石以上三石未满的人户中"点差",而一般农民和小地主是不可能缴纳那么多税粮的。至于驿传相关差役,按规定要从缴纳税粮额更多的人户中挑选。

　　而且,即使在除与驿传有关的差役之外的杂役改为按均徭法科派之后,那也不是直接以里甲为分派对象的。杂役和均徭采用的是不同于里甲役的分派方法。这在第六章第二节中已详细阐述。均徭法的出现使得除与驿传有关的差役之外的杂役在性质上发生了变化,即从原来的富裕税的性质变为连广大的一般农民都得按户等进行负担的普遍公课的性质。可是,那仍然不是以里甲役形态对里甲进行科派的。至于进行土木工程时随时征收的力役不是里甲役,那就更不用说了。可以断言,不用说明初的"均工夫"①,就是后来临时征发的各种夫役,也从没有把见年里长、甲首作为应役者按"里甲役形态"进行收取过。

　　"里甲正役"原本的职责就是担任作为基层行政组织的坊、里之长及其助理掌管里内的钱谷、刑名。当然,"催办钱粮、勾摄公事"也肯定是分派给见年里长和十甲首户的差役。与宋代以后的"乡役"体系相连的就是里长役与甲首役。但是,这原本不是官府以获得财政性资源为目的而设定的差役。那种本来意义上的差役、徭役的收取按原来的设想是通过杂役制度以及临时征发夫役来保障的。原本的"里甲正役"与宋代以后构成差役制度核心的职役(即明代杂役)在目的、形态上有着不同的位相,里甲的编制也并非和这种徭役的核心部分有关联而设定的。第六章第二节对均徭法与里甲的关系进行详细阐述的目的就是为了厘清这一点。

　　另外,里长、甲首的十年一轮制与其说是官府为了获得财政性资源的目的而导入的,不如说是为了让中产以上的人户公平地分担相当于行政村村长的职责。如果说是为了获得财政性资源

---

① 关于均工夫,参见山根幸夫的《明代徭役制度的展开》,东京女子大学学会,1966年,第8—14页。

的目的,那么要求应役者在十年中的一年缴纳十年的负担这样的方法,至少不是最合适的选择。要使这种轮流负担对于负担能力不同的里甲成员来说觉得有好处,就必须满足两个条件。

第一,负担的差役不管是职役性的还是劳役性的,难于在全部成员中分担、分割实行(被要求应役者数比成员户数少得多,因而几年一次的轮役制受到欢迎),而且轮流应役的职责是不妨碍本来生计的比较轻微的内容。第二,在不仅提供役务,还伴随金钱、物质负担时,要比较轻微(一次性承担十年的负担也不至于承受不起),如果是比较重的负担,就要保证可以在应役者内部分担,就是这样还仍然太重的话,必须保证可以向全体成员转嫁。①

顾炎武辑《天下郡国利病书》中的《里甲论》的作者这样写道:

> 按国初事简里均,间闾殷富,便于十甲轮支,其后事烦费冗,里胥因而为奸,里甲凋敝,而轮支始称苦矣。近议有十甲朋当者,有照旧十年轮充者,有论丁不论地者,有丁地兼派者,言人人殊。②

---

① 在本章开头第 231 页所引《明史》范敏传的记述中,关于里甲役的设想也是里长应该"鸠一里之事以供岁役"。另外,在本章第二节第 242—243 页论及的《大诰续编》的规定中,也明确提到附加征收三成税粮作为搬运缴纳税粮所需费用的资金来源,由地区"总领"指挥此事。

② 《天下郡国利病书》原编第十五册,山东上,第 141—142 页,《里甲论》。"按国初事简里均,间闾殷富,便于十甲轮支,其后事烦费冗,里胥因而为奸,里甲凋敝,而轮支始称苦矣。近议有十甲朋当者,有照旧十年轮充者,有论丁不论地者,有丁地兼派者,言人人殊。大较酌量州县冲僻,共计岁费几何,立为常则,敛之于官,而为之雇募支销,是为上策。盖在官则费止于一,在民则乘机科派,上下交征无名之费,且有难显言者矣。但实心抚字者,一遵约束,无容议矣。中才以下,往往用里甲者,则以议供之银约,而查盘之法严也。夫天下之财不在官则在民,官岂能自足哉。原银太减,势不得不累之民。查盘既严,则在委官以剔核为贤,在州县以指摘为惧。于是有官银贮库,而阴用里甲者,甚至干没官银,毒敛以网上者。是法之更也,将以便民,而反为民病矣。近奉明旨再议里甲公费,业已从宽,且免其查盘矣。各官有仍用里甲者,尽法而参提之。将何以自解哉。有治人无治法,变通宜民,则有司存。"

《里甲论》的作者表达出这样一种观点，即以笔者所说的里甲役形态轮流应役的方法之所以能够顺利实施，是因为在开国之初里甲制制定后不久的时期内"事简里均"的缘故。所谓"事简"，就是说见年里长和十甲首十年一次轮到的正役不会大大超出法令中规定的"催办钱粮、勾摄公事"的范围。反过来说，里甲制是在行政村的首长及其助手的职责只涉及里内的"钱谷、刑名"这样一个前提下来构想的。这样考虑应该不会离谱。①

前面已经提到，海瑞、刘光济为了把人民从徭役负担的涂炭之苦中解放出来，主张不应让里甲承担除"催办钱粮、勾摄公事"以外的职责（本章第三节）。这种主张根源于这样一种认识，即里甲制不是超越"催办钱粮、勾摄公事"之上的东西，至少在创设之初并不超越"催办钱粮、勾摄公事"的范围。那些主张将里甲役恢复到里甲制创设之初"催办钱粮、勾摄公事"这种当初被认为可行且最为合适的做法的人，在有关里甲制问题上应该拥有笔者前面所述的认识。如若不然，怎么可能把那样的诉求作为一种公正的观点来堂堂正正地主张呢？

在我们周围的许多社会集团中，特别是在地域性的公共团体中，为了向全体成员公平摊派干事、负责人、干部等职务，常常会采用轮流制，但是，对于团体内部的经费负担以及来自行政的公

---

① 里甲内部有关"刑名"的业务中，通过裁决解决纷争、进行惩罚被认为是老人的职责。这里所说的老人是国家对传统上由乡村内部的权威人士、德高望重的人士进行的调解工作的制度化，对此三木聪进行了富有说服力的论述，请参阅《明代里老人制再考》（《海南史学》三十，1992年）。另外，本章[补记1]中提到的中岛乐章的著作对三木聪的学说进行了批判，并通过对徽州文书等的研究弄清了老人制的实际情况。在使里拥有裁判职能方面，也体现了里甲制度作为沿袭社会惯例的同时由国家组织的缩小版官府的本质。

课负担,却不会采用轮流负担的做法。明代里甲制度中的坊长、里长、甲首的轮流应役也不会游离于这种一般规则。对于来自官府的公课负担,不是由里甲役,而是由法定的种种租税以及以富户为对象的杂役制度来应对的。建立了里甲制的明代人和现代社会的我们,在常识性判断和关于目的与手段的合理性判断上并不大相径庭。

一般认为,大致在永乐年间(1403—1424)以后,对里甲开始课征"上供物料"和"公费",如同"正役"的一部分来征收。但是,根据岩见宏的考证,在明朝初期,"上供物料"和"公费"原本并不是由里甲来负担的,而是另有资金来源。要么来源于税粮和税课的正额收入(物料的一部分和公费),要么向猎户、渔户等课以特殊负担的编户征收(物料的大部分)。[1]

在制定里甲制的洪武年间(1368—1398)确立起来的财政体系中,继承元代制度设立了民户、军户、匠户等多种户籍区分,即所谓的诸色户计,各户按其户籍的不同种类,应向国家纳付的税、役的种类有不同的规定,并且几乎所有税、役都以现物和实役的形态来征收。上供物料的一部分,作为这一体系的一环,或者向从事农耕以外的特殊职业的人户作为正额负担(相当于民户的税粮)来征收,或者由受命缴纳中央政府和朝廷所需物资的地方官府"买办"即用财政经费购入。把具有这种性质的上供物料和作为官府各种经费的"公费"负担转嫁给里甲的做法,借用岩见宏的

---

① 岩见宏:《明代徭役制度的研究》,第 27—75 页。另请参看本章第五节。

话来说,那是"违法""不合法"的。①

当然,这种"违法""不合法"做法的产生,是财政体系结构引发的必然结果。然而,如果认为里甲役的创设是因为预测到将来可能发生违法的举措,即可能会作为徭役负担转嫁给里甲,以这种预测为前提,为了确保能够向里甲成员收取徭役的目的而实行的,那么只能说这种想法太不合常理了。即使不对里甲课以诸如后来的上供物料和公费之类的负担,支撑国家和地方官府运行活动的税、役征收体系也早已建立,正因为如此,才有可能以国家法律的形式宣示对里长课征"催办钱粮、勾摄公事"以外的负担是违法的这样的法律条文。

这样看来,里甲制原本不是为收取徭役而设立的,反过来说,在里甲制创设之时并没有设想将里长和甲首的轮流应役作为一般徭役征派的基础,这一点是毫无疑问的。从逆向思维的角度来看,可以说明代徭役制度中产生最大问题的根源,就在于里甲制并非为实现徭役征收而制定的制度。

关于被看作是见年里长职责的"催办钱粮、勾摄公事",我们在前面已经论述过了,可是它对于明代徭役制度以及里甲制来说意味着什么呢? 对于这个问题,一部分内容和前面的论述有些重复,这里把笔者的假设归纳如下:

_____

① 有关上供物料和公费等负担本来不应向里甲课征这一认识,广泛见于本章第三节引用的海瑞的言论和刘光济的奏章以及地方志等中。岩见宏根据明初的各种史料,考证了包含在公费中的经费按规定原本应该从税粮等正规收入中支出,在此基础上,他作了如下论述:"在明代人的认识中,从明初以来并未规定上供和公费由里甲负担。正如万历《福州志》中所记述的,在勾摄公事这一里长的职责里,并不包括负担上供和公费的内容。因此从这一点来说,地方上把上供和公费分派给里甲的做法应该是违法行为。但是只要其弊害不明显,地方上能适当处理,中央政府也不会探究。特别是公费,也许是由于与中央并无直接关系的缘故吧。"(岩见宏:《明代徭役制度的研究》,第 74 页)

（1）本来，里（坊）长户和甲首户轮流承担的徭役，就是完成对外代表作为行政村的里（坊）长及其助手的职责。也就是，用宋代以来的用语来说属于"乡役"，而并不涉及构成差役制度核心的"职役"。

（2）里甲的编制和里长、甲首的轮流应役，并不是为了通过向里甲征收徭役来维持地方官府的运行活动这一目的而构想的。甚至可以说，里甲役不是作为收取徭役的基础而设立的。相当于宋代职役的杂役征收，是依据明确的法律规定通过不同于里甲的途径来进行的。

（3）现实中里甲负担的徭役基本上都有追加、附加性分派征收即摊派的性质。在里甲制创设之初的洪武时期，并没有设想要对里甲分派征收这些徭役，这些摊派的徭役是非法产生的。

（4）里甲正役并非为缴纳徭役而组织设立的，摊派种类和数量的不断增加带给里甲正役的负荷导致里甲制度本身岌岌可危。这就是引发里甲制问题即里甲成员难于应付，而在官府看来表现为财政资源萎缩的根本原因。

从以上的阶段性考察，我们可以得出这样的结论：明代的徭役问题，无非就是导致向当时的编户齐民即里甲成员追加、附加征收公租公课即各种徭役的财政体系的问题。问题不在于仅仅是徭役负担的数量增大，而在于由于缺乏能够恰当处理徭役负担数量增大的制度上的机制而导致负担不断增大。笔者的观点是，无论是追加性、附加性负担的发生，还是处理这些追加性、附加性负担的合适的应对制度的缺失，都是"原额主义"财政体系的必然产物。

随着时代的推移，向里甲课征的徭役范围不断扩大，负担越来越重，这一情况早已为明代的论者多次指出，也为徭役制度史的研究者所论述。徭役的增加让农村里甲组织不堪重负——"诡寄""影射"等规避徭役的行为从根本上来说也是起因于负担的加重——从而引发了徭役问题,这样的观点应该是正确的。事实上,也正是负担的加重和优免特权的滥用进一步加剧了负担的倾斜和不均,从而导致对徭役负担的应对更加困难。但是,笔者认为,明代徭役问题的特征仅凭这两点还无法充分说明。

在历来的明代税、役制度研究中,几乎没有注意到引发徭役负担增大的财政结构。这是阻碍深化徭役问题理解的首要障碍。

而且,关于里甲组织,历来的一般看法都认为它是作为税、役的征收机构而设立的,所有的徭役都应该通过它来征收,这种作为税、役征收机构的性质自明初里甲初创直至随着一条鞭法的实施而实质性废除为止都没有改变。

然而,笔者却不这么认为。那种认为明代统治者是把里甲组织当作征收税、役,特别是当作征收徭役的机构来设立的,按轮流制实施的见年里长和甲首役也是以提供官府所需徭役为目的而设定的观点,忽略了与明代徭役制度发展变化有关的重要论点。而且,在理解导致徭役制度本身濒临危机的徭役问题的结构时,仅仅着眼于徭役增加这一数量方面的原因也是不够的。

笔者认为,以里甲制的矛盾表现出来的明代的徭役问题,与发生"差徭""浮收"的清代地方经费问题、产生"苛捐杂税"的民国时期的地方财政问题……本质上是在相同的相位下发生的问题。这样性质的明代徭役问题,不是从一条鞭法到地丁银制的明末清初的税、役制度改革所能够消除的。因为一条鞭法并非取消原额主义,而只不过是原额主义的新版本而已。

第五节　原额主义与徭役

笔者所说的"原额主义",不是指租税收入和财政支出的一成不变,而是一个用来表现与经济扩大不相对应的僵化的正额收入,与随着社会发展和国家机构活动的扩大而增大的财政需求之间的矛盾,以及必然伴随为了弥补这种矛盾而派生出的正额外财政的财政体系的特性。这种事态起因于各种租税的征收往往有维持在一定水平的倾向——即便不是全部,即"原额"的束缚力在起作用。

明代的徭役问题与清代的差徭、浮收问题以及民国时期的苛捐杂税、兵差问题……别无二致,归根到底是由财政结构引起的。如果这样的话,要理解明代徭役问题的本质,当然就需要把握明初以来国家财政是如何发展变迁的。然而令人遗憾的是,基于种种原因,笔者只能勾勒一个极为粗略的从明朝初期至中期的财政收入与经费支出的动向概况。

困难之一是明朝财政采用的是彻底的现物主义。但是使困难进一步加大的朝廷和户部都不能制定总体的财政计划,并确立对此计划进行事后评价的决算制度。当时,一个困难的课题[1]是如何导入更为系统的统一财政体系取代明初分散型的财政体系,从而对财政从数量上作出正确把握以达到财政收支的平衡。

现物主义财政对于各种税物在分派、征收时,其使用目的、使用机构都已决定。以货币方式运行财政,其收入一旦纳入国库即分配到支出机构,这样就为统一的财政管理提供了可能。而现物

---

[1] Ray Huang, *Taxation and Governmental Finance in Sixteenth-Century Ming China*(London: Cambridge University Press, 1974), p. 72.

主义财政中,征收的税物不经由财政部门直接就搬运到了使用机构(有时由纳税人自己送去)。这样势必形成全国性的纷繁复杂的物资筹措途径。如果国家规模较小的话也还过得去,但在宋代以后的庞大帝国里,如果还采用现物主义财政,那么进行统一的收支决算会遇到极大困难。洪武年间虽然曾经构想过如何向朝廷进行决算汇报的制度,但实际上却并没有付诸实施。这与其说是官僚机构的过错,还不如说是分散型现物财政的特性导致其根本无法实行。可以说,对全国性财政状况的数量上的把握直至 1582 年张居正编纂《万历会计录》以前一直都没有实现。[1]

以笔者的知识和见地,要全面论述明朝初期以来导致徭役征收增大的财政动向是不可能的,这里笔者仅提出几个论点和大致的推测,对这些问题的深入论述只能留待他日。

首先,本来不属于里甲负担的上供物料被转嫁给里甲的现象在永乐年间(1403—1424)变得明显起来。这在前人的徭役制度研究中已经指出[2],明代人们也早已意识到这一点。

南直隶徽州府的地方志在记载了上供物料分为“岁办之供,额外坐派之供,不时坐派之供”三类后这样写道:

> 旧志云,不知其始,大抵起于永乐迁都营造之时。有额办,有额外派办,每年皆六县里甲办纳。至弘治十四年始有

---

① 有关这个明代第一个也是最后一个会计录,参见岩见宏《晚明财政的一考察》(岩见宏、谷口规矩雄编《明末清初期的研究》,京都大学人文科学研究所,1989 年)。另外,关于张居正通过恢复明初税粮原额以图重建国家财政的情况,参见拙稿《张居正财政的课题与方法》(岩见宏、谷口规矩雄编《明末清初期的研究》)。
② 见山根幸夫《明代徭役制度的展开》,第 43—44 页;岩见宏:《明代福役制度的研究》,第 27—53 页。

不时坐派城砖等项。嘉靖间额外不时坐派各项数多繁重。①

---

① 嘉靖《徽州府志》卷八,食货志,岁供,第1页。"岁供之目有三,一曰岁办之供,二曰额外坐派之供,三曰不时坐派之供。旧志云,不知其始,大抵起于永乐迁都营造之时。有额办,有额外派办,每年皆六县里甲办纳。至弘治十四年始有不时坐派城砖等项。嘉靖间额外不时坐派各项数多繁重。今以嘉靖十七年以前欧阳巡抚书册所载额派里甲为岁办,以后坐派丁粮者为额外,暂征事已停止者为不时云。"

另载有以下细目(表6-1)。

表6-1 嘉靖年间徽州上供物料细目

项　　　目	品目/目的
1 岁办	—
1.1　岁办户部军需之供	—
1.1.1　户部坐派光禄寺应用	篿笋　茴香　叶茶　核桃　火熏猪肉　菱米　木耳　银杏　蜂蜜
1.1.2　户部坐派甲丁二库料价	百药煎　靛花　二朱　槐花　乌梅　生漆　桐油　生铜　锡　水牛皮　牛筋　黄牛皮
1.1.3　南京户部坐派物料	黄蜡　白蜡　叶茶　芽茶
1.1.4　南京户部坐派供应	蜂蜜　黑砂糖　银朱
1.2　岁办礼部军需之供	—
1.2.1　礼部额派供应牲口	肥猪　肥鹅　肥鸡
1.2.2　南北二京礼部额办	药材　茯苓　莘蓁　干漆
1.3　岁办工部军需之供	—
1.3.1　工部额办	颜料　槐花　乌梅　枝子
1.3.2　工部额办岁造	缎匹
1.3.3　工部额办岁造	解京黑漆角弓　透甲锥箭　弦
1.3.4　南京工部额定	粮长勘合纸　底簿中夹纸
1.3.5　南京工部额办岁造	解京军器　物料价银
1.3.6　新安卫改造	运粮浅船
2　额外坐派	—
2.1　工部额外坐派之供	—
2.1.1　嘉靖三十六年工部札付题开	四司应用各项钱粮料银

(接下页)

此外，福建省泉州府也有如下记载：

> 国朝洪武间有杂色皮、翎毛、角弓、弦之贡。永乐间有白
> 糖、霜糖、沙哩别之贡。后以经费所需，始派各色物料。额办
> 药材……岁办蜡、茶……杂办生漆……弘正间递增之，皆倚
> 办于该年里甲，而名数烦碎，或增或减，或征或否，自有司莫

（接上页）

项　目	品目/目的
2.1.2　嘉靖三十一年工部札付	砖料
3　不时坐派	—
3.1　户部不时坐派之供	—
3.1.1　嘉靖三十年户部坐派	防房军马钱粮
3.1.2　嘉靖四十二年户部坐派	协济海防军饷
3.1.3　嘉靖三十九年户部坐派	协济江防军饷
3.2　工部不时坐派之供	—
3.2.1　南京工部坐派	青笙竹　青水竹　猫竹　黄藤
3.2.2　南京工部坐派	城砖　斧刃券砖
3.2.3　工部坐派	织造龙衣（自正德三年始每两三年一次）
3.2.4　工部坐派	木植（正德十年乾清宫、坤宁宫、嘉靖六年仁寿宫、嘉靖三十六年大朝门殿、每逢大规模工程）
3.2.5　嘉靖三十九年工部坐派	传奉四连工科
3.2.6　嘉靖四十年工部坐派	成造冠顶仪杖等件
3.2.7　嘉靖四十一年南京工部坐派	急缺物料　造办供应家伙　生漆　桐
3.3　部院不时坐派协济他郡之供	—
3.3.1　嘉靖四十年池州、安庆府	迎接景王
3.3.2　嘉靖四十四年池州、安庆府	景王灵柩归京
3.4　部院不时坐派备边之供	—
3.4.1　嘉靖三十四年部院周牌行本府	预征嘉靖三十五年均徭送松江府用作对倭寇军费

资料来源：嘉靖《徽州府志》卷八，食货志，岁供，第1、3—18页。

能详其来历,吏胥因之为奸,虚派侵克,岁益滋甚。①

永乐年间中央政府的经费膨胀虽然如《徽州府志》所言,北京的建设需要巨额经费,但不仅仅是由于一时的财政扩大造成的,而是因为在南京和北京各有一个首都,维持两地的宫殿和双重的政府机构所带来的经常性支出的增加造成的。

还有,永乐年间特有的大规模对外征战也会给户部的财政增添巨大的负担。上供物料还常常令人费解地被称为"军需"②。这大概是说向朝廷和政府各部门缴纳上供物料犹如"军需"一样是不容懈怠的紧要任务,或者也许是由于这些物料是永乐年间朝廷以军事开支增大为名命令各地方承担的,所以才会有"军需"这样的名称。

另外,永乐年间除了军事上的征伐,还进行了像郑和下西洋这样的积极的外交活动。毫无疑问,进行这种大事业所需的经费和对增多的朝贡使节的赏赐以及接待所需的物资、费用在对财政造成压力的同时,也是要求地方增加上供物料的主要原因。还有像森正夫、新宫学所指出的,在实际迁都北京之后,物资运输的负

---

① 万历《泉州府志》卷六,版籍志下,上供三办,第1页。"国朝洪武间有杂色皮、翎毛、角弓、弦之贡。永乐间有白糖、霜糖、沙哩别之贡。后以经费所需,始派各色物料。额办药材……岁办蜡、茶……杂办生漆……弘正间递增之,皆倚办于该年里甲,而名数烦碎,或增或减,或征或否,自有司莫能详其来历,吏胥因之为奸,虚派侵克,岁益滋甚。甚至征解之时,主吏勒索无厌,往往耗折遭欠。正德十五年沈御史行八分法,通融各县应办物科,就于八分银两支解,本府金长解买办本色,解部交纳。嘉靖二十六年,议附由帖征银,解布政司支应。"
② 第274页注①引用的《徽州府志》中,作为"岁办"项目有"户部军需之供""礼部军需之供"等,但这些并不是军需物资的意思,其他众多史料也以"军需"之名说到上供物料。虽然本来意义上的军需物资以上供物料的形式征纳的事例并非没有,但不是主流。"文献通考曰,军需各色,皆为杂色之赋"(卷八,第1页),正如这条注里所说的,军需就是杂派。不过,从表7-1中所列项目可知,嘉靖年间后期,增加了以防范倭寇等为名目的上供物料的分派,这也许就是"军需之派"这一别名的由来。

担与南京时代相比有大幅增加,这一点也不容忽视。①　虽然一部分可以通过调派卫所的军队从事漕运方面的劳役来解决,但仍然不可能不增加政府在货币、物资方面的支出。然而,这些接踵而来的支出增加在洪武年间是始料不及的,要在正规的财政中加以消化则难以办到。

面对支出的膨胀,要使构成正规税收根本的两税收入增加的途径,可以说早就被堵塞了(参照表 6 - 2)。关于两税,除了江南重赋地区等地,增加拥有土地的农民、地主的负担不是不可能,但是,提高税率,即将作为"惟正之供"的两税原额朝增税的方向改变,这早在明朝初期就已经是一种政治上的禁忌,就连明成祖永乐帝这样的强势君主也毫无痕迹表示曾有过这种计划。

表 6 - 2　明代的税粮征收

时　　期	税收额(两)	时　　期	税收额(两)
洪武十四年	26 105 251	景　泰	25 665 311
洪武二十六年	32 789 800	天　顺	26 363 318
建文四年	30 459 823	成　化	26 469 200
永　乐	31 824 023	弘　治	27 707 885
洪　熙	31 800 243	正　德	26 794 024
宣　德	30 182 233	嘉　靖	22 850 535
正　统	26 871 152	隆　庆	24 074 189

资料来源:梁方仲《中国历代户口、田地、田赋统计》,上海人民出版社,1987 年,第 185—199 页。

永乐年间之后为各时期平均数。因未考虑折算成银两等缴纳的部分,在看待宣德年间以后的减少时须打个折扣。

---

① 森正夫:《明代江南土地制度的研究》(同朋舍,1988 年),第 618 页;新宫学:《南京还都——永乐十九年四月北京三殿烧毁的影响》(《和田博德教授古稀纪念,明清时代的法与社会》,汲古书院,1993 年);新宫学:《从洪熙到宣德——定都北京之路》(《中国史学》三,1993 年)。

关于商税方面的征收,其征收额受额度束缚的压力较小,但是,由于后面讲到的宝钞政策的失败,非但没有增加收入,反而受到了决定性的打击。在这方面,认为实际税收遭遇大幅减少是妥当的。

不言而喻,上供物料是在财政一筹莫展的情况下,被用来作为增加朝廷和中央政府实际收入的手段的。上供物料的好处在于它不是租税,而是被比作传统的"任土作贡"(《书经》)。单方面增加作为正供的税粮是一种政策上的禁忌,但地方官府、百姓上供土产方物则是在经典中有据可循的正统行为。于是,实质上的增税借着"上供""岁贡"这种被看作是对朝廷赠与的名义,以上供物料增加的方式出现了。

另外,朝廷还指令各省布政使司进行物资的"买办""采办",也就是以官钱、官钞收购,而没有财政上的补贴却被要求进行"买办"的地方基层则采取大幅度压低收购价格、延迟付款,甚至完全无偿收取的方法来应付。这种显而易见的露骨手法明目张胆地大行其道。① 明知会出现这样的后果却仍然指令"买办",完全是一种欺诈行径,而这也是朝廷在传统的政治伦理的要求下,明明是欺诈也要保持形式上的正统性,把越轨、舞弊等违背政治伦理的事巧妙地推到下面的官僚、胥吏衙役头上这样一种政治狡诈催生的现象。

正因为上供物料无论是贡物还是买办都具有这样的性质,所

---

① 关于"买办""采办"的处理,洪熙元年(1425)时任四川省成都府双流县知县的孔友谅在奏疏中说得非常直白。《明宣宗实录》卷十一,第 7 页,洪熙元年十一月甲寅。"四川成都府双流县知县孔友谅言六事。……六曰,薄征徭。古者征税徭役,量土地之宜,验人丁之数,务从宽省,以息民力。今自岁产供赋,应纳税粮外,复有买办采办等事。以朝廷视之,不过令有司支给官钱平买而已。然其中无藏之辈,往往致贿吏曹,变通揽纳,巧立辨验折耗之名,科取数倍,奸弊百端,重为民害。"

以朝廷无法以法令的形式指定负担的分派方法，只是把要上交物品的名称、数量通过户部、礼部、工部等作为任务下达到外省的布政使司和南北直隶各府，而对各地如何处理本来不属于租税负担的追加性的上供物料，则采取了放任不管的态度。

接到布政使司和直隶府摊派的州县当然没有用于采购的富余经费，便只好作为纳税户的追加、附加负担来征收。很多地方往往要求见年里甲办理、缴纳。原因之一是这是最便捷的筹措方法，但如果把追加的物料负担当作是对税粮的另一种附加来考虑的话，要求负有向里内各户征收税粮一并缴纳义务的见年里长征收、缴纳也许是自然而然的事情。[①] 谷口规矩雄和岩见宏的研究表明，不少地方把上供物料作为均徭的一部分折算成银两来征收。[②] 从这里也可以知道，上供物料的分派方法并没有设定统一的规定。这从上供物料对一般编户来说并非本来就有的义务，而是作为权宜之计巧妙设计的附加性、追加性负担这一点来看是理所当然的。[③]

按照岩见宏的论证，地方官府的各种事务性经费和事业费的公费负担按规定本来是应该从税粮等正规收入中开支的，通过双

[①] 宣德五年(1430)江南巡抚周忱实施了称为"平米法"的税粮征收改革。通过这项改革，以作为附加税征收的"余米"为资金来源，"凡官府、织造、供应、军需之类"的开支都得到了解决，实现了纳税户"漠然不见他役之及，而官府无复科率之扰"。参见森正夫《明代江南土地制度的研究》，第 290 页。这里所说的"官府"应该是指官府的公费，"军需"指上供物料。值得注意的是，这些都是以税粮附加税的形式来征收的。这说明明代的某种徭役和附加税从本质上来说是可以相互替代的，只是在方法上有所不同而已，同时也说明公费和上供物料虽然在形式上是向见年里长、甲首征收，但却具有可以作为分派到里内全体纳税户的税粮附加来处理的性质。

[②] 参见本书第五章第 224 页注①。

[③] 由于上供物料是向朝廷或各部上缴的，所以即使对里甲进行科派，也不太会有人说这不是原本应尽的义务而批评这种科派的不正当性。本章第三节引用的海瑞和刘光济的里甲改革方案虽然对科派公费的正当性予以了明确的否定，但对上供物料却只字未提。

重征收转嫁给里甲或作为均徭的一部分来征收是非法的。

公费的负担转嫁是从什么时候开始,由于怎样的原委固定下来的?这一问题似乎还没法解开。也许我们已经无从知道在徭役问题成为燃眉之急的嘉靖年间(1522—1566)之后公费的不当分派摊派到见年里甲等头上的事情经过了。即使像海瑞这样对向里甲摊派公费的不正当性持抨击态度的人对其由来经过也没有提及。估计公费负担向里甲的转嫁在相当早的时期就已经逐渐开始了。可以想象,当中央政府的经费膨胀导致对里甲上供物料的摊派开始增加时,接踵而来的就是地方政府开始转嫁公费。

这样的推测是有根据的。毫无疑问,明代的经费膨胀始于永乐时期朝廷和中央政府的财政。本来,地方政府开展活动的财政保障来源于税粮等的"存留"部分。而当中央政府面临财政困窘时,任何一个时代的中央集权政府的惯用手段就是削减地方保留部分转作"起运"即上缴份额。于是,受到中央财政挤压的地方官府的财政就"便宜行事",即不得不采取未必合法的权宜将就之策。

另一方面,从地方官府的立场上来看,与其按制度初创时期规定的拮据的预算俭朴行事,不如正好借口万不得已,用被赋予的酌量定夺的自主权确保自主的财源在各方面都来得方便好使。① 上至长官下至下级胥吏都不会眼睁睁地错过捞外快的好

---

① 在清代,有关正式承认浮收并将其编入正规财政之中的提案也不被官僚利益共同体欢迎。参见本书第一章第三节第59页以后的论述。19世纪初,有关对直隶"差徭"的一部分予以正式承认并对经费的支出与征收进行合理化梳理的提案,由于遭到总督及布政使强词夺理的抵制而被否决,这引起了正义派官僚张杰的愤慨。参见本章第239页注①。

机会,削减"存留"也许正是他们所希望的。在这种结构下,非法
定的追加性、附加性的课征总是朝增大的方向一路猛进。

从明初早期开始,导致法定财政情况恶化的主要原因不只是
经费支出增大造成的,也有收入方面的原因。那就是前面提到的
由于宝钞的无节制发行引发的纸币贬值对商税收入的打击。关
于这个问题,黄仁宇(Ray Huang)已经论述过,但由于史料不足
等原因未能充分阐明。笔者也几乎没有可供补充的资料,不过偶
然找到了康熙年间地方志中留下的非常具体的史料,在此介绍一
下。在浙江省中部的金华府永康县,由商税等构成的"课程"收
入,由于纸币贬值而几乎一文不值,不得已只好把税课局都撤销
了。事情的经过是:

> 明制,岁办课程钞,总四千七百九十五锭四贯九百二十
> 四文。其目曰酒醋,曰茶课,曰窑灶,曰碓磨油榨,曰果价,曰
> 比附茶果,曰茶引,曰工墨,曰商税,曰税契,曰契本工墨,曰
> 门摊。置税课局,设大使一人领之。其后钞壅不行,价目益
> 贱,钞多积于无用,乃以课钞降依叫估折银,视原估盖不及什
> 一焉。县额,无闰钞共一百七十六锭一贯三百二十八文,折
> 银一两七钱六分二厘六毫五丝六忽,有闰加钞七锭四贯二百
> 六十七文,折银七分八厘五毫三丝四忽。局额,无闰钞共四
> 千二百五十七锭八百七十八文,折银四十二两五钱七分一厘
> 七毫五丝六忽,有闰加钞三百五十四锭三贯四百五十一文,
> 折银三两五钱四分六厘九毫三忽。议者因计该局官吏岁廪
> 之费,反逾于秋税之数,遂省官吏不设,以其课额,附县带办。
> 而巡栏之役,所至骚扰,人皆病之。遂议并罢收税,取巡栏六
> 名,役银四十四两三钱三分四厘四毫一丝二忽,遇闰加银三

两六钱二分五厘四毫三丝六忽。①

（译：按照明代的制度，每年征收的课程钞定额为四千七百九十五锭四贯九百二十四文。名目有酒醋、茶课、窑灶、碓磨油榨、果价、比附茶果、茶引、工墨、商税、税契、契本工墨、门摊。设置税课局，设大使一人作为负责人。后来由于纸币的大量发行导致流通受阻，实际价值日益低落，纸币变成了一堆废纸，将税课纸币按时价折算成银两，不到票面价值的十分之一。县衙应征税钞额，无闰月的年份为钞一百七十六锭一贯三百二十八文，可是折算成银两却只有一两七钱六分二厘六毫五丝六忽；在有闰月的年份加钞七锭四贯二百六十七文，折算成银两为七分八厘五毫三丝四忽。税课局应征税钞额，无闰月的年份为钞四千二百五十七锭八百七十八文，折算成银两为四十二两五钱七分一厘七毫五丝六忽；有闰月的年份加钞三百五十四锭三贯四百五十一文，折算成银两为三两五钱四分六厘九毫三忽。有人算了一下税课局官员的报酬，发现超过了秋税之数，于是就取消了官员的编制，税额改为由县衙征收。[负责征税的]巡栏胥吏到处扰民，老百姓叫苦不迭，于是就停止了征税，[向行户]派役巡栏六名，役银为四十四两三钱三分四厘四毫一丝二忽，逢闰月加银三两六钱二分五厘四毫三丝六忽。）

永康县的"课程"定额大约为 23 980 贯（这里所说的 1 锭相当于 5 贯），按照洪武初年的法定比价：钞 1 贯＝钱千文＝银 1

---

① 这一记述可能是从明代编撰的地方志等中转载过来的。从其详细记录的"课程"细目和税额，以及对钞价低落时实际收入数额的正确记录来看，其资料来源应该是官府保存的明代初期的记录。康熙《永康县志》卷五，附课程，第 34—35 页。

两＝米 1 石[①]，大约相当于银 2.4 万两。而到了洪武二十三年
(1390)，宝钞的购买力已经跌至法定比价的 1/4 左右[②]，即使以
此为基准来计算的话，也要将近银 5800 两。纸币失去信用几乎
得不到承认而不流通的状况在永乐初年就已经出现，在随后的洪
熙、宣德年间(1425—1435)，虽然一方面通过增加门摊税、设置钞
关等新增课税，另一方面抑制或者停止宝钞发行，从两方面尝试
了挽救措施，但没能取得显著成效，明初的纸币政策至此已告完
全失败。[③] 永康县史料记载的纸币暴跌反映的应该是宝钞制度
完全失败后的状况，其跌幅以钞 1 贯＝银 1 两的法定比价为基准
来计算的话，钞 1 贯＝银 2 厘＝0.002 两的比价是原来的法定比
价的 1/500。即使按照 1390 年前后的实际比价钞 4 贯＝银 1 两
为基准来计算，也已跌至 1/125。

　　由于纸币政策的失败，永康县的"课程"收入只有税课局征
收的银 42 两左右以及县衙征收的银 2 两不到，这连税课局官
员、胥吏的人头费都不够。这样的话肯定是入不敷出的，所以
税课局被废除，总共 44 两左右的商税额，结果以"巡栏"徭役的
名目，向县内的行户即当铺、商店等商家进行科派征收。宝钞
政策的失败，使得明初正规税收之一的商税收入实际上几乎降
至原来的 1/500，并且产生了对行户分派"巡栏"这种新的地方
性徭役的结果。

① 檀上宽:《初期明王朝的货币政策》《东洋史研究》第 39 卷第 3 期，1980 年，第
　　70 页)。
② Ray Huang, op. cit. ,第 70 页;檀上宽:《初期明王朝的货币政策》,第 71 页。
③ 檀上宽:《初期明王朝的货币政策》,第 84—87 页。

表 6 - 3　浙江省永康县的商税收入

	原额(钞)	原额(银) 钞 1 贯＝ 银 1 两	原额(银) 钞 4 贯＝ 银 1 两	最终折银额 钞 500 贯＝ 银 1 两
税课局征收额	21 285.9	21 285.9	5 321.5	42.6
同　闰月增额	1 773.5	1 773.5	443.4	3.5
小　计	23 059.4	23 059.4	5 764.9	46.1
县衙征收额	881.4	881.4	220.3	1.8
同　闰月增额	39.3	39.3	9.8	0.1
小　计	920.7	920.7	230.1	1.9
合　计	23 980.1	23 980.1	5 995.0	48

　　钞价下落虽然绝不会是全国同时发生的,但最终宝钞成为废纸,原本规定用纸币缴纳的商税方面的公课,应该也是改成了用银两、铜钱征收。此时的换算率虽然不是全国统一的,但有报告称正统元年(1436)的实际比价是银 1 两＝钞 1000 贯①,像永康县那样银 1 两＝钞 500 贯的税钞与银的换算比价绝不是属于非常低的。② 可以认为,从全国来看,税钞的实际收入降到了原来的 2‰乃至 1‰的地步。在宋、元时代,国家财政收入中商税所占的比率绝不是一个小数字③,但在明代的国家财政中,这一重要的收入源泉由于宝钞政策的失败而大幅缩水。

① 参见檀上宽《初期明王朝的货币政策》,第86 页。
② 据黄仁宇对万历《金华府志》中所记述情况的介绍,浙江省金华县商税方面的收入为年额七两,减少到如此难以置信的程度的商税征收长时期没有进行。另外,黄仁宇指出,山西省汾阳县万历三十七年(1609)的商税征收额达到 6606 两之多,不过他同时指出,当商税征收由钞票征收改为银两征收时,为防止收入减少而进行调整的只是一小部分州县而已(Ray Huang, op. cit., 第232 页)。此种见解颇具说服力。
③ 笔者拙稿《中国专制国家与财政》(《中世史讲座 6》,学生社,1992 年),第 277—278 页。

在永康县,以 2‰ 的比价改为以银两征收的"课程"结果转变为"巡栏"这一新的徭役,然而,全年仅 44 两左右的徭役收入无论如何也弥补不了原来的课程收入。"课程"这一正税收入的丧失,理所当然地导致地方官府正规财政收入的减少。这意味着原本由正规财政收入解决的各种经费失去了财源。这样,失去财源的支出项目只能是要么向里甲以及杂役应役者作为追加性徭役来征收,要么作为税粮等正规课税的附加税进行附加征收。向见年里长课征"公费"的做法,有一部分肯定也是出于这样的原委。正是基于这样的依据,笔者推测,在"上供物料"的里甲分派额增大的永乐时期(1403—1424)之后不久,"公费"负担作为新的摊派重新登场。

与易受原额束缚的土地税＝税粮(两税)收入相比,商税方面的收入如果运用得当,具有随着经济增长、商品流通扩大而使政府财政收入也随之增加的优越功能。然而在明王朝,由于创业初期纸币政策的重大失误,招致"课程"收入蒙受毁灭性的减少。不仅如此,在不少州县还普遍出现把原本就已缩水的"课程"定额混入税粮中定额征收,也就是按照田地数量分派税额进行征收的情况。① 一度大幅减少的"课程",如果继续以商税的名义征收的话,那么还有可能抓住商品流通扩大的机会来增加收入。但是,因为数额微小而使之定额化并按照田地分派的做法,却只能是堵死了这种可能性。

本来应该随着商业活动的活跃而使政府收入增加的"课程",一旦被这样作为定额固定下来,必然导致正规的财政收入愈加僵化死板。"课程"制度的崩溃,从双重意义上说,是导致正规财政

---

① Ray Huang, op. cit. ,第 232 页。

收入缺口扩大即附加性、追加性课征增大的主要原因。

明朝的国家财政在建立后不久就面临支出增加的巨大压力和重要收入项目实质性丧失的困境。来自这两方面的财政压力，几经辗转，变成了迫使地方官府增大正额外课征的压力。对里甲征收上供物料和公费，对行户新设"巡栏"等徭役项目，这些都是这种压力所带来的结果。另外，就洪武时期规定征发数量的杂役而言，项目增多和对应役者提出更多财物要求也不足为奇。由于这些是明显的违法行为，所以很难从史料表面找到证据。不过，很快就在正统年间早期（1440 年前后），由于按历来方式收取杂役出现了困难而催生了均徭法的创设，从这一情况来看，在杂役方面负担的增大也是很显著的。可以肯定，从对一部分富户进行指名应役到不得不将应役对象扩大至所有在编户，杂役负担的增大是造成这种转变的原因之一。①

除明朝初期的这些财政动向之外，还存在着造成法定财政收支不平衡进一步扩大的其他因素。这些虽然是更为长期而缓慢的变化，但却实实在在地加深了基层权力机构对正额外课征的依存。

首先，导致地方存留税收中可以用来作为行政经费等支出的部分越来越少的原因之一是，对分布在全国各地王府的禄米支出逐渐增加。详细情况留待他日再论。毋庸置疑的是，作为宗藩的大小皇族数目在整个明朝一路增加，支付额按身份而定的禄米支出成为各个地方巨大的财政负担。

在省内有 7 个王府的河南省，其中给 6 个王府的供给是从存

① 洪武时期经常受到敌视性对待而被迫负担沉重杂役的富裕户当然积蓄了很多不满。笔者认为，均徭法出现的另一个重要原因，就是为了通过树立"消除徭役不均"（均徭）这样一个民众难以反对的目标来扩大负担者范围，从而缓解富裕户的不满。

留经费中抽出来的。开封府及其东邻归德府所辖43州县的夏税秋粮合计80万石，其中30万石起运，剩余的50万石为存留部分。这存留的50万石中，竟有33.65万石是供给王府的禄米，其他"官吏、师生、一科岁用"即官僚等的俸禄、学校相关费用、科举考试经费等需5万两，填补卫所军队屯粮不足需5万两，用于填补未缴税粮及储备需6万两。① 这样算来就什么也剩不下了。别说土木、治水经费，就连维持官府日常业务的经费，靠正规的税粮收入是无法解决的。这样一来，如果不是一味依赖徭役方面的课征来填补不足部分，权力机构就会马上面临土崩瓦解的危险。

河南省的这种财政困窘绝不是从开国之初就有的。开国初期河南省境内不会有消费30万石禄米的如此之多的皇族，这些皇族自开国初期逐渐增多，一步一步地压迫着财政。当然，禄米负担一贯都不会是全部由外省承担的，中央政府为应对禄米的增加，也会采取削减起运部分挪作禄米等措施。可是，大约到了明代中期以后，地方的宗禄负担已经加重到留存经费失去其本来意义的地步了。② 唐文基指出，隆庆五年(1571)，光从亲王到将军中尉的禄米就达870万石，这占据了全国留存税粮总额的80%。③ 导致这种结果的王府禄米的逐渐增加，无疑起到了明初以来迫使地方徭役课征即追加性、附加性负担增大的作用。

除此以外，前面提到河南府的存留经费中有5万两支出是用

---

① 嘉靖《怀庆府志》卷三，藩封，第7页。"计开封与旧属归德四十三州县夏秋粮几八十万。起运几三十万，存留几五十万。内除钧州三万六千五百石，以供徽府宗室及官吏师生之用。余四十六万，以六万为岁征拖欠及别贮之数。其官吏师生一科岁用不过五万，再以五万补四卫军伍屯粮之不足，尚余三十万以供藩府。"
② 第288页注①所引弘治十七年马文升奏疏指出，对王府等的宗禄支付的增加已经带来了财政困难。
③ 唐文基：《明代赋役制度史》，中国社会科学出版社，1991年，第117、119页。

来填补"军伍屯粮之不足"的,不知从什么时候开始卫所的经费补助也从存留经费中支付了。本来,在明朝的卫所制度中,军队日常费用的财源来自军户耕作的军田和屯田的收入,不会给以税粮为核心的一般性收支带来负担。卫所军队经常性开支的不足部分原本并没有挪用一般性收支进行填补的预算,如果新增这部分预算的话,那么当然是牺牲最容易受挤压的地方存留经费来进行了。

另外,据说开始于成化年间(1465—1487)的"传奉官"的渐增也是徭役增加的主要原因。本来官僚的任命只限于某官职的编制出现空缺时,经过吏部的选拔来任命的,而跳过吏部且不受编制限制、由皇帝特别任命的、几乎不用做实际实务的官僚则称为传奉官。关于传奉官,弘治十七年(1504)兵部尚书马文升上疏:

> 恭遇皇上嗣登宝位之初,俯从言官之请,尽行裁退,天下忻然称颂仁明。奈何近年以来,大小官员传奉者复多。其他亦有白衣之人,送中书处食粮习字,出身得授中书舍人者。前项传升等官,一年该支俸粮动至数万石,皂隶银不止万余两。①

---

① 王圻《续文献通考》卷三十六,国用考,第7—8页。"夏五月兵部尚书马文升疏请,清传奉以节冗费,云……仰惟太祖高皇帝奄有天下之初,稽古建官各有定员,非效劳任事者,额外未常轻授一官。彼时事无不立,而致无不修,所以府库之财用有余,虽遇兵荒未尝告乏。列圣相承,咸率是道,未闻有传奉之官。至成化年间始开传奉之门,而冗官为之渐多。十六年因遇星变廷臣奏罢,当时尚有退之未尽者。恭遇皇上嗣登宝位之初,俯从言官之请,尽行裁退,天下忻然称颂仁明。奈何近年以来,大小官员传奉者复多。其他亦有白衣之人,送中书处食粮习字,出身得授中书舍人者。前项传升等官,一年该支俸粮动至数万石,皂隶银不止万余两。况今亲王已至三十余府,郡王、将军、中尉、郡主、郡君、县君、仪宾等项下不下千数,所用禄粮通该百万石,而两京军职,比之洪武永乐年间,员增有倍,加以军国之费,所以内外仓廪空虚,帑藏匮竭,一遇兵荒,动至卖官鬻爵,而措之无方矣。且国家贡赋皆小民膏脂,以此有限之膏脂,供无功之庸辈,天下生灵,岂有不困,府库之财,岂有不竭者哉。伏望裁革冗员,庶名器不滥,而国用少足矣。"

根据马文升的证词,对传奉官也支付皂隶银。皂隶是指为贴补官僚的低俸禄而为官僚个人配备勤杂工、看门人、马夫等人役,明初以来作为杂役的一种向富户课征,在杂役中是最早实行以银代役的,对京官经由兵部作为俸禄补贴进行支付。由于传奉官的存在皂隶银增加了一万多两,这就是说均徭内作为银差分派下去的徭役增加了。

还有,对传奉官、中书见习以及中书舍人等走后门获得官位的人支付俸禄也相应增加了中央政府的财政支出。这种中央财政的膨胀,必须靠地方的资金支援,即起运的增加来解决。而地方政府由于增加课征正规税收这条路已被堵死,所以对于中央政府增加起运的要求只能通过削减存留来实现。传奉官的任命似乎是内廷为解决经费不足的烦恼而采取的一种卖官获利的手段,这种做法直至明代后期还在不断扩大。

小　结

如果说由于财政支出的膨胀和钞价的大幅下跌,导致带有摊派性质的徭役课征增加是在15世纪初的永乐年间的话,那么基于宗禄增大以及传奉官的任命等原因,造成正规财政收支不平衡状况日益显著的是在15世纪末的成化、弘治年间。这种正规财政收支不平衡状况所带来的影响都被转嫁到了地方。在这种情况下,作为地方官府,即使是像海瑞这样的清官,如果不持续增加正额外课征,就无法使权力机构正常运作。对于大多数官僚、胥吏、衙役来说,这种不得已而为之的徭役课征的增加,成了他们冠冕堂皇地中饱私囊的好机会,所以徭役项目和数量的增加只会加剧而不会减少。很显然,导致这种徭役科派膨胀的财政性因素,在正德、嘉靖年间(1506—1566)以后进一步增加了。

在官府作为获取正额外收入手段的明代徭役中,也存在着像杂役即均徭方面以及与驿传相关的原本就有法令规定的正当的徭役。但是,作为里甲役和均徭的一部分课征的公费以及上供物料等追加性徭役,是在既无准备也无处理框架的情况下采取的权宜之计。当这些负担并不太大的时候,还能够不出问题地顺利运行,但是没过多久,随着负担的逐渐增加,再加上类似"私派"和擅自增加课征的横行,知晓这种违法操作的内情并且能够进行公开告发的官绅,以及贡生、生员等下层士人,通过与官府的暗中交易,获得了实际上可以规避这些负担的权力。另外,实际从事徭役分派和征收事务的胥吏、衙役等,也必然会把自身的负担转嫁给他人。事态发展的结果就是发生"诡寄""影射"等不正当的,但对当事人来说却是合理的规避负担的手段,徭役负担向被层层转嫁的小民阶层集中,最终导致徭役收取本身发生困难。

通过以上论述,笔者认为明代徭役问题是在原额主义财政体系这一根本性结构中产生的这一观点,想必已基本上得到了理解和认同。《赋役黄册》的编制和里甲制的实行并不是为了确立徭役收取体制这一目标而有计划地实施的。后来发生的虽说不可避免却并非事先计划好的正额外课征的大幅度增加,落在了行政村中只不过是轮值干事角色的见年里长们的头上。毫无疑问,这使得徭役问题变得更加困难。如果是支出的增大通过相应提高作为正规租税的税粮和商税等来弥补这样一个体系的话,那么增加的负担还可以由全体纳税义务者来共同承担。如果这样的话,就算负担向无告之民身上集中,破产、逃亡、卖身、投靠等苦难不会全部消失,负担也一定能够得到大幅度缓解。

然而事实却并非如此。被"轻税薄赋"的理念牢牢束缚住手脚的国家,只能通过从地方的存留经费配额中随时吸取所需经费的做法得过且过地敷衍应付。而被国家夺走正规财政资源的地方官府,却由此获得了可以"便宜行事"的实质上的放任状态。这其实是一种对中央政府负有的提供资金的义务,而地方经费实际上自行筹措的承包体制。在明代,支撑这种承包性结构的,正是作为正额外附加性、追加性课征的一种方法的徭役制度。

[补记2]

本章论述了里甲组织所需承担的役务和负担的范围是如何变化的,以及对里甲课征的追加性、附加性负担是在怎样的财政构造下扩大的问题。那么,对于这种负担的增加,作为负担团体的里甲是如何应对的呢?里甲是一种行政上的村落编制,根据与顺应各地区居住形态的自然村在构成上所具有的共同性的深浅,或者同族组织与里甲之间关系的不同等,里甲的编制方法和凝聚力的强弱在各个地方应该有很大的差异。可是,我们几乎无法获得能够具体说明明代里甲内部组织和成员行为的村落文书之类的资料。笔者曾在《作为公课负担团体的里甲和村》(载《明清时代史的基本问题》,汲古书院,1997年)的论文中,试图在弄清里甲内部是如何处理税粮等课征负担的这一问题上向前迈进一步。在15世纪前半期的苏州府,几乎没有有关作为负担团体的里甲组织在"重赋"压力下集体应对或采取集体行动的报告,倒是各里甲成员有的投靠有权势者、军户等,有的选择从里甲逃亡,笔者从这些情况推测该地区里甲机能已濒临危机。

最近出版的伍跃的《明清时代的徭役制度与地方行政》(大阪经济法科大学,2000年)第一章"明清时代的地方基层组织"和第二章"地方基层组织领导的职责",以及洪性鸠《明末清初的徽州宗族与徭役分担公议——以祁门县五都桃源洪氏为中心》(《东洋史研究》第 61 卷第 4 期,2003 年)等,试图利用徽州文书对这些问题作进一步的研究。但是目前的现状是,从明代中期以前的徽州文书中几乎得不到有关里甲或村落中公共性负担的资料,这方面还有待于今后的资料挖掘。

本章虽然谈到了明代的漕运,但没能涉及其制度变迁和经费负担等具体问题。关于这些方面,星斌夫《明清时代交通史的研究》(山川出版社,1971 年)、《大运河:中国的漕运》(近藤出版社,1971 年)以及鲍彦邦《明代漕运研究》(暨南大学出版社,1996 年)中归纳整理的一系列研究有详细的探讨。笔者认为,在北京兴建官殿和实质性的迁都增加了漕运的负担,虽然其中一部分可以通过动员军队参与漕运业务来解决,但这种负担增大"要在正规的财政中加以消化是难以办到的"(本章第五节第 276—277 页)。随着兑运法的导入规定了"加耗则例",也就是通过法定的附加征收来解决经费增大问题。但是根据鲍彦邦的详细论述,这项措施并不充分,导致后来出现了各种名目的"耗外加耗"(《明代漕运研究》第 53 页以后)。森正夫详细论述了宣德年间(1426—1435)巡抚周忱在苏州府进行的税粮征收改革,他指出,在这一时期拥有缙绅身份的地主已经被免除加耗的负担,这些负担被转嫁到了小民阶层头上。非法定的"耗外加耗"导致负担因身份阶层不同而发生偏倚,这种事态在当时就已经引发了严重的社会问题。关于这一问题,笔者的论文《作为公课负担团体的里甲和村》中已有论述,敬请参照。

刘淼《明代盐业经济研究》(汕头大学出版社,1996年)不仅非常详细地论述了盐专卖制度的变迁,还从资料中整理出了不少统计数据。该书在这一点上极有参考价值。不过,对于盐课收入在财政收入中占多少比重的问题,以及盐政在财政结构中处于怎样的位置的问题——这些都是笔者的研究中没能涉及的地方——该书没有给予多少关注。有关明代财政的统计数据,实录、会典等记载的整体数额存在计算依据不够明确的问题,而且,对于从政书和地方志等里面能够获取的局部数据的可信度也需要慎重对待。研究越是深入就越会为这些问题所困扰,对资料进行了彻底搜寻和分析的刘淼在财政与盐课的关系这样全局性问题上不多作论述,不如说是理所当然。

刘淼在该书(第206页)中讲道:明初以来实行的变动制盐课总额在经历了成化年间(1465—1487)这一过渡期之后,从弘治元年(1488)起改成了总额固定的定额制。这对于朝廷来说,不管官盐销售情况如何都能确保固定的盐课收入;对于负责盐政的官府来说,可以通过对"祖制""旧规"的限制,对借着盐课的名义进行的肆意征收多少起到一些制约作用;对于盐业生产者灶户来说,将盐课金额与盐业生产的利润分离,消除了产盐越多盐课越涨、负担越重的情况。盐课定额制对于盐业生产的发展起到了积极作用,但是由于即使发生灾害或灶户逃亡等情况也不会减免所分派的盐课金额,致使留下的现有灶户不得不代为承担空缺部分。就这样,盐课定额制为富裕灶户包揽盐课并将其他灶户置于其支配之下提供了制度上的前提。刘淼在论述向盐课总额定额制转变时所依据的是实录中几乎每年都有记载的盐课岁入数据

（刘淼前引书第 200—205 页）。

关于这些数据的可信度应该还有值得探讨的余地，而关于向定额制的转变是基于怎样的合理性来进行的问题，也有必要从财政和盐业生产、销售的各个方面进行更加缜密的研究。1617 年两淮地区在"纲法"的名义下，由大商人对盐课进行一并承包的制度得到了官府的认可，可以认为，在向盐课总额定额制转变的背后，存在着盐业生产者灶户和盐商承包扩大的趋势。

（2003 年 9 月记）

第七章　一条鞭法后的徭役问题

第一节　一条鞭法在财政史上的意义

1. 徭役问题与财政体系

在前两章有关现代与明代的税、役制度以及财政问题取得的研究成果的基础上，笔者试图对财政体系作一个抽象化的表述，初步得出如下认识。

（1）这两个时代的财政体系都是双重构造，即，一种是依赖正税收入的法定预算内财政（即正额财政），一种是以附加、追加性课征和劳役征派为原资的其他途径的财政，这两种财政同时并存。但是，这两者并不是中央财政与地方财政之间的关系。这种双重构造在有组织的、统一的正规政府财政与无论中央或地方的各级权力机构里随处可见，它往往与非法的但是已经演变为事实上的财源调配制度结下了共生的关系。①

---

① 明代存在着对针对大部分的上供物料、上呈的"赋役黄册"的纰缪为借口的罚款。还有对各地的定额上缴的催缴，对向政府机关与内廷各库缴纳物资的商人实行的种种收费。在清代，为了能顺利通过会计报告的审查，地方上呈的"部费"，成为中央政府的胥吏们的收入源。

（2）不管在明代还是在现代，通过附加、追加性课征而进行的其他临时性的财政，随着社会的发展、经济的成长、政府活动的增多，存在着相对的规模扩大的趋势。并且，以正税收入为原资的正规的政府财政，在支撑种种公共事业与权力机构的支出方面，呈现相对比重下降的倾向。这一特点，特别在地方基层权力机构的财政里体现得更加明显。

（3）这种倾向是由于中央政府的经费增大等压力，基层权力机构的正规财政资源得不到中央的供给保证，或者是出于不得已，需要基层自我筹集经费，从而形成了实质上的承包财政的并存。于是，在中央政府的统制之外，附加、追加课征与支出便分散成长，它虽不能成为合法的地方独立财政制度，但是它作为事实上的制度而成长。①

（4）此种承包财政因"非法"和"不合理"而往往受到指责，但是，它对于支撑国家权力末端的存在与活动是不可缺少的财源，同时，正规的财政主体的中央政府其实直接或间接的也是从这些附加的、追加的课征收入中得到供给。因此，抑制非法、不合理的附加和追加性课征的增大变得愈加困难。要取缔之，除非通过财政体系的根本变化。

在 20 世纪 90 年代以前的中国社会里，"摊派"和"义务劳动"导致了各级地方政府的"财政包干"和公共机关的"经费包干"，这

---

① 自不待言，名为"财政包干""经费包干"的现代地方财政具有承包的性质。一方面，即使在中央政府的省厅中，由于预算外经费的膨胀，独立于中央统一财政之外的、分散的财政系统平行存在并发展着。另一方面，在明代实际上依赖于那些放任徭役系统征收的地方官府的财政是具有自律性的，这为当时的人们所认识。例如，霍韬在论述徭役问题的时候，就描述道："今州县有司，人自为政，高下任情，轻重在手，大为民害。"（见《自陈不职疏》，《皇明经世文编》卷一八七，第 20 页）关于这个问题请参照本章第 308 页以后的内容。

种"包干"制是为了促进经济规模增长而实施的政策。需要注意的是,在明代到民国时期的财政,也曾出现过实质上的地方财政的承包,但是那并非根据现代的这种政策意图而实施。那个时代出现的承包,若要称之为有政策意图而实施的,那也不过是出于对僵化的原额主义正规财政的补充的考虑而为之,或者是为了弥补中央政府的财政供给与支配能力的不足而为之,或者是为了确保在基层权力机构的通融性经费的需要而为之,甚至是出于更容易获得官府势力的私利的动机,等等,这些多种因素交织在一起了。因此,虽然说都是"承包财政的主体",但是现代的与明代的,两者具有截然不同的历史性格。如果历史地去考察其形成过程中的诸作用因素,那么就会得出这样的结论。

但是,地方的预算外财政,既然是通过对土地税(农业税)、工商税之外再征收附加税,以及实施种种"摊派",那么这种财政体制,可以说早在改革开放政策之前,中华人民共和国成立起就已经存在了。

事实上存在而且不断扩大的其他临时财政＝预算外财政＝根据附加、追加的课征而获得的财政,与依靠正规的租税征收而获得的财政,两者构成了互补的结构。在此种结构下,"财政包干""经费包干"政策使前者大大地扩大。追求经济快速增长的现代化要求,经济与社会的变化,都从外部对既存的财政构造施加作用,于是招致了"摊派""义务劳动"的扩大。现代"财政包干""经费包干"作为政策,正式明文提出是在 20 世纪 80 年代,但是,这一政策既未诞生全新的财政体系,也未对财政构造的根本产生任何改变。①

[补记 1]

中国共产党政权察觉到"财政包干"存在的弊端以后,开始在县以下的乡、镇实行"分税制"政策。如果在财政资源的分配上,能够真正解决乡镇政府及村民委员会所需的经费开支的话,那么这项改革便会具有划时代的意义。其实,从某种意义上讲,民国时期也实行过"分税制"。当时省财政独揽田赋正税和厘金等主要税源,县财政只有依赖于附加税,此种情形就是"分税制"(参照本书,附篇第397页以后)。

然而,地方政府推行的"分税制",根据分税的方法不同,也存在着解决不了基层财政问题的可能性。在集权体制下,只要能够优先保证上级权力机构的利益,那么,对于地方上的"非法""不合理"的摊派便予以纵容。财政体系既然如此,就出现了转变现有体系的"分税制",相反也出现了强化现有体系的"分税制"。

从明代至今,造成附加、追加性课税日益加重的要因(或变因、变数)有很多,在附加的、追加的课征形态上,反映了各个时代的社会和经济,深深地烙上了各个时代的印记,拥有历史意义。关于明代初期到中期的几个要因,在第六章里已经作了探讨。关于清代的,则在第一部的各章中作了分析。

---

① 20世纪80年代的改革开放政策,废除了种种管制,建立以市场机制为基础的新经济体系。起初是以产量为出发点的"包干",但很快便超出了这个范围转向以市场为主导的自由经济方向发展了。就目前的经济体系来讲,"包干"已经成为历史,"市场经济"已成为新的口号。但是,与围绕市场经济的根本变革不相适应的是,这期间的权力机构的基本构成并没有发生大的变革,因此,在反映权力机构构成的财政体系中,此种改革尚难以称之为根本性的改革。一般来说,财政的结构和权力的结构之间,前者是后者的写照,这二者的相互关系,在本书终章有详细的论述。

若要研究为了实现经济增长而实行的包干制问题,研究经济增长与财政制度间的矛盾冲突问题,就必须把它的历史要因作为研究对象。不过,与财政体系的构造本身存在的问题相比,外生性的要因所带来的差异终究还是居于次要地位的。

自明代中期至后期,各种徭役系统的课征日趋加重,该时期的众多史料均能予以证明。[①] 造成这种事态的要因,除了在第六章里指出的那几点之外,还可以列举出很多。这些要因,在以往的明代徭役制度的历史研究中即已被提起,而在财政史研究领域也是一个值得加以研究的对象。但本书力图阐明的重点内容是明代的财政体系的构造本身,因此对于个别要因没有展开详述。

事实上,在对明代的税、役制度作历史性的理解和分析之际,我们应该认识到明代徭役系统的课征并非全部都是附加、追加性质的,在税、役制度确立当初,以杂役为中心的种种徭役已经合法并制度化了。在明代,人们已经习惯地把里长、甲首(原本没有的公费和上供物品的负担除外)等称呼为"正役"。此种法定的差役、徭役制度,不以纳钱的形态,而以劳役或役务的征派构成,这一点可谓明初徭役制度的历史性

---

① 反映嘉靖年间(1522—1566)徭役体系的课征激增的记载,当数何瑭的《民财空虚之弊疏》(《何柏斋文集》卷一,奏议,第 12 页)。"国朝使民之法,除里甲正办外,如粮长、解户、马头、船头、馆夫、水夫、马夫、祗候、弓兵、皂隶、门禁、厨、斗之类,无所不役,固已多矣。国初法令严明,编金有数,故民力未至甚劳。近年以来,则常役之外,杂派夫役,纷纷而出,如砍柴夫、抬柴夫、修河夫、修仓夫、运粮夫、接递夫、站夫、铺夫、闸夫、浅夫之类,因事编金,盖有不可胜数者矣。"另外,森正夫依据当时江南知识分子的言论,认为 16 世纪初的正德年间(1506—1521),是各种徭役负担急剧增加的转折期(《明代江南土地制度的研究》,同朋舍,1988 年,第 465—466 页)。最近,岩见宏在《关于明朝嘉靖期的加派》(《东方学》八八,1994 年)一文中详细论述了这个问题。

特征,值得关注。

　　早在 11 世纪,王安石曾提出"募役法",即把种种差役"以地方税的形式金钱化"①。到了元代,还出现过具有物力钱或免役钱性质的"科差""包银"与组成两税的税粮、秋税并征的情况。这些都是以纳钱为原则。② 在元代,作为乡役的"里正""社长"等职,就是后来的明代"里长"的前身。但元代的"里正""社长"等,并非为了上交地方官府所需财物而设置的,而是为了负责催征租税和维持治安,在乡村一级的行政末端设置的。按其原本性质,它不是力役或役务征派制度的组成部分。③

　　如果抛开乡村制度中所设的"里正""主首""社长"系统,姑且不论零散的临时劳力、物资征派调度,那么,以征用百姓的差役来处理官府业务的差役制度,在元代尚未从法律上明确固定下来。这一时期的财政研究虽尚未充分,但是与税粮的一部分一样,具有役银性质的"科差""包银"等,变成了解决地方官府经费来源的财政手段。运用这笔法定的地方经费雇用胥吏衙役,去履行官府的职能,这就是元代的权力机构得以维持的原则。

---

① 宫崎市定:《宋代州县制度的由来及其特色》(初刊,1963 年。后刊于《亚洲史研究》第四,同朋舍,1967 年),第 79 页。

② 爱宕松男:《元的中国支配与汉民族社会》(《岩波讲座　世界历史》9,1970 年),第 292—293 页。但爱宕并不认为税粮和秋税是对宋朝两税的简单继承。爱宕指出:科差、包银中还包含有"庸调或物力钱、免役钱所漏掉的部分"。爱宕还指出:元代的税、役制度之中混入了蒙古的、西域的要素,这一点很有意义。无论与这样的要素有无关系,以役务的征派为主的差役、职役制度,在元代基本不曾存在,它们基本上是被科差、包银之类的货币形态的课征代替,这是不争的事实。

③ 梅原郁的研究认为,江南的"社长"不久后便被当作了一种差役,大概也被地方官府分派了缴纳必要财务。《元代差役法小论》(《东洋史研究》第 23 卷第 4 期,1965 年),第 66—67 页。

[补记2]

据陈高华的考证,"严格地讲,元代的差役只有六种。里正、主首、隅正、坊正、仓官、库子"。其中前四种是行政村或街区等基层组织的职员,属于"乡役"。本人认为,担任地方官府业务的"职役"只有"仓官"和"库子"两种。在宋代和明代属于杂泛差役的"弓手",到了元代已经不再是交替任职,而是由固定户去充任,其性质接近于诸色户籍中的军户。除此之外,"祗候""禁子""曳剌"等公职也是由特定的人户去充任,与差役有着不同的性质。这就是陈高华的论证。见陈高华、史卫民《中国经济通史·元代经济》(经济日报出版社,2000年,参见第683页以后)。

到了元代末期,出现了让"里正""主首""社长"上交正规租税以外的货币或物资的情况。但是,这与宋代的差役法和明代的法定杂役制度有着本质的不同。元末的里正、社长也成了官府课征的对象,这与明代的对里甲摊派征收"违法的"(岩见宏)"公费",如出一辙,具有同样的性质。这些只能说明一个问题:非法定的附加、追加性的课征加重了。

但是,众所周知,在明初,中央、地方官府及官僚个人都享有法定的待遇,包括"驿传"职役在内,规定皂隶、弓兵、禁子、膳夫、斋夫等杂役,并非是以钱代役,而是应役者必须亲自提供役务作为原则。杂役不是所有的编户都履行的义务,但每年必须负担对所拥有的土地的两税,中产以上的户还有可能不定期地被指定为皂隶或弓兵等杂役。由此可以看出,明代的两税定额皆以实物计算,以缴纳实物为原则的明初的税、役制度带着强烈的复古倾向。

在明代的地方志等文献里,常常能见到把当时的税、役制度与唐朝的租庸调制相比。[1] 如果从制度的本质性格来看,把它与唐代的租庸调制等同视之是不正确的,但如果从租税的实物缴纳、役务的征派,这样的收取形态上来看,的确是有一种犹如回到唐朝似的错觉。[2] 那么,采用这种结构的明代财政体系,是不是可以认为与清代以后的财政体系,在原理与原则上有着根本的不同呢?

笔者认为,明代的税、役制度以实物缴纳和役务征派为原则,这的确是值得注意的事实。但是,本书通过从财政体系的构造出发进行考察的结果发现,明代的官府服务与力役的征派是以法定的杂役制度为基础而建立起来的体系,它与清代的不存在法定的差役制度的体系之间虽然存在着差异,但是这种差异对于附加、追加性课征的出现与加重的机制来讲,并非是本质性的问题。

的确,拥有法律保证的杂役、正役两种徭役制度的确立,使得明代的附加、追加性课征在其摊派方法与收取形态上操作清晰。[3] 但是,法定的正役与法定的杂役的存在,并非形成正规财政(明初以实物、宝钞及役务的提供为原则)与以附加、追加性课征(实物、货币、役务三种)为原资的其他临时财政的双重结构的契机。所谓明代的徭役问题,就是起因于为了弥补正规财政资源的僵化性,在法定的税与役之外,不断地扩大附加、追加性课征。

---

[1] 谷口规矩雄《明代华北差银成立研究——以山东的门银成立为中心》(《东洋史研究》第 20 卷第 3 期,1961 年)中提到,在华北的地方志中常见。

[2] 本书第六章第一节第 236 页中所介绍的丘濬的论述认为,当时的税、役制度和唐朝的租庸调制之间在原理上是有差别的,同时承认把它看作与租庸调制相同,只是指在形态上的近似,并以此为立论根据。作为历史认识,其正确与否,不言自明。

[3] 原本不存在的、后来追加的负担,由见年里长负责征收和上缴,或是成为杂役(均徭)的追加项目、增援的情形也很多。

进一步讲,即便明初不存在这种法定徭役的制度,也还是不可避免地会出现徭役系统的课征增多,从而引发一系列的"徭役问题"。假若没有豪门大户的杂役分摊,也没有里长、甲首的正役轮番应役这样的法定制度框架,那么,明代的附加、追加课征也肯定还会以其他形式出现。因此,虽然说法定的徭役制度是决定明代正额外财政的形态与方法的重要因素,但是,财政的结构却不受法定徭役制度的有无的影响。对于财政体系结构,明初的法定徭役制度的存在,是一种起码条件,不是结构本身的决定要因。

顺便提一下,对于明初的税、役制度的复古情况,可以结合朱元璋政权的财政、经济条件与政策上的志向来加以理解。在社会与国家的体制方面开历史的倒车,是反动的复辟,等等,类似这样的理解似乎没有必要。明代的税、役制度并非回归唐朝的租庸调制,也并非顽固不化于所谓的"封建的"社会经济构成。①

第一,朱元璋建立的是军事国家,他把解决粮秣与衣料等实物供给作为最紧要的课题,又由于未能把银作为财政货币,缺少大量铸造铜钱的资源条件,因此,决定了租税的实物主义倾向。

第二,在地方经费的筹集方面,未能实行起以银或铜为财政货币(强烈拒绝银),纸币宝钞的流通也前景渺茫,在这样的情况下,实行像宋代的募役法和元代的包银、科差那样以钱代差,也是不可能的。

一方面财政货币匮乏,另一方面也缺乏打破局面创造条件的进取精神,所以在太祖朱元璋时期,财政的实物主义与法定差役

---

① 若要在明初的庄田、禄田制度、民户、军户、匠户、灶户、猎户等"世袭身份制"作为村落共同体的里甲制中考察封建制,那么请参见酒井角三郎的论文《封建社会的构造——从中国封建社会的讨论到封建社会的一般理论》(《思想》五二九,1968年)。

的复活①自然成为最自然的政策选择。与其说是选择,倒不如说是在当时的经济条件和货币条件下的无奈之举。

如果稍作回顾的话,可以让人记起,大量铸造铜钱的北宋时期,制定了"募役法";确立了银和行钞的货币制度的元代,差役得到了缩减,未成为显著的社会问题;作为货币的银流通量急剧增长的明末,实现了一条鞭法;大量铸造铜钱的清代中期以后,连漕米都可以以货币折纳,地方官员通过把地丁银或漕米折纳成铜钱时的兑换率的操作,牟取非法所得。

与此相反,到了民国的军阀统治时期,出现了"兵差";20 世纪 30 年代完成了币制改革的国民党政府在战时经济体制下,让"田赋征实"复活……对于朱元璋政权来讲也是同理。

并且,朱元璋政权鉴于此前各王朝的胥吏衙役(取代差役法的募役或雇役是胥吏、衙役的延展体制)的贪婪和腐败使农民、地主深受其害,作为预防或减轻的手段之一,推行了让百姓自己主动效劳于官府,利用乡土地缘关系建立协作,共同履行税粮运送等役务的制度,这种主观意图在推行的新制度中发挥了作用。取代职业的胥吏、衙役而实行的差役制度及粮长制度,本来是护民

---

① 藤田敬一在论述清初的徭役制度时,举出了康熙《金乡县志》卷三赋役中的《曹州志》这一记载,探讨了山东省曹州府在顺治年间(1644—1661)的差役复活与"银流通停滞"之间的关系。参见藤田敏一《关于清初山东省的赋役制度》(《东洋史研究》第 24 卷第 2 期,1965 年)第 5—6 页。"闸溜浅夫,明崇祯以前,原系近运河州县土著之民惯习河务者充役,曹州止协济工食银两,每年额征银两壹拾两捌钱,解赴济宁运河厅,收贮支给……徇行已久,曹民称便。……至国朝顺治初,知州线缙莅任,伊始念切民艰,以为办银不如任力为易,遂签州民,赴济宁应役,自是变雇役为力役矣。"把从明代开始的以缴纳银两来维护大运河之役变更为向当地百姓科派劳役的方式,此种力役复活是由于当地的银两获得出现了困难所致。如果财政货币有足够的供给的话,就没必要选择这种"历史倒退"的做法。财务的附加性、追加性的分摊(即摊派)和直接劳役征用,在一定程度上是相互替代性的。后者向前者转变是历史趋势,但出于财政、经济条件的原因逆行的现象经常发生,也不足为奇。

政策的一环,然而这种主观上的护民政策不久便被埋没于深刻的虐民事态中。这种事与愿违的历史发展,值得关注,搞清造成此种情形的社会与政治构造是颇为重要的课题。但是,这种法定杂役的复活,绝不是以对人丁的均等征调为原则的租庸调制或秦汉时期的力役制度的回归。

对于明代的税、役制度的具体形态,如上所述的历史条件或政策方法的选择,虽然具有决定性意义,但是,它们绝不是决定财政体系构造的决定因素。财政体系的基础性构造——基础层面,与不同时代的经济要因、社会要因交织在一起而呈现的多样性层面,这两个层面的问题应该明确区分开来。由于本人更关注于基础层面的研究,在此,对于形成明代税、役制度的种种历史条件未作详细论述。因为明代的税、役制度史中,还有比财政体系本身更重要的课题,那就是从一条鞭法向地丁银改革的"两税法体系的最终性扬弃"问题。

2. 一条鞭法与财政

关于一条鞭法,迄今为止积累了众多的实证性研究。譬如,此前,谷口规矩雄对一条鞭法的研究史作了细致的整理①,已经把迄今为止的各种研究问题与论点包罗其中,因此笔者没必要在此赘言。一条鞭法到底是把徭役、税粮的哪个部分归为了一体?又是怎样分摊到田土、户、丁的呢?在各个地方的实行时期及其经过,又是怎样的呢?这些问题,通过以往的研究成果可以得到准确率较高的信息和答案,因此,本书不再论述。

但是,尽管拥有众多严谨的实证研究,姑且抛开银财政的成

---

① 谷口规矩雄:《日本的明代徭役制度的研究》(《中国史学》三,1993 年)。

立这个常识性的观点,单就一条鞭法与财政体系的关系问题,至今还没有人对它进行深入的研究。因为与租税的变革密切相关,所以一条鞭法首先应该是个财政问题,然而奇怪的是这一点竟然被人们忽视了。对于徭役制度,只注重于科派方法的研究方法,或者把一条鞭法仅视作人民的劳役征派制度的终结的观点①,都妨碍了对徭役制度的本质性理解。

一条鞭法的施行,对明代的财政起到了怎样的作用呢?除比较容易看到的"银财政的成立"这一点以外,其更重要的意义在于:②

首先,由里甲、均徭、驿传、民兵这四类构成的种种徭役系统的收支,是以各州县为单位,按照每个支出项目调整数量之后,最终再确定以银两作为计数单位。通过这样的工作流程,从而确立起了地方经费的预算。地方经费预算以"存留"载入财政计划书——《赋役全书》颁布全国。以往不受中央财政当局干涉的、事实上作为地方经费的徭役系统的课征,自此以后,便开始与夏税秋粮,即与正规的土地税一起,变成了法定性质的国税,以往事实上不断膨胀的地方官府的财政也随之纳入了国家的正规财政。这种地方官府的财政的预算化与正规化,是把每个项目的收支都根据《赋役全书》等的"额编"数量,即"定额"而固定了下来,相对于课征能够对经费膨胀进行柔性的对应,由于制定了法定的"定额"从而使徭役系统的课征变得僵硬化了。

以下再作一些补充说明。

---

① 这种偏颇,不是视野广阔或是狭隘的问题,而是在税、役科派的对象和方法中,试图以国家对人民统治的历史发展观为历史研究的目的,有意识地选择的。
② 本人首次论述一条鞭法在财政史上的意义的是拙稿《中国专制国家和财政》(《中世史讲座6》,学生社,1992年)。参照本书第一章第三节第45页。

(1) 有统一性、组织性的财政

当初，以杂役和里甲役为代表的明代徭役，包括其附加的或新出现的项目，在不同的地方又都有着复杂的展开。早有学者指出，类似于一条鞭法的方法，最早采用于嘉靖期（1522—1566），有的地方将里甲、均徭、驿传、民兵（或民壮）统称为"四差"。[①] 在各地，在导入一条鞭法之前，就对这"四差"的种种，订立了项目或征收数量，有的还基于"四差"编制成了各种各样名称的册籍。[②]

但是，各种徭役若是遇到不可分割的役务的征派时，自然也会按照役目分派至个别的应役者头上。不过，明代的黄册上的"户"内部包括"户丁"和"子户"等多个家庭，分派至特定的"户"的役务，也存在着由构成"户"的多个家庭来分担完成的可能。另外，有的时候"头户"去服役，复数的"贴户"会给"头户"以金钱的补偿。一般可以说，徭役系统的课征，是按照各个细小的役务、名目来分摊的（均徭中的银差尽管是缴纳货币，但是，是按照各个役目，依据"户等"分配至户）。[③] 仅限于对实行了纳银化的同种类的负担，有的不再区别细目或名目，一律采用一揽子的征收方法。另外，名目的增加或数量的增派也会随着需要进行，徭役相关的

[①] 采用一条鞭法的同时，也有地方把各种徭役归为"四差"，严格地讲，应该是在一条鞭法的普及期，"四差"的整理也在进行着。关于这个问题，参见山根幸夫《明代徭役制度的展开》（东京女子大学学会，1966年），第171—172页。山根还指出，在华北"民壮"是包含在均徭之中的，所以只有里甲、均徭、驿传这三差。

[②] 关于《赋役全书》之前的与赋役相关的册籍（不是应役者的籍账而是役目和征收数量的记载），岩见宏曾以《〈赋役全书〉的源流》为题做过口头演讲，令笔者受益匪浅（于京都大学人文科学研究所，1985年4月23日）。

[③] 本书第五章第二节；山根幸夫的《明代徭役制度的展开》，第109页以后；岩见宏《明代徭役制度的研究》（同朋舍，1986年）第157页以后。

簿册也屡屡被修订。①

徭役的缴纳地,常常根据役务的种类或类别而不同。具有代表性的就是均徭中的"力差"。所谓力差,在形式上是应役者自愿提供被指定种类的役务,在这点上有别于纳银化了的银差,但是实际上应役者只要出银,支付给代役者(实际是衙役化了的承包人),也能得到许可。

虽说是力差,但仅凭单纯的肉体劳动是不够的,力差是需要有一定的经验、技能和知识的职务,普通的老百姓是不能胜任的,所以官府喜欢雇用职业代役者。除特殊情况以外(比如由于官府的榨取多,经济上雇用不起代役者,这时,农民、地主则不得不由自己本人去应役),通常的做法是由职业性的胥吏、衙役代为行使役务,应役者向代役者直接支付役银。从地方志徭役相关的记载中,可以看到,力差与银差一样,按照役目分别记载着银两数额,这也佐证了上述事实。② 另外,力差虽然已经实质上演变为纳银

---

① 这样的赋役簿册的改编的过程,可以在崇祯《吴县志》卷七田赋的记载中了解到。其中记录着以下簿册的名称和内容。

编制年代	编制此书的命令者	名称
成化十五年(1479)	巡抚尚书王恕	详定《均徭册》
弘治十六年(1503)	都御史魏绅、知府林世远	详定《实征册》
嘉靖十七年(1538)	知府王仪	《摊耗丈量田地册》
		《归正会计册》
		刊定《经赋册》
		刊定《徭里册》
隆庆二年(1568)	巡抚都御史林润、知府蔡国熙	详定《会计册》
万历三年(1575)	巡抚都御史宋仪望	详定《会计册》
		裁定《徭里会计册》
万历六年(1578)	巡抚都御史胡执礼	详定《徭里会计册》

② 即使在力差的徭役项目中记录着明确的银两数,也不能够排除只是显示了按照户等分摊徭役轻重的指标这些事实的存在。另外,所记录的银两数并不成为徭役承担者的负担额,实际上有时候是把数倍的金额交给了职业代役者。关于这样的情形,岩见宏做过详细的论述(岩见宏:《明代徭役制度的研究》,第261—283页)。

化,其金钱的收支并非是由州县的官府所管理,而是按照役目,分别由每个职务的代役者直接管理,表现为一种完全零散的制度。

关于银差,原则上是应役者向官府纳银,官府雇用衙役或劳役者,并将该银支付给该代役者,若是雇用官僚代役,则将其以"柴薪银"等名义支付。① 不过值得注意的是,在本书第六章《签仕始末》中曾提到,马丁、柴薪、廪膳、斋夫等银是不允许让下属官自己来征收的(第五章第一节第 193 页)。关于柴薪皂隶的纳银化,规定一名缴纳 12 两,但是,执行到地方官的头上,实际上应役者要缴纳双倍,即 24 两,这成为事实上的惯例。② 面对此种官方半默许的做法,为了完成此种加倍征收,银差不经过官府,直接缴纳给代役官僚的现象也非少见。这一点可从《签仕始末》的注释里看出。

广东省的均徭中的银差,其中有"举人赴京"(举人赴京参加会试时的旅费补贴)和"乡宦赴京水夫"(本地乡宦赴京时的旅费补贴)等役目,就是接受补贴的举人或乡宦直接向所指定的人户那里征收,这成了惯例。之所以成为惯例是因为从举人或乡宦的立场来看,采用直接收取的方式可以"加倍"收取。

另外,对于应役者也有好处。"举人赴京"的银差,相当于 4 顷田的负担(20 两银),即便是被征双倍,也就是 40 两。然而,在均徭中有"力差"一职,例如"廪给"相当于 5 顷田的负担(25 两银),但若是应役力差,应役者则要花费 100 两左右;"库子"仅是

---

① 关于柴薪银,伍跃的专论预计就要发表了,笔者也从伍跃先生那里得到了这个论述的底稿,颇为受益。[补记]这篇论文题为《关于明代的柴薪银》,发表于《史林》第 78 卷第 4 期(1995 年),后来收入其专著《明清时代的徭役制度和地方行政》(大阪经济法科大学,2000 年)第四章"官僚的收入和衙役"。
② 这也是从伍跃先生那里得知的。

相当于2顷田(10两银)左右的职位,但若是应役力差者,还是要花费近100两。于是,脑筋灵活的"奸民"便与"奸吏"通融,争取将自己作为"预编人户"分配到"举人赴京"或"乡宦赴京水夫"那样的实质上负担较轻的役务。由于举人和乡宦熟知这种内幕,所以觉得加倍征收是理所当然。① 虽然在均徭法中,给应役者的役务分配是由官府来决定的,但由于当事人是直接向应役户征收,所以银两完全没有经过官府之手。

另外,见年里长的"公费"的负担中,也没有一定之额,每当官府需要物资时,就向里长个别地索取或要求缴纳。在福建省龙岩县,实行纲银法(亦称八分法)之前的嘉靖三十二年(1553),作为知县赴任的汤相有如下证言。

> 本县旧规二十九图轮流当日,复分四摆公出支应。此外尚有别用,通该见年洒派。虽取寸楮片墨,必须发票差人。每遇紧急,辄难应办。且该房禀票,合用银一两,必开至五、六不等。②

县衙的六房,每当需要物资时,便向见年里长摊派费用,拿着"票"(即征调令)的差使找到里长,里长便不得不筹措所需的物资

---

① 霍韬:《两广事宜》(《渭崖文集》卷十,第25—26页)"若遁年徭役之病,莫病于举人赴京索预编人户,乡宦赴京水手亦索预编人户。盖徭役,往年编审之法,凡田一顷编银五两。若惟征银在馆,则民甚便利矣。然有力差焉,如库子、廪给之属,田五顷编廪给一役,审编之例,银二十五两而已矣。及其供役也,有用银百余两者。田二顷,编库子一役,编银十两有零而已矣。及其供役也,亦用银百余两。故奸民凡遇徭差之年,即贿奸吏营充预编人户。预纳编银,则各色重役可以暗嫁愚民之无求者矣。举人乡宦,亦利预编,何也。凡田一顷,正例银五两,举人赴京路费,例银二十两,该田四顷,彼若索之预编人户,可倍取焉。预编徭户,宁倍输于举人乡宦,毋供役于廪给库子。盖轻一分,则宽一分之策也。惟奸民多营预编,则愚民比多受苦役,利在举人官宦,祸及良民,甚不可也。"而且这个史料还可以证明均徭不是把里甲作为分摊对象的。
② 汤相:《里甲落纲条约》(嘉靖《龙岩县志》卷上,民物志,第96页)。

或银两。龙岩县的此种方式虽然并不是"公费"征收的通用做法，按照徭役科派的原则，根据情况实行分摊，由相关的部门进行分散管理，这是确实存在的。

另外，虽说个别缴纳方法已经细分化到了一定的程度，对征收途径进行了一定的集中管理，但是，根据徭役的类别不同，执行各种征收的胥吏是不同的。据说苏州府嘉定县的情况如下。

> 盖岁贡之目，有京库，有里甲，有均徭，有兵饷。旧以粮长主办京库，而有掌收者，谓之折白收头，则有税粮县总总计之。以里长主办里甲均徭，而又有掌收者，谓之均徭收头，则又有均徭县总总计之。又有练兵书手，总练兵之饷。出于民者一也，而其名多端，则多置册籍，可以藏匿，可以长奸。①

这里所说的"收头"，是指那些承包业务的粮长、里长。而在这些承包人之上还有盘踞官府的"税粮县总""均徭县总""练兵书手"等胥吏，他们在上面掌控着种种会计收支。因此可以说，胥吏也具有承包人的性质。虽在这里没有出现，但驿传相关的收支也应该是一个系统。在这种徭役系统的课征之上而建立起来的事实上的地方官府的财政，根据每个徭役类别都各自形成独立的系统。徭役系统的财政绝不是统一的，它是复数的"征收—收支"的路径既相互独立又同时并存的，应该说这才是它的普遍形态。

不管是银差还是力差。不管是公费或上供物料，还是"兵饷"即民壮或民兵，均是依据每个徭役的项目或类别而对应役者的摊派。此外，若是还有面向个别场所或胥吏进行缴纳的话，地方官府在经费及物资的收支路径上可谓多头并举，极为集中。

---

① 万历《嘉定县志》卷五，田赋考，上田赋，第14—15页。

一条鞭法便是把上述繁杂的多重路径的"征收—出纳"统一起来,归为一体化。以往的徭役,实行的是个别分摊的征费方法,因各个业务而形成的相互独立的"征收—出纳"路径。然而,自从实行了一条鞭法,地方官府的财政开始具有统一性和组织性,以往的凌乱的徭役系统的课征形成的实际上的地方财政,从此形成了统一化和组织化,进而为一揽子预算的确立创造了条件。

(2) 地方财政的正规化(即中央化)

一条鞭法《赋役全书》体系的确立,给外省官府的财政带来了体制上的重大变化。以往,几乎仅仅是实际上的、以徭役系统的课征为原资的财政,是把收支都作为"正额"来处理,所以,它被视作与税粮、杂税、盐课、关税等正规财政等质的东西。因而它便被纳入了中央集权的国家财政的一部分,而不被作为地方财政,没有获得法定的、独立的地位。

如上一章所述,由于缺乏法定的地方财政,由于无法解决地方经费的膨胀,所以在向新体制转变之前,徭役系统的课征,一手支撑着地方财政。这种实际的存在反映了什么问题呢? 首先,它反映了当时的中央政府连徭役系统的课征情况也不能把握的事态;说明在正规税收的政府财政之外还存在着地方官府自己的经费筹措制度,对此,户部等中央政府,甚至朝廷都没有有效控制的手段。[①]

明代在当时的历史条件下不得不选择的现物(实物)主义的

---

① 例如,从本章第一节所引用的霍韬的见解就正确地认识到了这一实际情况。另外隆庆元年四月,山西巡抚杨巍没有把本省的 34 万两驿递银中的大约 10 万两用于驿传经费,而是作为各级地方官府的额外收入上报到了中央。针对此,户部曾言"站银之征部无关白"(也许是上报给了兵部,但是兵部无法统一管理地方上的站银征收),和驿传有关的收支完全处在户部的盲点上,滥派、混冒的弊端是肯定存在的。参见王圻《续文献通考》卷四十二,国用考,蠲贷,第 20 页。

财政,本来不适合统一的管理运作。但是,以税粮为例,对于征收上来的米麦、豆、草束、棉布等多种主要物资,制定各地的征收定额,把物资在各个地区之间调配,这些管理运作在中央政府的指示或认可下实现了。

不过,在现物主义财政下,各自独立的"征收—出纳"路径遍布全国,达到了庞大的数目规模。把各个路径的管理分配给各个特定的部门或人员来负责是可能的。但是,若想从全局上统一地进行管理,或者掌握其整体数量都是困难的。然而,尽管是个别的分散的路径,对于正额财政,中央政府的统筹管理机能还是发挥着作用。①

与正额财政相比,中央当局对徭役系统的课征,了解的只是极少的一部分,对于其大部分都是处于放任的状态。支付给北京、南京两京官僚的柴薪皂隶银,由各地送至兵部,然后支付给各官②,这种运作,如同中央政府对税粮的控制一样得以实现。③ 另外,上供物料中的所谓额办,是缴纳给以六部为首的中央政府各部门的款项,这部分也是同样地运作着的。但是,这种性质的款项,从日益膨胀的徭役系统的课征的整体来看,不过占微乎其微的一小部分,譬如,京官的柴薪银的总额一年只有 10 万两。

---

① 征收额和支出项目、支出数量等好像每年都在变化,即使在法定的财政范围中,用有限的管理能力实现集权性质的管理也是非常困难的。但因为原额主义之下的变动会受到很大的制约,所以实现集权性质的管理会变得容易。仅拥有贫瘠的信息管理和政策决定能力的中央政府机构要想实现把法定性的财政纳入它自身治理中的这个志向的话,只有原额主义才是最合理的方法。关于这一点,请参考前面所讲到的拙稿《中国专制国家和财政》(《中世史讲座 6》学生社,1992 年,第 303 页)。本书第一章第 71—72 页。

② 关于柴薪皂隶,如第 309 页注①所述,伍跃的详细研究已经发表。

③ 事实上,参看万历年间的《大明会典》卷一五七兵部四十的"皂隶"项,就知道中央政府是在严格把控它的数量。

对于明代的徭役系统的课征总额,几乎无法统计,只能根据部分数值来推算其整体规模。例如,万历初年,张居正政权曾大力削减驿传银的课征,令各省报告征收的现状和削减额。据报告,削减之前的总数是 313 万两。[①] 虽然难以保证征收驿传银的各州县报告上来的这个数字是真实的,但可以作为一个大概数值来看。

可以把某地的税粮与徭役系统的课征做一个比较,现举一例。万历六年(1578),福建省福宁直隶州实施一条鞭法时,"四差"的收支总额为 15 753 两。与此相比,税粮的正额仅仅 28 412 石(夏税钞除外,包括耗米)。[②] 除此之外,还有若干未被纳入条鞭中的徭役。[③]

由于明代的计算单位各不相同,所以若要对明代的税、役整体进行把握,从数量上加以考量是不可能的。但是,从当时人的"杂派愈多正额愈累"的感叹来看,可以推知,当时徭役系统的课征之重堪比正规租税的负担。[④]

---

① 从这中间削减 95 万两,实际征收量变成了 218 万两。拙稿《张居正财政的课题与方法》(岩见宏、谷口规矩雄编《明末清初期的研究》,京都大学人文科学研究所,1989 年),第 237 页。

② 万历《福宁州志》卷七,食货志,第 14—17 页。在福建省采用一条鞭法的时候,就采取了把"四差"一体化后分摊到税粮和人丁之中的做法,与实施只有里甲、均徭的一条鞭法的其他地区相比,被认为是"是徭役一体化中最先进的形态"(谷口规矩雄的评价,其论述的依据请参照本页注③)。因此就为依据银两数来判断"四差"的综合数量提供了最合适的条件。

③ 关于福建省的一条鞭法,谷口规矩雄《关于明代福建的一条鞭法》(收入《布目潮沨博士古稀纪念论集——东亚的法与社会》,汲古书院,1990 年)一文中有详细论述。关于一条鞭法中没有包含的徭役,在这篇论文中也有论述,第 492—494 页。

④ 万历初年,据说 16 世纪 70 年代的山东省,由"夏税、秋粮、马草、农桑"组成的税粮总计有 190 余万(两?),均徭、里甲为主的众多徭役系统的征收量总计有 200 万(两?)。请参考谷口规矩雄的论文《明代华北一条鞭法的展开》(岩见宏、谷口规矩雄编《明末清初期的研究》,第 327 页)。

由此可以看出,在正规的租税之上附加或追加的沉重的徭役系统课征,不过是中央政府支配的背后存在的例外的一小部分而已。

此前笔者曾详细介绍过,万历初年张居正执政的 1571—1581 年间,采取各种措施,力图重建财政的中央集权管理。其成果《万历会计录》,以空前的准确度和涵盖范围,记述了财政的整体,是一珍贵的史料。但是,披览这部史料,首先发现的是,有关徭役系统的课征的记载一点都没有。

这一事实虽然让很多财政史研究者感到失望,但是,若按照当时财政的构造和人们的认识,徭役系统的课征是属于国家财政范围之外的。我们现在统统使用"赋役制度"一词,但是在明代,"赋税"与"徭役"是有着巨大不同的两个概念。随着一条鞭法的深化而诞生了《赋役全书》体制时,"赋"与"役"才实现了一体化,这是一个大改革。

这个"赋"与"役"在性质上变得相同了(并非指征收的一体化)——这个现象若从财政构造上来看,以往作为事实上的制度而发展起来的地方官府财政,已经被以法定的租税为原资而构成的正规的国家财政吸收。

但是,不能以此来评价地方财政的确立。以徭役系统的课征为资本而得以发展的地方的预算外财政,尽管不是全部,但基本上是处于被取消的状态,被并入中央集权的国家财政之中了。《赋役全书》所列的"存留"经费,也不能被视为构成地方财政的要素,它充其量不过是国家财政的一部分被地方官府动支了而已。由于地方没有独立的财政存在,实际上便导致了在国家财政之外,被迫诞生了另一个地方财政,这种事态的推移与《赋役全书》体制所确立的原额主义的重现有较深的关联。

（3）从定额的重新制定到原额主义

明代的杂役,对每一州县、每一府的役目及相应的定员都有着明确的规定。与驿传相关的役务也是如此,每个驿站或每只驿船的种类和人数都有规定。[1] 不过,那也并非一成不变,随着财政上的需要或皂隶等役夫配给的官员数量的增大,役目的种类和人数也相应增多了。但这并非说明定额完全不存在。在某一时期,每个地方根据个别需要而设定的定额肯定是存在的。

地方志记载关于役法的时候,不光是役务的种类,而且对当时每一役务的人数、上供物品的品名和数量等都有记载。小山正明认为,"徭役若仅从某一特定时期来看,它几乎每年都存在一定的总额度"[2]。正如前面已经提到的那样,有时还会提前制定未来一段时期所使用的簿册,规定役务及各种数量。

另外,就像实行在福建的里甲职务的纲银法（八分法）一样,以田土（准确地说是税粮额）和人丁为对象实行定额的银征收时,州县内的税粮总额和人丁数基本上都有固定的定额,因此,纲银的总额也有定额之限。

但是,就像小山之前所说的"仅从某一特定时期来看"一样,这种徭役的定额或限度无法抑制住徭役系统的课征的膨胀。应财政要求伴随着不断膨胀的倾向,屡次变动征收数量,这就是徭役系统的课征。与税粮或税课为首的法定租税收入的僵化不变相比,徭役系统的课征更显现出它所具有的可变性。

例如,常常成为见年里长的负担的公费,在南直隶宁国府,知县是如此处理的:

---

[1] 岩见宏:《明代徭役制度的研究》(同朋舍,1986 年),第 10—11 页。
[2] 小山正明:《明清社会经济史研究》(东京大学出版会,1992 年),第 68 页。

诸费,宣城以附郭费繁,诸县大约相准。公务,为供馈过客而设,并县中杂费,亦取给焉。本取诸见年里甲,常视县令昏明清浊以为所费之赢缩。协济,本非额派,嘉靖末倭寇三吴,海防告警,军门权派以资用兵,遂为岁额。①

因一条鞭法而实行徭役系统课征的重编,为了遏制无止境的膨胀,往往要设定定额。在特别要减轻因徭役负担而增大的民困时,除了合并征收诸多徭役,更强调征收额与支出项目、支出数量的定额化。

一般来讲,根据一条鞭法而实行徭役的合并征收时,不管是部分还是整体,通常会根据以往徭役所供给的业务经费,制定出预算、定额。一条鞭法是嘉靖九年(1530)为了缓和徭役问题而出台的对策,那前后为了遏制徭役的膨胀,减轻百姓的负担,开始实行徭役的定额化和预算化。

在嘉靖年间,以论政而闻名的大臣霍韬,在嘉靖十三年(1534)上奏如下。

臣谨按天下农民之病,自江而南,由粮役轻重不得适均。自淮而北,粮税虽轻,杂役则重。夫杂役之重,非其有益于国也。如其有益于国也,不得已而重,犹之可也。今州县有司,人自为政,高下任情,轻重在手,大为民害。臣不备述,姑自臣前月经过州邑,举一二例焉。②

在这份奏疏里,霍韬开门见山地指出了地方官吏的恣意妄为

---

① 万历《宁国府志》卷八,食货志,第13页。
② 霍韬:《自陈不职疏》(《渭崖文集》卷三,第87—89页)。从文中的"臣闻二月莅任,即自省愆期,自陈一疏,述臣等不职罪状"来看,可以判断这个奏疏是嘉靖十三年(1534)所奏。

导致徭役的分配不公问题必须要加以解决。接下来,霍韬又陈述了他从老家广东北上时,在运河畔的徐州所看到的状况。除班夫(3.1万余人)、洪夫(1500余人)之外,还有浅夫、闸夫、泉夫、马夫等役,甚至养一只狗一年也需岁办役银1两。担负漕运船的牵引役务的洪夫的负担(一人一年12两银),徐州的户口不超过两万,他们无法承受负担,如果改由官员征收,再雇用劳务人员就有可能减掉一半的征收额。① 霍韬谈到,一年只需做四个月劳役的洪夫费银12两,是"奸人厚利"。作为力差的"洪夫"的役银是职业代役者或承包人直接征收,因此负担才变得如此沉重。若改为银差的方式,负担就会减轻一半。这就是霍韬的主张。

接下来,霍韬又讲述了在浙江省的见闻。

> 又尝过浙江,询阖省粮役重轻之籍,得一牍焉,曰《粮役册》。乃今吏部尚书臣汪铉为浙江右布政时所裁议者。臣细阅焉,见阖省丁田粮役,先揭大纲,后列条目,年有定额,牍有定式,民有定役,官有定夺。赃污官吏,虽欲低昂其手以渔取于民,不可得也。乃曰:"是牍也,利民至计也。"盖进于圣明,颁于各省,俾抚按督有司按式审酌焉。差役病民,如徐州者

① 霍韬:《自陈不职疏》。"臣谨按,徐只有四县,地遭水灾,极为贫瘠。臣访查徐州杂役,岁出班夫三万八千有奇,岁出洪夫一千五百有奇。复有浅夫、闸夫、泉夫、马夫等役。洪夫一役,银十二两,统而计之,洪夫之役,岁银一万八千有奇。其余各役,不可究言也。臣过徐州,语主事陈明、张常、知州魏颁曰:'徐州之民,仅两万户,杂役如此,民何以堪。'应曰:'徐民年年拘役,无一丁免者,虽穷切骨,仅育一犬自随,亦岁办役银一两。'臣曰:'嘻,民病矣,何不宽一分,民蒙一分之泽乎?'各官乃曰:'洪夫之直,岁银十二两,诚已过重矣。'况洪夫之役,以挽粮船也。粮船自四月过洪,八月终止,年仅四月之役,费银十二两,奸人厚利矣,农民实病。乃为中制,岁议征银六两,储之于官,俟役洪夫,按月给焉。自四月至于八月,有事力勒之月也,月给银六钱。其余八月,逸间之月也,月给银三钱。只自洪夫之役,为之恤而减焉。徐州之民,岁减银九千有奇矣。十年通计,减银九万有奇矣。又自闸夫、班夫各投递减焉,农民之惠何可言也。"

岂可数计也。[①]

汪铉嘉靖六年（1527）十月从浙江左布政使升任为南赣巡抚[②]，《粮役册》是在此之前的。霍韬认为，《粮役册》所载的徭役定额化、地方经费预算化，是治理有关徭役的各种弊端，特别是恣意实行徭役科派、弱小户承担沉重负担等的有力解决手段。采用《粮役册》的方法，可以起到"赃污官吏，虽欲低昂其手以渔取于民，不可得"的效果，取缔了科派的恣意性的温床——依据丁和粮评定户等、分配役务，开始采用对人丁与田土（即税粮）特别是扩大对税粮的比重来分配徭役的方法。[③] 若是如此的话，即便没有"条鞭"之名，也是比较接近于一条鞭法。

梁方仲在《明代一条鞭法年表》一文中，举证了不同于此处引用的另一史料。嘉靖十三年（1534）根据吏部左侍郎霍韬的提议，以浙江省提出的《军民赋役文册》为模型，各省被要求刊制税役簿册。该簿册以"粮有定役，费有定准，夫有定丁，役有定则，以收条款划一之效"为目的，翌年（1535），广东省刊制出了《赋役文册》呈送吏部。于是，驿传或民壮的徭役负担摊到秋粮里代征，这就是

---

① 霍韬：《自陈不职疏》。"又尝过浙江，询阅省粮役重轻之籍，得一牍焉，曰《粮役册》。乃今吏部尚书臣汪铉为浙江右布政时所裁议者。臣细阅焉，见阖省丁田粮役，先揭大纲，后列条目，年有定额，牍有定式，民有定役，官有定夺。赃污官吏，虽欲低昂其手以渔取于民，不可得也。乃曰：'是牍也，利民至计也。盖进于圣明，颁于各省，俾抚按督有司按式审酌焉。差役病民，如徐州者岂可数计也。'合督抚按严查议，凡病于农民而惠贪猾者悉厘正焉。两京十三省各为一牍，先进御览，次送吏部各衙门，俾户工二部可按牍而征物料，吏都督察院巡按御史可按牍以考知有司之廉污，良民按牍而知其应当之役，奸民猾吏不得高下其手，至良法也。"

② 吴廷燮编《明督抚年表》（中华书局，1982年），第482页。

③ 在相邻的南直隶，早在宣德五年（1430）从税粮的额外增收中向徭役相关项目里支出的现象在周忱的《平米法》中有记述。这是森正夫阐明的，参照本书第六章第279页注①。把徭役分摊到田土，乃至税粮的方法在江南很早就出现了，这样的方法和里甲役、均徭这样的"户役"方法交互使用。汪铉的《粮役册》也是在这样的历史性阶段中诞生的。

万历年间被称作"一条鞭法之权兴"即一条鞭法的开始。梁方仲
特别论述了此事。①

《粮役册》是关于税粮和徭役的书,但与粮相比,它更倾向于
徭役的意思。这个"粮役"一词,以及在江南出现的"田差"一词,
都是相对于"丁役""户役"而出现的新词。

《粮役册》或《军民赋役文册》,在种种徭役之中是把哪些内容
作为对象的呢? 对于此点尚不明确。而且,嘉靖初年,它是在浙
江省的哪个地区实施的,也不清楚。《粮役册》和《军民赋役文册》
的目的是让徭役负担实现"年有定额""民有定役""粮有定役""费
有定准",作为其手段,该册并非是整理应役户的籍账,也并非以
各年徭役均等收取为目标的里甲的重编。它的最大特征是根据
该"丁田粮役"的簿册,来决定每个收入和支出项目的支出额。因
此可以说,这是地方经费的筹措方法从徭役性转变为财政性的一
个重要阶梯。

从混沌的徭役制度中诞生的一条鞭法,在它的胚胎期,并不
是把地方官府的种种业务按照各个业务和原资,个别或每个类别
与徭役是一对一的对应关系,而是具有某种程度的统括性的财政
收入与财政支出的两面,开始朝着预算书制定的财政性方法方向

---

① 《梁方仲经济史论文集》(中华书局,1989 年),第 490—491 页。并且"条鞭之权舆"
的表述在万历《肇庆府志》的叶春及的按语中可以看到(卷十三,赋役志二,第 21
页)。这个记载也指出了邵御史(邵庵)规定把所有上供物料折价后随粮代征(自嘉
靖九年起。崇祯志,卷十二,赋役志一,第 93 页)。在广东省,也是采用把见年里长
的公费负担作为"均平银"分摊到人丁和田地中的纳银方式。当时这种均平银和随
粮代征的驿传负担也好像是十年一巡的轮番制(估计是十段法)形式,不是每个项
目都征收,以税粮乃至税粮、人丁作为对象进行定额征收,明代的人们从这个方面
看到了和一条鞭法之间的共通点吧! 关于广东省的均平银,请参照岩见宏的论文
《明代地方财政考察——关于广东的均平银》(初次发表于 1953 年,后收入《明代徭
役制度的研究》,第 141—150 页)。

发展。

据梁方仲在 20 世纪 30 年代的研究显示,初期的一条鞭法在不同地方包括的徭役系统课征的范围都有所不同。① 对于各个地方的形态差异及实施经过,谷口规矩雄等人的研究逐渐揭开了其详细的内容。另外,需要说明的是,一条鞭法虽然在某个地方得以实施,但是并不表示一旦实施之后就始终一贯地征收条鞭银,而是随着当地主管官僚的变动,有时还会改为实施里甲役或均徭,此种情况也不足为奇。

嘉靖年间的中期(16 世纪 40 年代)之后,因倭寇掠夺的加剧,以及俺答汗(Altan)的进攻,致使徭役系统的课征急剧膨胀起来。由此来看,初期的一条鞭法性徭役制度重编的努力在这个时期首次受挫。嘉靖前半期,虽然在一部分地区采用一条鞭法或接近于一条鞭法的方法,实行徭役系统的课征以及地方经费的定额化、预算化,但其后由于不可避免的徭役的膨胀,有的地方还是不得不恢复条鞭之外的其他徭役分配法,有的甚至取消一条鞭法,恢复均徭或里甲役的方法。对徭役制度的变迁,有的地方保留着详细记录。从记录来看,很多地方都经历了如下的过程,即,实行一条鞭法后不久,便恢复了以往的里甲、均徭等的徭役征收方法;此后不久又重新实行了一条鞭法。

因此,一条鞭法从诞生期到稳定期,并不具有一贯的持续性。但是,《粮役册》《军民赋役文册》或模仿其制定的广东省的《赋役文册》,是从很早以前便开始尝试诸役的定额化和地方经费的预

---

① 1936 年,梁方仲在《中国近代经济史研究集刊》四·一上发表了具有划时代意义的研究论文——《一条鞭法》。之后,其发表的《明代江西一条鞭法推行之经过》《释一条鞭法》《明代一条鞭法的论战》《明代一条鞭法年表》等,均收录于《梁方仲经济史论文集》中。

算化,后来诞生的一条鞭法便是对其基本性质的继承。

万历年间,一条鞭法得到推广,《赋役全书》或类似的预算书的刊刻普遍化。与没有预算书的状态相比,对徭役系统课征的定额的约束力大幅增强。

虽说叫预算书,但它又不是通过议会或中央政府所批准的文件,只不过是供官府掌管经费收支的户房胥吏们作为业务上参考而使用。论实用性,它比大全书般的《赋役全书》要好得多,因为它只记载经办人员所需的主要数据,简明扼要,实用性强。那么,为何特意发行此种簿册呢?

其目的是作为《赋役全书》造册刊刻,明确宣布把徭役系统的课征固定化、定额化。在《赋役全书》类的簿册中,也刊载田土的原额或税粮的原额,除此之外,再载入徭役系统的收支,就是说明把后者与前者的性质一视同仁,以"额"的形式来加以固定。当然,编审的原则是,丁银的总数随着人丁数的增减而调整。但是事实上,十年仅修订过一次,而且几乎沿袭了以往的数字,所以说它成了一个形同虚设的制度。① 它与以往的徭役系统的科派相比,已经不可同日而语了,因为以往的科派对于地方官府的经费膨胀颇具灵活性。

此外,由于把"存留"经费的支出项目及其金额也刊载出来了,也就是把正规的地方经费固定化的同时,也把支撑的地方官府的活动或胥吏、衙役的人数固定化了。实行一条鞭法的最终结果,就是正规地方经费的原额主义化,这是个不争的事实。

---

① 应该征收的地银、丁银的总额中有一定的原额,以它的数量和从依据十年一度的人丁编审、田土分割等所确定的人丁数、税粮总额中减去优免之后得出的数量为基础,分别从平均一个人丁的条鞭银、每一石税粮的条鞭银中计算出来的,所以对一个人丁、一石粮食的征收额即使有变动,总额也会受到原额的束缚,甚至原则是只允许有最小限度的变更,并且在清代,《赋役全书》也通常是十年修订一次。

第二节　定额化及中央化产生的问题

1. 徭役的残存与复活

　　一般认为,一条鞭法是 16 世纪末在全国普及开来的。自嘉靖年间(1522—1566)出现以来,朝廷从未颁布过全国范围内统一实施一条鞭法的政令。[①] 张居正执政时期在全国范围内实行的清丈政策,虽然其直接目的是为了确保上缴税粮的原额,但同时还对由于舞弊、逃税等行为而相当混乱的纳税土地所有者及纳税义务者数量再次进行了确认,再次整理了像鱼鳞图册这样的土地登记簿,这为一条鞭法的实施提供了前提条件之一。[②]

　　消除充斥于里甲、均徭、驿传、民壮这"四差"之中的繁杂税目而实行税收一体化,以州县总体为单位所统计出来的总的税粮和人丁数量(严格来说,是除去了免税对象的徭役分摊税量和人丁的总和)为基准来分摊税役,因此各个单项役目的征收和应役至此就应该被废止了。可是,在一条鞭法实施以后,按单项的征收和应役至此真正销声匿迹的州县又有多少呢?

　　一条鞭法之后,围绕没有被并入一条鞭体系的残存徭役负担问题,"徭困"构成了一个极大的社会问题,以这样徭役的"照田派役"(即徭役的税粮化)和限制官僚、科举资格保有者的减免税特

[①] 作为明确的国家制度,其地位被确认应该是崇祯二年(1629),面向所有的省份、直属地区的《赋税全书》完成后正式颁布下达的时候。

[②] 西村元照:《张居正的土地丈量——为把握其全体像与历史意义》(《东洋史研究》第 30 卷第 2 期,1971 年),第 66 页;川胜守:《中国封建国家的支配构造》(东京大学出版会,1980 年),第 233—409 页。

权为中心,在江南等地就必须推行"均田均役"的改革,这一点已被许多学者的研究证实。①

关于必须通过推行"均田均役",而实行此种叠加式的徭役改革,一般认为:一条鞭法没有把所有的徭役都归为一体化,在江南地区,以里甲正役里的税粮搬运关系徭役项目为代表,还残留着其他的徭役。由于残留徭役的存在,通过优免特权的滥用就导致了各阶级之间负担的失衡,沉重的负担最后都集中落到了中产以下的一般地主及农民身上。此种"役困"问题不仅导致了应役户的破产和逃亡,还使得赋税、徭役的征缴本身都危机重重,因此,以"照田派役"和限制乡绅优免特权为中心的役法改革一直实施到清代初年。因而可以说,一条鞭法未能将所有的徭役归而为一,是造成问题的关键。而"均田均役"则是解决了其残留下的徭役负担的改革。

这个问题,鹤见尚弘作了如下概括:

> 一条鞭法的成立,使得里甲正役中的上供、公费、公事的役使等全部实行纳银化的同时,还废除了明初以来的以里甲为单位的税役科派原则,税役科派的单位由里甲改为县,开始实行"自封投柜"的纳税法。可是在里甲正役中,作为里长所负责的税粮征收、黄册编制、治安维持、水利管理等以及粮长所负责的水利监督、税粮运送等徭役依然残留,仍然是像以前一样以里甲为单位进行分摊。不过此后不久,上述徭役逐渐细分到各个役目,分别由不同的负担者所负担,最终,在"均田均役"实施后便被废止了。于是,制度上的里甲制,由

---

① 关于均田均役的研究,在滨岛敦俊的《明代江南农村社会研究》(东京大学出版会,1982 年)和川胜守的《中国封建国家的支配构造》中收录有详细的研究。

于一条鞭法的实施而从实质上解体了，从名目上在"均田均
役"实施后便消亡了。[1]

以上观点即说明，明初以来的统治体制——里甲制，由于一
条鞭法的实施而发生了实质性的解体，即便在名目上，也于"均田
均役"实施后而销声匿迹了。

里甲制——这种"两税法体系"的税役征收制度，由于一条鞭
法的实施而实质上解体，其后的两项弥补性的改革（一个是为弥
补一条鞭法不足而实行的均田均役改革，另一个是把已呈现于一
条鞭法之中的土地税进行一体化改革），最终也均被国家制度的
地丁银制的出现而彻底扬弃了。笔者并非想要低估均田均役、地
丁银制的历史意义，但须指出这些方向性改革其实早已在一条鞭
法中呈现出端倪[2]，而这两个过程实质上是作为一条鞭法的补充
完善被推进的。鹤见尚弘应该也是从这一角度作出里甲制是"由
于'一条鞭法'的实施而从实质上解体了"的评价。因为若把一条
鞭法后的徭役体系的课征仅仅看作是"残留性质"的话，那么自然
就有可能被具有相同方向性的改革取缔，而事实上也确实是由于
均田均役的实施而消亡了。

通过对江南所实施的均田均役的研究，笔者认为此次改革的

_____

[1] 鹤见尚弘：《明代的乡村支配》（《岩波讲座　世界历史》12，岩波书店，1971 年），第
85 页。

[2] 这个观点是由小山正明提出的。从历史的过程来看的话，明末清初的赋税、徭役制
度的变革，是从一条鞭法到均田均役再到地丁银的确立，有必要把它作为一个连续
的过程来考虑。对于小山的想持着一条鞭法理念的实现来理解变革历史意义的观
点，笔者完全赞同。除《明代华北赋、徭役制度改革史的一次讨论》（初发表于 1964
年，后收入《明清社会经济史研究》，东京大学出版会，1992 年）之外，大隅晶子在
《关于明代山东省的一条鞭法》（《东亚的国家和农民》东京大学出版会，1984 年）一
文中还提出，一条鞭法中已经含有限制优免的意图和具体的手段了。关于地丁银
成立，加入最翔实实证性研究的是郭松义《论"摊丁入地"》（《清史论丛》第三辑，
1982 年），他也认为摊丁入地始于明末的一条鞭法。

主要对象是里甲正役中没有被一条鞭法纳入的残留部分。因为这部分是由见年里长负责的内容,姑且不论正役为何,仅仅把它当作里甲正役之外的残留来看待,应该是可以的。但是,除了江南地区,若再考察其他地区一条鞭法实施后的徭役问题的变迁,就会发现"里甲正役的部分残留"并不能概括问题的全部。

谷口规矩雄的研究阐明了福建省在一条鞭法实施后徭役的实际状况。万历初年,庞尚鹏担任巡抚期间(1576—1578),对福建省各地方徭役体系的征收做了整顿,向一条鞭法并轨。把"四差"(在福建,称作纲银、均徭、机兵、驿传)全部合并,对税粮和人丁进行分摊,实行了"徭役一体化的最先进形态"的一条鞭法。可是十几年后,巡抚徐孚远在任期间(1592—1594),省内的许多州县,出现了向里长、坊长摊派征收"下程宴会、考满应朝、参谒往来"费用的问题。

由于徐孚远斥责的是向里长、坊长们的强行催缴,所以可以视为里甲役的残余。可是,在福建省,不仅于此,另外还有"仓斗"的负担。这是原本包括在杂役即均徭体系中的"仓斗"负担,在一条鞭法实施后,也落到了应役者的头上。[1] 所谓仓斗,役的名目

---

[1] 参见谷口规矩雄《关于明代福建的一条鞭法》,《布目潮沨博士古稀纪念论集——东亚的法与社会》(汲古书院,1990 年,第 493 页)。这个仓斗的劳役,在万历十六年(1588)下令废止。但在江南明末清初作为力役被科派的项目之中,"解户、库子、斗级等关于税粮的收解部分,能看出来是和杂役有渊源的",对于这个观点,山根幸夫、川胜守、滨岛敦俊等也表示认同。滨岛认为这样的杂役也是"作为正役的粮长、里长的任务的一部分,在当时人们的意识里,未必被特别认为是杂役",江南的均田均役改革中的问题是"残存的里甲正役"。前面提到的滨岛著作里有所阐述(第216、223 页)。这里的描述通观全国来看,和一条鞭法并行的,不仅有里甲役、杂役,还征收着繁多的徭役系统。在江南,一条鞭法以外的徭役根据里甲役性质的方式被分摊,所以江南均田均役改革表现为里甲体制的问题。可是如果作为一般问题来考虑的话,就不能和一条鞭法并行,并且扩大再发展的徭役仅仅被理解为明初以来的里甲体制的存续和解体这一历史性的前后承接。

之一,就是在官府的储粮库担任称量谷米的杂役,实际上分摊给了富裕户来承担官府的各种经费。在其他省一般称之为"斗级",此种杂役在明初的规定中并不存在,是后来作为均徭内的力差而新增的。

[补记3]

关于明代的库役,伍跃《明清时代的徭役制度和地方行政》(大阪经济法科大学出版部,2000年)第三章"仓库管理和衙役"中有更为详细的阐述。

在福建省,不仅仍然存在着一部分里甲役,而且还有一部分残留于均徭之中。万历年间的后半期,各地的里甲役、均徭系统不仅不能看作是消退,反而在事实上繁多的徭役更加横行了。

万历三十一年(1603)四月,户部上奏了一个旨在敦促落实一条鞭法的奏折,并下达到外省。户部的这个奏文可以反映出,在一条鞭法体制下,地方上采用了何种方法筹措正额外地方经费。《明神宗实录》载有"户部议条鞭法、请饬有司奉行",记录了如下内容:

——条鞭既酌量征收以充公费,不得佥派里长,挨月轮直,以资苛剥。

——库役不许佥派民间富户充当。

——不许于预备仓厂,佥编斗级看管。

——条鞭所载供应上官及过往使客、俱有定额,不许分外巧立富民义民名色,借以供应。

——条鞭夫马,岁有定额,输银在官,而雇役于民,不许遇夫马紧急,复于粮上重编。

——不许以保甲人户,充迎送、勾摄、打卯、应差。

——不许以省祭义民充勾摄、管工、承委之役。

——不许派民当行,价值半给,支领愆期。

——不许有司于罪赎之外,横肆科罚,折银充橐。

——征银,不许粮甲串同保歇吏书任意干没。征粮,不许粮长串同吏书花户任意折干。至官收官解,则严禁火耗、斛面。

——通行江南直省府州县,将一应田土,查核见在户名,征粮之日,先行开派,定限收纳,逋欠者,坐名查比,以免赔累积逋。

——凡内库之生绢阔布,俱照光禄寺料银,供用库麻蜡,改从官解。

奉入行之。[1]

户部所列的上述禁止项目,揭示了一个事实,即,当时在各地,与一条鞭法同时并存的,还有各种各样的非法征收。似乎可以把它们看作是以前里甲役、均徭等的改头换面或者是残留。但是,之所以出现此种残留,如果仅从违法课征的表象来看,可以解释为是由于一条鞭法在制度上没有得到彻底实施,或者由于官僚、胥吏、衙役的徇私舞弊所致。可是,如果从财政构造的角度来看,恰恰是由于一条鞭法的实施,才造成了这些违法课征的出现和泛滥。

诚然,一条鞭法将此前的各种旧徭役统统归并到了地银和丁银之中,既已合并,也就变成了"正额"。于是,此前旧的徭役体系

---

[1]《明神宗实录》卷三八三,第6页。万历三十一年四月丁酉。户部议条鞭法、请饬有司奉行。

的征收被正额化了,在其外侧就不得已又衍生出了新的徭役。与其说是"残留",倒不如说,是因一条鞭法而被取消的徭役巧妙地重组或复活,是地方官府在执行条鞭银征收的同时,另外征收的"预算外资金"。此即一条鞭法实施之后的徭役。

在实际的发展变化过程中,的确存在不少"残留"的形式,但是,当一条鞭法的改革完成之后,即均田均役和地丁银制完全成立之后,此种"残留"就实质性消失了吗? 均田均役和地丁银制,真的能够彻底消灭以附加性、追加性的征收作为必然因素的这种体系吗? 答案是否定的。因为以附加性、追加性的征收作为必然因素的体系,在一条鞭法实施后,通过均田均役和地丁银制的成立这两个补充性质的改革,这个体系没有解体,反而得到了再次重组和强化。

假若一条鞭法真正如它的理念那样,能够把所有的徭役完全合而为一,那么,有可能出现一时性的零徭役状态。但是,其前提条件是只有在社会经济规模扩大,国家活动的质与量都提高,人们的收入水平提高、人口增加、货币变动等均能控制在有效容许范围内时,这种零徭役状态才能够得以维持。如果这些条件一旦消失,以附加性、追加性的征收和附加税的增大为主的名目繁多的徭役征收就会抬头泛滥。这不是一条鞭法和地丁银制彻底与不彻底的问题,而是由于财政体系的根本性质所造成的,只要身处于"两税法体系"之中,就谈不上彻底与不彻底,就只能出现那样的情况。旨在消除徭役的一条鞭法,却又滋生了徭役,如此悖论式的结构的形成,归根结底是由于"两税法体系"使然。

至此,如果说笔者过早地得出了结论的话,那么接下来,让我们循着那个时代人们留下的史料证言,去考察当时的实际情况是如何演变的。在具体的历史演变过程里,该体系的结构会凸显出来。

2. 残存的性质

首先,一般认为一条鞭法把里甲正役的一部分保留了下来,但该部分是符合一条鞭法的原理而原本有意保留下来的吗? 在看待一条鞭法是采用什么方法而设计的方面,这是一个重要的论点。

正如目前很多研究揭示的那样,一条鞭法的地域性差异非常大。虽说是把诸多的徭役实行一体化,而作为一体化对象的税、役等的构成以及征收方法在各个地方却未必一样,因此,在哪些范围实行合并征收,各个地方在一条鞭法实施时就有必要做出各自的规定。不过要注意的是,不能把一条鞭法视作各地零散地自然发生的产物。

在任的官僚和乡绅,通过人际交往或书信沟通,形成了一个联系各地的信息网络;来自地方的上奏,各部向巡抚、布政使下达的咨文行文,构成了纵向的信息传达的途径;"邸报"成为中央政府的信息传播手段。除此之外,还有私人性的政治途径,譬如,内阁大学士等与各地高官的书简往来等。未必都是法定的但事实上存在的这些途径,在庞大的帝国各地随处可见,构筑起高密度的信息网络。私人的、官方的、纵向的、横向的政治信息,在这样的网络交替传递中形成的舆论便催生了一条鞭法。

如果说均徭法是在江西省的实践基础上,由户部向全国各省下达指令予以推行的话,那么,对均徭法比较容易把握。但是,一条鞭法则不同,我们尚无法确定一条鞭法的起源,也无法得知一条鞭法在向各省推行过程中,是怎样的连锁反应而造成了方法上的差异。崇祯初年下令编纂的《赋役全书》,可以看作是统一全国制度规范的一个标志性文件,但是在此之前,中央政府对一条鞭法所持的认识和态度经历了怎样的变化,尚不清楚。

对于这个问题笔者也无法做出令人满意的回答,但是,如果把上述的政治信息传播网络作为思考该问题的前提的话,那么可以得出这样的推断:一条鞭法最初形成于地方,其后上传至中央,中央政府据此信息形成了构想,最后又反馈至各地,因此可以说,通过信息网络,在官僚和乡绅之间即已形成的舆论对一条鞭法产生了巨大的作用。

从前文所引用的万历三十一年(1603)四月的"户部条议"来看,当时的中央政府当局已经考虑把所有的徭役系统的征收全部归于一条鞭法。均徭之中,对于负担过重即使在一条鞭法实施后也未得到解决的雇用困难的"库子""斗级",也禁止在富人中指名应役;同时也把让"省祭""义民""富户"等来分担各种经费视为违法。另外,一般认为,与驿传相关的负担也被纳入了条鞭。①

江南的均田均役实施时,征收和运送税物时所需的徭役成了问题,直到清初实行均田均役改革,才以"官收官解"的方式得到

---

① 作为和驿传相关的负担,本来的驿站、水站以及没有驿站的州县和经费不足的州县,设有"里甲夫马"之名,有时候分摊人马、经费。万历三十一年(1603)的户部条议第五项中记载着"条鞭夫马,岁有定额,输银在官,而雇役于民",这说明里甲马夫是最重要的。可是,谷口规矩雄所阐明的是,向前追溯到四个半世纪前的那个时代,在福建省驿传的有关经费是包含在条鞭中被征收、支出的。很难想象户部只把与驿站、水站有关的劳役单从条鞭中除去的构想。

最终解决。[1] 在万历三十一年的"户部条议"中,关于税物的储运,可以看出以下几点:纳入广禄寺、供用库的银两与物资必须以官解的方式为前提;官解的范围进一步扩大,向内库缴纳的生丝和棉布也被指定列入其中;另外,有些地方对条鞭银和漕粮的征收运送也实行了"官收官解"。

所谓"官收官解",不是委托里长、粮长或者"匦头""头役"等应役者来进行,而是由官府直接从纳税人那里征收,向水次仓、出纳场所的运送工作也是由官府组织人员进行。或许是因为考虑到了各地具体情况的差异,"户部条议"中没有硬性要求各地必须以这一方式进行,但条鞭中包含了与之相关的经费,同意实行"官收官解"。

除了既有的惩处犯罪的法律,还制定了禁止条例,譬如:对于以前包含在里甲、均徭中的各项征收,不得再以其他徭役名目另外征收;不得巧立各种罚款名目来敛财(同当代中国公安局或地方政府开辟各自的财源有异曲同工之处,发人深省);不得向保甲等人役摊派负担。

一条鞭法的实施及徭役的取消(即正额化),使得地方官府失

---

[1] 滨岛敦俊:《明代江南农村社会研究》,东京大学出版会,1982年,第389—406页;川胜守:《中国封建国家的支配构造》,第551—558,566—624页。章有义所使用的南直隶徽州府的文书史料显示,"条编"交纳给里长。《歙县某姓祀租簿》中,记录张恩坑田收租情况的那部分中看到"万历十二年收交银一两、七月十一又收一钱四分八厘、三锡手收付里长条编"。另外,横路下田收租情况的部分也记载着"万历十三年收包法交加六租四秤、收(姚)云龙一钱八分付里长条编"。章有义的《明清徽州土地关系研究》(中国社会科学出版社,1984年)第37页。虽说是里长,在明代后期可看到在很多地区分化成各种各样专门的职务,已经职业化了(本书第五章的第225页注①)。虽仍维持着年番制里长分摊的外形,实际的职务已经有专门的承包人员承担了。钱粮的"催办"中,由专门的承包人员代替里长的一部分事务,这是的确存在的。从本书第七章第一节第311页中所引用的"旧以粮长主办京库,而有掌收者,谓之折白收头,则有税粮县总总计之。以里长主办里甲均徭,而又有掌收者,谓之均徭收头"的史料中可以看出"收头"之类的就是承包之人。

去了自身可自由支配的"预算外经费"的财源,于是地方官府便采用新的方法来筹措非正规资金。可是,既然已经实施了一条鞭法,这些新的方法就不可能得到户部的认可。在当时的户部看来,地方官府所需要的所有经费已经包含在条鞭中一起征收和支出了,对地方经费实行组织化、统一化是一条鞭法的精神所在。

事实上,随着一条鞭法的实施,有的地方很早就开始实行了税物全部"官收官解"。推行一条鞭法的人,肯定是主张废除按户等派役,让里长、甲首应役的制度。在山东省济南府章丘县,按照知县茅国缙(浙江省湖州府归安县人)的规划,实施了较为彻底的一条鞭法:

> 条编之法,始于归安茅公,其详具便民十议中,而余窥识其略有三:
>
> 一、不审均徭;
>
> 二、不设里甲;
>
> 三、不佥头役。
>
> 夫既有均徭,则不能无升擦,既有升擦,则不能无重差。公曰,任人不如任地,而移上等之差银,悉入于地。既有里甲,则不能无支销,既有支销,则不能无旁费。公曰,劳民不如劳吏。而革见年之供应,悉责之吏。既有头役,则不能无收解,既有收解,则不能无包赔添坠之劳费。公曰,民费十,官之费一,而改一切之头役,悉隶之召募。
>
> 且非徒此也。……民自办租纳粮之外,不知城市为何地。官自听谳问俗之余,不知百姓为何状。盖至今十年几矣,闾阎殷富,地价腾涌。然则所谓有治人者无治法者,岂通

论哉。①

大家也不认为,既然从法律的构成上,把里甲役的一部分摘除到对象之外,就应该另外让见年里长来应役。另外,在均徭之中,并非把"库子""斗级"等负担很重的徭役项目从对象中除去。这些徭役并没有作为徭役保留下来,而是将其吸收到条鞭中,和其他徭役系统的负担合并到一起再分摊到税粮(田地)和人丁中,采用财政性方法由官府来组织实施,因而称之为"一条鞭法"。在山东省,从万历初年到中期,在中央政府的支持下,已经实施了一条鞭法。②

关于此点,张贞观的言论得以证实。张贞观,万历十一年

---

① 《天下郡国利病书》原编第十五册,山东上,第 145 页,所引《章丘县志》。这里的"头役"是征收押解税物徭役的意思,和此不同意义的还有"头役""头户"两个词汇。一条鞭法实施以后,各种事物的招募也随即展开。所招募的人户接受来自官府的津贴,但往往有分摊的业务履行不到位的情况。在这种情况下,所招募的人户就要遭遇"索赔",或者是从里长那里收取额外费用。后者虽然形式上招募的是徭役履行者,并且好像私底下把征收徭役的人称为"头役"。参见第 335 页注②。

② 在山东省,不仅仅是上述章丘县的知县茅国缙所实施的一条鞭法(万历十四年),从万历三年(1574)开始在兖州府东阿县实施的一条鞭法也是不仅包含了夏税、秋粮、均徭、里甲、驿传的全部,而且也废除了和收解相关的各种"头役""大户"的徭役。这是由知县白栋实施的,其详细内容是由谷口规矩雄阐明的。参见《明代华北一条鞭法的展开》,第 323—334 页。谷口指出在包含范围领域彻底贯彻的白栋的一条鞭法不仅是得到山东巡抚还得到来自张居正中央政府的支持。另外,《天下郡国利病书》(原编第十五册山东上)上面所记录的,《户役论》(关于兖州府的记载没有明确记载出处,第 151—154 页)也如同"征派税粮,即选殷实之家,金充大户,分定廒口,使之坐收。钱银入手,不免妄费,及期亲解,势必赔偿,甚有鬻产质田,尽室流徙者"所讲的一样,根据"大户"的徭役,来实行税粮的征收、解送,可是一条鞭法废除了"大户"的徭役。这样,就成了"税粮上柜,但以柜头守之,不得侵牟,亦无赔补之累"之情形。也就是说显示了和自封投柜类似的方法。另外,万历《汶上县志》(兖州府)也阐述了解除相当于"大户"的"柜头""俵头","柜头"和"俵头"也成了官府招募,因此,"民出役钱,安坐无事,地之系于平民,犹士大夫也,名之编于排甲,犹客户也。诡寄诸弊,不各自泯矣。然寄庄终不可立,而优免终不可滥",庶民地主、官绅地主一样没有劳役差别,实现了即使被编入里甲之中,也和客户一样没有任何负担,田地的诡计和寄庄失去了意义,也不能滥用优免权。(卷四,政纪,赋役,第10页)

(1583)进士,后由山东省青州府益都县知县升至给事中,于万历二十一至二十二年(1593～1594)的"三王并封"、皇子的地位等问题上,在皇帝与言官的对立活动中非常著名。① 万历二十一年正月,张贞观上奏《敷陈里甲条鞭审派疏》,论述了以下内容。

> 自民间苦里甲,而后有条鞭之法,是条鞭之行,所以甦(苏)里甲之困也。然里甲之累,有一分未除,则便是条鞭之行,有一分未尽。历江北之境,诚不知法例若何,但据所过聊一体察,则固有已征鞭银,而复役里甲者,亦有见年头役名色,依然照旧金派,私贴无算者。业以征其银,而复役其身,是民昔之所苦者一,而今之所苦者二也。且头役私帮出自见年,偏累犹昔,何称鞭法。臣尝备员山东,见鞭法之行,较若画一,民间大称甦(苏)息,何江北而辄不同也。臣谓既已改行鞭法,即当悉去见年。其间有重差,如提锁、甲首、走递、马匹之类,私帮之数,视正额固多,俱应明鞭,不应暗贴,俱应派之合境,不应帮之数甲。②

---

① 张贞观的履历,请阅《明史》卷二三三,本传。

② 张贞观:《敷陈勘历耳目所经疏》万历二十一年正月十八日具题(《掖垣谏草》卷三,工垣,第85—86页)。张贞观所指出的"头役私帮出自见年",之所以这样说,是因为它表明实质上一条鞭法之前的徭役,"明充""力差"的代役者对于徭役承担者的"打讨"相近似的东西复活了。"头役""头户"的称呼也是在一条鞭法之前就有的。隆庆四年(1570)的江南布政史上奏的奏折上写着"其往年编某为某役,某为头户贴户者,尽行查革"(王圻《续文献通考》卷二十一,职役考,差徭,第28页),山东省汶上县也是"均徭里甲出于门丁,旧有头户、贴户、见年之名。其费不赀,自条鞭行而民始苏矣"(万历《汶上县志》卷四,政纪志,赋役,第10页)。此外,"旧时力役之法,每夫一名,该银若干,即审有力一人,金充头役,而以花户贴之。代当之人,止向头役打讨。而所谓贴户者,人数众多,居住弯远,所贴银数,又或不满锱铢,头役不能遍讨,甘于包赔者有之"。如此而言,在该省,贴户和花户是作为同义词被使用的。(《天下郡国利病书》原编第十五册,山东上,引自《户役论》,第151—154页)山东省东阿县出身的于慎行也证实"旧时差役之法,如夫役一名,该银若干,各金上八则人一户,谓之头役,而以九则花户贴之。别有闲名代当,领由帖自向头役(转下页注)

张贞观依据山东省实施一条鞭法的实例,得出:里甲役应该是被全部废除了。但是,江北,也就是南直隶的长江以北地区,与江南地区一样,见(现)年里长向"头役"交纳银两。张贞观批评这种做法偏离了一条鞭法。残留下来的里甲正役,也不敢以法律的形式明目张胆地加派,而是以"私贴""私帮""暗贴"的名目,在暗地里实施。①

根据唐文基的研究,在向一条鞭法的过渡阶段里实现了"官收官解"的不止山东省。在浙江省绍兴府余姚县,隆庆元年(1567),知县邓林乔推行一条鞭法,以"自封投柜"取代里长们的催办,以佐贰官、粮吏押送钱粮取代收头、解户的金派。一条鞭法同样也影响到了平湖县和山阴县。② 在南直隶常州府,知府

(接上页注②)打讨,如数受成,使其取偿于贴户。而所谓贴户者人数众多,居有远近。所贴银数,或以钱计,或以分计,头役不能遍讨,甘于包贴,而代当之人亦不能纯得银,大率尺布斗粟,皆昂其直以予之,故两受其负"(张萱《西园闻见录》卷三十二,赋役前,第27页,于慎行《与宋抚台论赋役书》)。根据慎行所言,头役并非是实际的徭役承担者,而是相当于别的徭役职务的"代当之人",头役的任务只不过是从多数的贴户(花户)那里收取徭役银两,从官府那里得到相当于一种证明书的"由帖",然后再转交给"代当之人"。此外,有时还可以用棉布和谷物来缴纳役银。

① 万历四十六年(1618),御史房壮丽提出一条鞭法应根据自封投柜而定,这是以山东省平阳府实际实施的条鞭的效果为依据提出的。《明神宗实录》卷五七六,第1页,万历四十六年十一月丁亥条。"掌河南道御史房壮丽奏,自条鞭法行,州县征派钱粮,俱令花户自行纳柜,吏书排年,无所容其奸,法至善也。遵行日久,官府借口验封,加收火耗至一钱二钱,屡经严禁不遵。今因东事加派,若将火耗一概禁革,小民必乐输将。职曩令襄陵时,见河东一路州县,二门外俱设收头房八间,昼则收银,夜则收柜,次日即令自倾成锭。或有司领解,或解户领解,并不入库拆封。惟悬锣严论平收,及按期责令销批附巷。此法最宜行今日。乞敕下户部,咨行各抚按,令所属有司,一应钱粮,听其自收自解,不许经手拆封,加收火耗。违者,抚按从重参处,追赃济边,则于吏治民生,胥有裨益。"

② 参见唐文基《明代赋役制度史》,中国社会科学出版社,1991年,第298—299页。栗林宣夫的《关于一条鞭法的形成》(《清水博士追悼纪念,明代史论丛》大安,1962年,第129页)阐述了以余姚县的方法为样板的一条鞭法在浙江省东部地区普及的情形。

蔡国熙[1]在万历初年实施的一条鞭法也是把"民解"（民间押解）变为"官解"，取消了"解户"的该项徭役。另外，河南汝宁府罗山县，也在一条鞭法实施后，"百姓完此外无一事矣"，征收、解送都改由官府统一组织实施。[2]

滨岛敦俊的研究表明，在江南，均田均役的主要对象是税物的征收和解送，以及与水利事业相关的役务，这些都是由里长所承担的一部分徭役。在向一条鞭法的过渡之初，税物的征收解送没有全部实现"官收官解"。那么，究竟是什么原因造成了山东省等地从一条鞭法实施之初即实现了"官收官解"，而在江南、福建省等地仍然依靠里长等的轮番应役来征收解送税物呢？虽然尚无法明确解释这些差异产生的原因[3]，但是，按照滨岛敦俊的看法，在江南残留下来的里甲役"从内容上看比以前减轻了"，如果

---

① 参见唐文基《明代赋役制度史》，中国社会科学出版社，1991 年，第 306—307 页。关于比万历初年的蔡国熙的一条鞭法更早实行的常州府的税、役制度的改革，川胜守的《南直隶常州府武进县的一条鞭法》（《东洋史论集》十，1982 年）中有详细论述。蔡国熙从嘉靖四十 年(1562)开始，作为知县开始在苏州府实施 条鞭法，但那时候像"解户所应输者上之府，府遣官类输之京师……然折银解府库，犹岁用粮长二十四人领解，赔贼(译者注：'贼'字，bì)不赀"所记载的这样，实现了官解的，仅是从苏州府到国都北京的解送，而从各县到府的解送，还是依靠解户和粮长的徭役。（《天下郡国利病书》原编第六册，苏松，第 21—22 页。）

② 参见唐文基《明代赋役制度史》，中国社会科学出版社，1991 年，第 309 页。

③ 在江南，运军待命的至水次仓的运输漕米的量比其他地方都多，另外宫中御用的白粮自明初以来都是由民运这一点是确定的，但并非是官府由于"雇募"而组织及其本身有很大难度。这解送经费在 15 世纪前半期周忱的"平米法"中，对正税采用了一律的"加耗"也就是附加征收的措施(森正夫《明代江南土地制度研究》同朋舍，1988 年，第 276 页以后)。但是周忱在任中的二十年左右，虽然这种方法取得了很大的成果，可"对于大户、小民根据其纳粮额度的比例来确定，必须按同一比例来征收火耗的加耗例的本质特征受到了大户阶层的不满和反抗"(森正夫《明代江南土地制度研究》，第 293 页)。征收解送的役务不是以户役的方法而是以对粮税正额的附加量来征收，实际上是侵犯了大户阶层的特权。税物收解的经费纳入条鞭中的"官收官解(兑)"没有立即被采用，也可能是缓解江南的官府和乡绅阶层之间摩擦的一个策略。

单从税物的征收解送来看,的确劳役负担减轻了,甚至还可以以钱代役。因此,它没有被纳入条鞭之中,而仍有残留,大多认为,它在一条鞭法所允许的范围之内。[①]

3. 徭役的再度增大

可是,万历二十年(1592)以后,种种原因造成了经费膨胀,本已减轻了的残留徭役首当其冲,被充为收入源。这个时期,各地开始明目张胆地进行各种名目的徭役系统的征收。

于是,呈现双重征收的形式,即,在条鞭之外还有非正规的课征,无论是把这些看作是向一条鞭法过渡时残留下来的徭役的膨胀,还是把它们看作一条鞭法废除了所有的徭役、取消了向里长等分摊之后时隔不久的复活,从本质上来讲它们是一样的。另外,即便是采取里甲役的形态打击针对富户和商人的金派制,也即便是采用全新的方法,只是在形态上的不同而已,对于一条鞭法以后的徭役问题,仅仅具有次要性质的意义。

---

① 一条鞭法并不是各地都按照统一的方法而实施的。特别是关于税物的征收和输纳劳动力方面,前面所引用的万历三十一年四月的户部指示中,就没有主张应该全面实行"官收官解"。万历初年的张居正政权也是表现出"因地所宜,听从民便"(《明神宗实录》卷五十八,第 6 页,万历五年正月辛亥条)的方针。这时期山东省的一部分州县实施的彻底的一条鞭法得到了中央政府的认可,但好像并没把这样的典型推广到全国,而是根据各地实情,因地因时地调整方法来实施。因此,像江南等地,就把与税粮的征收、解送、水利事业有关的徭役任务在"内容上比以前减轻了"(滨岛敦俊:《明代江南农村社会研究》,第 216 页),里甲徭役残存的部分也在容许范围之内。另外,在福建省是万历初年实施了包含着四差全部的一条鞭法,这是根据巡抚庞尚鹏的指示,"而里甲照旧催征,自条鞭以后,有司擅用里役者,法参奏",明确提出见年里长的钱粮催征,仍然照旧实施(谷口规矩雄:《关于明代福建一条鞭法》,第 490 页)。原本像徭役之类的地方性的并且是事实上的制度,只要不引起社会矛盾灵活实施的话,当局者是不用考虑一定要根据统一的制度而被束缚着。一条鞭法也是在万历初年的时候,作为法律大纲在舆论中被制定了。但在国家一侧,并没有一定要在国家各个角落实行统一制度的强烈意志,这点是毋庸置疑的。

在万历初年的张居正时代,在一些州县开始彻底实行一条鞭法,在山东省的推行过程中,出现了条鞭之外的徭役问题。兖州府泗水县,根据徭役一体化的方针,规定了每亩、每丁的征收定额。可是之后,出现了新的负担和"额外之征"等,这些造成了很重的负担。

> 今日之徭役,其类有六,曰银差,曰力差,曰里甲,曰额办,曰杂办,曰盐钞。以条编之数论之,计每亩派银一分八厘有奇,而白地派银二分二厘有奇,人丁自上上则派银九钱,递而降之至下下则一钱,合之共派赋役银一万二千八百五十两有奇,民力竭矣。而又有新加兵饷及派鱼台捞夫银,一切修城修河额外之征,比比是也。皮之不存,毛将安附,司是土者,宁可胶柱而调瑟也哉。[1]

此外,在前面提到过的河南省最南部的罗山县,虽然因一条鞭法的实行而取消了各种徭役,可没过多久,又开始向里长摊派类似过去公费的负担。[2] 如此增加徭役的现象,绝不是个别的地方,而具有普遍倾向。这可以在前面第 373 页所引用的万历三十一年(1603)的户部条议中看出。而在两年前的万历二十九年(1601)十月,册封皇太子之时所颁布的诏书,也指出徭役的复活

---

[1] 康熙《泗水县志》卷三,食货志,赋役,第 15—16 页。

[2] 万历《罗山县志》卷一,田赋,徭役,第 34—35 页。"知县应存初立一条鞭法。一条鞭法云者……百姓完此外无一事矣。法诚良哉。所领官是邑者因而行之,不复分征,不入库寄,不使豪右人揽收侵欺,则国计民生,两裨之矣。又曰会银,昔未有也。以里甲供亿,不才官费之不赀,乃酌一年应费之数,定银有额,入一条鞭内征收,在官用之,名之曰会银。会银设而费有限矣,此节约爱之良法也。何近时又令十甲里长轮流支使,岂免包赔,而里长又焉得不派之各人户哉,抑且指一科十矣。是既有会银,复用里甲也,为小民之困不滋甚乎。官是邑者而恤民艰,省里甲归农焉,庶不失设立会银之意矣。"

乃"不才有司"所为。同时,丰臣秀吉入侵朝鲜、平定播州土司杨应龙也是引起经费膨胀的因素。

> 各省直赋役创为条鞭,里甲放令归农,此定例也。近闻,不才有司条鞭外巧立名色,科策烦重,精留里甲城中,致妨害农务。及近日征倭讨播,量有科派,加增丁亩丁粮银。今事宁已久,增派如旧。各该抚按官严行查究禁革。①

万历三十三年(1605)十二月诏书中的指责与两年前的户部条议中所见的科派手法基本相同,即,在条鞭之外设立小条鞭,以银的熔解损耗为名目设立的"火耗",此外,还新出现了一种叫作"秤头"的额外征收。②

在充分肯定了一条鞭法的官收官解、一切由公款保证的诸多好处的同时,张栋也指出了存在的弊害:

> 夫条鞭之称善,正以其征银之在官,凡百用费,皆取于官银,民间本户粮差之外,则无徭役,自完本户粮差之外,别无差使,吏胥无所用其苛求,而民相安于无扰耳。盖钱粮既征在官,则以官收,亦以官解,宜也。何为而又佥大户,一领一纳,库吏皆得上下其手,解户甘心赔折而不敢言。甚至有发与空批,先令完纳,而后听其索补于小民者。此解户之所以称累也。征收钱粮,除用柜头,其害不待言矣,即如派定各区

①《明神宗实录》卷三六四,第10页。万历二十九年十月己卯条。
②《明神宗实录》卷四一六,第15页。万历三十三年十二月乙卯条。"一、迩来民困极矣。地方有司不能悉力抚绥,分外侵渔,有佥报富民义民,借以供应者。有派当库役斗级,累年陪苦者。有差遣省祭义官,经岁奔走者。有立名行户铺户,亏损价值者。有于罪赎之外,横肆科罚,多至十石百石者。有于条鞭之外,立小条鞭,火耗之外,获加秤头,任意干没者。诏书到日,一切禁革。抚按官严督所司,刊榜晓谕。如违查参重处,该部科有闻,亦即参奏。"

每名收银千两，则收完，其责亦完，宜也。何故必责之以管解，所收之银，未经解尽，收头之责，终于未完。库吏因而为奸，受贿多者，首先发解，否则有候至十年，而不得完者。此收头之所以称累也。修衙、修舡，既有征银在官矣，即当责之工房吏胥管理，可也。令乃仍点大户，官银不足，倾家赔偿，而该吏人等，犹且从之索贿，不得则以冒破究责，以致浮费之数，反倍于赔补之数，夫焉得不称累。抑且有奉上取资赎锾，无以应其求，而亦派办于徭户矣。其间贫不能胜此役者，每名量田数多寡，又派空役，银入官公用，不知原编公用银两作何支销，大都皆为吏书所干没。[1]

从张栋的文中可以看出，即便是在一条鞭法的新体制下，从官府领取经费承担各种役务的人户，实际上还是依旧被摊派了徭役，不仅仅是填补赤字，还要承受来自官府的诛求。当然，目标是有所选择的，会让那些富裕户承担这些徭役。在"斗级""库役""大户""头役"中，形式上都是由官府支付必要经费和佣金的雇用劳动力，但实际上官府并未支付，实质上演变成了很多变相的徭役。

张栋揭示的方法之外，迫于财政经费的不足，冠以学校相关费用、俸禄财源等名目的"加派"，以居住在工商业者聚居地的城市居民为对象而被纳入条鞭之中的"公费"，等等，类似性质的课税开始复活了。顾起元的《客座赘语》，对万历年间后半期南京的各种征收作了如下记录：

近年又有学、俸等项名目加派。计所纳之数，比欧阳抚

---

[1] 张栋是万历五年(1577)的进士，作为言官于万历十几年的时候很活跃。《国计民生交绌敬伸末议以仰裨万一疏》(《皇明经世文编》卷四三八，第19—21页)。

院所定,其增者亦已多矣。而坊厢应付,则各上司祠祭香烛祭物,各上司本县到任,下程酒席、纸札饭食、刑具供送、出路中火,及各衙门应取杂支,与考试供给,致贺举人、进士、贡士等项之费,此其大略也。①

简而言之,张栋、顾起元的看法是:一条鞭法推行了十几年之后,又回到了原点,还是没有任何的改观。张栋似乎将问题归结于法规没有被严格遵守,或者是由于胥吏衙役们无视法规所致〔事实上并非如此,后来他自己也道破了这无非是因为地方经费的削减而造成的财政问题(本章第 349 页)〕。但在当时,也有人看出了问题的根本。

朱健在《古今治平略》中的论述发人深省。他首先赞颂了实施一条鞭法的诸多好处:限制了优免权的滥用,解放了徭役承担者的重叠负担,取缔了胥吏衙役对富裕者的盘剥,防止了向徭役承担者"抑勒",田地的"花分"、向权势者的"诡寄"也都消失了,等等。但接下来,朱健开始提出了质疑:这些果真都被很好地执行了吗?其严厉的批评如同冷水般泼来。在现实面前那些乐观的评价不堪一击,"条鞭法下,仅十余年所,而里甲费,业已如嘉靖中

---

① 参见顾起元《客座赘语》卷二,赋役(万历四十四年序,中华书局,1987 年),第 60 页。"上、江两县赋役,计田征米,曰税粮……折色里甲均田徭役银若干……缠丁征银曰丁银,每丁征银若干,以九之四入里甲,以九之五入均徭、驿传。而里甲之用,为国祀、国庆,供应诸司内府工部坐派,又本府各衙门祭祀、科贡、恤政及本府县各项公用。其剩余者曰备用,以待不时之需。均徭一曰银差,一曰力差。自条鞭法行,不分银力名目矣,以其银为本县各衙门皂隶、马夫、膳夫、门子、公馆、轿夫、库子、斗级、巡栏、弓兵、铺司、仓脚夫、洒扫夫、坛夫、灯笼夫、进贡扛夫、内府薪修、车水冰夫,内府表背匠、国子监刷印匠、太仆寺医兽、狱卒工食之费。而驿传则解本府,为递运所船夫……近年又有学、俸等项名目加派。计所纳之数,比欧阳抚院所定,其增者亦已多矣。而坊厢应付,则各上司祠祭香烛祭物,各上司本县到任,下程酒席、纸札饭食、刑具供送、出路中火,及各衙门应取杂支,与考试供给,致贺举人、进士、贡士等项之费,此其大略也。详具坊厢始末中。"

年时。呜呼、法安可专哉"，张健以此番慨叹结束了论述。需要注意的是，他一针见血地指出了法的理念败退，不是因为胡为和无序，而是经费的膨胀所致。

> 法久且弛，内有不得已之公费，外有不敢抗之求取，将于何取之。必阳讳其名，阴用其实，外缩其数，内浮其出，求餍而已矣。夫人情重于用己之所有，轻于用人之所有。今差银输官，久且轻用而易费，费尽已即有部派军兴诸卒然之务，将于何取之。久且益重。又山谷民畏事而惮官，虽条鞭行，坊里目只应如异时，独易十二总称八班，改直月曰值日。①

频繁的"军兴"自不待言，明末显著的经济增长，直接间接地使政府机构的经济性需要也增大了，其表现为"不得以之公费"的

---

① 朱健：《古今治平略》卷二，国朝户役，第45—47页。"议者以为，通十甲以编不分年，则丁粮均。法优免者势不能分数户以几倖，则滥冒消。核实数以编银，则赔累息。合银力二差，并公私诸费，则名目简。富人不近官，从人不坐名，则觊觎寝。官给银于募人，而募人不得反抑勒，则市猾屈。去户头赔户之派，则贫富平。粮有多寡，役尤轻重，毋需花分，毋为诡奇，则册糟清。盖愉快至此。然说者又以为，官之役民，与民役于官，犹臂指然，安所可得解。异时所役坊里长粮长，独其名罢耳。而里甲之直年、经催之部运，谁实贷之。方法严令时，上必节约为程督，不必以为功能，故差愈于往耳。法久且弛，内有不得已之公费，外有不敢抗之求取，将于何取之。必阳讳其名，阴用其实，外缩其数，内浮其出，求餍而已矣。夫人情重于用己之所有，轻于用人之所有。今差银输官，久且轻用而易费，费尽已即有部派军兴诸卒然之务，将于何取之。久且益重。又山谷民畏事而惮官，虽条鞭行，坊里目只应如异时，独易十二总称八班，改直月曰值日。条鞭法下，仅十余年所，而里甲费，业已如嘉靖中年时。呜呼，法安可专哉。"但可以看到这个议论的前半部分中写到的"富人不近官，从人不坐名，则觊觎寝。官给银于募人，而募人不得反抑勒，则市猾屈"部分，万历《汶上县志》卷四政纪志赋役中记载的《条鞭法议》中有一段几乎相同的描述，即"富人不近官，役人不坐名，则觊觎寝而易安也。官给直于募人，不得反复抑勒，则市猾□（该字无法辨认）而易制也"（第14页）。此外，在朱健的议论中看到的"内有不得已之公费，外有不敢抗之求取，将于何取之。必阳讳其名，阴用其实，外缩其数，内浮其出，求餍而已矣"的部分一般被认为也是立足于《汶上县志》的《条鞭法议》中"虽然，迫不得已之公费，值不可抗之取求，则额外之差增于上矣。青由隐于积书，赤历代以小叶，则额派之数乱于下矣"（第14页）的这段记载。

膨胀,上级官厅和中央政府的"不敢抗之求取""部派"的增多。置身于这样的财政膨胀中,由一条鞭法所限定的地方固定经费,根本无法以合法的手段加以应对。不论是贪官苛吏还是清官廉吏,均不得不设法施以附加性的或追加性的课税。于是,一方面法律得以实行,另一方面由此滋生的非法行为也随之产生了。

一条鞭法实行后出现的附加性的或追加性的课税,继承了过去的里甲役、均徭的形式,表面上看,它们好像是里甲役、均徭的复活,但是,有时也以按亩摊派的"杂差"的名目,作为附加税出现。崇祯(1628—1644 年在位)末期,北直隶的百姓遭受相当于正额数倍的差徭之苦。

> 今畿甸之民,差徭太繁,钳罗又密,涣散化离,实不忍言。以职所闻,每亩约纳粮一百七八十文、杂差多至三四百文,思避无门,惟有投献。而小民之当户差,重叠而无告矣。即圣恩蠲缓,而催征自如,邦本若斯,何能泄泄。宜严敕京兆尹,顺、真抚按道府,细察民隐,尽除一切杂差之最苦者,力甦(苏)重困。大家巨室,当兹患难,一体均劳,屏绝投献诡寄之风,赋役无私,自然乐业。[①]

随着一条鞭法在全国的普遍实行,正规的政府财政由严格束缚于原额的税粮正额和正规课税收入所补充,因此作为灵活收入源的里甲役、均徭等的徭役收入便不复存在了。

当然,虽说是"不复存在了",但是并不表示收入为零。只是过去的徭役系统后来被纳入条鞭中来征收,官府仍然按项支出。

---

① 引自孙承泽《春明梦余录》卷三十六,户部二,屯田。总理屯务金都御史方孔炤疏(北京古籍出版社,1992 年,第 603 页)。方孔炤,曾任山东、河北的屯田御史,因为明朝的灭亡而中断了(《明史》卷二六〇,第 6745 页)。

但是,作为被一条鞭法定额化了的正额的收入,"额编"徭役系统的征收从此获得了与税粮同等的地位和性质,也正因为它获得了正额的地位和性质,便失去了原本可以对正规财政进行灵活补充的功能。这种对僵化的正规官府财政起到补充作用、承担着缓冲器或调节池作用的体系,在一条鞭法实行之后,其存在是不会再得到允许的。

但是,这种财政体系在万历后半期之后,国家经历多难之时,正常运作了吗? 问题根本不在于官僚和胥吏的违法行为和中饱私囊;也不在于一条鞭法执行得不彻底;官僚们的"阳奉阴违"也不是本质性问题①,逻辑存在与现实背离的二者之间,采用二分法也不能作出解释。一条鞭法实行后的徭役系统课征的大大复活和新生,恰恰是大力推行一条鞭法而带来的必然结果。不是逻辑存在的要求被现实击败,而是因为逻辑存在得到了实现,财政体系的构造才呈现出了本来面目。

一条鞭法后再次膨胀的徭役之所以被看作是"残留的里甲正役",原因有二。其一,是因为许多徭役是由里长系统的乡役、里书征收,很多时候采用负担的轮番制。其二,是因为在均田均役的改革中,企图通过"优免"而逃避负担的人和主张要对"优免"进行限制,甚至废除的改革者,围绕着"正役不属于减免的对象""包含正役在内的一切徭役都是减免的对象"这样的法律解释而产生

---

① 一条鞭法虽然吸纳了所有的徭役,但现实中还是有各种各样的科派,如果着眼于这一点的话,就可以理解为问题就在于胥吏、衙役的"干没"即中饱私囊和作为责任者的地方官的"阳奉阴违"方面,这是根本点。但是,一条鞭法所制定出的赋役全书体制只不过是传统原额主义财政的再版。着眼于"阳奉阴违""中饱"为必然点的财政结构的话,"阳奉阴违""中饱"就只不过是再版的原额主义财政投射在地面上的影子,问题的中心在于财政体系的结构本身。

了对立。①

但作为问题的本质,归根到底,是由于"摊派"引起的财政需求所致,也就是正额外的摊派征收。它是以过去的里甲正役为渊源,还是以均徭(杂役)为渊源? 它是"义民""省祭"等新事物,还是像"差徭"那样分摊到田地中征收的徭役? 它要由谁负责征收,还是采用轮番制之类? 等等,跟这些问题都无关。② 当一条鞭法开始实施的时候,是否还有部分徭役的残留,残留的是怎样的徭役,抑或根本就没有残留了,等等。类似这样的财政问题,对于明末的徭役问题来说,则变为次要的论点。

4. 存留经费的削减

之所以如此认为,是因为在考察明末徭役复活问题上,人们往往忽视了一个更加重要的问题,即,在按照一条鞭法执行徭役

① 优免问题才是均田均役的最大的焦点。从滨岛敦俊和川胜守所收集的翔实史料可以得到明确答案。

② 还可以看到即使在江南,以均田均役为对象的"残存徭役"和旧时的里甲役、均徭在法律上是相互断绝的议论。苏州人赵锡孝在康熙年间(1662—1722)著有《徭役议》一文,这一条鞭法之后的徭役虽然是"见年地方""总甲"之类来自里甲组织的乡役以轮番的形式承担的,但它并不叫作"里甲役",而是作为没有定型的"飞差"。赵锡孝《徭役议》载于雍正年间的《昭文县志》卷四,徭役,第2页。"均田役之法不行,则田不可为恒业,而小民之业田者苦矣。何以明其然也。曰江南田亩,其徭费经里已编入正项钱粮,原不应复有徭役。今日之役,飞差而已。所谓飞差者,各县不同,即一县之差,亦无定形。其费亦无定数。凡田甲之充役者,如在苏州谓之现年地方,在常州谓之总甲,其当役之年,凡图中盗贼、窃发、斗殴、人命、藏匿匪类、逃人、盘查私盐、查报漏税、撩浅、作坝、修筑烟墩、营房、桥梁、马路、城郭,官舍、水陆木栅,开造烟户、与夫浮尸、无著命盗案、死无棺木者,一一地总是问。一事失措,刑辱随之。破产办公,所在多有。至于大工大役,如近年开河出夫之类,虽合图公办役费,而为地总者必任其难。是以业户之能亲为地总者,必雇图中无所事事之敝民俾充其役。其雇充之价,幸以田均役均,通县有成例,智愚强弱贵贱同科,故小民尚能供命。若此法不行,将按版图以供役,则版图业户,涣散零星,谁为传集。其业田多寡不均,谁为统理。且业田之人,必有豪猾、乡民之别,假令合图当差,而豪猾为图长,势必苛派乡民。若乡民为图长,则彼豪猾者,召之不应,派之不从,势必代为供役。"

系统的课征及制定支出预算化时,条鞭中的地方经费削减问题。正规地方经费的削减,不仅是在一条鞭法的实施之初,在其后也常有,呈现波状起伏的态势(并非意味征收额的减少,而是把本该存留支出的一部分也当作起运抽缴了上去),并且持续到清代。这便造成了地方官府的财政只能靠自身维持,也成为地方财政在实质上朝着承包方向发展的主要因素。

毫无疑问,一条鞭法的动机之一是减轻人民过重的负担,官府以财政的手段对课征进行管理,应该大大减轻了诸多弊害。譬如,可以避免来自承包人性质的代役者的加倍征缴,应役者可以通过不再与胥吏、衙役、运军等的直接接触从而避免私下的勒索。

在徭役系统的征收之中,也包含着对国家来说是有害无益(表面上虽然有害但实际上对国家统治是不可缺)的强征暴敛。废除祖法旧制而实行一条鞭法,是因为中央政府认识到它具有一举两得的功效,既可以减轻人民负担,又可以获得国家在税、役征收方面的安定化。包含不正当征收的徭役已经纳为国家的正额,因此消除上述弊害的努力便成为必然。

可是作为现实问题,对于一直以来的多种多样的课征,把哪种征收、什么范围的征收视为正规的课征而纳入条鞭中,把什么列为不正当的、不必要的征收等,其界定并不容易。

姑且不考虑将来的变动,只要将上面所要求的上供物料、京官的柴薪皂隶银等,算出相应数量的银两计入条鞭中即可。

但是,在由官僚、胥吏、衙役、里役、徭役承包人等复杂的人事所构成的各级各层的官府中,业务内容多样,经济支取方式也各不相同,因此,各地在制定一条鞭法时,恰当地确定收支项目及收支额是一项非常困难的事情。本来,公家的业务和私人的活动之间就有着一种共生的关系,要截然把它们分开实际上是不可能的。与此相应,公的财政与私的资金之间出现的出入,就分布着界限模糊的灰色区域。徭役系统课征的大部分都处于这灰色区域中,如今强要把它们截然分开的,就是一条鞭法。在适当的判定基准、经费标准和支付标准均不存在的情况下,硬性一刀切,这样的改革根本就不太可行。

其结果是,如何在黑白之间做一截断只能任由有司的判断了。实际上“白”的一方磁力微弱,“黑”的一方磁力强劲。这个磁场的磁极有三:一是来自中央政府的徭役裁减令;二是惠民爱民的政治道德;三是赢取无私与清廉美名的考量。

在南直隶宁国府,早在万历初年(16 世纪 70 年代)推行一条鞭法时,就有人指出:为了赢得“节省之名”而裁撤项目、削减支出,存在着诸多危险性。

> 按条鞭之法,善在利民,间有称不便者。……当事者或裁于额内,以邀节省之名,或敛诸额外,以滋侵渔之弊。二者虽有间,其于病民均尔。然岂法之过裁。余本田家子,颇悉民艰。由今校昔,所省不啻三之二矣。质之父老,万口金同。若夫禁额外之科,守有常之则,毋过裁削,毋好纷更,上下相安,民以宁,壹则有赖于在位之仁人。①

在这里,一般认为撤销徭役系统中的课税项目,裁减额度,是实施一条鞭法的地方长官为追求名誉而实行的善举。因为在儒教社会里,“轻税薄赋”为儒教福利国家的目标,作秀般的施恩会博得好官的美名。一条鞭法推行的过程中,通过对地方经费进行清理整顿,把灰色的部分尽量多地化为黑色,并冠之以“节省”之

---

① 万历《宁国府志》(万历五年序)卷八,食货志,第 21 页。

名的现象比较普遍。

另外,受这种沽名钓誉的驱使,新一任的官员还要把前任官员所定额度做进一步裁减。万历十四年(1586),张栋发出了反对条鞭裁减的声音:

> 二曰,裁减无实利。何也?节省美名也。皇上躬行俭德,中外臣工,夫谁不曰节省。顾省所可省者,斯足为民利,省其所不可省者,未为民利,而适足为民害,此毋庸枚举为也。即如条鞭一事,其初议也,未始不因地方之繁简,而定公费之盈缩也。一岁所用,取足于一岁所输,民未见其为病也。有司者欲投时好,博名高,则取于原定之数,日请缩焉。然不能缩于用也,遂令所入无以支所出矣,而包赔加派之弊滋矣。是其未减之先有此事,有此用,而民以众人之力供之。众供则易举。及其既减之后,亦此事,亦此用,而昔以众人供之,今以一人任之,独任则称累。彼为之民者,方群然称累于下,而有司且自伐其功,且晓晓于人曰,我能为民节省也,我能仰体皇上俭德也,我谁欺,欺民乎,欺君乎?故臣以为节省之心不可无,而节省之名不可有。有节省之心,则必能简约以先人而减,乐省骄毁第,皆于民为实利。务节省之名,则必将刻核以绳下,而公辞私受,民不堪其包赔加派之苦矣。则又何如因其旧而不必减,使众易供之愈也。裁减本以利民,亦足以害民。不裁减则不见其害。民情如此。①

除了地方上的"自发地"裁减,还有来自中央政府的压力。张居正时代,一条鞭法不断推广普及的同时,丈量政策也在并行实

---

① 张栋:《琐拾民情乞赐采纳以隆治安疏》(《皇明经世文编》卷四三八,第2—4页)。这好像是万历十四年(1586),针对内阁颁布的灾伤体恤诏书的上奏。

施,万历七年(1579)颁布了全面裁减徭役的法令。① 这是以优先确保中央政府可支配的税粮正额为动机而实施的。既然作为政府正规的财政税粮与地方政府下的徭役系统的征收是相同的税源,那么这两者的征收就形成二律背反的关系。② 这样的结构关系,即使是在一条鞭法实施后也没有发生变化。以条鞭中徭役作为来源的地方经费的征收项目及其数量如果增大的话,就会妨碍起运任务的完成,而如果前者减少的话,则不仅能够确保起运任务的完成,减少的部分还能填补其他财政之需(比如军费的增大)。"节省"之说,是由上面倡导,并颁令实行的。

《春明梦余录》中题为"一条鞭"一文中,记载了著名的孙承泽对庞尚鹏的一条鞭法(夏税秋粮之外,以均徭、里甲为中心的徭役负担按州县合计,对这些负担按照其县里的人丁数量和税粮定额的数目来分摊)的观点进行了剖析,并总结出一条鞭法的益处。

> 盖轮甲则递年十甲充一岁之役,条鞭则合一邑之丁粮充一年之役也,轮甲则十年一差,出骤多易困,条鞭令每年出办,所出少易输,譬则十石之重,有力人弗胜,分十人而运之,力轻易举也。诸役钱分给主之官,承募人势不得取赢于民,而民如限输钱讫,闭户卧,可无复追呼之扰,此役法之善者也。③

---

① 前面讲到的西村元照的论文《张居正的土地丈量——为把握其全体像与历史意义》(《东洋史研究》第30卷第2期,1971年)第37页以后。

② 笔者拙稿《张居正财政的课题与方法》(岩见宏、谷口规矩雄编《明末清初期的研究》,京都大学人文科学研究所,1989年,第251页以后)。

③ 孙承泽:《春明梦余录》卷三十五,户部一"一条鞭",第588—589页。"盖轮甲则递年十甲充一岁之役,条鞭则合一邑之丁粮充一年之役也,轮甲则十年一差,出骤多易困,条鞭令每年出办,所出少易输,譬则十石之重,有力人弗胜,分十人而运之,力轻易举也。诸役钱分给主之官,承募人势不得取赢于民,而民如限输钱讫,闭户卧可无复追呼之扰,此役法之善者也,后江陵相当国,复下制申饬,海内通行者将一百年。"

孙承泽对一条鞭法如此赞赏一番后,接着写道,如今(写于清初)的一条鞭法却体现不出这些优点了,反而出现了弊害。使他发现这个问题的是北直隶顺天府的怀柔县县志中所登载的《赋役议》一文。孙承泽所见的是万历三十二年(1604)刊的县志。笔者虽未能见到这本万历《怀柔县志》,但康熙六十年(1721)刊的《怀柔县新志》收录了这个《赋役议》。其作者是成都人周仲士,他受知县史国典的委托,编纂了万历三十二年刊的县志。给孙承泽巨大触动的周仲士的《赋役议》,主要内容如下:

> 今天下有名为节省,而其实有大不便于民者,则今日之清减条鞭是已。里甲之累,民易知也,以故改而为条鞭,立法者贵其可继,故改鞭之始,尚宽裕有余,以俟有司之酌处。乃一二浮薄辈,倡为节省之说,以媚上司之好,以图一己之声,而各款尽为裁减,减之又减,以至于必不能行,而各款将终焉已乎。必不能终已,则私派里甲以济之,(孙承泽的引用中,此处有"昔止一里甲之累,而今两累之")大家为掩耳盗铃之计,其害更甚于加赋。余谓:今日之裁革太甚,徒掣贤者之肘,而益恣不肖者之无忌惮。良有司者酌其必不可已之款而请增焉,徭役得称平乎! 若牵节省之虚名而罔吾民,不仁甚矣。①

在一条鞭法实施后因为实行地方经费的削减,州县的财政压缩,原本废除了的对里甲所征收的各种费用又悄然复活了,周仲士痛斥这是"掩耳盗铃"的行径。

从周仲士"减之又减"的口气来看,条鞭中的地方经费(即从

---

① 周仲士的《县志杂论》,记载于康熙《怀柔县新志》卷六,第 18 页。

前的徭役)的裁减,在万历中期以后,反复出现过。因为丰臣秀吉出兵朝鲜引起军费开支增大、辽东军事摩擦不断升级,使得国家财政吃紧。在这样的状况下,就出现了不顾条鞭中的地方经费的需求,无视财政健全性,而是尽量把地方经费抽作中央财源的政策。周仲士的《赋役议》便是反映一条鞭法后出现的这种情况的珍贵史料。

以裁减为名被中央抽走了经费的地方官府,采取了怎样的应对措施呢? 虽说没有了财政性的依据,可又不能不继续维持各项人工开支以及其他各项费用,于是,为解决财源的问题,原本已纳入一条鞭法的对里甲的征收("私派里甲"),便悄然复活了。从形式上看,这明显是违法的措施,但是其根本原因在于中央政府对地方政府的财政压迫。地方上不这样做就没法维持财政,中央政府也就装作视而不见。故此,周仲士批评此乃"掩耳盗铃之计"。

前文中引用的张贞观的《敷陈里甲条鞭审派疏》(万历二十一年正月)也曾发出警告:为图"节省之空名"而削减条鞭预算的做法具有危险性。

> 至于官府一应供应之数,宁从其优,无过于减,仍严为申禁,必不使里甲复至私用,庶里胥之科扰可杜,而灾地之累苦,亦尚可少舒矣,若上沽节省之空名,下受贴敛之实祸,是掩耳盗铃者类也,臣未见其可矣。[1]

周仲士和张贞观都强调指出,大幅裁减地方官府的"供应"(地方公费性质的预算),其裁减掉的部分其实都是被中央抽走了,如此做法,实际上就造成了"里甲私派"、头役"暗贴"等负担,

---

[1] 张贞观:《敷陈勘历耳目所经疏》(万历二十一年正月十八日具题),参见《掖垣谏草》卷三,工垣,第 86 页。

滋生出了非正规的科敛。

从表面上看，对于地方官府来说，把存留部分作适当地削减（若是朝命或上级的指示的话，则必须不打折扣地削减），基本上没有什么损失。若出现像朱健所言"外有不敢抗之求取，将于何取之"的情形时，则会采取"必阳讳其名，阴用其实，外缩其数，内浮其出"的对策。如果上级强令削减的话，地方政府不仅会在"暗地里"做手脚，更可能明目张胆地恢复徭役系统的征收。在"财政包干"的制度下，地方政府不仅不能够从上级政府得到足额资金，还受到禁止增税的限制，那么自然就会出现与"不合理"摊派和"义务劳动"等同样性质的情况。

这种非法性质摊派征收的增加，比"加赋"也就是正规的增税具有更大的危害。那么，到底有哪些危害呢？在这里，虽未被具体指出，但是大体可以归结为以下两方面：

一方面，由于它是非法或者半合法性质的，因而无法有效地遏制官员和胥吏们从中盘剥和"私派"，使得其陷入一种半放任的状态。正如刚才提到的周仲上所言"而益恣不肖者之无忌惮"。

另一方面，地方乡绅之类的有科举身份者和胥吏衙役等（他们不仅自己而且连自己的亲戚）依仗权势关系，逃避徭役负担，把它转嫁给普通百姓，造成了不公平结构的不断扩大。因此，附加性、追加性的徭役体系的课征以及附加税的增大，必然会引起上述两个问题。①

一条鞭法的改革，从根本上讲是为了防止徭役体系的征收与经费支出的肆意膨胀，为了防止由于人情、贿赂引起的不公平和

---

① 参见笔者拙稿《中国专制国家与财政》第 299 页。见本书第一章第三节第 65 页以后。

不正当情况的发生,对于总额及支出项目分别作出了设定,机械地把徭役负担分摊到了人丁和田地上,以达到公平的目标。徭役体系的课征如果是实行按户分摊的话,负担的轻重就不可避免地为该户的身份以及社会地位所左右。另外,从明末至清初,即 17世纪的时候,江南地区实行的"均田均役"改革,就如同《赋役议》所讲的那样,是对一条鞭法后出现的徭役课征的复活及增大所作出的应对措施,是以限翻科举身份者的减免特权为主要着眼点而实施的。迫于"役困"而实施的征收方式的改革,的确缓解了徭役问题,但这仅仅是征收方式的改革,也就是说只要没有对财政体系的结构作出改革,改革就流于一种形式上的不痛不痒的游戏而已,这是冷峻的事实。

孙承泽在引用了《怀柔县志》的基础上,于顺治年间至康熙初年写就的《春明梦余录》里,对 17 世纪后半期的地方经费的现状进行了批判。

　　困民极矣。司国者将有策以复条鞭之旧乎!①

清代初年,中央政府仍然通过对州县存留削减的形式,不断榨取地方财政,对此幸灾乐祸的是那些中饱私囊的地方官员和胥吏、衙役,而受害的往往还是无助的平民百姓。可以说,孙承泽所言的"复条鞭之旧",指的就是以江南的"均田均役"为代表的徭役制度,即地方经费制度的重建。

但是,这样的征收方法的改革,并没有能够解决徭役问题中的根本问题。有人已经清楚地认识到,清初"科派"之害不是源于征收方法上的问题,而是"裁扣"导致条鞭出现了问题,"所以病条

---

① "窃谓,今日之裁减太甚,徒掣贤者之肘,而益以恣不肖者之无忌惮,困民极矣。司国者特有策以复条鞭之旧乎!"

鞭者,而裁扣实启其端"。任源祥在题为《问条鞭征收之法》一文中指出明代的一条鞭法发挥了良好的作用,"且画一则胥吏难以为奸,而官代支给,则小民得尽力南亩。终万历之世,庶民多富,天下饶乐,则条鞭之明效也"。对一条鞭法的一番赞美之后,任源祥继续论道:①

> 国朝勑户部征收钱粮,悉照万历初年科则,刊布赋役全书、易知由单,今又屡行申饬,严禁科派。岂不以条鞭之不可易乎。虽然,条鞭已折差役,而里徭之科派不止,则条鞭之名

---

① 任源祥,常州府宜兴县人。《问条鞭征收之法》(《皇朝经世文编》卷二十九,户政,赋役一,第33—65页)。"明之条鞭,犹唐之两税。两税之行也,天下有不得不两税之势,杨炎不过因其势而行之。议者或咎其轻于变古,卒未有更两税而善其法者。条鞭之行也,天下有不得不条鞭之势,张江陵不过因其势而行之。议者或议其奉行之不谨,名实之不孚,卒未有舍条鞭而善其法者。愚以为圣人复起,其法不易。但奉行之职在有司,有司之本在督抚,督抚之本在部曹,部曹之本在朝廷。故条鞭之法,在审其名实而已矣。……隆庆中,江西巡抚奏行一条编(鞭)法。合算银差力差杂泛差之数,折入田亩并征。头绪不纷,征输两便,民有更生之乐。此条编(鞭)之所由始也。万历初,江陵当国,知天下差役之苦,非独江西为然,遂通行天下,著为定令也。当是时,天下有不得不条编(鞭)之势,而因而成之者江陵也。是以两税合而租庸调并征,条编(鞭)合而税粮银力杂差并征,其义　也。丁有消长而地无消长,丁不画一而地可画一。凡有地者即其丁也。并丁于地,而天下便之。且画一则胥吏难以为奸,而官代支给,则小民得尽力南亩。终万历之世,庶民多富,天下饶乐,则条鞭之明效也。国朝勑户部征收钱粮,悉照万历初年科则,刊布赋役全书、易知由单,今又屡行申饬,严禁科派。岂不以条鞭之不可易乎。虽然,条鞭已折差役,而里徭之科派不止,则条鞭之名实舛矣。科派之禁,明旨煌煌,而有司睊莫之顾,居然科派。此其罪诚在有司也。然法之行自督抚,而科派之名,有出自督抚者,法之立自部曹,而科派之实,有出自部曹者。则非尽有司之罪也。而要其源,则自裁扣始。按旧全书,存留项下,多系里徭折入条编(鞭)之数。即如供应一款,原属里长供应官府之银,非正赋也。今皆裁作正赋起运,本州县毫无所存。若上司经临,果无扰于民乎? 即本州县公务出入,果一无取于民得乎? 州县俸薪,所存无几。彼其八口,果枵腹以处能乎? 果一无取于民得乎? 故裁扣不除,而欲禁科派,此必不得之数也。科派不止,则条编(鞭)之名实舛矣。若夫动称设法,问之督抚。核减太刻,问之部曹。借名多派,问之有司。凡此皆所以病条编(鞭)者,而裁扣实启其端。裁扣仍归本款,则科派当不待禁而自止矣。则有司以科派罪之,亦无辞矣。故曰:有司之本在督抚,督抚之本在部曹,部曹之本在朝廷。条编(鞭)之法,审其名实而已矣。"

实舛矣。科派之禁,明旨煌煌,而有司暗莫之顾,居然科派。

面对此种现实,仅仅归咎于地方官的贪婪、充斥各地的"阳奉阴违"就能说得通吗? 任源祥并未停滞于这样表面的理解。

> 此其罪诚在有司也。然法之行自督抚,而科派之名,有出自督抚者,法之立自部曹,而科派之实,有出自部曹者,则非尽有司之罪也。而要其源,则自裁扣始。按旧全书,存留项下,多系里徭折入条鞭之数。即如供应一款,原属里长供应官府之银,非正赋也。今皆裁作正赋起运,本州县毫无所存。若上司经临,果无扰于民乎? 即本州县公务出入,果一无取于民得乎? 州县俸薪,所存无几,彼其八口,果枵腹以处,能乎? 果一无取于民得乎? 故裁扣不除,而欲禁科派,此必不得之数也。科派不止,则条鞭之名实舛矣。

任源祥认为,问题的根源在于财政出现困难的中央政府对地方经费的削减,也就是地方存留的大部分都作为起运被抽走了。那么,怎么办呢?

> 若夫动称设法,问之督抚,核减太刻,问之部曹,借名多派,问之有司。凡此皆所以病条鞭者,而裁扣实启其端。裁扣仍归本款,则科派当不待禁而自止矣。则有司以科派罪之,亦无辞矣。故曰:有司之本在督抚,督抚之本在部曹,部曹之本在朝廷。条鞭之法,审其名实而已矣。

总之,徭役问题即是财政问题。对于一条鞭法后再次出现的徭役问题,张栋、张贞观、周仲士、孙承泽、任源祥等人确实都阐发了上述的认识。他们均反对中央对地方经费预算的削减政策,即抽取地方的财政。他们认为,消灭徭役、实现一条鞭法的良策在

于让地方经费有一个宽裕的预算,把削减掉的部分恢复到原来的
存留项目之中。那么,他们的意见和主张被采用了吗? 纵观此后
的历史的发展进程,我们很遗憾地发现,这些先觉者的意见和主
张并未完全得以实现。

即使到了清代,实际情况还是沿袭着明代的发展。通过表
7-1可以一目了然地看出,正规的地方经费残留银在逐年减少。
这个数值仅仅是账面上的数字,实际上18世纪的百年间,银两的
相对价格下降了近1/3。因此,再从这一情况来看,正规地方经
费的困窘让人触目惊心。此外,以"火耗"(地丁正税的附加税)为
财源的养廉银制度,同财源的官府"公费"(不同于明代的"公费")
等制度,由于"摊捐"制度的出现而变得无足轻重了。这一点在本
书的第一章中已有论述,在此恕不重复。在此种状况之下,各种
各样的附加性的、追加性的课征日益膨胀和扩大,也就变得难以
避免。①

表7-1 存留经费的减少

时 期	数量(万两)	对(岁入)比率(%)
明末至顺治年间	867	25.2
康熙二十四年(1685)	625	22.2
雍正二年(1724)	703	23.2
乾隆十八年(1753)	640	21.2
嘉庆年间	580	18.4
光绪年间	430	14.4

① 前面所提到的拙稿《中国专制国家与财政》第281页以后;本书第一章第三节第59
页以后。

[补记4]

北京大学历史系教授袁良义在其著作《清一条鞭法》(北京大学出版社,1995年)中,广泛论述了从明代后期的徭役制度改革到清代的摊丁入地,即直至地丁银制确立的赋役改革。袁教授认为,明一条鞭法失败后,清廷重申推行一条鞭法,"它将田赋、差役和丁银等项逐步合一,形成一切出于田赋,实现了真正的一条鞭法"(见该书第1页)。袁教授还认为,明代的一条鞭法之所以是失败的,在于四差以外的力役之征仍然残留,包含于条鞭中的役费膨胀,里长、大户等里甲役也还实际存在着。换言之,由于各种徭役仍然残存,所以明代的一条鞭法是"失败"的。而清代的一条鞭法,通过解决这些问题,"免除了贫苦农民和手工业者、商人、作坊主的无偿劳役,削弱和消除了他们对封建地主和国家的人身依附关系,把佃户、雇工人和小自耕农从类似农奴的状态中解脱出来,成为自由迁徙的农民和雇工;使手工业者、商人、作坊主获得广阔的发展天地。赋役制度的变化造成重大的社会变革"(见该书第3页),在徭役的收取和丁银的征收中只看到赋役劳动的性质,经过一条鞭法以及地丁银改革,徭役和丁银已不再以原来的形态征收。如果从这一事实来看的话,可以导出"人身支配解放论"的观点。这种研究方法如果还具有影响力的话,说明我对于传统的赋役制度研究的批判还没有失去意义。

除了我,至今还没有人从财政的观点来研究一条鞭法的历史性意义。不过,郑振满先生1998年发表过《明后期福建地方行政的演变——兼论明中叶的财政改革》(《中国史研究》1998年第1期)。该论文揭示了明代后期福建地方政府

经费屡遭裁减,因而"各级政府相继放弃了许多固有的行政
职能,尤其是把各种地方公共事业移交给了当地的乡族集
团",而且,为了移交这些公共事业,只好由当地"善士"捐资
置产,以供常年费用。郑振满先生曾把此类地方公产称为
"赋役的转化形式",之后发现这一提法尚有不妥,更准确地
说应是"地方财政的转化形式"(第152页)。这是一个颇为
值得关注的见解。夫马进的研究显示明末以来兴盛的"善
堂、善会"的"善举、义举",发展到了清代,在一部分地区已经
被徭役化了。《中国善会善堂史研究》(同朋舍,1997年)第
八章"善堂的官营化和徭役化——由善济堂的经营看'国家'
和'社会'"以及第九章"杭州善举联合体与都市行政、同业行
会以及国家"。夫马进和郑振满等人谈到的商人、乡绅、乡族
所涉足的公共事业,与我提出的明末清初存留经费的削减而
引起"地方经费的困窘"这一财政问题之间有着什么样的关
系呢? 这是个发人深省的问题。

小　结

使明代徭役问题激化的主要原因之一是拥有缙绅身份的人
滥用优免特权,向没有身份、没有势力的平民百姓转嫁负担。截
至清初的"均田均役"改革是把条鞭外的徭役负担一律摊入田地
或者税粮,从而对优免特权起到了限制作用。得益于这个改革的
成果,清代从法律上废除了"税粮"的优免。准确地说,"地丁"正
税、耗羡等不仅不被许可,而且雍正年间还颁令官绅也必须"与民
一体当差"。但是,打破身份等级,把种种非法的搭车征收和那些

不被允许的徭役负担进行公平承担,无论如何也是不可能实现的。①

进入19世纪,漕粮的浮收和北方各省的差徭,因身份不同而引起了负担差距,繁重的负担都集中到了平民百姓的头上,这个现象构成了当时社会的重大问题。② 除此之外,由于各阶级之间实质性负担差的存在,出现了"包揽",它实质上与明代的"诡寄""影射"一样,可以算作一种横行于利益享有者与负担承受者之间的合理存在。

财政体系的构造如果相同的话,自然会出现相同的现象。构成财政核心的"两税法体系",虽然自16世纪后半期到17世纪先后经历了一条鞭法、均田均役、地丁并征、火耗的部分认可,等等,税、役制度史上的一系列重大改革,但是,"两税法体系"在根本上

---

① 现在(译者注:指日文书出版时),在中国的农村,摊派虽然也引起农民们的不满和反对,但还不至于出现严重的社会分裂和对立。其根本原因是存在于旧社会的公课负担重的"士"和"庶"之间的身份差别在近百年的革命中被废黜掉了。这一点是具有重大意义的历史性变化。

② 笔者拙稿《中国专制国家与财政》第299页以后。其中只是简单提到了绅士等有权势的人与弱小百姓之间负担的差距问题。本书没能详细描述清代的徭役问题,但19世纪初蒋攸铦《拟更定漕政章程疏》和1822年姚文田《论漕弊疏》等作了详细地论述,阅读完这些论述后就没有必要再作进一步的分析了。蒋攸铦《拟更定漕政章程疏》(《皇朝经世文稿》卷四十六,户政,第27—28页):"盖缘丁力久疲,所领行赠钱粮,车有扣款,而长途挽运,必须多雇人夫,以及提溜打闸,并间有遇浅盘剥。人工倍繁,物价昂贵,用度实属不敷,势不能不向州县索费。州县既须贴费,势不能不向粮户浮收。州县既有浮收,势不能不受包户挟制。臣等访闻缙绅之米,谓之衿米。举贡生监之米,谓之科米。素好兴讼之米,谓之讼米。此三项内,缙绅之米,仅止不能多收,其刁生劣监好讼包揽之辈,非但不能多收,即升合不足,米色潮杂,亦不敢驳斥。并有无能州县,虚收给串,坐吃漕规,以图买静盘安,遂致狡黠之徒,视为利薮,成群包揽,讦讼不休。州县受制于刁衿讼棍,仍取偿于弱户良民。其安分之举贡生监,所加多少不一,大约总在加二三之间。有最苦者,良善乡愚、零星小户,虽收至加五六,而不敢抗违。畏暴欺良,此赢彼绌……是以迩年包户日多,乡户日少,不特刁民群相效尤,即良民亦渐趋于莠,吏治民风土习,由此日坏。此漕弊之相因而成,积重无已之实在情形也。"姚文田《论漕弊疏》在本书第一章第62页注①,已经引用。

从未发生过动摇。

在清代,不仅银大量流通,而且铜钱的铸造达到了明代无法相比的大规模程度。因为财政货币有了丰富的储备,胥吏、衙役的公务由民差代劳的做法的确悄然退场了。临时性的或短期的劳务征派,即便偶有"借用民力"的情况,但是,以支付饭食银(钱)等方式已经变为通常的做法,因而在清代鲜有人民抱怨被无偿征用了劳力。虽然如此,在清代还是有因为附加性、追加性征税的增大而深受其苦的人,这实际上是滥用优免特权引起的"役困"现象的表现。

在清代,"差役"制度、"里甲体制"、"赋役劳动制"都不存在,但是,也还是出现了徭役问题。这个历史事实昭示我们,明代的徭役问题在根本上讲,既不是"差役"制度本身出现了问题,也不是"里甲体制""赋役劳动制"本身的问题。本章从均徭法到里甲役再到一条鞭法,一步步推进分析,从中所展示的明代徭役问题的推进转换过程来看,我们可以得出这样的结论:明代的徭役问题本质上并不是因为上述制度出现了问题,而是由于原额主义财政体系中的附加性、追加性课征而引起的。

片山刚指出,清代在广东省,里甲制是与宗亲组织融为一体的,轮番制的里长也要承担课征负担。① 但是,一般来说,"里甲役形态"之下的农民、地主的附加性或追加性负担没有表现出来。这和胥吏、衙役成为十足的营业者以及征税业务承包制的普遍化之间是有关系的。

见年的里长们所要承担的课征负担是指,负责向里甲成员(村民)收取被非法科征的上供物料、公费等,然后将之纳入官府。

① 参见本书第五章第216页注①。

若遇有负担不起的家庭,或者胆小的里长不敢向豪门大户征缴,那么,见年里长和甲首就不得不自掏腰包来填补。[1] 在清代也是同样,如果各种承包人[2]把非法征收与正额一起缴纳的话,官府就可以稳定地收到附加于地丁和漕粮征税之上的税外收入。因此,从功能上来看,见年里长户与承包人是相似的。

明代后半期,里长根据职务分工,出现了"书手""里书""算手""粮催"等村役人,另外,明初主要负责坊里的司法业务的"老人",这时也不再负责裁判和调解,而主要转向负责税、役的征收,户等的评定。如果说他们已经转为职业化了的话,那么其中一部分人已经无异于承包人了。

明初设定的里长"催办钱粮"一职,其目的就是为了避免包税人、征税吏从中盘剥榨取,从村民中选出代表(轮流来做更加公平)让他们担任类似包揽的工作。清代的统治者放弃了容易招致恩将仇报的亲切和体恤(现实上受害的是里长户、甲首户),原封不动地接收和采纳了存在于官、民夹缝中的未必是合法但却合理的组织和秩序。

对于清代徭役问题的再次出现,以及里甲村制的放弃及变化等问题,如果要进一步深入探讨的话,通过以上论述,或许可以找到明清时代社会与国家之间关系的值得深思的视点。

[补记 5]

本章"小结"言及的里甲制的公课征收及其变化、征税承包制出现的过程,以及与此密切相关的乡村统治,田土、人口

---

[1] 对于正项税粮,里内缺损部分由见年里甲"包赔"已经惯例化。

[2] 关于清代的包揽,请参考西村元照《清初的包揽——从私征体制的确立、解禁到承包征税制》(《东洋史研究》第 35 卷第 3 期,1976 年),以及山本英史《清初包揽的展开》(《东洋学报》第 59 卷第 1、2 期,1977 年)。

的把握等问题,均是本人正在研究中的课题,也陆续发表了一系列阶段性研究报告,主要有:《作为公课负担团体的里甲和村》(森正夫编《明清时代史的基本问题》,汲古书院,1997年);《清代的版图顺庄法及其周边》(《东方学报》京都,第七十二册,2000年);《武进县(实征堂薄)与田赋征收机构》(夫马进编《中国明清地方档案研究》,京都大学文学部,2000年);《武进县的田土推收和城乡关系》(森时彦编《中国近代的城市和农村》,京都大学人文科学研究所,2001年);《嘉靖四十一年浙江严州府遂安县十八都下一图赋役黄册残本的发现与初步考证》[地方文献学术研讨会报告论文,(台北)汉学研究中心,2002年]等。

终　章

　　山根幸夫指出："中国徭役的特殊性,与中国财政史上中央
财政和地方财政不作区分,租税的收入和支出均处于中央的一
大系统下运营这一事实有着深刻的关联。"如果要综观法定的
正规租税的征收与收支情况,那么,作为与第七章开头部分所
指出的现代中国的国家财政与明代财政比较中的四个特征(本
书第七章第一节)紧密关联的内容,还可以得出结构方面共通的
一个特征:

　　(5) 除特设官厅和中央政府的派出机构征收的一部分租税
(a)直接成为中央政府的收入以外,具有正规国税性质的大部分
租税(b)责成地方基层官府负责进行征收,而后又将其分为用于
充当地方支出的和应交纳给中央政府的两个部分,后者则送交中
央政府或下达指令的机关。

　　这一特点,看起来像是抓住制度上的细节问题在做文章,而
且,人们一旦埋头研究现代中国与历史上中国的财政而不顾其他
时,又很容易把这个事实想象成亘古不变的理所当然而加以忽
视。但是,这个事实却可能蕴涵着令人意想不到的重要意义。

　　上述租税(a)固然在中央政府的直接掌控之中,但是中央政
府要得到租税(b)中属于自己的财政收入,就得从征收和送缴两
个渠道实现对地方政府的控制。因此中央政府可以实行权力的

强制手段①和实质性的利益诱导手段②。不过这些手段，未必都能产生出与中央政府的期待相符的结果。特别是当租税（b）与地方基层政府控制下的附加税、追加税、税源（即纳税者）同一化的场合，这时，理当归属于中央政府的税收与地方政府计划获得的收入，二者并不单单处于一种围绕着同一财源的理论上的协调关系之中，而是在现实中还会产生围绕着中央政府与地方官府间收入问题的摩擦与竞争。③

　　无论是处于历史上的专制国家时代，还是处于共产党执政的今天，土地税（农业税）等重要的法定国税的征收，都是由地方政府一手操办的。探其背景，便可能发现其中存在的中国式国家体制的一个特点。无论从空间的距离来看，还是从官阶方面的结构来看，中央与地方之间确有区别，隔着一条线。纵然如此，"地方"也并不具有作为所谓自治体的法定地位与理念。

　　在这样的国家体制之下，其财政状况也得"中央财政和地方财政不作区分，租税的收入和支出均处于中央的一大系统下运

---

① 在权力强制手段方面，对皇帝以及党、中央政府忠诚的政治道德方面驯化，把征税完成情况与地方官僚的人事考核挂钩的人事权行使工作，这些似乎都是普遍存在的。在明清两代，后者因钱粮的考成制度而具体化了。关于考成问题，请参考拙稿《明末的集权与"治法"主义——考成法的前途》（《和田博德教授古稀纪念明清时代的法与社会》，汲古书院，1993 年）。

② 在利益诱导的手段方面，设定的征收缴纳目标额完成后，所超部分被认可划入地方官府；附加、追加性质的征税在形式上属于违法的行为，然而只要达不到酿成社会问题的程度，还可作为完成征税缴税的条件予以放任；另外，容许参加征税的下级官吏直至上级监督官，利用征收正规税获取私人所得，等等。这种现象似乎也很普遍。在中国历史上的税收征收制度中，这些方法的存在属于常识范围。

③ 人们一直在关注着明代地方徭役与作为正规国税的税粮征收的二律背反的关系问题。当然，两者的税源都是来自农民和地主的收入。为谋求国家财政的再建，16世纪末的张居正政权以削减徭役为手段来确保税粮的原额。这个问题可参考拙稿《张居正财政的课题与方法》（岩见宏、谷口规矩雄编《明末清初期的研究》，京都大学人文科学研究所，1989 年）。

营"。自 1953 年以来中国就一直致力于建立一个以地区和县为
单位的正规的地方财政制度，现在地方财政确实已经存在了。但
是，这种地方财政，是将属于中央政府的租税（主要是农业税和工
商税）分为上缴的和地方留成的两个部分构成的。

　　换个角度来看，作为中央政府收入的农业税和工商税，也都
是由地方的基层政府来征收的。这种财政，虽然如同我国（译者
注：日本）国税厅管辖下的税务署一样一般设立在地方上，但是，
它与不归属于地方政府的中央机构征收国税的做法之间，存在着
很大的不同。这种租税征收方法与财政构造方面的差异，是由地
方官府作为中央政府派出机构的国家体制与地方作为地方存在
而明确定位的国家体制间的差异所造成的。①

　　中央与地方的关系，是单一的梯级结构中的上层机构与下层
机构的隶属关系。所以，现时的地方基层政府才能成为国税的农
业税和工商税的征收机构。而且，构成其正规的地方财政的预算
内财政，从性质上也完全可以视为根据中央下达的项目及金额指
标，在履行代为收缴的事务而已。

　　进一步说，在中国国内，这种既传统而又扎根于社会主义统
一计划理念的"一统"的政治理念及其财政经济结构，也并非完全
覆盖了国家权力结构和支撑此权力结构的国家经济的方方面面。
因为政治和财政结构中的法制性、理念性成分形成的中央集权
制，以及由这种法制性、理念性成分产生的彻底的分散现象，是表

---

① 从参加行政工作的人员的地位也能看出这个国家制度上的差异。也就是说，在中
　国，根据统一的工资表按级别领取工资的行政干部都是"国家干部"。即便是在地
　方的行政机构中工作，他们还是国家干部中的"县级干部""省级干部"等。而在基
　层行政机构中，另一些和他们身份不同的"基层干部"。这些人在由中央财政和
　预算内的地方财政组成的政府财政中没有工资拨款，属于半公务员，也不是"地方
　公务员"。

里一体的。

这一点或许也可以看作是集权制的单一构成所体现出来的法定体系，它在形式上本应能够支配一切，但实际上却因内存有权力机构各个组成部分的诸多分散的副体系的独立机能的缘故，变得使它只能具有一种极其松散的约束力而已。或者也可以这样说，集权制的核心体系的机能，从结构上讲，它不是具体地下达命令式指示，而是提出方针与政策的大框架或原则（精神），而分散贴附于核心体系表面的诸多副体系，它们一方面分别受着各自的社会条件的制约，另一方面又得解释出自核心体系的信号并彼此交换信息，来独自发布执行的命令。

现在也罢，过去也罢，对于一个在空间和数量上拥有无比庞大社会的国家来讲，不论是它的政治体系还是财政体系，要将国家的法令和计划贯彻到方方面面来具体实现一元化的、集权制的理念，这本来就是一件不可能的事情。国家，只能是一个由集权制的核心和分散而又具有高度独立性的基层组织组成的复合体。

在庞大复杂而又持续发展的社会中，冠冕堂皇地存在着一些专制式的权力团体。这些团体管理能力匮乏，只够维持局部的社会秩序，却迷恋于国家管理一切的幻想，而且顽固坚持这种政治文化方向，借此维护国家的正统性。管理一切虽是一种虚构，不过，在名义上的某些极为有限的领域中，确实已经现实化了。这些领域就是"国法"界和"正额财政"部分。

但是，这个国法与"正额财政"要全面铺开地行使其作为代表公权权力团体的国家机能，却是一开始就没有设想好的议题。因为在这个稍带硬性的领域的外围，存在着许许多多柔软性组织，它们一方面巧妙地应付着来自中心领域的压力（当然不一定是压力的全部），另一方面依社会现实而再次建构社会秩序。

中心领域与周边结构,两者既不是相互对立,也不是一种当
为和脱离当为的现实的单纯的关系。中心领域唯有处于周边结
构的柔软的胶体的包围之中,才能从社会这个培养基中摄取养
分,才能不为培养基的变化所左右而持续地保持中心领域的价值
和机构的稳定。而且,还能通过胶体中的局部政治秩序形成的主
体从中心领域获得的权力来保全权威性。这里所说的"主体",在
过去的历史时代指官僚、乡绅、胥吏衙役,后指大大小小的干部。
但是,他们的权力,是作为来自名义上国家的单一专制统治权的
部分权力来使用的。在这种复合式权力结构的背景下,基层的统
治团体一方面保持着自己在秩序形成中的优势地位和指导性,另
一方面则借此来获得养活自己、供养中心领域的资源。

从财政体系结构的分析中,笔者一直考虑着这个问题,中国
在这个被人称为专制国家的国度里,到底是在何种结构中行使权
力并支撑着作为权力团体的自身的存在的? 现在有了以上的看
法。[①] 笔者的这种理解,和那些认为中国这个专制国家是在唯一
的主权者皇帝提出法与政策的基础上实现统一的集权制政治体
系的看法大相径庭。

近年来,中国史研究会的诸位同人把眼光投向国家用于社会
统合的一个环节——国家财政,进而又把视野扩展到家族以及中
间各团体的状况,认为中国实现了作为"单一的总括体"的国家提
出的集权制社会统合。笔者认为通过不同研究对象、不同研究领

---

① 中国虽然被称作专制统治体制国家,但它绝不是一个一元化的权力结构,基层权力
的被分割与分散是必然要出现的。关于这一点,在论述清代财政结构的拙稿《清代
国家财政中的中央和地方——以酌拨制度为中心》(见《东洋史研究》第 42 卷第 2
期,1983 年)和《中国专制国家与财政》(《中世史讲座 6》,学生社,1992 年)中均有
论述(见本书第一、二章)。

域而取得优秀成果的诸位会员的中国社会观与国家观未必都会相同,但是,作为其共同研究成果而出版了《中国专制国家与社会统合》一书。该书的一个明显特征是把"封建"和"专制"的概念分置开来,认为通过集权性的法律来维护统治的就是中国这个专制国家。

吉田浤一指出,在中央集权的官僚制"极度纯粹化"这一点上,中国已经实现了前近代政治结构上的先进性。他认为政治权力"在其行动中,能使法律不受中间团体的阻碍和修改,直接在人民中全面得以贯彻"就是一种根据。[①]

另外,足立启二也认为"社会意志的决定机能与家长式奴隶制的古典古代的市民机能在相互权衡过程中飞越各个中间团体,以官僚机构为轴心,最终集中到了皇帝的权力之下"[②]。这样的国家观,不受租税论和征收制度的局限,立足于专制国家和财政的综合分析来进行表述。足立通过其富有创见的财政方面的国家统合的分析,认为明代的中国出现了以下历史性发展,即明代是由"基于财政的物流"向"基于市场物流的财政"的转换时期。

> 这个转变的过程,也是专制国家的财政在形态上向近代的租税制度接近的过程。在专制国家中,因皇帝的恣意妄为导致违背财政原则的事是不可避免的,但是,众多被称为"官治分权主义"的部门的财政分裂行为,在银财政展开的过程中,在整个明代或自明向清的过渡中开始逐渐得到了克服。租税的货币化问题,以地丁银为代表,最终完成了赋役向土

① 参见中国史研究会《中国专制国家与社会统合——中国史像的再构成Ⅱ》(文理阁,1990年,第98页)。
② 同上,第119页。

地税过渡的单一化改造。与伴随废除领主制的封建社会的过渡不同,在向近代的土地税的过渡中,这里已经无须来一个形态上的大飞跃。困难的倒是从专制国家的解放和从专制国家的主权集中下真正解脱的问题。①

从明代到清代,也就是在银财政的成长与确立的过程中,"财政的分裂"现象得到了克服,一个统一的,并且是集权制的国家财政建立起来了。由于一条鞭法及地丁银制的确立,历来由两税和徭役组成的赋役简化为土地税。② 这对于一个"克服了各部门的财政分裂现象"建立起了统一而集权的财政,到底具有怎样的意义呢? 足立对此似乎没有给出明确的答案。但是,是否要把16—17世纪时的"朝着土地税的单一化"视为克服财政分裂、接近近代租税制度的指标来认识呢? 至少,我们可以清楚地认识到,对当时的发展来说,这是一个重要的阶梯。

正如法律是否能够"直接在人民中全面得以贯彻"的问题一样,笔者在对待专制国家与社会这个问题的认识方面,当然不敢完全苟同。足立关于财政结构及其发展问题的看法,有些是笔者不能完全首肯的。如果能够看到在实质性的包干制度下的分散性膨胀的正额外财政与中央集权管理下的法定财政间的相互依存关系,那么,只看到明代财政中"各部门的财政的分裂"就是不够的了。而且,认为正额外财政的出现是因为皇帝的恣意妄为以及随之而来的官府的随心所欲造成违背财政原则的看法,只有在以形式主义的法规为基准的情况下才有可能,而从财政体系的原

① 参见中国史研究会《中国专制国家与社会统合——中国史像的再构成Ⅱ》,第143—144页。
② 足立启二的这些观点,与本书第五章讨论过的小山正明、重田德的税役制度史的观点("两税法体系最终扬弃说")是一致的。

则来看,正额外的财政,正是由于这样的财政原则才产生和膨胀出来的。

　　分散的财政和统一的财政,两者难分彼此地结合在一起,在中国这个专制国家的财政中,实现了作为权力团体的国家的物质代谢。在从明代往清代的过渡中,以"分裂"为表象的财政结构也并不是通过银财政的确立才得以克服的。

　　另外,这种财政结构所推行出来的特点,并非只有在财政和租税的领域才能发现。因为这种结构,与地方官府作为中间性的支配团体的面目出现在民众面前的权力结构问题也有着深度的关联。

　　在形式上的法律结构中,中国的国家权力集中于皇帝一身。而且,既然不存在具有独立法律机能的家长式统治者和封建统治者,那么国家就是垄断性的支配团体。从这个意义上说,被称为专制体制是顺理成章的事了。但是,对于"社会意志决定"问题,也就是对于以政治权力为轴心,人们的行动受到规范时的意志决定的问题,较之往顶点即往皇帝的意志集中,我们难道不是应该更多地看到明显存在的分散性问题吗?而且,这种分散性并不是如同俗语"天高皇帝远"所说的那样,它不是因为皇帝的统治鞭长莫及、碍难彻底或偏离原则所引发的。事实上,正是权力的分散性,支撑和保护了权力通天的皇帝的正统权力的绝对性。

　　在统治主权、法、政策制定、税收、审判、公共事务执行等各个领域中,不计其数的官府被授予了权力或者争取来了权力(是分配给的权力还是自己争来的权力,这两者界限很难划定)。正因为有了权力的分散,皇帝的"万机总揽""乾坤独断"的理念才能作为一种理念得到保全。而且,通过国家只征收"天庚正供",国税的征收管理能够达到所虚构的"一钱一分一厘一毫一丝一忽",天朝的正统性也才能得到维护。"天庚正供"的不可侵犯性及其赖以维系的正统性,依靠被挤到法外的正额外财政的存在来支撑。

对于中国这个专制国家,可以把它看作是一个单一的总括团体,它不允许其他的共同体或中间性的各种团体,即局部性的总括体的存在。但是,不能因此就可以说,中国是一个法令能够"直接在人民中全面得以贯彻"的法治社会;法律制定之初也并未把它视作硬性的规定,认为它能够对权力行使者所行使的一切公权力起到约束作用。中国这样的专制国家,是极其独特的,且在全人类的普遍历史中占有重要地位,越是接触它,越是深入地研究它,那么就会发现在"专制"这个词背后却存在着一个很大的反差,即,中国对于社会也罢,或是在国家机构的内部也罢,其实也有柔软的一面,只不过在其柔软之处,小专制时而露出狰狞的面目。围绕着徭役与财政问题,本书进行了粗略的分析。在探索中国这个专制国家的内部结构、理解国家与社会的关系及国家内部的法律特质的尝试中,本书若能起到投石问路的作用,则幸莫大焉!

附　篇

中国近世的国家与财政

一　传统的国家财政结构

中央财政　有关清代的法定的财政问题，我们还是来看看岁入结构和支出分配的概观吧！正如第一章的表1-1所示，最大的收入源泉是土地税，以白银来换算，它相当于总额 6000 万两中的 3/4，有 4500 万两之多。此外，在统制贩卖制度下对特许商人经营的食盐的征税以及设在各交通要冲的税关征收的关税（包括作为国内关税的"常关税"和对外贸商品征收的"海关税"）是主要的收入源泉。按吴承明的商品流通量推计法来推算，18 世纪前半叶地主的租佃收入以及直接参加农业生产（含家庭副业）的农民的总收入为 18 亿—20 亿两。因此，正规的土地税（含现物征收部分），想来不过也就是 3% 罢了。盐税和关税等对商业部门的正规征税，盐税约为销售价额的 1/10，关税（广州的海关税收均视为出口税）约在主要商品流通额的 2% 的水准上。

中央政府的银两收支要通过户部银库。宫廷的财政由内务部掌管，基本上与户部管辖的政府财政分开而独立存在。一年之间由户部银库支出的中央政府的经费和京师的军费需白银 800 万—1 000 万两。其中，只提取经常性的定额支出的大体项目如表 F1 所示。军费之所以达到 80% 以上，是因为要维持重点配备在北京及其周边的禁军八旗（约 10 万人）的费用开支。

户部银库的收入，大体可分为三类。首先是地方送来的"京饷"，其次是以云南等省产的铜所铸造的制钱，最后是贩卖"监生"（一种学位）资格、名义官位与任官资格所得的"捐纳"。综观图 F1 所示的 18 世纪至 19 世纪中叶户部银库收入的变化情况，就可看出，有镇压起义、外征、救灾和修筑堤坝等大规模的临时支出,而且各省交纳的金额减少时,捐纳的收入就会增大。通过这样的财政运营,大体维持住了年度800万—1000万两的中央政府的财政开支。常有年度收支盈余现象,雍正、乾隆年间(1723—1795)户部银库银两储蓄额最高达7800余万两。

表 F1　清代中央政府经常性支出

费　目	银支(两)	银支(串)	合计	比率(%)
王公、文官俸给	1 081 700	111 000	1 192 700	12. 27
胥役等工食	104 671	—	104 671	1. 08
兵　饷	6 633 045	1 000 000	7 633 045	78. 55
中央官厅经费	661 300	5 000	666 300	6. 86
铜钱铸造经费	107 671	—	107 671	1. 11
朝贡经费	10 000	—	10 000	0. 10
救济费	200	2 930	3 130	0. 03
合　计	8 598 587	1 118 930	9 717 517	100. 00

资料来源:《皇朝文献通考》卷四十。据《石渠余纪》(卷三,第 39 页)介绍,此表系按乾隆三十年的奏销所作。

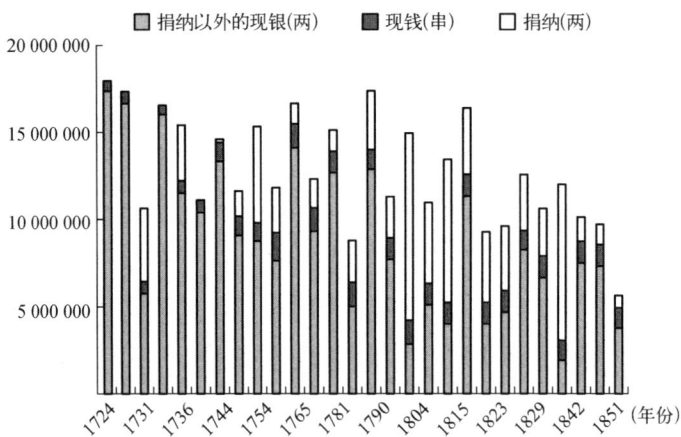

图 F1　户部银库收入
资料来源:罗玉东《中国厘金史》,第 6—7 页。

同一时期,虽然中国的经济在发展,人口在稳步增加,但是中央政府从地方得到的财政收入却几乎不见增长。而且联想到 18 世纪中叶物价上涨近 3 倍的事实,就可知中央政府正规的财政规模实质上是缩小了。

北京的中央政府在货币收入的同时,还有一笔现物兑现的税收。其中心就是"漕粮"。"漕粮"征集自长江和大运河两大交通动脉沿线的 8 个省份,运来后储存在北京东约 20 公里处大运河终点的通州和北京城内的仓库群中。

捐纳收入都是户部的收入。而且,法定外的政府收入和官僚收入中,最终来说,京官及胥吏之所得以及内务府的收入、临时性盐商的报效(对政府的献纳)等,也都要落入北京的朝廷、政府或者其构成成员皇族、八旗兵、宦官、官僚、胥吏的手中。既然这些收入是送到北京来的,那么,内务府管辖的宫廷收入也在此列。将这些合计在一起,朝廷和中央政府从各地获得的巨额财富是相当可观的。这些巨额财富体现为与商品和服务相对的购买力的增长和在库商品的增多。这也是伴随着首都文化的形成而出现的华中、华南等发达地区的物资流向北方的重要原因。

省级财政　地丁、火耗(公认的附加税)、漕粮等土地税,由州、县征收。州、县把一部分税收作为"存留"直接用于支出,同时也按同样做法作为"起运",将规定额的银两纳入省会的布政使司(各省的民政部门)。而谷米等现物征收的部分则不必经过布政使司,除了在粮储道官署的监督下装进漕船的部分,有一部分储备在各地的仓库。经各个特设的财务官厅(盐运使司、税关)征收的盐税、关税,按照户部的指示,一部分送作"京饷",一部分作为"协饷"送往赤字省份,同时也有一部分送往布政使司,充当省内经费。

不同省份的收支状况会有很大不同。内陆各省之中,如云南、贵州、陕西、甘肃、直隶等省经常收入不足,非得依靠协饷不可。而两江总督管辖下的长江中下游的江苏、安徽、江西三省,单就银两收入来说,常年都保持年700万两以上的盈余。漕粮方面也数这三省负担最大(定额总计为250万石)。在中央政府眼中,这三省连同浙江省一起,都是最大的"钱袋子"地区。另外山西、广东等省也仍然还是剩余较多的省份。

从布政使司支出的经费中,占有最大比重的仍然还是八旗和绿营的俸饷。据19世纪前半叶的史料记载,浙江省的场合,省内经费总额的157万两之中,集中配备驻扎在省会杭州及乍浦(水师营)的八旗兵四千余人的人事经费约19.1万两,占12%。分散于全省各地的3.9万名绿营士兵的经费62.6万两,占40%。其他大项的支出,如土木费(治水经费等)20.7万两,占13%。作为人员开支费用的官俸役食12.9万两,占8%。由公认的附加税火耗所供给的"养廉银"(官僚的职务补贴)和"公费"(官署的预备费用)两项合计24.7万两,占16%。浙江省全省的银两收入(地丁、耗羡、盐课、关税总计)约为351万两。由此可见,布政使司和各州县的正规支出,需要全省正税的一半收入来供给。

州县是财政的主干税收土地税的征收机构,但财政补贴却又十分微薄,因为征收上来的地丁、杂税,火耗等税收中,平均约有八成作为"起运"被布政使司抽调走了。而且,作为正规的州县财政资金的存留银,当中央和省的税收入不敷出时,就会首当其冲成为被削减的对象。十六七世纪交接时期,全国的存留总额为867万两,然而19世纪初期却被削减为580万两。进而到同一世纪的后半叶的光绪年间,甚至减少到只有430万两。

看看18世纪后半叶的浙江省鄞县(今浙江省宁波市鄞州区)

的存留经费的开支细目也能了解到一些情况。其人员开支费用大约占了 2/3，衙门事务费用中必不可缺的灯油、笔墨、纸张等还尚未计入其中。而且，即便是官僚的俸禄加上养廉银，要维持住拥有职务行为中不可没有的一批"幕友""长随""家丁"等要员，过上像样的官员生活，经费是十分紧缺的。但尽管如此，地方官还是被人视为实际收入丰厚的岗位，许多知识分子为了能够成为官僚，不惜长期寒窗苦读，先行投资也在所不辞。他们之所以，就是因为除了正规俸禄，通过非法定的制度，还有收入会流入官员的手中。

至于那些每年只领取六七两工食银的"衙役"（劳务行政人员）以及大部分没有工资报酬的"胥吏"（每个州县有数百名，大者多达两千余名的行政事务人员），如果他们不获取正税以外的附加税和各种手续费，而且如果他们不巧取豪夺以赚得钱财酒食，就无法维持生活。

非正规的财政　在这种正规的税收之外，为了维持国家机构的运转，社会必须承担的负担究竟有多少呢？因为这种负担在本质上不具备合法性，所以要从数量上进行统计是不可能的。这里虽然只有部分数字，但我们可以从这些材料中窥见社会负担之大和推算出相应数值。

北京中央政府的胥吏中，户部、兵部、工部等部的胥吏负责管理地方行政业务监察的实际工作。各省上报会计报告提请这些部门监察时，从布政使司的小金库拨出的所谓部费也随之附上。这些钱就成了有关部局的胥吏的收入和官署的吃喝费用。据说19 世纪中叶，这种费用总额每年不下 1000 万两。单就"部费"一项，就可和户部银库的法定收入总额相匹敌。

根据对 18 世纪中叶各种项目的正税的附加税率的推算研

究,地丁、漕粮、盐课、关税的附加税总计为1763万两银。地丁税还只是设定在合法化的火耗(平均附加率为12%)和附加率相同的"平余"两项而已。这是一个保守的数字,而且说起来以附加税形式征收的款项不过只是法定外收入的一部分罢了。

19世纪末的英国驻上海总领事认为,州县在正规税以外征收来养肥州县官的银两不下6000万两。这与当时地丁银的总额几乎可以匹敌。海关总税务司的哈德(Hart)也估算说,海关向户部报告的1900年的收入为一亿海关两,与此相比,官吏的不法征收和运费等也高达100%,故此人民的负担应该不下两亿海关两(相当于3000万英镑)。

从19世纪的各种史料中,也有人以正规文武官员为研究对象,推测计算各个级别官僚的正规俸禄和养廉银以外的收入。研究结果如表F2所示。当时由于已经增加了厘金和海关税,国家财政在名目上规模增大了。但尽管如此,甲午战争前十年间,报往户部的全国的税收每年为7000万—7900万两。而仅仅地方官的非正规收入一项,也可和当时政府正规的年度收入相匹敌。再加上候补官(有时被安排在外省任委员)、幕友、胥吏、衙役等一些并非官僚而却依存于官署、在官署领钱的人员的收入,总体大约达到报往户部的正规财政的两倍之多。

分配体系 在官僚之中,负有税收征收责任的或在河工等大规模工程中有一官半职、能有收入者,仅是以地方官为中心的一部分人。也有些京官不得不只靠俸禄过着清贫的生活。但是,地方上由社会吸纳上来的一部分银两,也会被送到京官的手中。

表 F2　官僚的非正规收入

职务	职员数（个）	非正规收入（两）
地方正印官	1701	62 797 500
京　官	2622	8 154 000
武　官	7464	9 381 765
学　官	5043	7 564 500
地方辅佐官（约）	6000	27 000 000
合　计	22 830	114 897 765

资料来源：Chang Chung-Ii, *The Income of the Chinese Centry* (University of Washington Press，1962)，p. 42。

处在总督、巡抚等重要职位上的地方官，会让自家的仆人住到北京，安排他们从六部及军机处等部门的官僚中收集情报，托人办事。当时有"冰敬""炭敬""别敬"等多个词语。这是地方官和京官为维持彼此相互依存的关系，由前者按季节给后者送礼的官僚社会的习惯中产生的语言。所谓的"规礼""例""情"等词语，指的是一般人给官僚或官僚间的相互送礼。

没有担任重要职务的京官，可以担任通过捐纳而做官者的保证人来获得谢礼（印结银），也可以有官员的赠送等收入。这样，即便俸禄低，也能维持像样的官僚生活。在这样的官僚社会里，已形成了一套完整的社会财富分配体系，使汲取来的财富在官僚中得以分享。

二　近世的财政膨胀

太平天国的冲击　在 19 世纪的转折点上发生的太平天国运动以及各地连续爆发的起义，给财政方面带来了巨大变化。自

1850年起的1/4世纪中,近代中国的财政,至少在国民党建立政权前的财政基本结构就已建立起来了。

直至道光年间(1821—1850),中央政府收支中的赤字,经由动用户部储备,倾尽银两填补,才一直未造成财政危机的表面化。但是,太平天国一冲击,使得户部支配的法定财政一下子瘫痪了。单单1850—1851年间,受到太平军攻击的南方诸省的战争费用、防备经费就超过了1800万两。此外,河南省的临时河工费用支付了450万两。两项费用总计超过了2200万两。这笔支出,由户部筹集到的仅仅200万两,其不足部分只好由各地的储备银添补并在当地筹措。

依靠地方送交京饷的中央财政出现了巨大的缺口。1853年以后,太平天国的势力扩展到江南一带。京饷收入减至440万两,即比平常收入减少了一半左右。太平天国运动被镇压的第二年即1865年时,户部银库的现银存额仅仅十数万两。中央财政破产了,失去了支配财政的能力,因而把财政固定在既定框框中运行的压力阀已经被打开。这样一来,一方面使得整个清朝的社会经济落后了,另一方面作为正在形成的、能够适应近代经济发展的新的财政开始形成。由于动乱,过去的地丁漕粮、盐课、常关税收入大幅度缩减。在这种情况下,作为强有力的经费筹措手段之一,出现了由军队乃至地方当局出面实施的捐纳和里厘金征收等做法。

历来,在捐纳之时,应募者有义务将银两直接纳入户部,收入由中央的户部独自支配。但是,在这一时期,以户部发行的空白"执照"即没有填入姓名的证明书为资金,地方当局以及军队的兵站部门开始招募捐纳,此事也得到了认可。动乱被镇压以后,中央同时成功地制止了地方上捐纳行为的泛滥。但是,捐纳本身并没有被废除。19 世纪 80 年代后，户部以"海防捐"等名义，再次进行了大规模的捐纳。

这样一来，清朝末期通过捐纳而获得官僚身份和任官候补资格者大为增加。结果导致了官纪颓废，地方上"局、所"（新设立的或为处理临时性业务的机构，多为增多了的候补官员的工作单位）滥设，给社会留下了不小的影响。

厘金制度　"厘金"的征收，开始于 1853 年清兵对太平军作战的各据点和江苏省的扬州，至 19 世纪 60 年代时几乎已扩大至全国。当时作战中的军队无法指望户部和各省布政使司的军费供给。在这种情况下，所采取的办法就是在交通要冲设立关所（"厘卡"）对商品征税或对市场的商人征收一种营业税。

各省的"厘金"的征收，有的是经过朝廷的批准后才开始的，有的是事后才得到追认的。因此，它并不是一种非法行为。但是，作为中央政府，对于要创建一种新的课税并把它变为恒常制度是碍难批准的。"厘金"的征收，终究是一种万不得已采取的临时性措施，人们也意识到早晚有一天将被废弃。"厘金"，它是一种适应 18 世纪以来扩大了的商品流通形势的税收制度。清末以后，尽管它在中央和地方政府收入中占有很大的比重，但与法定的地丁、盐课等"正供"所处位置不同。它在本质上是一种地方税，却又不能把它作为地方税而制度化。另外，它是确保中央政府收入的必不可缺的税种，却又不是国税。这个特点从来也没有改变过。

从创设之初，"厘金"的征收就是在军队将领和总督、巡抚一类的省级政府官员以及当地有影响的乡绅、生员（科举的初级考试合格者）、监生层的合作下进行的。中央并不欢迎在"厘金"的征收机构中排列一大堆当地乡绅的名字，要求属于正规官僚的布政使和州县官要负起"厘金"征收的责任。这在某一方面大概是担心征收机关侵吞公款,导致可能征收的税额下降。而中央更抱有强烈戒心的是,要提防当地的地头蛇和早已现出"尾大不掉"势头的总督、巡抚等顶级官员们的省级权力的同流合污。当然,单"厘金"的征收一项并不能成为两者的节点,但"厘金"的征收一事,弱化了中央的统治,而地方上自由度较高的财源的扩大,决定性地导致了清末以后的地方分权化倾向的不可逆性。

如图 F2 所示,当对银两的购买力低下进行调整时,上报的"厘金"税收不仅没有增加,反而随着年代的推移逐渐减少。上报税收低下的原因中,恐怕也会有在财政上与中央有利害对立关系的某些省份当局的有意瞒报。因此,尽管不能把一切原因归咎于当事者的中饱私囊,但公款侵吞率与其他税收相比无疑是高出一截的。官僚绅士阶层总是把近代商品流通的扩大作为与自己所得增加息息相关的手段,并加以无孔不入地利用的。

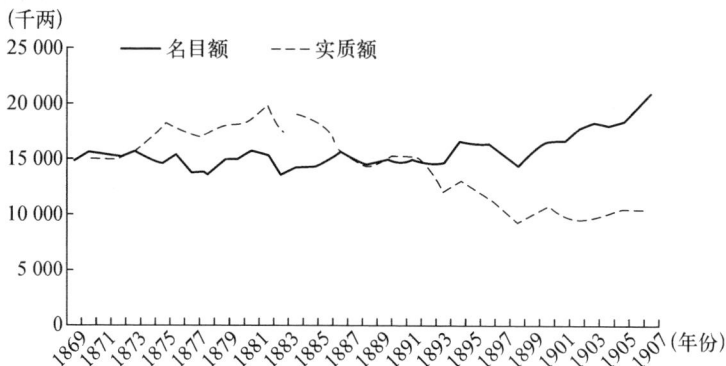

图 F2 厘金征收额

资料来源:罗玉东《中国厘金史》,第 6—7 页;《中国的银两与物价》,第 2—5 页。

海关税 1858 年的天津条约规定,海关的运营与关税征收工作交由外国人负责税务司。但是，征收的税款，除去由海关关税直接扣除的赔款和还贷部分之外，其余必须交给清政府的海关监督。税务司的经费即征税费用虽然比率相当高，需 13%—14%，但征税官吏侵吞税收的问题几乎没有出现过，而且，还向中央政府报告准确的通关数量和税收情况。这看上去，是最便于中央政府支配和管理的。但是现实中，海关税收的分配未必会依照中央政府的指令进行。

海关监督收到各海关上交的关税，本来应按中央的指令派送税款。但是，这些海关监督，多为"道台"一类的地方官，他们是总督和巡抚的属下。形式上，所有的地方官员都是经过中央吏部报请皇帝任命的，但随着清朝时总督、巡抚权限的扩大，布政使、道台等地方官实质上的人事权已经逐渐落入总督、巡抚的手中。因此，在海关收入的实际的分配问题上，沿海沿江势头大的总督、巡抚的意向颇为重要。

李鸿章自 19 世纪 60 年代开始至 1895 年间，手中掌握着淮军、北洋舰队、江南和直隶的兵工厂（制造局）等建设经营实权。作为这些项目的财源，上海的海关收入，与江苏省的"厘金"并驾齐驱，占有重要的地位。当然，往淮军和北洋海军衙门分配税收一事，自是根据朝廷上谕有命可遵，但仅仅只据总督的命令，金额的配送并不能得到保证。李鸿章身居偏远的直隶（现在的河北省和北京市），但却一直努力在维持与历代两江总督和江苏巡抚的私交关系。上海的海关总督的职位，在 1865—1895 年间也一直由淮系的官僚所担任。

民国时期自不待言，清政府时期向外国政府或外国银行借款，也经常以海关关税来做担保。需要返还的本金与利息的数额，在海关税收交给中国政府之前由海关直接交到债权者手中的做法,是一种通例。清朝和民国政府之所以甘心忍受这种屈辱的方法是有其理由的。因为税收一旦交到海关监督等中国官僚手中,尽管这是本该归入国库的国税,但也无法保证它能按中央财政当局的指示进行调拨。以海关关税担保来借款,是中央政府清楚海关关税收入情况,而且能够先行启用的、掌握在自己手中的唯一可行的手段。从北洋政府的事例中可以看出,中央政府的威令越是削弱,其借款的依存性就越强。反之,利用这种方法,分散在全国各地的海关关税收入,就能完全成为中央政府之所得。

中央统治的弱体化 如果把视线移向前近代以来连续不断的商品流通的大量扩大问题,可以说"厘金"和海关税收的扩大是适应经济形势的变化的。而且由此而增多了的税收收入对延长清政府统治的寿命起到了很大的作用。但是,这种状态不属于中央政府对财政基础的再建,也不是财政基础确立的保证条件。"厘金""盐厘""洋药厘金"等新设间接税和"津贴""捐输""差徭"等具有土地税的附加税性质的各种课征的膨胀,实质上是增大了地方巡抚所掌握的财源。由于过去的法定诸税种的比重的降低,要实现中央政府财政政策意志的难度增大了。

自从太平天国运动爆发后,外省的财政报告之类不再上报户部。因此,从 1864 年起,户部只能通过每年给各省的督抚及海关指派一定定额的京饷来维持中央政府的运转。另外,对于各省间的协饷,户部也以同样的方法来加以分配。但是,这种分配并不是按照实际的收支状况来进行的。因而地方上会寻找各种理由,来敷衍上面下达的派款指令或减额上缴。京饷的情况尚说得过去,而协饷的场合,这种事态就显得特别严重。云南、贵州等几个边陲省份,由于户部向其他省份指派的协饷经常不到位,财政运营状况极其困难。

我们把视线移向各省内部,可以看到各省在独自发展财源的同时,以总督和巡抚为最高长官的省级财政机构已经形成,其组织形态及名称虽然千差万别,但"会典"和"则例"规定之外的、称作"局"和"所"的机构大量设置却是有目共睹的。局、所的人员不是正规的国家官僚,一般是起用当地的绅士、生员、监生或者任用在有关省份等待正规任用的候补官员。因为不是正规的官僚,所以中央的吏部对局、所的人事自然不清楚,就是哪个省设置了多少个局、所也不在掌握之中。中央政府对于自己掌控之外的局、所经常下令削减或撤销,但也是令行不止,各种局、所在省内财政和行政中的重要性日见提高。局、所滥设之所以成为问题,是因为局、所一方面成了总督巡抚们安置其羽翼下的"闲员"(猎官活动中的人员)的场所,另一方面同时也成了在对捐纳出身者的先行投资给予回报机会的弊病所在。

除"厘金"之外,四川省的"津贴",华北诸省的"差徭"等恒常化了的附加性、追加性课征,太平天国以后取代绿营、八旗的各省的主力部队"勇营"的军需费用,省内的会计管理等工作,几乎都是由地方上的具有半公半私性质的局、所在处理。这样,在中央政府的法律规制外,已经形成了实质性的地方财政制度。北洋政府时期如此,而且部分地延续到国民政府时期也是如此,中国近代财政中所能看到的中央与地方的对抗关系、重叠且分散的组织形态、机构与资金的自主性,等等,都是清末 60 年间就已确定了的,而且其萌芽状态已经在传统的法定外财政制度中有所体现。

三　被地方架空的中央

赔偿金　1895 年中日甲午战争失败后,清政府便陷入了深重的财政危机。首先,因为战争费用的问题,当时的借款额超过了财政规模(8000万两)的一半以上。虽然从银号、钱庄等处贷入了1100万两,但是其余的只能全靠外国银行筹措。其次,对日本的赔偿以及因三国干涉日本撤回对辽东半岛的领土要求所需的代偿金等共需的2.3亿两,必须在3年内付清。2.3亿两,这在当时几乎是年度财政收入将近3倍的巨额款项。

在三国干涉中,俄罗斯给清政府卖了个人情,它与法国组织了一个银行团,为清政府提供了4亿法郎的贷款。俄法两国由此所获得的并不仅仅只是投资的好处,它们把参与海关的行政管理权当做提供贷款的抵押紧捏在手中。英德两国看到这种形势,同样也组织起银行团,先后两次共向清政府提供贷款3200万英镑,与俄法对抗。

1901年签订的《辛丑条约》中关于中国方面负担的义和团赔偿金大体分为两个部分,一是总额2000万两的地方赔偿金,一是4.5亿海关两的国家赔偿金。前者是对遭受破坏的教会财产的赔偿,由各地方政府负责筹措,逐一对受害者进行赔偿。作为筹措财源的手段,一般采用均摊临时性的土地附加税的形式。后者则是按中国有4.5亿人口估计,为惩罚每一个人而设定为每人赔偿1海关两。这个金额如天文学的数字般巨大,比当时清政府国库四个年份的收入总和还要多。

八国列强协议的结果,决定由清政府发行年利4%的债券,分39年还清这笔款项。每年应支付的赔偿金额达2100万—3500万海关两之多。再加上前面所说的中日甲午战争的相关债务,共计3.5亿两,况且,此前9次的、约4000万两的外债仍未还上。这样算下来,到1940年为止,清政府每年都得偿还大约4200万海关两的对外债务。

这就意味着 1902 年财政收入的一半左右被列强国家给掠夺走了。当时的海关一年税收约 2000 万海关两,由海关税来支付义和团赔款是不可能的。在这种情况下,为筹集急需支付的2100万海关两赔款,清政府决定先从各省送来的京饷中拨出 300 万两,而余下的 1800 万两决定由全国 19 个省分担。

在此之前,中央政府向各省摊派财政资金时,双方多少都会相互进行一些摸底和讨价还价,通常情况下都是无法满额完成下达的任务的。对于义和团赔偿金的分担指标的问题也一样,16个总督、巡抚联名上奏要求减额。但是为实现媾和条约中的首都北京的实质性解除武装和外国军队的驻扎,跌落为保护国地位的清政府,以受列强要挟的苛刻条件为理由,驳回了各省的减额请求。于是各省便增加田赋附加税,抬高盐价,增收房产税和营业税,强化对鸦片的征税,等等,以此来完成了这 1800 万两的增税任务。强迫各省增税两成而不准其讨价还价的,已经不是清朝廷,而是西方列强。

新政和县财政　从 1904 年开始清政府倾力推行的清末新政,是以设立资政局、各省的咨议局和预备立宪等政治体制改革为中心的政治。另一方面,在地方行政问题上也在力求新式学校制度和警察制度的普及。要推行这种新创的行政服务体系,当然需要确保其财源和采取必要的预算措施。即便是交由地方政府之手来确保财源,前提条件还是要充实地方财政的基盘,确立明确的地方财政制度。但是,光绪新政中,地方公共事业的发展扩大并没有得到中央政府的财政补贴,而且,所订计划中也没有先行安排财政制度的改革(1908 年后才开始真正实行)。

这样一来,地方上就得在各种税收之外以开设学校为名目征收"教育捐""学堂捐"和"巡警捐"。而这些新税几乎全都附加在土地税、牙税(经纪人的营业执照税)、"契税"(土地交易税)上,直接或间接地成为地主和农民的负担。于是,"巧立名目,苛索于民,税目捐项,数以千百"的事态横生。

一直以来,州县要筹措财政资金时,通常的做法是把筹措额作为附加税追加到由州县征收的地丁、漕粮,以及契税、牙税、屠宰税等统称为杂税的税收之上。无论何种税收,正额的部分总是分为州县存留和送交布政使司的起运两个部分来使用,所以,县教育与警察治安有关的独立预算完全依附在这个附加税上。这样,与主要依存于土地税的正额部分和盐税、"厘金"、海关税之类的间接税的收入来维持运转的中央及省政府的财政相对,官署的经费完全依赖于附加税的事实上的堪称为县财政的体系便形成了。

清朝最末期,特别是 1905 年以后,民众暴动频发,革命正在酝酿,而重叠式的税捐负担的加重和随之而来的中饱私囊现象的恶性发展也成了暴动频发的一个要因。清朝积极推行的地方行政的近代化政策,却没有确立支持此项改革的地方财政制度来加以保证。因而清末新政并没有带来政治改良和社会安定,最终导致的是完全相反的结果。

革命与善后大借款 在 1911 年辛亥革命后出现的各省闹独立以及其后的孙文派与北洋派的对立状态中,民国成立初期的财政面临着一片危机。对于中央政府来说,各省停止缴交"解款"(清代的京饷)酿成了严重的事态。1912 年的中央预算是,中央全年总收入(岁入)共计 1.9 亿元,而其中,中央独自的财源才不过仅仅 1500 万元,可见,岁入的 92% 左右要依靠各省送来的"解款"。但是,这一年各省的解款几乎分文无送。第二年中央政府下达了 3200 万元的借款指令,但是最终只有不到其两成的 560

万元送交到北京。

袁世凯采取的措施有两项，一是把历来掌握在各省手中的盐税作为中央的收入而加以确保，二是大规模举债。大规模的内债发行是不可能的，唯一能够依靠的就是向外国贷款。1913 年的善后大借款（2500 万英镑。北京政府的实收约为 2100 万英镑，按当时的汇率折合约 2.5 亿元）使北京政府获得了巨额现金，加上各省征收的盐税收入，实现了中央得以解决的一石二鸟的目的。

外国人管理盐务稽核所的制度，是列强们作为借款的条件创立的。而对于当时的袁世凯政权来说，这也正是一件求之不得的好事。1914 年的中央预算中，盐税收入超过了海关税收（约7200万元），可能有 8500 万元的盐税收入被列入其内。实际上，盐税与海关税一样，其用于返还贷款的部分也预先被扣除了，实际上最终中央国库收到的不过才 3100 万元左右。1914 年的海关税几乎全部用于赔偿和还贷而被列强国抽走了，北京分文无收，所以说，对于袁世凯政权来说，盐税的外国人管理制度绝不是什么好事。

被地方架空的中央　镇压了"二次革命"的袁世凯政权从各省手中夺回征税权，扩大国税范围，提出了中央集权化的政策。从 1915 年起，过去一直作为地方杂税收入的土地交易税、烟酒税、交易税和新设的印花税等作为"五项专款"而国税化，在过去的解款之外成了各省必须缴交中央的税项。从下一年度开始，屠宰税、田赋附加税、"厘金"增额也划入了此列。当年的解款和专款也都收效良好。各项预算的 82％和 99％实际上被送交了国库，总计达 3670 万元，占国库实收的 28％。

但是，袁世凯称帝的计划失败后，财政的集权化政策也破产了。袁世凯死后，中央与地方财政方面的联系也逐渐形式化起来了。如表 F3 所示，解款早在 1916 年下半年就停止缴交了。而中央专款从其后第二年开始,虽然中央与各省妥协缩小了范围,但是地方上还是停止缴交,更多地把它用于充当军费等用途。1922年以后,中央便再也收不到各省上交的所有种类的款项。

表 F3　各省上交的解款　　　　　　单位:两

省份 ＼ 年份	1915	1917	1918	1919
解款要求额	21 780 000	18 597 864	12 154 664	5 560 000
直隶	200 000	750 000	500 000	—
山东	1 200 000	1 255 200	1 255 000	—
河南		600 000	600 000	
山西	1 000 000	668 000	80 000	
江苏	3 000 000	3 000 000	1 950 000	1 900 000
安徽	—	150 000	15 000	
江西	2 160 000	2 160 000	2 160 000	2 160 000
福建	1 160 000	1 080 000	1 080 000	
浙江	3 060 000	2 936 664	2 936 664	1 500 000
湖北	1 000 000	438 000	483 000	
陕西	600 000	960 000	960 000	—
京兆	—	150 000		
奉天				
湖南	1 200 000	1 200 000		
四川	3 000 000	3 000 000		
广东	4 200 000	250 000		
北京政府收款额	17 956 907	968 900	0	0
中央专款	—			
各省承担额	18 989 600	12 878 597	8 512 964	6 304 972
北京政府收款额	18 747 559	10 359 714	5 755 271	4 245 299

资料来源:财政部《财政年鉴》(1935 年),第 3—4,7—9 页;贾士毅《民国续财政史》,第 58—62 页。

于是,自1916年以后,简单地讲,无论哪个派系当权,北京政府连海关税和盐税的"余款"(借款和还债的剩余)、交通部特别会计的铁道收入以及京城周边地区的专卖收入和税收等,都不能自由地调动使用,真正沦为一个"被地方架空的中央"。它虽然是一个国际社会承认的中央政府,但是与盘踞在地方上的军阀政府相比,其不过是依赖列强来管理关税、盐税从而可得到些许的"余款"并手中持有大量债款的中央政府而已。如果没有帝国主义列强的有所图谋的援助,它也必然会沦落为北京、天津地区的一介地方军阀。

通过财政情况的分析可以看到,地方上有着以地域经济为地盘,依靠苛捐杂税和滥发纸币来巧取豪夺的地方政府,而在中央,则有一个在围绕着扩展自身的经济利益和势力范围而争斗不休的列强间苟延残喘着的政府。

四　军阀统治与财政

军队与军费　袁世凯时代的中央政府的军费支出,每年需要5000万—6500万元。另外各省的总兵力也可以设定在70万—80万人。根据1919年南北议和提供的资料,当时中央与各省陆军的经常性经费(陆军参谋部等机关费用及特别经费另算)为中央兵力54万人9036万元,各省总计兵力75万人11 816万元。也就是说,平均起来,每个兵员的军费开支约为160元。从当时的财政计划来看,一个师平时的经费大约需要150万元。

根据这些数字,袁世凯时代各省总计为70万—80万人的陆军兵力,平时的军费开支大概要超过1亿元。1914年和1916年各省的预算中,各省的军费预算(含海军军费)虽然控制在9000

万元以下,但实际上可能也还是支出了1亿余元。因为民政预算的挪用、纸币与地方债券的发行,以及以诸多苛捐杂税为财源的地方财政,填补了与这种官方预算的差额。

从表F4中可以看到,在安徽派、直隶派、奉天派军阀混战的1919—1923年,中央及各省的正规军人数,扩展到了清代末期和袁世凯时代的近两倍之多,这些人都是从中央和各省领取经费(至少也是可领取该项经费)的正规军。但是,中国社会所供养的军力远不止这些人。民间的武装势力,即"土匪",属于秘密结社的"民军"以及相当于农村和城市商人团体的自卫团一类的"民团"、"团防"及"商团"等,也得到了急速的扩大。也有人推算过,说正规军和民间武装势力的总数超过了500万人。也就是说,民间武装势力有正规军的3倍之多。战争对经济的破坏作用姑且不谈,从另一角度看,中国的生产者还必须从微薄的剩余中再拨出一部分所得,去供养500余万非生产人口。

表 F4　军阀时期的兵力　　　　　　单位:人

省份	年份		省份	年份	
	1919	1925		1919	1925
吉　林	33 000	40 000	四　川	122 000	250 000
黑龙江	31 000	22 000	湖　北	84 000	110 000
奉　天	—	90 000	江　西	50 000	
新　疆	12 500	24 000	福　建	71 000	69 000
察哈尔	25 000	11 000	浙　江	38 000	61 000
绥　远	21 000	—	安　徽	—	30 800
热　河	15 000	21 000	江　苏	88 000	77 000
直　隶	—	180 000	广　西	47 000	49 000
河　南	—	203 000	广　东	69 000	113 500

省份	年份		省份	年份	
	1919	1925		1919	1925
甘　肃	24 000	77 000	贵　州	27 000	39 000
山　西	—	64 000	云　南	26000	50 000
山　东	64 000	115 000	合　计	1 143 500	1 841 300
陕　西	131 000	77 000	推计	1 400 000	1 450 000
湖　南	165 000	68 000			

资料来源:J. チエン(陈志让)《军绅政权——军阀支配下的中国》(岩波书店,1984 年),第 123 页。

附加税的增大　整个军阀时代,只要看看地方的军费负担就可以知道,如果依靠正规的财政收入的话,大幅度的赤字是在所难免的。而且,能够规制地方财政的规定,事实上是不存在的,县级以下的行政经费依然是按所需资金额靠征收捐税和附加税来维持。法定外的财政收入远远超出正规税收的增长,这是自然而然的事。

与土地税相对的附加税捐,国民政府时代曾进行过调查,结果如表 F5 所示。20 世纪 30 年代的数字中,包含着国民政府成立后的增加部分,但增加部分并不全是军阀时期增加的。经过详细调查后,得知直隶省定县的情况有如下变化。首先,1914 年实行了银元制度(以元为国家货币单位)和太阳历法,由清代延续下来的火耗的附加税及闰月附加税被废止了。但是,以银两为计价单位的正税额按银元征收时,以含有银为基准的比价并不是 1 两＝1 元 5 角 6 分(中央财政当局内部基本采用的换算比价),而是依省例正税 1 两换算为 2 元 3 角(约增加了五成)。由于与这样的增税措施搅和在一起,所以尽管火耗废止了,实质上却是大幅度的增税。

表 F5　田赋的附加税率　　　　单位:(正税＝100)

省份	年份			省份	年份		
	1912	1931	1933		1912	1931	1933
河北	89	131	127	贵州	69	110	128
山东	78	112	122	湖北	64	95	124
山西	79	98	115	湖南	90	163	158
陕西	63	101	110	江西	41	84	103
江苏	90	118	113	浙江	69	152	176
安徽	66	98	96	福建	78	121	86
河南	85	114	121	广东	117	135	156
四川	65	108	113	江西	74	139	156
云南	71	140	152	平均	76	119	127

资料来源:陶继侃《地政与财政之调整》(方曼廷编《中国经济研究》,第956页以后)。

此外,清末时期一度废止的"差徭"等名目的附加税,进入民国后又逐渐恢复了。从1916年开始,正税1两便需附加制钱106文。而且随着清末新政的实施而开始征收的"亩捐"(小亩每亩48文,大亩144文)原封不动地保留了下来。从1927年起,政府又以警察经费不足为由增税,每1两正税就需再征收400文制钱。除此之外,政府还打着筹集保卫团经费的幌子挨村派征税收。各村的派征额虽然不详,但从1933年征收方法改变后每两田赋正税需附加银元8角,征收总额约为3.76万元的事实来看,这样相当高额的负担真可谓前所未有。所以,仅就1933年附加在田赋上的县附加税来说,正税1两就是1元6角。其中的八成左右大概可视为是北京政府时期所增加的部分。调查表明,这个时期的土地附加税的增加部分,大多是为警察和保安团筹措经费。

五　国民政府的财政改革

田赋的地税化　1928 年,蒋介石完成北伐后,南京国民政府成了统治全中国的中央政府。国民党政权确实与过去的军阀政权有本质的区别。但是政权的财政基础仍不十分巩固。在这种状况下,想要一蹴而就地把旧的财政制度"革命"掉是不可能的。

1928 年的全国财政会议(第一届)上,田赋被划归为省市以下的地方政府的财源,确定了田赋在名义和实际上都要变为地方税收的方针。另一方面,中央政府的财源,则以海关税收和盐税收入这两大间接税作为支柱。过去在北洋政府统治下,这个中央与地方间的税源区分都是只做而不说,国民政府以法定制度的形式对此加以了追认肯定。农业部门的产值估计占当时国内生产总值的 65％左右,但中央政府放弃了从农业部门直接征收的税收。

在田赋的征收方面,由于配赋的不公平和课税相关的簿册资料的不齐全而引起的大土地所有者的逃税现象,以及税吏们为肥私而虚报征收费用的情况,目前近代以来就一直存在着。另外,像"兵差"(军队进行的种种征收与征派)、"预征"(租税的提前征收)以及鸦片税的强制征收等军阀统治时期激化了的问题依然存在。当时人们已经强烈地认识到了这种二重苦的构造是中国农村疲惫的重要原因。国民政府使田赋变为地方税本身,可以说在中央的责任上,这无异于是放弃了解决这种双重问题的努力。

"厘金"废止　一直以来,"厘金"等流通税收作为地方的财源,其地位仅次于田赋。国民政府虽然废止了"厘金"的征收,但却张罗着提高海关税率并设立新的物品税收制度,夺取地方财源,将原先"厘金"部分的收入按进口通关和货物出厂两个时间在中央政府容易控制的地点进行征收。1928年公布的国内过境税("通过税")废除条例的对象中,除了"厘金",还包含有常关税、子口半税(免除进口商品的"厘金"后加收的附加50％的关税)和二次进口税。

当时,全国的"厘金"收入大约有7000万元,除其中的2000万元属于非过境税外,其余5000万元都被财政部作为废止的对象。加上常关税1700万元也被废止的话,估计废止过境税后所减少的收入大约在7000万元。政府计划这些过境税被废止后,便要在海关关税中增收25％的附加税,并且开始和列强外交使团进行谈判。新设的关税附加税估计只能增收4000万元而已,要完全补足歉收部分是不可能的,因为"厘金"等过境税本来就是地方政府的财源,削减"厘金"关系到强化中央政府的财权问题,所以国民政府对此抱有极大期望。

漫长的关税谈判从1931年1月起,就实现了国民政府新设附加税时要收回关税自主权的初衷,取得了超过原先预想的成果。税则改定带来的关税增收,远远超出了当初的海关附加税案,估计达到了8000万—9000万元之多。所以,对于蒋介石政府来说,这是前所未有的外交上的胜利。

但是,在"厘金"等过境税的废止方面,事情就没那么单纯了。对于省市以下地方政府的税收收入减少部分的补偿措施很不得力,还只停留在同意他们征收没有实际征收业绩的"营业税"上。加上"厘金"自19世纪60年代开始征收以来,已经具有长达70年的历史,"厘金"局、"厘卡"等征税机构如渔网般遍布全国各地,而从这些机构中得到收入的人员肯定为数不少。废止"厘金"等税收的同时,他们的财源也被切断了。中央政府的命令只是要求废止而已，对于其他方面的这些问题全然没有准备应对的对策。

　　苛捐杂税体制　上述废止过境税的命令当然也是难于实行的。不出预料，地方上在废止"厘金"的同时，绞尽脑汁，普遍新设了许许多多的"苛捐杂税"。把中央政府财政基础薄弱和财政制度不健全所引发的矛盾转嫁给地方的这种结构，到了国民政府时代也没有发生什么变化。取代"厘金"的苛捐杂税，大有"病商扰民""竭泽而渔"之势，它只能在招致"农村破产，国本动摇"方面起极坏的作用。

　　1934 年 3 月的第二次全国财政会议上，与田赋附加税的问题并列在一起，苛捐杂税的问题也成了会议的中心议题。根据会上对减轻田赋附加税、废除苛捐杂税、整理合法税收和对地方事业费进行填补的讨论情况，会议决定禁止各种非法名义的税项和对田赋附加税的征收。会议还要求地方政府必须将此政令张贴在街头巷尾，让民众彻底周知。

　　为了废除地方政府的非合法征税，中央政府必须采取措施保证禁令下达后地方财政能够得以运营。这次禁止附加税、废止非法征税时中央政府也采取了两项措施，一是从 1934 年度开始，"烟酒牌照税"全部作为各省市的收入，一是从中央税收的印花税中，拨出一成归省，三成归县，另拨出两成作为支持边境贫困省份的交付金。但是，仅仅采取这两项措施，是完全不可能补偿地方政府长期以来一直征收的附加税和杂税的缺额的。从过去征税的情况来看，烟酒牌照税的总额约为 160 万元，印花税约为 1000 万元。但是后者交付地方的部分也仅六成而已。被削减的部分一直成为地方政府收入的缺口，所以，不相应地去填补这个缺口，削减附加税和废止苛捐杂税的做法是不可能实行起来的。

　　县政的内情　1935 年，新的"财政收支系统法"实施了。中央的意图在于要明确区分过去长期一直处于暧昧关系的省级财政与县级财政的不同,缩小省级财政,充实县财政。这是从财政方面对国民党所推崇的"县政建设"的一种支持。但是,这种为确立地方财政制度所做的努力,并没有收到显著的成效。

尤其是过去遗留下来的不合理、不公平的地方征收制度,一直不停地给普通农民造成极大的痛苦。1935 年,有个经济学家援引报刊上的关于"田赋负担方面不公平的原因,来自征收制度的不适当和土地台账的散失。其结果导致富者有田无税、贫者有税无田的不公平现象的产生……"的论述,指出"田赋负担的不公平现象,也是最近的共产军蓬勃发展的主要原因之一"。国民政府在 1935 年"财政收支系统法"公布以及抗日战争和抗战胜利以后,多次发布法规对省和县的财政作出规定。但是,从必须三番五次、不停地要求废止"非法捐税"和附加税的情况来看,可以说,产生不合理、不公平课税制度的根本问题并没有得到解决。

对于省级财政,中央是没有足够的财源,或者给予足够替代这部分财源的财政补助的。省和县之间也是如此。有些时候,甚至发生如同 1941 年以后中央接管田赋、契税营业税之类的事情。另外,尽管镇乡村为设立"公所"和建设学校等公共设施而高举推进地方自治的旗帜,但是其结果不是在财政上使之无法实现,就是只好不得不听之任之地进行非法的征税。地方上也存在着迎合这种方便主义或半放任主义的根基。这样做有利于地方当局和征税官员肥私利己的需要。这种状态的消除之所以困难,是因为地方财政中集中体现的问题,正是由旧时代传统的整体的财政结构以及社会关系的状况产生的。表 F6 表明,虽然到了 20 世纪30 年代,县级田赋的征收几乎仍然全由没有正规报酬的胥吏、衙役一类人员在操纵。在静海县,作为这一类人员收入的各种名目的追加征收部分,估计至少有两万余元之多。这个数额,达到了全县用于教育与治安方面的正规田赋附加税总额的一半。

表 F6 静海县的田赋征收组织

征收处		
职务名	人数(人)	
征收处主任	1	征收处唯一的县正式职员,由县长委任。月薪相当微薄,待遇未必能比各科的书吏强
收书(征银书记)	4	由主任聘用,属于非正式职员,每月 2 元的定额工资由所收租税中拨出的办公费支付
里书	约30	无定额工资,报酬及笔墨纸张等经费,一切取自纳税户。有的有 100 多元直至 300 元左右的收入,有的甚至有 500—600 元的收入
催征业务		
全县村庄数	347	—
地方数	48	—
"地方"	48	每个地方1人(有各村庄的乡长副乡长共同保举)
"练总"	24	每两地方1人
"谷豆承催"	24	每两地方1人(负责催征屯粮)
"催差"	?	充当县财务警察

注:"地方""练总""谷豆承催"均无报酬。收入完全取自浮收、勒索(强制性附加)和各种陋规(法定外的手续费)。

资料来源:李陵《河北省静海县之田赋及其征收制度》(方显廷编《中国经注研究》,第 99 页以后)。

六 内战及抗战时期的军费与财政

公债政策 南京国民政府的年度收入结构中,也和过去的北京政府一样,有着相同的特征。首先在税收方面大幅度地依赖间接税。20 世纪 30 年代,中央税收的 95％左右,是海关税、盐税、统税(以重要物资为对象的出仓税)等三大间接税。通过提高关税、盐税税率,新设附加税以及扩大统税的征税范围,税收确实有了巩固的增长。但是,随着日本侵略的步步紧逼,南京政府赖以生存的三大间接税受到了很大的打击。据说由于华北日本方面的走私活动,关税收入的损失数以千万元计。

支出方面,由于内战政策的继续和抗日战争过于庞大的军费开支,中央政府负担十分沉重,而且还有过去以来一直不断的赔偿与外债,以及新近举债的内债的偿还。海关税收虽然突破了 3 亿元,但到财政部手上的只不过是其中的一至二成。因此,国民政府的财政不可避免地长期陷入岁入不足的局面,和过去的中央政府一样,只能依靠大量的举债来填补赤字。

国民政府的公债政策中,存在着过去政府所未曾有过的特征。这就是政府几乎完全摆脱了必须依靠外债的状态,十年间共发行了总共达 26 亿元的内债。这是蒋介石政权成功地与银行界创立了相互依存体制的结果。以有利的条件接受政府发行的公债,成为银行收集有产者手中游资的最重要的一项工作。不仅是中央银行、中国农业银行等政府系统的银行,连北洋政府遗留下来的交通银行和中国银行以及民间的大银行中国通商银行也几乎全被称作公债银行。

1927—1936 年间发行的总额为 26 亿元的这笔内债(不包括循环再借的发行部分),据当时的推计,发行余额中,半数以上在上海 27 家银行的手中。据说 1932 年以前的内债收入,86％用于军政费用,9％用于金融,4％用于救济赈灾,1％用于工程建筑。

向上海集中 虽然中国经济到了 20 世纪 30 年代就开始受

到世界经济危机的全方位影响，但是，这也成为中国政府强化经济统制并推行财政统一化的机会。在世界性经济危机过后的特殊环境中，只有蒋介石政权的最大地盘上海，呈现一枝独秀的景气。随着各国银本位脱离的彻底化，世界各国过剩的银，纷纷倾泻到中国市场，纷纷集中到了上海，加速了上海的经济力量的高度集中和中国市场以上海为中心的体制的形成。加上地方上因治安不好、农业不景气导致的投资场所的减少，据说全国约有6亿元的流动资金，其中的一半聚集到了上海。

从1934年开始，由于美国操纵的人为的银价格的大幅度提升，中国承受着沉重的现银外流的压力，转而出现了通货收缩的倾向，上海由此而跌入了高利率和不景气的深渊。但是，这也促成上海因无处投资而产生了大量的游资。上海这种大量游资的存在，就成了南京政府发行巨额内债、扩大财政的基础条件。

战时体制　国民政府的财政，在抗日战争时期当然是清一色的战时财政体制。在全面战争这一非常事态下，临时性的税率提高、战时国债的发行、劳力与物资的无偿征派、专卖制度的强化和作为最后手段的纸币的滥发，等等，实施了全国总动员。国民政府在20世纪30年代前半期，无论从政府的力量来看或是从国民经济的规模来看，都是举债过多，利息的支付沉重地压迫着财政。不过，抗日战争后半期国民政府通过纸币滥发导致的猛烈的通货膨胀政策，使过去财政上还债的重压一下子减轻了。这一点值得注意。

关于战时实施的财政政策，有一点是必须大书特书的，这就是国民政府推翻了1928年的规定，把土地税划归为中央税（即国税），而且，为了避免因通货膨胀带来的损失，制定了现物征收的原则。这个措施从1941年下半年便开始实施了。1943年，与中央政府的国库收入(不包括借入部分)的 204 亿元相比,征收上来的谷物的价值达 496 亿元(760 元/石,6530 万石)。而在第二年的 1944 年,与国库收入的 382 亿元相比,谷物价值则达 1000 亿元(1920 元/石,5780 万石)。因此,可以看到,现物土地税和谷物征收在财政上占有极大的比重。顺便提及的一点是,在土地税之外,过去一直属于省级以下税源的契税和营业税,也由中央政府给"接管"了。因为土地税已经恢复为国税了,所以,表面上看,大概也可以把它评价为中央化、统一化进程的结果。但是重庆国民政府,自身与以上海为中心的沿海沿江经济中心地带相分离,实质上成为一个只是统治西南和华南地区的政权。土地税的国税化问题,也可以认为是作为这种地方政权在财政上的顺应。

如果从国民政府能够勉强持续抵抗日军这一点来说的话,这些做法具有重要的意义。既要面对过去在各地割据的军阀的存在,又要面对抗日战争时期共产党的武装根据地的存在,靠的就是军事政权对地方进行统治的体制。当然,绝大多数的统治地是乡村。唯有这个体制,才是抗日力量的最大源泉。国民政府财政中体现出来的"军阀式"的顺应,令人深感兴趣。从财政方面来看,尽管抗日的两大势力,拥有武装根据地的共产党和在敌后地区的国民党,在抗战问题上完全持不同态度,但至少可以说,他们通过同质的适应方法实现了对日的持续抗战。

南京国民政府在不到 10 年的执政期内,立足于中国近代发展的成果之上,积极推动以大城市为中心的近代化、统一化进程。但是,如果从中国社会整体来看的话,这个进程虽然受到近代经济圈内的城市和与以城市为节点的世界经济的强有力带动,却还是与独立于城市之外、具有进行再生产余地的农村社会产生了脱节。内地的农村,即便和城市以及国际市场隔绝,也还是能够生存的。广大的农村,依然是军阀式政权的立足点,在这样的地方,史无前例地诞生了近代化军队,凝聚了坚持八年的力量,成为血战到底的根据地。甚至连斯大林也没有想到,就是依靠这样的农村根据地,中国共产党最终赢得了全国的胜利。

著者后记

本书各章节是根据本人过去发表的旧稿整理而成，与旧稿对应如下：

第一章……《中国专制国家与财政》(《中世史讲座 6》，学生社，1992 年)

第二章……《清朝国家财政的中央与地方——从酌拨制度的角度来看》(《东洋史研究》第四二卷第二号，1983 年)

第四章……《清末的外销与地方经费》(《中国近代化的动态结构》森时彦编，京都大学人文科学研究所，2004 年)

第五章……《在徭役与财政之间(二)——中国税·役制度的历史理解》(《经济经营论丛》第二九卷第一号，1994 年)

第六章……《在徭役与财政之间(三)——中国税·役制度的历史理解》(《经济经营论丛》第二九卷第二号，1994 年)

第七章及终章……《在徭役与财政之间(四)——中国税·役制度的历史理解》(《经济经营论丛》第二九卷第三号，1994 年)

附篇……狭间直树、岩井茂树、森时彦、川井悟《从数据看中国近代史》(有斐阁，1996 年)的第二章

序章的大部分是新写的；第一章是在旧稿的基础上重新修订的；第二章的主要内容与旧稿没有变化，只是把术语与其他各章统一了起来，把引用的资料翻译成现代语体，另外还增加了许多

注释。第三章写就得最早,可还是第一次发表,它是在我的硕士论文《清末财政与洋务运动》(1980 年京都大学研究生院文学研究科)的前半部分的基础上加以撰写的。此后 20 余年里,我对 19 世纪后半期的中国又有了更深的研究。此次撰写,力图把该方面的相关研究成果囊括其中,但最终还是存在不少遗漏。在拙文的叙述过程中,我认为有必要对财政加以分析,因而与本书的其他章节会有一些重复之处。

关于外销经费,很早以前即感到研究的必要,直到最近我终于得以研究,并初步取得了成果,放在了本书的第四章。其内容曾在森时彦教授主持的联合研究小组"中国近代化的动态结构"的研究会上作过发表,后来我将研究会报告论文集上刊载的原文进行了修订,构成了本书的一部分。

自第五章至终章,系我的系列论文《在徭役与财政之间》的一部分。在论述明代的徭役问题的第五、六、七章以及终章中,采用"补记"的形式对旧稿加以修订。另外,"补记"既有当年旧稿发表时的,也有此次添加的,因此特意在文末注上了执笔日期,以示区别。

本人从事中国财政史这一难题的研究,始于 1978 年读硕士的时候。契机有很多,但其中最大的动力是,笔者试图以计量分析的研究方法来对财政作一清晰的解释。适逢狭间直树先生来到人文科学研究所任职,他主持了一个"五四运动研究"课题组。课题组每周五的下午在北白川先生的研究室里召开研究会,打算学习中国近世史的我,与好友江田宪治一起去旁听。有一天(准确的日期记不得了),狭间先生在会上作了皖系军阀政权的报告,狭间先生的论点颇丰,通过大量的统计资料论证了该政权的性质,当然也包括财政方面的资料。对于正在思考硕士论文题目的我来讲,那天的报告无疑是雪中送炭。当时的学者们对地主制、阶级斗争、社会经济史、乡绅问题等报以更多的关注,这些方面的研究成果很多,可是,对财政领域的研究却很少,明晰的分析亦难形成。受到狭间先生报告的启发后不久,我就明确了以清末的协饷问题作为自己的研究目标。当时我想,咸丰、同治、光绪年间的《大清实录》或者奏议等史料中,有很多涉及协饷的记载,可以把它们抽出来加以分析研究。

于是,我马上开始查阅《大清会典事例》《户部则例》等文献,加深了对清朝财政制度的认识;与此同时,从《大清实录》中抄录协饷方面的记载,做成卡片。然而,我花了将近一年的时间以后才意识到,这种方法存在着缺陷。因为,尽管《大清实录》中有不少与协饷相关的记载,但是并不全。如果单单依据自己所做的卡片资料,将复杂的协饷问题的来龙去脉进行整理,那么,即便弄清了协饷的起源也无法弄清其发展的结果,因为能够揭示其演变过程的史料比较少见。因此,我得出的结论是,仅仅依靠实录中的点滴史料不足以把握协饷的全貌。于是我马上调整了硕士论文的构思,把1860—1870年财政的典型的资金调度方法作为论文的前半部分,把轮船招商局等民生部门的新式企业建立与官商的关系作为论文的后半部分,并于1980年1月完成了硕士论文。自不必说,论文是写成了,但是还没有能够进行一个明晰的计量分析。对于清朝的财政问题,愈加钻研愈加感到深不可测。

作为中日恢复邦交活动的一环,从第二年即1979年开始,中日两国开始互派留学生。我迫切希望去北京查阅清代的档案资料,以弥补自己研究的不足和缺憾。而且,特别想亲眼看一看那个神秘的东方古国。于是1980年5月,我申报了日本文部省的公派留学生项目。在申报材料中,有一项是要求申请人提交在留学国的研究计划。当时的中国,刚刚结束"文化大革命",北京的档案馆还没有对外国人开放,学术研究也还处于恢复阶段。我花了很大力气搜集到一些零星的信息,制定了一份研究计划书,颇为得意地拿给了负责人岛田虔次教授。岛田教授看过以后,对我说:与其到中国去搜集新的史料,还不如拜中国老师学习更有意义。岛田教授振聋发聩的这番话,让我顿开茅塞!岛田教授给予我的诸多教诲与点拨,至今感谢不已,难以忘怀。

幸运的是,当年9月我被派往天津南开大学,开始了留学生活。当时近代史教研室从事义和团研究的陈振江先生担任我的导师。陈振江先生是"文化大革命"前的北大研究生,当年师从汪篯先生研究六朝史。陈振江先生性格非常豪爽,亲切地指导我的学习。从他那里得知了许多自己无法得知的甚至无法想象的事情。这时我才发现,此前自己脑海中勾勒出的"中国"几近海市蜃楼,与真实的中国相去甚远。这应该是我留学的一大收获。

在南开大学,还有一位著名学者,那就是郑天挺先生。由于先生年事已高,已不再担任课程。但第二学期,学校特别请郑天挺先生开了一门名为"史学研究(明清史研究)"的课,我选了他的课。不光是本科生和研究生,就连他的弟子郑克晟先生、南炳文先生、冯尔康先生等历史系的老师们也都来听他的课。在这门课上,郑天挺先生强调:历史研究要注意"三新",即新方法、新史料、新论点。另外,郑先生除了重申唐代刘知幾所倡导的"史才"的三长(即才、学、识)的重要性之外,还强调了史德(人品)的重要性。

在课堂上,我吃惊地发现,有的本科生使用自制的满语单词本在学满语。南开大学历史系的满语课,大概是在郑天挺先生的倡导下开设的。刚刚结束政治运动的中国,显示出要大力振兴教育和科研的气势。尽管基本的生活条件还没有保障,但是学生们个个如饥似渴地发奋读书。这让我确信,中国无论在经济上还是在文化上一定会取得巨大的发展。

1981年9月我转到了北京大学,师从陈庆华先生。一边上陈先生、商鸿逵先生、许大龄先生、王庆成先生(中国社科院历史所)的课,一边到北京图书馆(今国家图书馆)善本阅览室等处抄写史料。现如今,外国人只要出示护照即可查阅,可是当时却不行,对外国人限制得很严。如果想去别的大学图书馆或者档案馆,事先必须到北大的"工作组"办公室去办理批准手续。中国第一历史档案馆的手续通常要好几个月,到了后来,中国掀起反对"资本主义精神污染"运动的那段时期,来馆查阅资料的外国人(常常只有我一个人),与其他读者隔离开来,单独在故宫城墙对面的一间昏暗的房间里。那是一段令我怀念的记忆。

1982年8月末,我回到日本后撰写了本书第二章的内容,当时论文发表在《东洋史研究》上,在谢词中我写道:

> 文中引用的中国第一历史档案馆所藏史料,均征得了该馆的许可。我向该馆,以及允许我查阅善本的南开大学图书馆、清华大学图书馆、北京图书馆表示感谢;向热心指导我并为了获准查阅资料而费心的北京大学陈庆华教授、南开大学陈振江教授表示深深的谢意。

其实,给予我莫大学恩的,除了以上提到的两位先生,还有很多。比如,曾告诉我《户部奏咨》(清华大学图书馆藏书)所在的北大研究生何本方(现在担任北京师范大学教授),当初论文发表时,正值反对"精神污染",所以我不便在文中提及何本方的名字。现在在此表示歉意的同时,向他表示感谢。在留学期间,由于得到了众多的日本朋友、中国朋友的帮助,我才能够顺利地、愉快地完成学业,恕不一一列出他们的名字。

作为本科生、研究生、助教,在东洋史研究室的前后 10 年的时间里,我不仅得到了佐藤长先生、岛田虔次先生、荻原淳平先生、谷川道雄先生、竺沙雅章先生、河内良弘先生、大谷敏夫先生等的栽培,还从小野信尔先生、梅原郁先生、堀川哲男先生、狭间直树先生的课上接受到了史料阅读方法的训练,人文科学研究所的吉川忠夫先生、砺波护先生也给予我诸多指导。此外,从研究室的学长、同学、外国留学生的身上学会了很多东西,受到了很多启发。现在回想起来,我深切感到自己有幸生活在一个极其优越的学习和研究的环境中。

回国后,在小野和子先生主持的联合研究课题组,我还有幸参加了许多研究活动,亲耳聆听小野和子先生、谷口规矩雄先生、滨岛敦俊先生等与本书的研究课题相关的赋、役制度研究的泰斗以及国内外明清史专家的报告,并有幸得到了发表自己研究成果的机会。赋、役制度史是一个很深奥的领域,而且至今已积累了大量的优秀研究成果。我一度试图回避这个领域,可是,由于在小野和子先生的课题组,我在本书第二部里,从财政史的角度对均徭法、里甲役、一条鞭法等问题进行了探讨。另外,本书第一章的底稿,是 1988 年 8 月在长野县户隐召开的明清史夏令营时作的报告,当时收到了许多与会者的宝贵意见。对于才学疏浅的我,能够把研究活动坚持到今天,完全是承蒙各位先生的不吝赐教和鼓励。

1986 年起的十年间,我任教于京都产业大学经济学部。在经济学或者经营学的专家们眼里,我就是一个"另类"。但是,他们依然热情地接纳了我,并在学术上给予了我很多启发,在此深表谢忱。本书的大部分是在京都产业大学任职期间整理的,特别是第二部,曾在该大学加入的经济经营学会的学术杂志上发表过,它成为我的有意义的十年教育研究生活的纪念。

本书有幸被收入"东洋史研究丛刊"而出版,还要感谢东洋史研究会会长夫马进先生、副会长杉山正明先生。京都大学学术出版会的小野利家先生等人,为本书的编辑出版付出了莫大的辛劳。本书的出版,还得到了日本学术振兴会"平成十五年度科学研究费补助金"的资助。值此出版之际,一并表示由衷的感谢。

岩井茂树

2004 年 1 月

参考文献

A. 档案、官撰书、地方志类的古典文献

内阁题本（中国第一历史档案馆藏）

清度支部（户部）档案（中国第一历史档案馆藏）

户科史书（中国第一历史档案馆藏）

黄册（中国第一历史档案馆藏）

《雍正元年四柱清册》（中国第一历史档案馆藏）

《万历三十一年里长派使用银帐》（中国社会科学院历史研究所藏整理）

《徽州千年契约文书（宋·元·明编）》第8卷（花山文艺出版）

《承当里役合同》（同前书 第4卷）

《宫中档雍正朝奏折》27册（1977—1980年台北故宫博物院影印）

《雍正朝上谕档》4卷［《史料丛编》康德二年（1935）旅顺库籍整理处石印本］

《汇核嘉庆十七年各直省钱粮出入清单》（《史料旬刊》22 30期 故宫博物院排印本）

《岁出岁入简明总册》不分卷（中国国家图书馆藏抄本）

《户部现办各案节要》不分卷（中国国家图书馆藏抄本）

故宫博物院文献馆辑《文献丛编》第2辑（民国26年国立北平故宫博物院排印本）

故宫博物院明清档案部辑《清代档案史料丛编》第四辑（1979年中华书局排印本）

台北故宫博物院故宫文献编辑委员会辑《宫中档光绪朝奏折》26册（1973—1975年台北故宫博物院影印）

叶志如等辑《光绪朝上谕档》37册（1996年广西师范大学出版社影印）

中国第一历史档案馆辑《光绪朝朱批奏折》120册（1995—1996年中华书局影印）

《明实录 附校勘记》185册（1962—1969年中院历史语言研究所影印本）

《清实录》60 册（中国第一历史档案馆等辑 1986—1987 年中华书局影印本）

张卤辑《皇明制书》20 卷（1967—1968 年古典研究会用万历七年刊本影印本）

正德《大明会典》180 卷（正德四年序刊本）

万历《大明会典》288 卷（万历十五年敕撰　内府刊本）

康熙《大清会典》162 卷（康熙二十九年撰　内府刊本）

雍正《大清会典》250 卷（雍正十年敕撰　内府刊本）

乾隆《会典则例》180 卷（乾隆二十九年敕撰　内府刊本）

光绪《大清会典事例》1220 卷（光绪二十五年敕撰　外交部石印本）

《十朝圣训》922 卷（光绪年间官辑　刊排印本）

《世宗宪皇帝上谕内阁》159 卷（乾隆六年续刊本）

《万历会计录》43 卷（北京图书馆古籍珍本丛刊　万历十年刊本影印本）

《户部奏咨　雍正元年至乾隆十二年》不分卷（清华大学图书馆藏抄本）

《户部则例》126 卷（乾隆四十六年官撰　刊本）

《户部则例》100 卷（同治十三年官撰　刊本）

《捐摊款目》（南开大学藏抄本）

《捐摊款目》　不分卷（南开大学图书馆藏抄本）

《款目源流》　不分卷（南开大学图书馆藏抄本）

《禀稿录》不分卷　（南开大学图书馆藏抄本）

《详蒿录》不分卷　（南开大学图书馆藏抄本）

《钱谷视成》不分卷（南开大学图书馆藏抄本）

《乾隆年河南省钱谷刑名资料》（《食货月刊》复刊 第 1 卷第 8 期,1971 年）

《山西省财政沿革利弊说明书》（宣统年间排印本）

《山西全省财政说明书》第一种（《山西省财政沿革利弊说明书》,宣统年间排印本）

《钦定八旗通志》342 卷（嘉庆年间官撰　刊本）

《皇朝文献通考》300 卷　（乾隆十二年敕撰　刊本）

《皇朝续文献通考》320 卷（民国 24—25 年上海商务印书馆影印十通本）

成化《杭州府志》63 卷　（四库全书存目丛书影印成化年间刻本）

嘉靖《怀庆府志》13 卷　（嘉靖四十五年序刊本）

嘉靖《徽州府志》23 卷　（1965 年台湾学生书局影印明代方志选本）

嘉靖《惠安县志》13 卷（嘉靖九年刊本）

嘉靖《龙岩县志》2 卷　（嘉靖三十七年刊本）

万历《福宁州志》11 卷（万历二十一年刊本）

万历《福州府志》77 卷（万历四十一年刊本）

万历《嘉定县志》22 卷（万历三十三年序刊本）

万历《罗山县志》4 卷（1992 年书目文献出版社影印日本中国罕见地方志丛刊本）

万历《宁国府志》21 卷（万历五年序刊本）

万历《泉州府志》25 卷（万历四十年刊本）

万历《汶上县志》8 卷（康熙五十六年据万历三十六年本重刊本）

万历《新修南昌府志》30 卷（万历十六年序刊本）

万历《肇庆府志》22 卷（万历十六年序刻本）

崇祯《吴县志》55 卷 （崇祯十五年序刊本）

崇祯《肇庆府志》50 卷 （崇祯六年刊本）

康熙《怀柔县新志》8 卷（康熙六十年刊本）

康熙《泗水县志》21 卷 （康熙元年泗水卢应龙建阳刊本）

康熙《永康县志》11 卷 （康熙十一年序刊本）

雍正《昭文县志》11 卷（雍正九年刊本）

乾隆《河南通志》80 卷（乾隆三十二年刻本）

光绪《吴江县续志》41 卷（光绪五年刊本）

民国《南充县志》17 卷 （民国 18 年刊本）

B. 其他中国典籍（著者名按拼音顺序排列）

陈子龙等辑《皇明经世文编》508 卷（1964 年国风出版社用崇祯中平露堂刊本影印）

褚人获《坚瓠九集》4 卷（1984 年江苏广陵古籍刻印社影印笔记小说大观本）

德福纂辑 颜希深续辑《闽政领要》（乾隆年间刊本）

邓元锡《函史》103 卷（乾隆三年序印本）

冯桂芬《校邠庐抗议》2 卷（光绪二十三年聚丰坊刊本）

冯梦龙《全像古今小说》40 卷（1958 年人民文学出版社排印本）

冯梦龙《寿宁待志》3 卷（1983 年福州福建人民出版社，据崇祯十年刊本排印）

葛士濬编《皇朝经世文续编》120 卷（光绪二十七年上海久敬斋排印本）

顾家相《浙江通志厘金门稿》3 卷（民国 8 年上海聚珍仿宋印书局排印本）

顾起元《客座赘语》10 卷（1987 年中华书局排印本）

顾炎武《天下郡国利病书》原编（民国 24—25 年上海商务印书馆影印四部丛刊三编本）

海宁·郑源瓓《晋政辑要》8 卷（乾隆五十四年山西布政司刊本）

海瑞《海瑞集》2 册（1962 年中华书局排印本）

何瑭《何柏斋文集》10 卷（嘉靖三十三年刊本）

霍韬《渭崖文集》10 卷（万历四年霍与瑕刻本）

贺长龄辑《皇朝经世文编》120 卷（道光六年，善化贺氏刊本）

洪承畴《洪承畴章奏文册汇辑》（民国 26 年上海商务印书馆排印）

华琳《苏藩政要》2 卷（南开大学图书馆藏抄本）

黄六鸿《福惠全书》32 卷（康熙三十八年金陵濂溪书屋刊本）

黄恩彤等《粤东省例新纂》8 卷（道光二十六年刊本）

姜南《芙塘诗话》1 卷（说郛续第 33 帙）

靳辅《文襄奏疏》8 卷（四库全书本）

经济学会辑《财政说明书》陕西《各省财政说明书》20 册（民国 3—4 年，北京经济学会排印本）

丘濬《大学衍义补》161 卷（四库全书本）

璩昆玉《古今类书纂要》12 卷（1976 年汲古书院影印和刻本类书集成第五辑所收本）

李鸿章《李文忠公全集》165 卷（光绪三十一年金陵刊本）

李希圣《光绪会计录》3 卷（光绪二十二年序上海时务报馆石印本）

梁章钜《枢垣纪略》16 卷（1980 年上海古籍书店用道光三年刊本影印本）

刘岳云《光绪会计表》4 卷（光绪二十七年上海教育世界社石印本）

明太祖《大诰续编》1 卷（台湾学生书局影印明朝开国文献十三种本）

明太祖《御制大诰》1 卷（台湾学生书局影印明朝开国文献十三种本）

清世宗雍正帝《圣谕广训》1 卷　（清刊本）

秦世祯《抚浙檄草》（《清史资料》第 2 辑 1981 年所收）

饶玉成《皇朝经世文续编》120 卷（光绪八年刊本）

盛康编《皇朝经世文续编》120 卷（光绪二十三年武进盛氏思補楼刊本）

施耐庵·罗本《李卓吾先生批评忠义水浒传》100 回（1966 年中华书局用万历中杭州容与堂刊本影印本）

孙承泽《春明梦余录》70 卷（1992 年北京古籍出版社排印本）

陶澍《陶文毅公全集》64 卷（道光二十年淮北士民公刊本）

王庆云《石渠余纪》6 卷（北京古籍出版社排印本，1985 年）

汪辉祖《病榻梦痕录》2 卷（光绪十五年江苏书局刻汪龙庄遗书本）

汪辉祖《梦痕录余》1 卷（光绪十五年江苏书局刻汪龙庄遗书本）

汪辉祖《佐治药言》1 卷（光绪十五年江苏书局刻汪龙庄遗书本）

王闿运《湘军志》16 卷　（光绪十二年成都墨香书屋刊本）

王世茂《新刻精纂详注仕途悬镜》8 卷（金陵蕴古堂活字印本）

王圻《续文献通考》254 卷（1991 年现代出版社影印本）

汪琬《尧峰文钞》40 卷（四部丛刊本，民国 8 年上海商务印书馆影印）

王宗沐《江西省大志》8 卷　（万历二十五年序刊本）

魏源《魏源集》（1967 年北京中华书局排印本）

魏源《圣武记》14 卷　（1984 年北京中华书局据道光二十六年刊本排印）

席裕福《皇朝政典类纂》500 卷（光绪二十九年上海图书馆集成局排印本）

徐栋辑《牧令书》23 卷（道光二十八年楚兴国李氏刊本）

徐元瑞《吏学指南》8 卷（1988 年浙江古籍出版社排印本）

薛福成《庸庵海外文编》4 卷（光绪二十一年刻本）

薛允升《读例存疑》54 卷（光绪三十一年京师印本）

叶春及《惠安政书》（《石洞集》）18 卷（四库全书本）

曾国藩《曾国藩未刊信稿》（1959 年中华书局排印本）

曾国藩《曾文正公奏稿》36 卷（同治光绪年间传忠书局刊曾文正公全集本）

张集馨《道咸宦海见闻录》（中国社会科学院近代史研究所辑，1981 年北京中华书局排印本）

张廷玉《澄怀园文存》15 卷（1966—1973 年台北文海出版社近代中国史料丛刊影印本）

张廷玉等奉敕撰《明史》332 卷（1974 年北京中华书局排印本）

张萱《西园闻见录》107 卷（民国 29 年哈佛燕京学社排印本）

张贞观《掖垣谏草》5 卷（四库全书存目丛书影印万历刻本）

张之洞《张文襄公全集》302 卷（民国 17 年新城王氏刊本）

赵炳麟《请统一财权整理国政折》（《政治官报》第 133 号，光绪三十四年 5 月 23 日）

赵尔巽等辑《清史稿》536 卷（启功等点校，1977 年北京中华书局排印本）

中研院历史语言研究所《中央研究院历史语言研究所善本书目》（1968 年该所排印本）

周询《蜀海丛谈》4 卷（1966—1973 年台北文海出版社影印近代中国史料丛刊本）

朱键《古今治平略》33 卷（崇祯十二年序刊本）

朱克敬《瞑庵二识》（1983 年岳麓书社排印本）

朱寿朋编《光绪朝东华录》5 册（1958 年中华书局排印本）

朱寿朋《东华续录》220 卷（宣统元年上海集成图书公司排印本）

C. 研究论著、论文（日文，著者名按日语五十音图顺序排列）

足立启二　「初期银财政の歳出入构造」（『山根幸夫教授退休记念

明代史論叢』汲古書院 1990 年)

　　足立啓二　「明清時代における銭経済の発展」（中国史研究会編『中国専制国家と社会統合──中国史像の再構成Ⅱ』文理閣 1990 年)

　　足立啓二　「中国専制国家と財政・貨幣」（中国史研究会編『中国専制国家と社会統合──中国史像の再構成Ⅱ』文理閣 1990 年)

　　安部健夫　「耗羨提解の研究──『雍正史』の一章としてみた──」（原載『東洋史研究』16－4 1958 年，『清代史の研究』創文社 1971 年)

　　安部健夫　『清代史の研究』創文社 1971 年

　　新宮學　「明代後半期江南諸都市の商税改革と門攤銀」（『集刊東洋學』60　1988 年)

　　新宮學　「明代前期北京の官店塌房と商税」（『東洋史研究』49-1 1990 年)

　　新宮學　「洪熙から宣徳へ──北京定都への道」（『中国史学』3 1993 年)

　　新宮學　「南京還都──永楽一九年四月北京三殿焼失の波紋」（『和田博徳教授古稀記念 明清時代の法と社会』汲古書院 1993 年)

　　岩井茂樹　「武進県の田土推収と城郷関係」（森時彦編『中国近代の都市と農村』京都大学人文科学研究所 2001 年)

　　岩井茂樹　「公課負担団体としての里甲と村」（森正夫編『明清時代史の基本問題』汲古書院 1997 年)

　　岩井茂樹　「嘉靖四十一年浙江厳州府遂安県十八都下一図賦役黄冊残本考」（夫馬進編『中国明清地方檔案の研究』京都大学文学部 2000 年)

　　岩井茂樹　「明末における集権と「治法」主義──考成法のゆくえ──」（『和田博徳教授古稀記念 明清時代の法と社会』汲古書院 1993 年)

　　岩井茂樹　「清朝国家財政における中央と地方──酌撥制度を中心にして──」（『東洋史研究』42－2 1983 年)

　　岩井茂樹　「清代の版図順荘法とその周辺」（『東方学報』京都第 72 册 2000 年)

　　岩井茂樹　「武進県『実徴堂簿』と田賦徴収機構」（夫馬進編『中国明清地方档案の研究』京都大学文学部 2000 年)

　　岩井茂樹　「張居正財政の課題と方法」（岩見宏・谷口規矩雄編『明末清初期の研究』京都大学人文科学研究所 1989 年)

　　岩井茂樹　「中国専制国家と財政」（『中世史講座 6』（学生社 1992 年)

岩見宏　「養廉銀制度の創設について」（『東洋史研究』22-3　1963 年）

岩見宏　「『賦役全書』の源流」（京都大学人文科学研究所における報告，1985 年 4 月 23 日）

岩見宏　「明の嘉靖前後に於ける賦役改革について」（初出，1949 年，『明代徭役制度の研究』同朋舎 1986 年）

岩見宏　「明朝嘉靖期の加派について」（『東方学』88　1994 年）

岩見宏　「明代地方財政の一考察——広東の均平銀について——」（初出，1953 年，『明代徭役制度の研究』同朋舎 1986 年）

岩見宏　「晩明財政の一考察」（岩見宏・谷口規矩雄編『明末清初期の研究』京都大学人文科学研究所 1989 年）

岩見宏　「雍正時代における公費の一考察」（『東洋史研究』15-4　1957 年）

岩見宏　『明代徭役制度の研究』（同朋舎 1986 年）

臼井佐知子　「清代賦税関係数値の一検討——乾隆末年より同治六年にいたる，江南における，銀銭比価・銭糧折価・米価・綿花価・漕米折価の変動と，納税戸の賦税負担の推移——」（『中国近代史研究』1　1981 年）

臼井佐知子　「太平天国末期における李鴻章の軍事費対策」（『東洋学報』65-3　1984 年）

臼井佐知子　「同治四（1865）年，江蘇省における賦税改革」（『東洋史研究』45-2 1986 年）

内田智雄・日原利國校訂　『定本 明律国字解』（創文社 1965 年）

梅原郁　「元代差役法小論」（『東洋史研究』23-4　1965 年）

大隅晶子　「明代山東省における条鞭法について」（『東アジアにおける国家と農民』東京大学出版会 1984 年）

岡本隆司　「清末民国と塩税」（『東洋史研究』58-1　1999 年）

岡本隆司　「近代中国と海関」（名古屋大学出版会 1999 年）

奥山憲夫　『明代軍政史研究』（汲古書院 2003 年）

織田萬編　『清国行政法』第 6 巻（臨時台湾旧慣調査会 1905〜1915 年）

愛宕松男　「元の中国支配と漢民族社会」（『岩波講座 世界歴史』9　1970 年）

小山正明　「明代華北賦・役制度改革史の一検討」（初出，1964 年，『明清社会経済史研究』東京大学出版会 1992 年）

小山正明　『明清社会経済史研究』（東京大学出版会，1992 年）

小山正明　「アジアの封建制——中国封建制の問題——」（初出，

1974年，『明清社会経済史研究』東京大学出版会 1992年)

小山正明　「賦・役制度の変革」（初出，1971年，『明清社会経済史研究』東京大学出版会 1992年)

小山正明　「明代の十段法について」（初出，1968年，『明清社会経済史研究』東京大学出版会 1992年)

片岡一忠　「清代後期陝西省の差徭について」（『東洋史研究』44－3　1985年)

片岡一忠　『清朝新疆統治研究』（雄山閣出版 1991年)

片山剛　「清代珠江デルタの里甲経営と地域社会──順徳県龍江堡」（『待兼山論叢』36　2002年)

片山剛　「清代珠江デルタの宗族・村落と国家制度」（1993年7月29日，第7回明清史夏合宿 於：川渡共同セミナーセンター)

片山剛　「清末広東省珠江デルタの図甲表とそれをめぐる諸問題──税糧・戸籍・同族──」（『史学雑誌』91－4　1982年)

片山剛　「清末広東省珠江デルタの図甲制の諸矛盾とその改革（南海県)」（『海南史学』21　1984年)

片山剛　「清末広東省珠江デルタの図甲表と同族支配の再編（順徳県・香山県)」（『近代中国史研究』4　1984年)

片山剛　「清末広東省珠江デルタの図甲制について」（『東洋学報』63-3・4　1983年)

川勝守　「南直隷常州府武進県の一条鞭法」（『東洋史論集』10　1982年)

川勝守　『中国封建国家の支配構造──明清賦役制度史の研究』（東京大学出版会　1980年)

岸本美緒　「清代戸部銀庫黄冊について」（石橋秀雄編『清代中国の諸問題』山川出版社 1995年)

岸本美緒　「清代前期江南の米価動向」（『史学雑誌』87-9　1978年)

岸本美緒　「清代前期江南の物価動向」（『東洋史研究』37-4　1979年)

岸本美緒　「清代物価史研究の現状」（『中国近代史研究』5　1987年)

岸本美緒　『清代中国の物価と経済変動』（研文出版　1997年)

久保亨　『中国経済100年のあゆみ──統計資料で見る中国近現代経済史』（創研出版 1991年)

久保田文次　「清代四川の大佃戸」（『近代中国農村社会史研究』大安　1967年)

栗林宣夫　「一条鞭法の形成について」（『清水博士追悼記念　明代史論叢』大安 1962 年）

栗林宣夫　『里甲制の研究』（文理書院　1971 年）

黒田明伸　「清末湖北省財政の分権的展開——辛亥革命の財政史的前提——」（『史林』66-6　1983 年）

黒田明伸　『中華帝国の構造と世界経済』（名古屋大学出版会 1994 年）

伍躍　「明代の柴薪銀について」（『史林』78-4　1995 年）

伍躍　「清代捐納制度論考——報捐を中心に——」（夫馬進編『中国明清地方档案の研究』京都大学文学部 2000 年）

伍躍　『明清時代の徭役制度と地方行政』（大阪経済法科大学 2000 年）

洪性鳩「明末清初の徽州における宗族と徭役分担公議——祁門県五都桃源洪氏を中心に——」（『東洋史研究』61-4　2003 年）

香坂昌紀「清代中期の国家財政と関税収入」（『明清時代の法と社会』汲古書院　1993 年）

小谷汪之『マルクスとアジア——アジア的生産様式論争批判——』（青木書店　1979 年）

小林幾次郎　『支那財政経済論』（叢文閣 1938 年）

小林幸夫　「清末の浙江における賦税改革と折銭納税について」（『東洋学報』58－1・2　1978 年）

近藤秀樹　「清代の捐納と官僚社会の終末」（上）～（下）（『史林』46－2～4　1963 年）

近藤秀樹　「清代の銓選——外補制の成立」（『東洋史研究』17-2　1958 年）

佐伯富「清代における奏銷制度」（『東洋史研究』22-3 1963 年）

佐伯富『清代塩政の研究』（東洋史研究会 1956 年）

酒井角三郎　「封建社会の構造——中国封建社会の検討から封建社会の一般理論へ——」（『思想』529　1968 年）

佐久間重男　「明代における商税と財政の関係」（『史学雑誌』65-1，2　1956 年）

佐久間重男　「明代の商税制度」（『社会経済史学』30-3　1943 年）

佐佐木正哉「咸豊二年鄞県の抗糧暴動」（『近代中国研究』第 5 輯（東京大学出版会 1963 年）

佐藤文俊　『明代王府の研究』（研文出版　1999 年）

重田徳　「清朝農民支配の歴史的特質——地丁銀成立のいみするもの——」（初出, 1967 年, 『清代社会経済史研究』岩波書店　1975 年）

『支那経済全書』第 1 輯　（東亞同文会 1907 年）

島居一康　「両税折納における納税価格と市場価格」（中国史研究会編『中国専制国家と社会統合──中国史像の再構成 II》文理閣 1990 年）

島居一康　『宋代税政史研究』（汲古書院　1993 年）

鈴木博之　「明代における包攬の展開」（『東方学』64　1982 年）

鈴木中正　「清末の財政と官僚の性格」（『近代中国研究』第 2 輯（東京大学出版会 1958 年）

鈴木中正　『清朝中期史研究』（愛知大学国際問題研究所 1952 年）

曽我部静雄　『宋代財政史』（生活社 1941 年，増補版大安 1966 年）

高鳩航　「清代の賦役全書」（『東方学報』京都第 72 冊，　2000 年）

高鳩航　「近代江南の土地，徴税，国家──土地・徴税文書と田賦徴収機構」（博士学位請求論文，京都大学文学研究科 2000 年）

高橋孝助　「咸豊三年前後の江南における均賦論──近代郷紳のある出発──」（『宮城教育大学紀要』10　1975 年）

田中忠夫『支那経済の崩壊過程と方法論』（学藝社 1936 年）

田仲一成「清代浙東宗族の組織形成における宗祠演劇の機能について」（『東洋史研究』44-4　1986 年）

谷井陽子　「道光・咸豊期外省における財務基調の變化──张集馨の生涯を軸に──」（『東洋史研究』47-4　1989 年）

谷口規矩雄「明代華北における銀差成立の一研究──山東の門銀成立を中心として──」（『東洋史研究』20-3, 1961 年，のち『明代徭役制度史研究》同朋舎 1998 年）

谷口規矩雄「明代福建の一条鞭法について」（『布目潮渢博士古稀記念論集　東アジアの法と社会』（汲古書院 1990 年）

谷口規矩雄　「明代華北における一条鞭法の展開」（岩見宏・谷口規矩雄編『明末清初の研究』京都大学人文科学研究所 1989 年）

谷口規矩雄　「明代華北における銀差成立の一研究──山東の門銀成立を中心にして──」（『東洋史研究』20-3　1961 年）

谷口規矩雄「日本における明代徭役制度の研究」（『中国史学』3 1993 年）

谷口規矩雄『明代徭役制度史研究』（同朋舎 1998 年）

檀上寛　「初期明王朝の通貨政策」（『東洋史研究』39-3　1980 年）

檀上寛　「明清郷紳論」（谷川道雄偏『戦後日本の中国史論争』河

合教育文化研究所 1993 年)

　　檀上寛　『明朝専制支配の史的構造』　(汲古書院 1995 年)

　　J. チェン (陳志譲)　　『軍紳政権──軍閥支配下の中国』 (岩波書店 1984 年)

　　中国史研究会編　『中国専制国家と社会統合──中国史像の再構成Ⅱ』 (文理閣 1990 年)

　　張玉林　　『転換期の中国国家と農民 : 1978〜1998』(農林統計協会 2001 年)

　　鶴見尚弘　「明代における郷村支配」 (『岩波講座, 世界歴史』12, 岩波書店 1971 年)

　　湯良礼著・中山寛美三訳　『支那社会の組織と展望』 (育生社, 1940 年)

　　東亜経済調査局訳　『支那における銀と物価』 (東亜経済調査局 N. D.)

　　東亜研究所　『支那農村慣行調査報告書第二輯 土地公租公課の研究』 (東亜研究所 1944 年)

　　内藤虎次郎　『清朝衰亡論』 (京都 1912 年)

　　中島楽章 『明代郷村の紛争と秩序』 (汲古書院 2002 年)

　　夏井春喜　「洋務運動時期税収奪体制の再編」 (『中国近代史研究会通信』第 4 号, 1976 年)

　　夏井春喜　「『大戸』・『小戸』問題と均賦・減賦政策」 (『中国近代史研究会通信』8, 10, 1978 年, 1979 年)

　　並木頼寿　「清代河南省の漕糧について」 (『東洋大学東洋史研究報告』2　1983 年)

　　新村容子「清末四川省における局士の歴史的性格」 (『東洋学報』64−3・4　1983 年)

　　西村元照「明後期の丈量について」 (『史林』54-5　1971 年)

　　西村元照「清初の包攬──私徴体制の確立, 解禁から請負徴税制へ──」 (『東洋史研究』35- 3　1976 年)

　　西村元照「清初の土地丈量について──土地臺帳と隠田をめぐる国家と郷紳の対抗関係を中心として──」 (『東洋史研究』33-3 1974 年)

　　西村元照「張居正の土地丈量──全体像と歴史的意義把握のために──」 (『東洋史研究』30-1, 2　1971 年)

　　野沢豊編　『中国の幣制改革と国際関係』 (東京大学出版会 1981 年)

　　濱下武志　『中国近代経済史研究──清末海関財政と開港場市場

圏』（東京大学東洋文化研究所，1989 年）

　濱島敦俊　『明代江南農村社会の研究』（東京大学出版会 1982 年）

　濱島敦俊・片山剛・高橋正「華中・南デルタ農村実地調査報告書」
（『大阪大学文学部紀要』第 34 巻，1994 年 3 月）

　原朝子　「清末四川の経徴局について」（『近代中国研究月報』21
1999 年）

　日野開三郎　「両税法の基本四原則」（『法制史研究』11
1960 年）

　平瀬巳之吉　『近代支那経済史』（中央公論社 1942 年）

　藤岡次郎　「清朝における徭役に関する一考察──清朝地方行政
研究のためのノート I ──」（『北海道教育大学紀要（第 1 部 B）』13-1
1962 年）

　藤岡次郎「清代直隷省における徭役について──清朝地方行政研
究のためのノート II ──」（『北海道教育大学紀要（第 1 部 B）』14-1
1963 年）

　藤田敬一「清初山東における賦役制について」（『東洋史研究』
24-2　1965 年）

　船越泰次　『唐代両税法研究』（汲古書院 1996 年）

　夫馬進　『中国善堂・善会史研究』（同朋舎 1997 年）

　星斌夫　「明代における駅伝銀と協済制度」（『東洋学報』52-2
1969 年）

　星斌夫　『大運河：中国の漕運』　（近藤出版社 1971 年）

　星斌夫　『明清時代交通史の研究』　（山川出版社 1971 年）

　細見和弘「李鴻章と戸部：北洋艦隊の建設過程を中心に」（『東洋
史研究』56-4　1998 年）

　細見和弘「清仏戦争期の軍事費調達策についての一考察──戸部
の「開源」「節流」策と李鴻章の議覆」（『小田義久博士還暦記念東洋史
論集』龍谷大学東洋史学研究会 1995 年）

　松井義夫　『清代経費の研究』（南満洲鉄道株式会社 935 年）

　三木聰　『明清福建農村社会の研究』（北海道大学図書刊行会
2002 年）

　三木聰　「明代里老人制の再検討」（『海南史学』30　1992 年）

　宮崎市定「清代の胥吏と幕友」（『宮崎市定全集』第 13 巻 岩波書
店 1992 年）

　宮崎市定　「宋代の州縣制度の由来とその特色」　（原載『史林』
36-2 1953 年，『アジア史研究』第 4 同朋舎 1975 年）

　宮崎市定　「宋代州県制度の由来とその特色」（初出，1963 年，の

424

ち『アジア史研究第四』　　同朋舎 1967 年）

　宮崎市定　「唐代賦役制度新考」（原載『東洋史研究』14-4　1956 年，『アジア史論考』中巻 朝日新聞社 1976 年）

　宮崎市定　『中国史』下（岩波書店 1978 年）

　宮澤知之「北宋の財政と貨幣経済──宋初の軍事財政」（中国史研究会編『中国専制国家と社会統合──中国史像の再構成Ⅱ』　文理閣 1990 年）

　宮澤知之　『中国専制国家財政の展開』（『岩波講座　世界歴史』9 岩波書店 1999 年）

　村松祐次『復刊 中国経済の社会態制』（東洋経済新報社 1975 年）

　百瀬弘　「清朝の異民族統治における財政経済政策」（『東亜研究所報』20 1943 年）

　森正夫「現代中国の鎮における居民委員会と住民の生活意識──上海市青浦県朱家角鎮の場合──」（『和田博徳教授古稀記念 明清時代の法と社会』汲古書院 1993 年）

　森正夫『明代江南土地制度の研究』（同朋舎 1988 年）

　森田明　「清代の『議図』制とその背景」（『社会経済史学』42-2 1976 年）

　山田賢　「『紳糧』考──清代四川の地域エリート──」（原載『東洋史研究』50-2 1991 年，『移住民の秩序』名古屋大学出版会　1995 年）

　山田賢　『移住民の秩序』（名古屋大学出版会 1995 年）

　山根幸夫「明代華北における役法の特質」（初出，1962 年，『明代徭役制度の展開』東京女子大学学会 1966 年）

　山根幸夫「一五・一六世紀中国における賦役労働制の改革──均徭法を中心として──」（『史学雑誌』60-11　1951 年）

　山根幸夫『明代徭役制度の展開』（東京女子大学学会 1966 年）

　山本進　「清代後期四川における財政改革と公局」（原載『史学雑誌』104-12 1994 年，『清代財政史研究』汲古書院 2002 年）

　山本進　「清代後期直隷・山東における差徭と陋規」（原載『史林』79-3 1996 年，『清代財政史研究』汲古書院 2002 年）

　山本進　「商品生産研究の軌跡」『明清時代史の基本問題』（汲古書院 1997 年）

　山本進　『清代財政史研究』（汲古書院 2002 年）

　山本英史　「「自封投櫃」考」（『中国──社会と文化』四 1989 年）

　山本英史「均田均役より順荘法に至る一過程──清初における呉江・震沢両県の場合──」（『山口大学文学会志』32　1981 年）

　　山本英史「清初における包攬の展開」（『東洋学報』59-1・2　1977年）

　　山本英史　「清初華北における丁税科派についての一見解——黄六鴻の『編審論』をめぐって——」（慶応義塾大学東洋史研究室編『西と東と』汲古書院1985年）

　　山本英史　「清代の郷村組織と地方文献——蘇州洞庭山地方の郷村役を例にして——」（『東洋史研究』58-3　1999年）

　　山本英史「紳衿による税糧包攬と清朝国家」（『東洋史研究』48-4　1990年）

　　山本英史　「雍正紳衿抗糧処分考」（『中国近代史研究』7　1992年）

　　山本英史　「浙江省天台県における『図頭』について——十八世紀初頭における中国郷村支配の一形態」（『史学』50　1980年）

　　吉川幸次郎訳　『水滸伝』（岩波文庫1950年）

　　吉田浤一「中国家父長制論批判序説」（『中国専制国家と社会統合——中国史像の再構成Ⅱ——』文理閣1990年）

　　和田清編　『支那地方自治発達史』（中華民国法制研究会1939年）

　　渡邊信一郎　『中国古代国家の思想構造』（校倉書房1994年）

　　『歴史学事典　第1巻　交換と消費』　（弘文堂1994年）

D. 研究论著、论文（中文）

　　鲍彦邦《明代漕运研究》(暨南大学出版社,1996年)

　　蔡蕃《北京古运河与城市供水研究》(北京出版社,1987年)

　　财政部《财政年鉴》,1935年

　　柴彭颐、赵作欢《现阶段中国农民负担合理性研究》(中国农业出版社,2000年)

　　陈伯庚主编《中国工农业协调发展研究》(华东师范大学出版社,1992年)

　　陈锋《清代财政收入政策与收入结构的变动》(《人文论丛2001年卷》,武汉大学出版社,2002年)

　　陈锋《清代军费研究》(武汉大学出版社,1992年)

　　陈高华、史卫民《中国经济通史·元代经济卷》(经济日报出版社,2000年)

　　陈荷夫编《中国宪法类编》(中国社会科学出版社,1980年)

　　陈支平《清代赋役制度演变新探》(厦门大学出版社,1988年)

　　陈志让《军绅政权》(香港三联书店,1979年)

　　戴一峰《近代中国海关与中国财政》(厦门大学出版社,1992年)

　　邓绍辉《晚清财政与中国近代化》(四川人民出版社,1998年)

方显廷《中国经济之症结与统制》(《政治经济学报》第 4 卷第 3 号,1935 年)

凤冈及门第子《梁燕孙先生年谱》(台湾商务印书馆,影印,1978 年)

高洁《中国农村税费改革正遭遇体制难题》(《美国文摘》2001 年11·12月号)

郭松义《论"摊丁入地"》(《清史论丛》第三辑,1982 年)

《汉英词典》(商务印书馆,1980 年)

《汉语大词典》(汉语大词典出版社,1988 年)

何烈《清咸、同时期的财政》(国立编译馆,1981 年)

何烈《厘金制度新探》(私立东吴大学中国学术著作奖助委员会,1972 年)

何平《清代赋税政策研究——1644～1840 年》(中国社会科学出版社,1998 年)

河北省县政建设研究院《定县赋税调查报告书》(河北省县政建设研究所,1934 年)

黄彰健编《明代律例汇编》第 2 册(中研院历史语言研究所,1979 年)

贾士毅《民国财政史》(商务印书馆,1917 年)

贾士毅《民国财政史三编》(商务印书馆,1962 年)

贾士毅《民国续财政史》(商务印书馆,1932 年)

千家驹编《旧中国公债史资料 1849～1949 年》(中华书局,1984 年)

赖惠敏《明代南直隶赋税徭役与地方经费》(《史原》12,1982 年)

李成瑞《中华人民共和国农业税史稿》(财政出版社,1959 年)

李景汉《定县社会概况调查》(中国人民大学出版社,1986 年)

李陵《河北省静海县之田赋及其征收制度》(方显廷编《中国经济研究》,商务印书馆,1938 年)

李茂岚编《中国农民负担问题研究》(山西经济出版社,1996 年)

李锐《论我国中央与地方政府财政关系之调整》(方显廷编《中国经济研究》,商务印书馆,1938 年)

李文治、江太新《清代漕运》(中华书局,1995 年)

李昌平《我向总理说实话》(光明日报出版社,2002 年)

梁方仲《梁方仲经济史论文集》(中华书局,1989 年)

梁方仲《中国历代户口·田土·田赋统计》(上海人民出版社,1987 年)

梁方仲《田赋史上起运存留的划分与道路远近的关系》(初刊 1942 年,《梁方仲经济史论文集》,中华书局,1989 年)

刘秉麟《近代中国外债史稿》(三联书店,1962 年)

刘德美《清代地方财政积弊个案探讨——嘉庆年间安徽钱粮亏空案》(《师大学报》27,1982 年)

刘广京《晚清督抚权力问题商榷》(《清华学报》新第 10 卷第 2 期,1974年)

刘继纯、徐苏林、刘军茹《农民负担 200 问》(中国社会出版社,1999 年)

刘克祥《太平天国后清政府的财政"整顿"和搜刮政策》(《中国社会科学院经济研究所集刊》3,1981 年)

刘淼《明代盐业经济研究》(汕头大学出版社,1996 年)

刘则刚《农村财政与信贷》(中国财政经济出版社,1988 年)

龙岩地区地方志编纂委员会编《龙岩地区志》(上海人民出版社,1992年)

鲁子健《清代四川财政史料》上(四川社会科学出版社,1984 年)

栾成显《明代黄册研究》(中国社会科学出版社,1998 年)

罗尔纲《湘军新志》(长沙,1939 年)

罗玉东《光绪朝补救财政之方策》(《中国近代经济志研究集刊》,1－2,1933 年)

罗玉东《中国厘金史》(商务印书馆,1936 年)

缪全吉《明代胥吏》(中国人事行政月刊社,1969 年)

缪全吉《清代幕府人事制度》(中国人事行政月刊社,1971 年)

牟安世《洋务运动》(上海人民出版社,1956 年)

彭信威《中国货币史》(上海人民出版社,1958 年)

彭雨新《清末中央与各省财政关系》(《社会科学杂志》第 9 卷第 1 期,1947 年)

潘喆、康世儒《获鹿县编审册初步研究》(《清史研究集》第 3 辑,四川人民出版社,1984 年)

彭泽益《清代财政管理体制与收支结构》(《中国社会科学院研究生院学报》1990 年第 2 期)

彭泽益《十九世纪五十至七十年代清朝的财政危机和财政搜刮的加剧》(《历史学》1979 年第 2 期)

彭泽益《十九世纪后半期的中国财政与经济》(人民出版社,1983 年)

全汉升《中国经济史论丛》(香港中文大学新亚书院,1972 年)

任恒俊《神奇的腐朽——晚清吏治面面观》(生活·读书·新知三联书店,1996 年)

陕甘宁边区财政经济史编写组·陕西省档案馆《抗日战争时期陕甘宁边区财政经济史料摘编》(陕西人民出版社,1981 年)

唐文基《明代均徭法》(《平准学刊》第 4 辑下册,光明日报出版社,1989年)

唐文基《明代赋役制度史》(中国社会科学出版社,1991 年)

汤象龙《中国近代海关税收和分配统计——1861～1910》(中华书局,

1992年)

陶继侃《地政与财政之调整》(方显廷编《中国经济研究》)

王尔敏《淮军志》(台北,1967年)

王树槐《庚子地方赔款》(《中研院近代史研究所集刊》第3期上册,1972年)

王树槐《庚子赔款》(中研院近代史研究所,1974年)

王寅生、薛品轩、石凯福《中国北部的兵差与农民》(中研院社会科学研究所专刊第5号,1931年)

韦庆远《明代黄册制度》(中华书局,1961年)

吴承明《中国资本主义与国内市场》(中国社会科学出版社,1958年)

吴慧《明清财政结构性变化的计量分析》(《中国社会经济史研究》1990—3)

武静清、陈兴《十九世纪末二十世纪初叶山西财政与经济》(中国财政经济出版社,1994年)

吴廷燮编《明督抚年表》(中华书局,1982年)

伍丹戈《明代土地制度和赋役制度的发展》(福建人民出版社,1982年)

伍跃《明代中叶差役改革试论》(《文献》1986—2)

谢国桢《明代社会经济史料选编》(明代野史笔记史料辑录之一,福建人民出版社,1981年)

《新编社会经济统计辞典》(河南人民出版社,1987年)

许大龄《清代捐纳制度》(燕京大学哈佛燕京学社,1950年)

许檀、经君健《清代前期的商税问题新探》(《中国经济史研究》1990年第2期)

许涤新、吴承明主编《中国资本主义发展史》第1~3卷(人民出版社,1985~1993年)

袁良义《清一条鞭法》(北京大学出版社,1995年)

严中平等编《中国近代经济史统计资料选辑》(科学出版社,1955年)

杨荫溥《民国财政史》(中国财政经济出版社,1985年)

岩井茂树《张居正的财政课题与方法》(《日本中青年学者论中国史宋元明清卷》,上海古籍出版社,1995年)

岩井茂树《嘉靖四十一年浙江严州府遂安县十八都下一图赋役黄册残本的发现与初步考析》(地方文献学术研讨会报告论文,汉学研究中心,2002年)

岩井茂树《明代〈徽州府赋役全书〉小考》(《'98国际徽学学术讨论会论文集》,安徽大学出版社,2000年)

《一九八一中国百科年鉴》(中国大百科全书出版社,1981年)

张德昌《清季一个京官的生活》(香港中文大学,1970年)

张敏如《中国人口思想简史》(中国人民大学出版社,1982年)

张尧恩、庄清发《广东乡镇企业发展的特色和经验》(中共广东省委办公厅编《广东改革开放启示录》,人民出版社,1993 年)

张英红《宏观视野中的农民负担》(《经济学家》2002－2)

章有义《明清徽州土地关系研究》(中国社会科学出版社,1984 年)

郑天挺《清代的幕府》(《南开史学》1980 年第 1 期,《明清史国际学术讨论会论文集》,天津人民出版社,1982 年)

郑振满《明后期福建地方行政的演变——兼论明中叶的财政改革》(《中国史研究》1998 年第 1 期)

钟朋荣《十年经济改革——历程、现状、问题、出路》(河南人民出版社,1990 年)

中国史学会编 中国近代史资料丛刊《洋务运动》(上海人民出版社,1961 年)

中华人民共和国财政部《中国农民负担史》编纂委员会《中国农民负担史》第 3 卷 (中国财政经济出版社,1990 年)

《中文大辞典》(中国文化研究所,1963 年)第 5 册

中央财政金融学院财政教研室《中国财政简史》(中国财政经济出版社,1980 年)

周育民《晚清财政与社会变迁》(上海人民出版社,2000 年)

周志初《晚清财政经济》(齐鲁书社,2002 年)

庄吉发《清世宗与赋役制度的改革》(学生书局,1985 年)

E. 研究论著、论文(英文)

Adshead S. A. M. , *Viceregal Government in the Kuang-hsü Period* (*1875 - 1909*)(Papers on Far Eastern History ,4,1971)

Adshead S. A. M. , *Province and Politics in late Imperial China*: *Viceregal Government in Szechwan*, *1898 - 1911* (Curzon Press, 1984)

Chang Chung-li (张仲礼), *The Income of the Chinese Gentry* (University of Washington Press,1962)

Ch'u T'ung-tsu(瞿同祖), *Local Government in China under the Ch' ing* (Harvard University Press 1962)

Feuerwerker, A. , Economic Trends: 1912 - 49, in *The Cambridge History of China* ,Vol. 12(Cambridge University Press 1983)

Huang,Ray(黄仁宇),*Taxation and Government Finance in Sixteenth-Century Ming China* (Cambridge University Press 1974)

Morse, Hosea Ballou , *The Trade and Adminnistration of China* (Longmans ,Green & Co 1913)

Perkins,Dwight H. , *Agricultural Development in China* 1368 - 1968 (Aldin Publishing Company 1969)

Spector, Stanley, *Li Hung-chang and the Hui Aarmy: A Study in nineteenth-century Chinese Regionalism* (University of Washington Press 1964)

Wang Yeh-chie(王业键), "*The Secular Trend of Price during the Ch'ing Period* (1644-1911)"(《香港中文大学中国文化研究所学报》5-2 1972 年)

Wang Yeh-chien(王业键), *Land Taxation in Imperial China: 1750-1911* (Harvard University Press 1973)

Wright, M. C. , *The Last Stand of Chinese Conservatism: The Tung-chih Restoration* , 1862-1874 , (Standford, 1957, 2nd ed, 1862)

Yang Lien-sheng(杨联陞), "*Economic Aspects of Public Words in Imperial China*", in Excursions in Sinology (Harvard-Yenching Institute 1969)

Yang Lien-sheng(杨联陞), "Ming Local Administrastion", in Charles O. Hucher ed, *Chinese Government in Ming Times* (Oxford University Press 1969)

Zelin, Madeleine, *The Magistrate's Tale: Rationalizing Fiscal Reform in Eighteenth-Century Ching* (University of Califorina Press 1984).

译者后记

1. 所谓"近世",为日本史学界概念,于本书而言,系指中国的明清及民国时期。

2. 本书不仅是岩井茂树先生系列成果的经典合集,而且堪称明清财政赋役制度相关史料之宝库,颇具工具书价值。书中多达600余条注释,涉及450余部文献。翻译过程中,本人再度溯本求源,逐一进行了查证。

3. 个别文献中的生僻字,以"□"代替;个别条目,不得已采用意译,望读者给予谅解。

4. 本书的学术内容承蒙明清社会经济史专家、南京大家范金民教授严格审校。值得一提的是,范教授赴京都大学访学期间,就译稿与著者当面确认,岩井茂树先生对本人的中文译稿给予了高度评价。

付 勇

2020 年春,于厦大。

《中国近世财政史研究》解说

范金民

　　赋税徭役制度,既是明清经济史研究中极为重要的内容,也是具有相当难度的课题。论者虽多,成果也硕,而对于制度史和社会经济史研究有着重要意义的明清财政问题整体上作深入探讨者,可以说尚付阙如。日本京都大学人文科学研究所岩井茂树教授,在对相关专题作了近 20 年研究后,2004 年 2 月推出新著《中国近世财政史研究》,由京都大学学术出版会出版(以下简称《研究》)。该书将财政体系视为窥测传统中国政治支配秩序特有的性质和构造的切入点,系统而又深入地论述了明清两朝财政体系的本质、特点、演变及其对后世的影响。

　　《研究》全书由序章、正文八章和附篇构成。正文又分为两部。前四章为第一部,论述财政构造的集中和分散,分别为:正额外财政和地方经费的贫困;正额财政的集权构造及其变质;清末的危机和财政;清末的外销经费与地方经费。后四章为第二部,主要探讨徭役和财政的关系,分别为:现代中国的包干财政;由均徭法看明代徭役问题;里甲制和徭役负担;一条鞭法后的徭役问题。

　　作者以通贯的视野,展开对于明清财政制度的构造和其历史过程的探讨。通过缜密论证分析,从一系列纷繁复杂的头绪中,得出了宏观性的重要结论,即由于明清国家财政的"原额主义",

造成了地方官府财政经费的严重不足,导致了正额之外的附加性或追加性征收项目与数量的日益膨胀,而不断增加的额外负担最终又不均衡地加之于社会各阶层特别是贫穷小户头上。这样的财政构造贯穿于明代。清代财政和明代财政虽然在岁入与岁出方式上有所不同,明代实行的是现物财政,而清代则是银钱财政,而且在有无法定差役制度这一点上也有所不同,但是从财政结构和原则的角度考虑,则明清两代实有着共通的特点,即缺乏弹性的正额部分与具有很强伸缩性的额外部分形成互补关系,而且这种状况一直延续到现代中国农村。太平天国以后,实质上地方财政制度的形成,不要说在北洋政府时期,甚至在国民政府时代前期,近代财政的中央与地方的对抗关系,分散之上的重叠的组织形态,机构和资金的属人性质等等,都是由清末 60 年间的发展方向决定的,而且其萌芽已经在传统的法定外的财政制度中间产生了先兆,民国时期的财政,本质上是清朝财政的继续。明清财政制度上的僵化,不能随着经济社会发展而相应变化这一点,前人偶有提及,但将其简明地概括为"原额主义",这似乎还是《研究》一书首次明确提出来。所谓"原额主义",作者认为,并不是指租税收入和财政支出全然没有变化,而是指随着社会的发展、国家机构活动的扩大而财政必然要相应增大,缺乏弹性的正额收入与之发生了不整合,为了弥合这种不整合,正额外财政的派生亦不可避免。以"原额主义"来概括明清时代财政体系的特点,并以制度上缺乏弹性的正额与实际运作过程中具有极强伸缩性的额外附加或追加来探讨明清财政问题,应该说抓住了问题的要害,从而切中了明清尤其是明代财政制度的实质,并揭示出了其时财政运作的基本面相。明清财政体制日益僵化,日渐与社会生活和运作现实产生距离,正体现在这里。《研究》的上述宏观性结论,是在对明清财政的诸多重要课题作了深入探讨论证后获得的,见解独特新颖。

研究明清财政问题,赋税徭役问题无法回避。而有关明代徭役问题,特别是均徭法等,一向聚讼纷纭,中国学者梁方仲、唐文基、伍跃等,日本学者山根幸夫、小山正明、重田德、森正夫、岩见宏等,都作过有益的探讨,其主张虽有以户或以甲为单位之别,但大体上认为均徭法推行的目的是完善里甲组织的税、役征收体制。作者通过"均徭文册"的形式、官方指定的户别的役目、均徭法的目的和手段,以及实行均徭法前后的役法等细致考证和甄别,认为在实行均徭法之前,杂役是在有负担能力的人户之中进行点佥,而均徭法以彻底地公平杂役负担的能力为目标,规定杂役由轮年应役的里甲各户承担;均徭法的具体应役方式并非以赋役黄册为依据,而是另造"均徭文册"或"龙头鼠尾册"等簿册进行派役,均徭法是利用里甲组织来实现十甲各户轮流当役,而不是将每个甲作为一个单位来派役。这是因为,明代的里甲组织虽然承担税粮征收任务,但在征收正常财政开支以外的地方性事务经费和徭役过程中,里甲组织并不是作为一个团体去应付各种负担。作者同意小山正明所说的均徭是"为了使里内各甲的徭役负担能力尽量均等化",但同时指出,在一里 110 户、一甲 11 户的户数原则下,要调整到里内各甲间的徭役负担能力均等化,县内各里的负担能力均等化——实现里甲单位的均等科派的基础上的负担均等化,就必须放弃以居住地区区分里甲组织的编制,而在全县范围内寻求徭役的均等化。《研究》的这些思路和结论,确切地把握了明清时代赋税徭役制度发展变迁的大势和基本特征。明清役法改革,由明代的里甲制经均徭法以及随后的一条鞭法到清代康熙年间各地先后实行的均田均役及雍正时的摊丁入地,都是在县级范围内不断求平均的,"均徭""均役"都不是在里甲范围内展开的。

同为明代役法问题,或者说与里甲组织相关联的是里长的职责问题。明代典章规定里长的职能是"催征钱粮,勾摄公事"。对此,中国学者梁方仲、唐文基,日本学者清水泰次、山根幸夫、栗田宣夫、岩见宏等都有过解释。对"催征钱粮"向无异议,而"勾摄公事"则人言言殊,虽其包容范围有大有小,有广义和狭义之分,但普遍解释为承担里甲内及官府委托的公共事务,并解决由此产生的费用问题。作者从《水浒传》中当时人有关"勾摄公事"的说法,冯梦龙辑的《古今小说》中的大量事例,清康熙时人黄六鸿《福惠全书》中的说法,《古今类书纂要》所述,以及日本江户时代人的解释,同时还引用海瑞《督抚条约》中有关里甲的职责是"催征钱粮,勾摄人犯,外此非分宜然也"加以旁证,进而认为,所谓"勾摄公事",自元代到清代,是一种官吏用语,专指诉讼过程中拘唤被告、原告和人证等事务。这里的"公事",并非是指里长承担的各种事务和费用。毋庸赘述,作者如此旁征博引,从语境和语意两方面,分官方和民间上下层面,捕捉到了"勾摄公事"在那个时代包涵的实际内容,应该说具有极为充分的说服力。如果我们循着作者的这种思路,仅在《金瓶梅》等文学作品中,就不难发现完全相应的"勾摄公事"的指称。真正弄清了明代里长的基本职责,这是《研究》的又一个重要贡献。

在考辨清楚了里甲的基本职责后,作者进一步论述了明代徭役问题的变迁和由来。《研究》认为,按照明初确立的财政制度,明代的上供物料和地方政府的"公费"等额外负担本来不由见年里长和十户甲首承担,永乐以后随着财政支出的膨胀,上供物料和"公费"等成为中央和地方官府的一项重要收入来源,成为里甲的额外费用,而这些额外费用大大加重了里长的负担,超越了其支付能力。为了规避重役,有些人户采用诡寄和花分等手段,逃避里长之责,从而造成了役困问题。由此可知,明代所谓的徭役问题产生的根源,实际上是由于正额之外的各种附加性或追加性征收项目也要由里长和没有优免特权的庶民承担而造成的。《研究》有关明代徭役问题的精到结论,不仅使得我们对于明初里甲组织的职能有了更为清晰的理解,而且也明了了其职能变迁的原由,更为我们确切地理解明中期开始的均徭法的性质提供了间接途径。

明后期的一条鞭法,在中国赋税制度史和财政史上有着极为重要的意义及地位,相关论著可谓无不提及,对其作过细致的实证研究的,至少有中国学者梁方仲、樊树志、唐文基等,日本学者西村元照、鹤见尚弘、谷口规矩雄等,但论者大多着眼于一条鞭法实施的积极作用,而对其存留的问题似认识不足,或殊少论述,更突出的是,对于一条鞭法与财政体系的关系还缺乏深入的检讨。鹤见尚弘认为,里甲制作为制度,因为一条鞭法,实质上已经解体,因为均田均役的施行,其名义也已消亡,随着均田均役和地丁银制的实行,附加的、追加的徭役系统的课征体系必然彻底地消解。而《研究》在对明代诸多人的相关看法详加分析后认为,均田均役和地丁银制的成立只是一条鞭法的补完的改革,随着一条鞭法的再版,从而更加巩固,而不是解体,在讨论明清赋役制度时,不是一条鞭法和地丁银制度彻底不彻底的问题,而是原来的徭役消失后又再生出新的甚至是更多的徭役的问题。植根于"两税法体系"的一条鞭法,从其实施的效果来看,不久又课征徭役,因为地方政府从上级政府所受的资金配分不足,在禁止增税的情形下,"不合理"的摊派和"义务劳动"必然膨胀。作者同时指出,一条鞭法不仅统一了维持地方官府运作的各种徭役（四差），又在《赋役全书》等财政簿册中把这些费用作为定额列入存留，而原先的许多额外负担由此也被归入正额之内。一条鞭法推行的结果，削减并固定了地方政府的财政经费，目的是杜绝地方政府利用徭役征收所具有的弹性来获取额外收入。可到了17世纪中后期，随着军事开支的增大，财政日益窘迫，使得一条鞭以外的各种徭役名目再一次扩大。而在实行缙绅特权的明代，具有缙绅身份的大户滥用优免特权，向无势力的庶民阶层转嫁徭役，使得平民下户的徭役负担更形沉重，因此说到底，明代的徭役问题，可以导向本质上是原额主义财政体系下的附加的、追加的课征的问题。《研究》这些看法，不独赋予一条鞭法更加恰如其分的地位，而且实际上指出了中国赋税徭役改革史上一个极为重要的大问题，这就是，每一次改革，都趋向于简、明、均，由人丁转而趋向于资产征税，也都收到了一时之效，但每一次改革实际上都将临时的、额外的负担纳入到了正额之中，而在额定税收量不变的情形下，在上交中央的财政量不减，而在开支和地方负担不断增加、额外与追加的负担不断滋生甚至膨胀的情形下，纳税者的负担实际上是不断加重了。这一点，明清之际的黄宗羲、顾炎武等思想大家就曾尖锐地指出过，今人以致称为"黄宗羲定律"。《研究》对一条鞭法以及清代赋税制度的精深研究，清晰地揭示了明清赋税制度和财政制度史上的这一特点，毫无疑问，富有学术价值和现实意义。

如果说，《研究》对于明代财政问题的探讨深化了既有研究，那么对于清代财政问题的论述则更富开创意义。较之明代财政，学界对于清代财政的研究要薄弱得多。作者基于对清代财政原额主义的概括，从宏观角度考察了17世纪中叶开始的经济变动，探讨了清代财政收支与经济变动的关系，对清代财政的特征和流变作了多具原创性的考察。中央财政与地方财政或者地方存留银及其所占比例,以往几乎无人注意,作者考察了几个不同阶段的存留银及其在整个税收中的比例,从而有力地说明了清代地方财政日益窘紧的事实,也说明了养廉银创设时积极意义的丧失。作者详细列举了各省摊捐的项目和比例,考察了州县官各种非合法收入的各种陋规,分析了摊捐所出以及州县官各种费用的来途和去路,列举了时人对于存留削减而摊捐增大导致地方私征民间不堪重负以致引发严重社会危机的论述,得出重要结论:在清前期,尽管白银的购买力不断降低,导致了物价上涨,但正额财政的实际规模却不断缩小;同时由于州县财政开支的主要来源——存留银不断削减,而各种性质的"劝捐""摊款"又层出不穷,导致地方官府财政日益窘迫,为解决经费问题,地方政府扩大了附加性或追加性课征项目的范围和数量。基于此,作者进而认为,在财政体系中实行"原额主义",其结果必然导致各种附加性或追加性课征的增大,并造成财政负担的不均衡;同时作为当时政治制度的必然结果,"馈送""规礼"等官僚之间的私人赠送广泛存在。财政负担的不均衡和吏治颓坏使利害冲突更加激烈,社会不稳定因素逐渐扩大,最终导致了王朝的覆亡。这种对于清代财政的把握和认识,不独切中时弊,看到了问题的实质,而且更为清后期的历史发展所证实,颇多启迪意义。从财政制度而言,清代官场窳败的根由,就不能如以往那样过分注重官员个人素质或道德因素。

《研究》一书,虽然重点在明到清前期,但对清后期乃至民国初期也予以了相当的关注,在作为清末财政大问题的内销和外销概念,体现清末中央与地方权力的督抚分权问题,清末"国家财政"是否得到重建,财政"祖法"与官场惯习等方面,均有精辟之论。

《研究》一书的切入口颇为别致。在低俸禄制度下,在财政"原额主义"原则下,清代地方官员征收漕粮,通常随意加征,加重纳粮户的额外负担,于是地方有些生监,掌握官员的劣迹,乘机要挟,分得些残羹,谓之"吃漕饭"。"吃漕饭"成为架构财政理念和社会现实之间的桥梁,反映出财政和政治的因果联系,也反映出当时严重的财政问题。《研究》通过"吃漕饭"的吴青华事例来开端全书的写作,通过"吃漕饭"这一历史现象,以负担分配的问题为切入点,探讨明清财政制度的构造和其历史的展开过程,并由此追溯到明代徭役制度中的役困问题。这就以典型形象的事例,将人们的思维带进复杂乏味的赋税徭役制度的研究中。

凡前人已有研究且观点为作者接受者,与论述主题关系不大者,《研究》当省则省,当略则略,取其扼要。如漕粮征收过程中的浮收,史料俯拾皆是,前人也多述及,书中只提供了时人论述浮收的篇目,未再赘述;官僚机构内部监督机能的衰弱,人所尽知,且无关论述宏旨,故未曾检讨史料;嘉道时代导致社会重大变化的财政亏空,因与前此的酌拨制度的崩坏没有必然关系,也不予置论。

作者在征引文献时,其贡献不仅在于提供了一向不见或少见人使用的资料,如珍藏在中国大陆和台湾、日本等地的《万历三十一年里长派使用银帐》《承当里役合同》《岁入岁出简明总册》《户部现办各案节要》《户部奏咨》《苏藩政要》《掖垣谏草》等,而且选用精到,旨在说明问题,而不过事罗列铺张,敷衍篇幅。

值得指出的是,在史学研究方面,人们多倾向认为,西方学人长于理论架构,日本学人长于史料搜讨实证,中国学人长于分析论述,而《研究》一书,似乎三者兼具,优长均足称道。难得的是,作者在展开论述时,如果看法较之以前有所修正,必定交代清楚,如坦陈其前此曾沿用均徭法的既有看法，其前此关于"外销"出现的时间的看法也不正确；更在充分肯定前人和同行决不掠人之美的同时，承认《研究》一书没有关注到盐课在财政收入中的比重和地位，没有明确论述到实录和会典等所载的财政额数的算法依据，政书和地方志所载数值的信赖度也需慎重检讨。如此等等，充分显示出作者实事求是承认尚有不足的学术气度，与时下那种专门揭人之过而隐己之短的学术市侩习气不啻霄壤。

《研究》一经面世，立即引起学术同行的重视。著名明清史学家、曾获日本学士院奖并获天皇恩赐奖殊荣的京都大学文学部夫马进教授认为，这是近年来有关明清经济史研究最优秀的著作，他作为日本东洋史研究会会长备感高兴。著名的明清史学家、东京大学文学部岸本美绪教授在书评中认为，该书是著者20余年财政史研究的集大成之作，全书以缜密的实证和坚固的论理，展现了清朝财政的轨迹，鲜明地揭示了清代财政制度的基本特征，呈现了清代中期集权体系与清末督抚财政关系以及相应的财政构造的面貌，在里甲制、徭役在财政构造中的地位、清代中央与地方及地方上下衙门间的关系的考察方面富有特色，著者对长时段的国家财政支配构造体系的议论极其缜密，对里甲制的成说的批判特别有意义，新的解释也极为合理，论证的方法杂糅并用，而且兼及当时人的观点。

笔者与作者初识于1998年秋于屯溪举办的徽学国际学术讨论会上，后来屡屡应邀到京都大学、大阪市立大学和大阪经济法科大学等地从事学术交流活动，记不得多少次曾在岩井先生办公室与他当面讨论。作为本书初次中译本的审校者，2011年夏日，笔者就在京都大学人文科学研究所本部岩井先生的办公室，当面与他商定译本行文。日月如梭，转眼将近过去十年，江苏人民出版社将此书纳入"海外中国研究丛书"予以再版,作为岩井先生的老朋友,备感欣慰,相信如此学术精品,必会广为流播,于推动明清社会经济史研究大有裨益。

南京大学历史学院 范金民
2020 年 5 月 1 日于金陵龙园北路寓所

"海外中国研究丛书"书目

1. 中国的现代化 [美]吉尔伯特·罗兹曼 主编 国家社会科学基金"比较现代化"课题组 译 沈宗美 校
2. 寻求富强:严复与西方 [美]本杰明·史华兹 著 叶凤美 译
3. 中国现代思想中的唯科学主义(1900—1950) [美]郭颖颐 著 雷颐 译
4. 台湾:走向工业化社会 [美]吴元黎 著
5. 中国思想传统的现代诠释 余英时 著
6. 胡适与中国的文艺复兴:中国革命中的自由主义,1917—1937 [美]格里德 著 鲁奇 译
7. 德国思想家论中国 [德]夏瑞春 编 陈爱政 等译
8. 摆脱困境:新儒学与中国政治文化的演进 [美]墨子刻 著 颜世安 高华 黄东兰 译
9. 儒家思想新论:创造性转换的自我 [美]杜维明 著 曹幼华 单丁 译 周文彰 等校
10. 洪业:清朝开国史 [美]魏斐德 著 陈苏镇 薄小莹 包伟民 陈晓燕 牛朴 谭天星 译 阎步克 等校
11. 走向21世纪:中国经济的现状、问题和前景 [美]D. H. 帕金斯 著 陈志标 编译
12. 中国:传统与变革 [美]费正清 赖肖尔 主编 陈仲丹 潘兴明 庞朝阳 译 吴世民 张子清 洪邮生 校
13. 中华帝国的法律 [美]D. 布朗 C. 莫里斯 著 朱勇 译 梁治平 校
14. 梁启超与中国思想的过渡(1890—1907) [美]张灏 著 崔志海 葛夫平 译
15. 儒教与道教 [德]马克斯·韦伯 著 洪天富 译
16. 中国政治 [美]詹姆斯·R. 汤森 布兰特利·沃马克 著 顾速 董方 译
17. 文化、权力与国家:1900—1942年的华北农村 [美]杜赞奇 著 王福明 译
18. 义和团运动的起源 [美]周锡瑞 著 张俊义 王栋 译
19. 在传统与现代性之间:王韬与晚清革命 [美]柯文 著 雷颐 罗检秋 译
20. 最后的儒家:梁漱溟与中国现代化的两难 [美]艾恺 著 王宗昱 冀建中 译
21. 蒙元入侵前夜的中国日常生活 [法]谢和耐 著 刘东 译
22. 东亚之锋 [美]小R. 霍夫亨兹 K. E. 柯德尔 著 黎鸣 译
23. 中国社会史 [法]谢和耐 著 黄建华 黄迅余 译
24. 从理学到朴学:中华帝国晚期思想与社会变化面面观 [美]艾尔曼 著 赵刚 译
25. 孔子哲学思微 [美]郝大维 安乐哲 著 蒋弋为 李志林 译
26. 北美中国古典文学研究名家十年文选 乐黛云 陈珏 编选
27. 东亚文明:五个阶段的对话 [美]狄百瑞 著 何兆武 何冰 译
28. 五四运动:现代中国的思想革命 [美]周策纵 著 周子平 等译
29. 近代中国与新世界:康有为变法与大同思想研究 [美]萧公权 著 汪荣祖 译
30. 功利主义儒家:陈亮对朱熹的挑战 [美]田浩 著 姜长苏 译
31. 莱布尼茨和儒学 [美]孟德卫 著 张学智 译
32. 佛教征服中国:佛教在中国中古早期的传播与适应 [荷兰]许理和 著 李四龙 裴勇 等译
33. 新政革命与日本:中国,1898—1912 [美]任达 著 李仲贤 译
34. 经学、政治和宗族:中华帝国晚期常州今文学派研究 [美]艾尔曼 著 赵刚 译
35. 中国制度史研究 [美]杨联陞 著 彭刚 程钢 译